中外名人全知道

文娟 ◎ 主编

中国华侨出版社

图书在版编目（CIP）数据

中外名人全知道 / 文娟主编. —北京：中国华侨出版社，2014.1
ISBN 978-7-5113-4415-1

I.①中… Ⅱ.①文… Ⅲ.①名人－生平事迹－世界 Ⅳ.①K811

中国版本图书馆CIP数据核字（2014）第024622号

中外名人全知道

主　　编：文　娟
出 版 人：方　鸣
责任编辑：浩　淼
封面设计：王明贵
文字编辑：徐胜华
美术编辑：潘　松
经　　销：新华书店
开　　本：720mm×1020mm　1/16　印张：27.5　字数：710千字
印　　刷：北京鑫海达印刷有限公司
版　　次：2014年5月第1版　2018年12月第4次印刷
书　　号：ISBN 978-7-5113-4415-1
定　　价：29.80元

中国华侨出版社　北京市朝阳区静安里26号通成达大厦3层　邮编：100028
法律顾问：陈鹰律师事务所
发 行 部：（010）58815874　　传　真：（010）58815857
网　　址：www.oveaschin.com　　E-mail：oveaschin@sina.com

如果发现印装质量问题，影响阅读，请与印刷厂联系调换。

前 言

　　名人是一个国家、一个民族、一个时代的代表人物,他们在各自的国度、民族、领域里占有举足轻重的地位。他们的成败得失早已铭刻在青史上,千百年来接受人们的赞赏与批判。科学巨人阿基米德说:"给我一个支点,我将撬动地球。"拿破仑曾说:"一切都是可以改变的,不可能只有庸人的词典里才有。"名人的成就让我们深感他们的伟大,名人的人生经历给我们启迪,并产生探求和学习名人的热望,因为每个人都渴望成才、成功。

　　名人之所以成名,被历史所铭记,自有其与众不同的天资、机遇或鲜为人知的重重内幕。阅读名人,解析名人,在一定意义上便是在阅读一个国家、了解一个民族、认识一种文化。《中外名人全知道》为广大读者提供了一条在很短的时间内就能全面了解和掌握中外名人的捷径。

　　这是一部帮助读者快速了解中外名人的必备工具书,遴选古今中外名气大、影响深远的数百位名人,他们分别来自哲学、科学、政治、宗教、史学、文学、艺术、军事等领域,几乎涵盖了人类历史上各个时期、各个领域很有影响、具有代表性的风云人物。全书将众多名人按照其生活的年代顺序进行编排,简明科学的体例更直观地体现出他们对世界历史发展的重大影响。在内容的选择上,根据不同人物的特点,简述名人生活的时代背景、人生经历、奋斗历程和贡献成就;重点总结他们的成功经验,剖析他们的失败原因。本书在体例设计上加入了现代的时尚流行元素,让读者在方便快捷地了解中外名人的同时,获得更广阔的文化视野。为此,本书精心编排了"名人档案"、"名人逸事"、"传世名言"等专栏和数百幅精美图片,包括名人画像雕塑、名人故居住宅、名人著作书影等,为读者构筑了一座宏大、壮丽的中外名人展览馆;全方位、多角度地解析名人,使读者看到一位位鲜活丰满的历史人物,并轻松走进他们的内心世界,了解他们成名成家的真正原因。

读《中外名人全知道》,就是在读一部世界简史,无论是名垂青史的杰出英雄,还是臭名昭著的千古罪人,都对人类历史的发展产生过不可替代的深远影响;读《中外名人全知道》,就是在读一部简明中外名人传记大全,能使读者在最短时间内从他们的成名之路中获得珍贵的经验和教训,汲取奋斗的力量和拼搏的勇气,产生不竭动力;读《中外名人全知道》,就是在读一部成功励志的佳作,读者可以从名人的成败得失中获取成功的密码,少走弯路,顺利获取成功。

目 录

·中国名人·

华夏始祖——黄帝···2
开启新天的治水英雄——大禹···3
暴君的代名词——纣王···6
建立八百年天下——周武王··7
礼仪之邦的建制人——周公旦···9
中国最早的经济改革家——管仲··11
道家学派创始人——老子··12
万世师表的至圣先师——孔子···14
百世兵家之祖——孙武···16
中国土木工匠的祖师——鲁班···17
主张兼爱的哲学家——墨子··19
锐意变法的政治家——商鞅··21
伟大的爱国诗人——屈原··22
法家学说的集大成者——韩非···24
巧夺天工的水利专家——李冰···25
千古一帝——秦始皇嬴政··27
大汉王朝的缔造者——汉高祖刘邦··29
力拔山兮气盖世——项羽··31
结束秦始皇万世帝王梦的大奸佞——赵高···33
王侯将相,宁有种乎——陈胜···34
中国历史上杰出的军事家——韩信··36

1

雄才大略盛世主——汉武帝刘彻 38
创立"三纲五常"的伦理学家——董仲舒 40
凿空西域的探险家——张骞 42
通古今之变,成一家之言——司马迁 43
汉匈和平使者——王昭君 45
善恶难辨的篡权者——王莽 47
中兴大汉的伟大政治家——刘秀 48
第一个疑古问孔的唯物思想家——王充 50
投笔从戎深入虎穴——班超 51
东汉文化巨人——张衡 53
造纸术的发明人——蔡伦 55
中华"医圣"——张仲景 57
道教之祖——张道陵 58
乱世雄杰——曹操 60
忠义武勇的化身——关羽 62
智慧与忠诚的化身——诸葛亮 63
中国"书圣"——王羲之 65
古今隐逸诗人之宗——陶渊明 67
虎头"三绝"——顾恺之 68
通才科学家——祖冲之 70
伟大的少数民族改革家——北魏孝文帝 71
隋唐盛世的奠基人——杨坚 73
千古第一昏君——隋炀帝 75
四海独尊的皇帝——唐太宗李世民 76
中华"药王"——孙思邈 78
百世贤相的表率——魏徵 80
西天取真经——玄奘 81
中国唯一的女皇帝——武则天 83
中国佛教禅宗六祖——慧能 85
"画圣"——吴道子 86
兴衰两世主,悲欢两世人——唐玄宗李隆基 88
回眸一笑百媚生——杨贵妃 90

再造大唐的老将——郭子仪 … 91

横空出世的"诗仙"——李白 … 93

以诗传史的"诗圣"——杜甫 … 95

唐宋散文八大家之首——韩愈 … 96

杯酒释兵权——宋太祖赵匡胤 … 98

中国古代科学的坐标——沈括 … 100

发明活字印刷术——毕昇 … 101

创编年通史的历史学家——司马光 … 103

北宋强硬的改革家——王安石 … 104

全才文坛领袖,一代文章之宗——苏轼 … 106

精忠报国的抗金英雄——岳飞 … 108

理学的集大成者——朱熹 … 110

纵横欧亚的一代天骄——成吉思汗 … 111

留取丹心照汗青——文天祥 … 113

缔造大元的雄主——忽必烈 … 114

大元科学第一人——郭守敬 … 116

棉纺新技术的推广者——黄道婆 … 118

绘画新风的倡导师者——赵孟頫 … 119

明王朝的缔造者——明太祖朱元璋 … 121

万国来朝的永乐大帝——明成祖朱棣 … 122

心学大师——王阳明 … 124

命运坎坷的小说家——吴承恩 … 126

晚明政治改革家——张居正 … 127

晚明伟大的地理学家——徐霞客 … 129

七下西洋的航海家——郑和 … 131

卓越的药物学家——李时珍 … 132

抗倭御侮的民族英雄——戚继光 … 134

"南北宗"说——董其昌 … 135

中西文化交流的桥梁——徐光启 … 137

祸乱大明的权奸——魏忠贤 … 139

明清杰出启蒙思想家——黄宗羲 … 141

以天下兴亡为己任的思想家——顾炎武 … 142

中国古典哲学的终结者——王夫之	144
家国悲剧系一身——李自成	146
收复台湾的民族英雄——郑成功	147
宏图远略的东方大君——清圣祖康熙	149
康乾盛世的有力推行者——清世宗雍正	151
清代盛世英主——清高宗乾隆	152
中国古典文学巨匠——曹雪芹	154
睁眼看世界的禁烟英雄——林则徐	156
太平天国的领袖——洪秀全	157
垂帘听政的"无冕女皇"——慈禧太后	159
中兴大清的名臣——曾国藩	161
兴办洋务、创立近代工业的北洋大臣——李鸿章	162
清末维新运动的发起者——康有为	164
背叛民国复辟帝制的窃国大盗——袁世凯	166
努力学习,坚持锻炼——竺可桢	167
知错就改,敢作敢当——郭沫若	169
兼容并包开一代新风的教育家——蔡元培	171
中国新文学的旗手——鲁迅	173
谦虚好学的京剧大师——梅兰芳	174
自古雄才多磨难——徐悲鸿	176
少年立志造大桥——茅以升	179
爱书如命——朱自清	182
一代才华——郑振铎	184
不信女子不如男——林巧稚	186
少年读大书——梁思成	188
勤奋换来的克隆先驱——童第周	190
东方国度上升起的灿烂的数学明星——苏步青	192
身残志坚的科学铁人——高士其	194
历尽磨难,终成大器——冼星海	195
初中文凭打天下——华罗庚	197
学习知识,贡献社会——钱学森	199

·外国名人·

最伟大的史诗作家——荷马 … 202
古希腊的"悲剧之父"——埃斯库罗斯 … 204
古希腊最伟大的政治家——伯里克利 … 206
以身作则的哲学家——苏格拉底 … 208
西方政治哲学的起点——柏拉图 … 209
古代伟大的哲学家和科学家——亚里士多德 … 211
古代世界最著名的征服者——亚历山大大帝 … 213
不朽的科学巨人——阿基米德 … 215
古罗马至高无上的统治者——恺撒 … 217
罗马帝国的创建者——奥古斯都 … 219
编纂《罗马法典》的中兴霸王——查士丁尼 … 221
理想让他不老——马可·波罗 … 222
神圣罗马帝国的缔造者——查理曼大帝 … 224
文艺复兴的旗手,划时代的诗人——但丁 … 226
欧洲活版印刷术的发明者——谷登堡 … 228
美洲大陆的发现者——哥伦布 … 229
文艺复兴的艺术巨匠——达·芬奇 … 231
政治学之父——马基雅维利 … 233
"日心说"的创立者——哥白尼 … 235
文艺复兴时代伟大的艺术家——米开朗琪罗 … 235
第一个环球航行的人——麦哲伦 … 233
英国黄金时代的著名女王——伊丽莎白一世 … 240

英国杰出的哲学家——培根 … 242
英国最伟大的诗人和剧作家——莎士比亚 … 244
意大利伟大的科学家——伽利略 … 246
揭开人体血液循环之谜的医生——哈维 … 248
著名的哲学家、数学家、科学家——笛卡尔 … 249
热衷戏剧表演的"滑稽小子"——莫里哀 … 251
英国议会民主制的奠基人——克伦威尔 … 253
民主立宪思想集大成者——洛克 … 255
最伟大、最有影响力的科学家——牛顿 … 257
威震欧洲的法国"太阳王"——路易十四 … 259
使俄罗斯走上强国之路的沙皇——彼得大帝 … 260
法国启蒙运动的先驱和巨擘——伏尔泰 … 262
一生只为能读书——罗蒙诺索夫 … 264
集科学家与政治家于一身的巨星——富兰克林 … 266
杰出的民主主义者——卢梭 … 268
现代经济学理论之父——亚当·斯密 … 270
纵览宇宙和人生的先哲——康德 … 272
沙俄历史上最有野心的女皇——叶卡捷林娜二世 … 273
美国的国父——华盛顿 … 275
蒸汽机的改良者——瓦特 … 277
《独立宣言》的起草者——杰斐逊 … 279
德国文学的旗帜——歌德 … 280
维也纳音乐之神——莫扎特 … 282
《人口原理》的作者——马尔萨斯 … 284
横扫欧洲的法兰西传奇皇帝——拿破仑 … 286
最伟大的作曲家——贝多芬 … 287
德国古典哲学集大成者——黑格尔 … 289
天才的小提琴家——帕格尼尼 … 291
出身贫寒的"数学王子"——高斯 … 293
沉迷于机器的童年——史蒂芬逊 … 295
在民间文学中锻造出来的童话大王——格林兄弟 … 297
敢于面对任何风暴——拜伦 … 299
大器早成的音乐家——舒伯特 … 301

南美洲的"华盛顿"——玻利瓦尔 …………………………… 303
现代电气工业的奠基人——法拉第 ………………………… 305
法国现实主义文学的里程碑——巴尔扎克 ………………… 306
法国浪漫主义文学领袖——雨果 …………………………… 308
童话世界的国王——安徒生 ………………………………… 310
维护美国国家统一的黑奴解放者——林肯 ………………… 311
生物进化论的开创者——达尔文 …………………………… 313
波兰人民的灵魂和骄傲——肖邦 …………………………… 315
在磨砺中成长起来的大文学家——狄更斯 ………………… 317
德意志的"铁血宰相"——俾斯麦 ………………………… 319
震撼世界的无产阶级革命导师——马克思 ………………… 321
勇敢前行的"美国现代诗歌之父"——惠特曼 …………… 323
拥有天使般的心灵——南丁格尔 …………………………… 325
微生物学之父——巴斯德 …………………………………… 327
视昆虫如挚友——法布尔 …………………………………… 329
不屈不挠的"圆舞曲之王"——小斯特劳斯 ……………… 331
学徒出身的戏剧大师——易卜生 …………………………… 333
俄国文学的不朽丰碑——托尔斯泰 ………………………… 335
设立诺贝尔奖的炸药大王——诺贝尔 ……………………… 337
以气魄创造财富神话——洛克菲勒 ………………………… 339
射线的发现者——伦琴 ……………………………………… 341
法国雕塑大师——罗丹 ……………………………………… 342
发明大王——爱迪生 ………………………………………… 344
世界生理学无冕之王——巴甫洛夫 ………………………… 346
痴迷文学始于少年时——莫泊桑 …………………………… 348
天才画家——梵·高 ………………………………………… 350
精神分析学的奠基人——弗洛伊德 ………………………… 352
谦虚谨慎、执著坚定的物理学家——普朗克 ……………… 354
印度文学巨匠——泰戈尔 …………………………………… 355
美国汽车大王——福特 ……………………………………… 357
飞机的发明者——莱特兄弟 ………………………………… 359
献身科学的伟大女性——居里夫人 ………………………… 361
苏联无产阶级文学杰出的代表——高尔基 ………………… 362

无产阶级革命导师——列宁	364
20世纪初伟大的物理学家——卢瑟福	366
二战时期的英国首相——丘吉尔	368
舞蹈天才的灵感来自童年的放荡不羁——邓肯	370
20世纪最伟大的科学家——爱因斯坦	372
不向命运低头——海伦凯勒	374
用生命谱写"大陆漂移说"——魏格纳	376
青霉素的发现者——弗莱明	378
现代艺术大师——毕加索	379
美国历史上任职时间最长的总统——罗斯福	381
长盛不衰的"时装女皇"——香奈儿	383
电影喜剧大师——卓别林	385
法兰西第五共和国的缔造者——戴高乐	387
肯德基的创始人——哈兰·山德士	389
永不言败的硬汉作家——海明威	391
东方美的现代探索者——川端康成	392
从乐观开朗的"报童"开始——迪斯尼	394
第一座核反应堆的设计者——费米	396
从小勤奋好学的无产阶级文学家——小林多喜二	398
制定阿波罗登月计划的美国总统——肯尼迪	400
为黑人呼喊的勇士——曼德拉	402
英国第一位女首相——撒切尔夫人	404
性感女神——梦露	405
日本商界的经营之王——松下幸之助	407
钢铁是这样炼成的——奥斯特洛夫斯基	409
勇开载人航天之先——科罗廖夫	411
从小痴迷于火箭的登月工程总设计师——布劳恩	413
少年立志终有成——费雯·丽	415
掀起"绿色革命"的勇士——布洛格	417
敢于和命运抗争——雅各布	419
白手起家的传奇时装家——皮尔·卡丹	421
微软公司的创始人——比尔·盖茨	423

中国名人

在漫长的中国历史长河中，涌现出无数的名人，他们在各自的领域里占有举足轻重的地位。他们的成败得失早已铭刻在青史上，千百年来接受人们的赞赏或批判。通过本书，读者可以更深层地了解名人，从他们的经历中汲取教益，从而提高自身素质，不断迈向成功；从他们的成败得失中获取成功密码，从而少走弯路。

·华夏始祖·

黄帝

黄帝像

> **名人档案**
>
> 姓　名　姓公孙/号轩辕氏
> 生卒年　不详
> 祖　籍　姬水
> 性　格　至圣至贤/英明神武
> 身　份　中华民族始祖

黄帝是传说中华夏族的始祖。姓公孙，居轩辕之丘，故号轩辕氏。国于有熊，亦称有熊氏。黄帝生性灵活，能说会道，道德情操高尚，被拥为西北游牧部族的首领。他联合炎帝，打败蚩尤率领的九黎部族，成为中原部落联盟的首领，称为"黄帝"。

公元前26世纪左右，中原有两大部落联盟，其首领分别为炎帝和黄帝，据传皆少典氏后裔。炎帝长于姜水（渭水支流，今陕西岐山东），以姜为姓。其族沿黄河流域向东发展进入中原，成为黄河中游地区的强大部落联盟。黄帝长于姬水（即岐水，今陕西境），以姬为姓，东进中原后，居于轩辕之丘（今河南新郑西），称轩辕氏（又称缙云氏、帝鸿氏、有熊氏）。通过与其他民族的联合，形成包括姬姓12部落的部落联盟。黄帝经常进攻附近不肯归附的部落，势力迅速扩大。炎帝也在不断扩大自己的势力，两大联盟终于爆发冲突。黄帝率领以熊、罴、貔、貅、虎、雕、歇、鹰、鸢等为图腾的各部落，在阪泉之野与炎帝各部落交战。经三次激烈战斗，黄帝部落联盟终于获胜，初步建立了对中原地区的领导地位。

黄帝战胜炎帝之后，在中原地区初步取得领导权。但这个时候，活动于今河北南部及山东等地的以蚩尤和少昊为首的两个部落联盟也逐渐发展壮大。蚩尤部落联盟，相传由81个氏族和9个部族组成，史称"九黎"。为争夺生存空间和领导地位，蚩尤集团不断向中原地区扩展，与主要活动于黄河以北的炎帝部落联盟首先发生冲突，并将其击败。炎帝向黄帝求援。炎、黄两大部落联盟遂联合起来与蚩尤部落联盟进行斗争。经多次战争，最后在涿鹿之野展开决战，蚩尤战败被杀。九黎残余一部退向南方，一部归并于少昊部落联盟。此后，黄帝继续进行征服中原各族的战争，"凡五十二战而天下咸服"。

> **传世名言**
>
> 天性，人也；人心，机也；立天之道以定人也。
> 无多言，多言多败；无多事，多事多患。

名人逸事

传说黄帝和蚩尤作战3年,进行了72次交锋,都未能取得胜利。在一次大战中,蚩尤在眼看就要失败的时候,请来风伯雨师,呼风唤雨,给黄帝军队的进攻造成困难。黄帝也急忙请来天上一位名叫旱魃的女神,施展法术,制止了风雨,才使军队得以继续前进。这时诡计多端的蚩尤又放出大雾,霎时四野弥漫,使黄帝的军队迷失前进的方向。黄帝十分着急,只好命令军队停止进攻,原地不动。黄帝根据北斗星斗转而柄不转的原理,制作了指南车。军队根据指南车上的假人来辨别方向,从此,再也不怕蚩尤施放的大雾了。

黄帝不仅在中华民族的联合统一上有功,而且在中华民族文明发展的许多方面都功绩显赫。是他叫史官仓颉创造文字,改变了过去结绳记事的笨拙办法。还叫臣子大挠创作甲子,就是用甲、乙、丙、丁、戊、己、庚、辛、壬、癸十个天干和子、丑、寅、卯、辰、巳、午、未、申、酉、戌、亥十二个地支相配,来记录年、月、日、时。又命令一个叫伶伦的乐师,用竹子做成三寸九分长的能发十二个音的律吕,校正各种乐器的声音,以便和谐地演奏。这样,天文、历法、文字、音乐都得以确立。

指南车复原模型

黄帝是中国氏族社会时一个部落的首领,是中国历史上最早的军事家,是中华民族共同的祖先。他加速了各部族的融合,为华夏文化的形成奠定了基础。因而黄帝被后人尊崇为中华民族的共同祖先,中国人也称自己为"炎黄子孙"。

· 开启新天的治水英雄 ·

大 禹

禹是黄帝的玄孙,姓姒,名文命。禹的父亲叫鲧,鲧的父亲叫颛顼,颛顼的父亲叫昌意,昌意的父亲就是黄帝。从黄帝到禹,共五世:黄帝为有熊氏,颛顼为高阳氏,帝喾为高辛氏,帝尧为陶唐氏,帝舜为有虞氏,帝禹为夏后氏。

禹的父亲鲧被封在汶山石纽地区(今四川省北川县),娶有莘氏之女为妻,名叫女志,也叫

名人档案

姓 名	姓姒氏/名文命/号禹
生卒年	不详
祖 籍	汶山石纽地区(今四川省北川县)
性 格	坚韧不拔/勇于开拓/贤明睿智
身 份	著名的治水英雄/夏朝的开创者

夏禹王像

女嬉。一天傍晚，女嬉到河边提水，见流水潺潺，彩霞满天，心里非常高兴。在与同伴嬉戏玩耍中，拾得一枚野生的薏苡果，像珠子一般艳丽可爱，便含在嘴里。不料那薏苡果光滑如卵，一不小心就咽入腹中，女嬉就有了身孕。怀胎14个月，却生不下来，只好剖腹生子，这就是禹。

禹幼年便随鲧东迁，来到中原。其父鲧被帝尧封于崇（即中岳嵩山），叫崇伯，实际上是一个封国国君。当时中原闹水灾，尧便命令鲧治水，鲧用"障水法"来治理，历时9年未能平息水患。在治水过程中，鲧的地位和权势迅速上升。尧看到了这种威胁，便命舜以"治水无状"为罪名，把鲧处死于羽山。

各部落首领就推荐鲧的儿子禹去领导民众治理洪水。禹总结了其父治水失败的教训，改以疏导为主，利用水向低处流的自然趋势，疏通了九河。禹亲自率领老百姓风餐露宿，整天泡在泥水里疏通河道，把平地的积水导入江河，再引入海洋。经过了十几年治理，终于取得了成功，消除了水患。

人们很感激和爱戴禹，尤其是在治水的十几年中，他三次到过自己的家乡，和他一起治水的人们都劝他回家去看看，但是他只是朝家门望望又带领民众治理洪水去了。禹三过家门

禹王治水　版画

> **传世名言**
>
> 劳身焦思,居外十三年,过家门不敢入。
>
> 禹之王天下也,身执耒臿,以为民先,股无胈,胫不生毛,虽臣虏之劳,不苦于此矣。

而不入的事迹传遍了各地,人们听了都深受感动,更增强了治水信心。人们为了表达对禹的感激之情,尊称他为"大禹",即伟大的禹。

禹虽然只是一个封国国君,却很受舜的宠信,每有要事都要请他去商量。每逢舜当众表扬他的功绩,他总说是舜领导得好,指挥得好,运筹得好,是舜的德行、仁政、风范感动了民众,民众拥戴舜的结果。或者说舜慧眼识人,善于用人,把功劳都记在其他几位大臣的账上。舜于是越发觉得禹仁厚可靠。后来,干脆让禹直接代替自己摄政,把国家大事全都托付给禹,让禹替自己管理了16年国家政事。

大禹治水像

通过了16年的观察,舜觉得禹可以当自己的接班人,就当着众位大臣说要把帝王之位禅让给大禹。禹多次推辞,并竭力推举舜的儿子商均嗣位。不久,舜突然病逝。禹为了避免与舜的儿子商均发生冲突,悲躲避到夏地的一个小邑阳城去,一躲就是三年。三年中,天下诸侯不去朝见商均,却来朝见大禹。大禹看到了自己的威望和实力,于是在舜死后的第三年,返回故都,南面天下,登天子之位,并以自己的封国"夏"为天下之号,宣告夏王朝正式建立。

大禹是为中华民族的历史发展作出了巨大贡献的伟大的历史人物。他的重大功绩不仅在于治理了洪水,发展了生产,使人民安居乐业,更重要的是结束了中国原始社会部落联盟的社会组织形态,创造了"国家"这一新型的社会政治形态。禹完成了国家的建立,用阶级社会代替了原始社会,以文明时代代替了野蛮时代,推动了历史的发展。

名人逸事

传说,大禹在建立夏朝以后,用天下九牧所贡之金铸成九鼎,象征九州。商代时,对表示贵族身份的鼎,曾有严格的规定:士用一鼎或三鼎,大夫用五鼎,而天子才能用九鼎,祭祀天地祖先时行九鼎大礼,因此鼎很自然地成了国家政权的象征,进而成为传国的宝器。据说,秦灭周后第二年即把周王室的九鼎西迁咸阳。但到秦始皇灭六国,统一天下时,九鼎已不知下落。有人说九鼎沉没在泗水彭城,所以秦始皇出巡此地时,曾派人潜水打捞,结果徒劳无功。

· 暴君的代名词 ·

纣 王

名人档案

姓　名	名辛/又称帝辛
生卒年	不详
祖　籍	商都朝歌（今河南境内）
性　格	残暴/荒淫/狂傲/昏庸
身　份	商朝亡国君王

纣王辛是商朝最后一位君主，是与夏朝末代王桀齐名的暴君。纣是谥号，辛是名字，故又称帝辛。纣是商王帝乙子，帝乙死后继位。他天资聪颖，思维敏捷，武艺高超，力大无穷，曾徒手和猛兽格斗。他多次攻伐东夷，俘获了大量奴隶，对中原文化传播到淮河、长江流域起到了一定的作用。

纣王以荒淫残暴著称。他喜好饮酒，贪于女色。后宫佳丽中，最受宠的要算妲己了。为了讨得妲己的欢心，商纣王在国都北边的沙丘养着各地送来的珍禽异兽；在国都的南边修建鹿台，用来存放无数的珍宝财物。他造了"酒池"，里面装满了美酒；还造了"肉林"，里面挂满了香喷喷的熟肉。纣王每天和妃子、大臣们在"酒池"、"肉林"中嬉戏游乐。他修建的巨大仓库里，装满了从全国各地掠夺来的粮食。他还发明了很多严酷的刑罚，其中一种叫"炮烙之刑"，就是把涂满膏脂的铜柱放在燃烧的炭火上，强迫犯人在上面行走，犯人站不住，就掉在炭火中活活烧死。

鄂侯仗着自己是王朝三公的身份，与纣王激烈争辩，指责纣无道，纣王当即将他处死，并制成干尸示众。纣王淫乱日甚一日，他的庶兄微子不忍坐视国家灭亡，苦劝纣王无效，只好逃离朝廷，隐居民间。纣的叔父箕子对纣王的暴政早有不满，他装成疯子，混在奴隶之中。纣王发现后，命武士将其囚禁。纣的叔父比干亲眼见微子逃隐，箕子佯狂为奴，非常伤感，又觉得他们未能尽到人臣责任，认为人主有过错而不劝谏，就是不忠；怕死而不敢进谏，就是不勇。于是他以死相争，接连三日苦苦劝谏纣王，不肯离开一步。纣王恼羞成怒，下令杀死比干，剖腹取心，声称要看比干的心是不是像圣人的心一样有九窍。

纣王的种种暴虐，终于使他陷于众叛亲离、民怨沸腾的孤立境地，商王朝的统治岌岌可危。崛起于商国西面的周国对商朝早已虎视眈眈，经过文王的经营，到商朝末年，周的势力已经十分强大，史称天下三分有其二。周武王在孟津（亦作盟津，今河南孟津东北）与诸侯结盟，向朝歌派遣侦探，加紧灭商准备。

周武王继位后9年（公元前1057年），得知纣王统治集团分崩离析，王族重臣比干被杀，箕子被囚，微子出奔；商军主力远征东夷，朝歌空虚，即率兵车300

商纣王王叔比干像

商周时期军队出征的情景

乘,虎贲3000人伐商。十二月下旬周军东进至孟津,与300个方国部落军队及各反商诸侯军会合。周武王利用商地人心归周的有利形势,率本部及800个方国部落军队,于十二月二十八日冒雨继续东进。从汜地(今河南荥阳汜水镇)渡河水(黄河,一说由孟津渡河)后,兼程北上,于一月初四拂晓进至牧野。商纣王听说周军来袭,仓促武装大批奴隶,连同守卫国都的军队(一说70万,一说17万,均难确信),开赴牧野迎战。

初五凌晨,周军布阵完毕,周武王庄严誓师,史称"牧誓"。武王在阵前声讨商纣罪行以激励将士斗志,统一战斗行动以保持阵形严整,严申不准杀降以瓦解商军。随即命一部精兵冲击商军前阵,商军中奴隶心向武王,纷纷倒戈,投降周军。武王乘势以主力猛烈突击,商军土崩瓦解。纣王仓皇逃回朝歌,见大势已去,登鹿台自焚而死。

商纣王是我国奴隶制国家商朝的最后一个帝王。3000多年来,商纣王一直是暴君形象的典型。他的暴行使得阶级和民族矛盾激化,最终导致国破人亡。

· 建立八百年天下 ·

周武王

周武王姬发是西周王朝的开国之君,文王次子。因其兄伯邑考被商纣王残杀,故得以继位。武是他死后的谥号。他生卒年不详,传说活了93岁。

文王在位50年,做了许多灭商的准备,他改革内政,发展生产,励精图治,以德治国,礼贤下士,使周繁荣兴盛起来。姬发继位后,对内重用贤良,继续以姜太公为军师,并用弟弟姬旦为太宰,召公、毕公、康叔、丹季等良臣均各当其位,人才荟萃,政治蒸蒸

名人档案

姓　名	姓姬/名发
生卒年	不详
祖　籍	岐山周原（今陕西岐山）
性　格	勇武/英明
身　份	周朝开国君主
父　亲	周文王姬昌

日上。对外争取联合更多诸侯国，孤立商王朝，壮大自己力量。

此时，商朝在暴君纣王统治下，政治上虽已十分腐败，但军事上仍有较强实力。武王审时度势，积极为灭商准备条件，等待时机。他即位9年后，为便于进攻商都朝歌（今河南安阳），将都城由丰（今陕西西安西南沣水西岸）迁至镐（今陕西西安西南沣水东岸），随后举行了历史上有名的"孟津观兵"。

这次观兵实际上是一次为灭商做准备的军事演习。他率大军先西行至毕原（今陕西省西安市长安区内）文王陵墓祭奠，然后转而东行向朝歌前进。

大军抵达黄河南岸的孟津（今河南孟津县东北），有800诸侯闻讯赶来参加。人心向周，商纣王孤立无援的形势已形成，各路诸侯均力劝武王立即向朝歌进军。

武王和姜太公则认为时机还不成熟，在军队渡过黄河后又下令全军返回，并以"诸位不知天命"告诫大家不要操之过急。

又过了两年，武王探知纣王更加昏庸暴虐。良臣比干、箕子忠言进谏，一个被杀，一个被囚。

周武王像

武王同姜尚研究，认为灭商条件已完全成熟，果断决定发兵伐商，通告各诸侯国向朝歌进军。

出发前，太史卜了一卦，得兆象大凶。见此不吉之兆，百官大惊失色。武王决心已定，不迷信鬼神，毅然率兵车300乘、近卫武士3000人、甲士四五万人向朝歌进发。纣王闻知周兵已到，调集都中士兵，再把囚犯、奴隶、战俘武装起来，共起兵17万相迎。双方开始了历史上著名的牧野之战。决战开始后，周军士气高涨，奋勇冲杀。商纣的军队在周军凌厉攻势下一触即溃。那些被迫参战的奴隶、囚徒不愿为纣王卖命，反把武王看作救星，倒转矛头引导周军杀入朝歌。纣王见大势已去，登上鹿台，自焚身死。商朝由此灭亡。

名人逸事

周武王建立周朝以后，四面八方的小国都来朝拜，并且带来许多地方特产和珍贵礼物。当时，有个西戎国，送给周武王一条大狗。这条西戎狗身高四尺，尾大毛丰，很是珍奇，周武王高兴地收下了。

担任太保的召公，唯恐周武王玩物丧志。一天，他面见周武王，对他说："现在，西方都归附你，无论远近国家，都把自己的好东西贡献给你，这固然是你的圣德。但是，玩赏之物是不分贵贱的，关键是人的德行。没有德，物也不值钱；有德，物才显得珍贵。犬马之类的畜牲不是本地所产，不该豢养它；珍禽异兽对人的衣食住行没有什么用途，也不必饲养它；别国的珍宝没有什么实用价值，也不要稀罕它。四方贡献的东西，最好是分封赏赐给同姓的国家，用来表示信诚之意。"周武王听了召公的劝谏后，从此更加专心治理朝政，满朝文武也都尽心尽职地报效国家。

武王灭商后,为了收服人心,巩固新建的政权,在政治上采取了许多政策和措施。首先,采取了以殷治殷、分而治之的办法,安抚殷商遗民;其次,采取封邦建国的方略,实行对全国的统治,在当时起到了巩固和加强全国统治的作用。

> **传世名言**
> 天视自我民视,天听自我民听。

武王为了巩固全国政权,日夜思虑,睡不好觉。他还同周公旦讨论过在当时被认为地处天下之中的洛邑(今河南省洛阳市内)营建东都,以便于加强对东方的控制。可惜他未能实现这个计划,在灭商两年后即逝世。周武王建立新王朝代替腐朽的旧王朝,成为历史上屈指可数的名王之一,受到后人称颂。后世儒者将他列入圣人行列,成为帝王的楷模。

· 礼仪之邦的建制人 ·

周公旦

周公姓姬名旦,是周文王的儿子,周武王的弟弟,鲁国的始祖。因为他原来的封地是周地,所以世人称他为周公。周公一生历经文王、武王、成王三代,在武王灭商建立周王朝的过程中,立下了不朽的功勋。武王去世后,因成王年幼,周公没有到鲁国就封,而是留在镐京代替成王执掌朝政,成了周王朝实际上的最高统治者。

周公代替成王执掌政权,引起了朝廷中很多人的不满,还引发了负责监视纣王之子武庚的管叔、蔡叔和霍叔与武庚联合发动的"三监之乱",周公陷入内忧外患的境地。

周公像

值得庆幸的是,周公对周王朝的忠诚很快感动了成王及大臣们,得到了成王及大臣们的信任和支持。内部问题解决以后,周公就开始着手平定叛乱。他内弭父兄,然后,又亲自领兵东征,经过三年苦战,终于平定了"三监之乱",还一举消灭了参加叛乱的17个东方小国。

平定"三监之乱"后,周朝的统治更加巩固了,疆域不断扩大。当时的周王朝东到海滨,南到淮水,西到甘肃,北到河北、辽西,成为一个泱泱大国。

为了加强对东方各国以及殷商贵族的控制,周公建议成王营建东都洛邑,把殷商贵

名人档案

姓　名　姓姬/名旦/被称为周公
生卒年　不详
原　籍　岐山周原（今陕西岐山）
性　格　忠诚/大度/高瞻远瞩/高尚
身　份　西周初年政治家/礼乐制度的创始人
家　庭　父亲/周文王/兄长/周武王

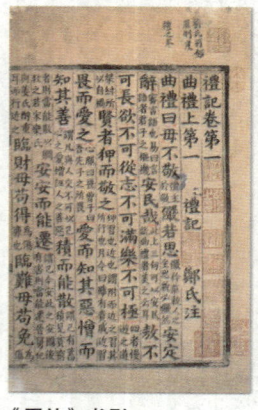 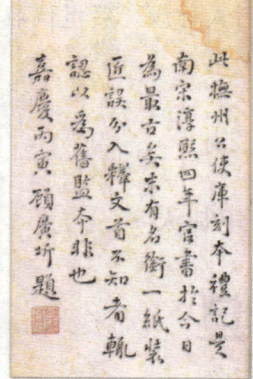

《周礼》书影

所谓周礼，一是指周代的礼法、政法制度，其中包括分封制、宗法制及与其相对的政法、礼法制度，它们有力地维护了周的统治。另一层意思是礼俗，包括周代的各种文化制度、风俗，后代各种礼法制度的制定多参照周礼。

传世名言

舜之为政，好生而恶杀；汤开三面之网，泽及禽兽。

族迁徙到那里。同时，周公归政成王，自己退居辅臣地位，留居东都洛邑，帮成王管理东方各国。

周公具有卓越的政治远见，他大力推行和完善了分封制，在各个战略要地和经济文化中心封邦建国，派姬姓王族的子弟或者功臣贵族去统治，实现了对东方各国以及殷商贵族的有效管理。周公还确立了同姓的诸侯和周天子的宗法关系，异姓诸侯和周天子的姻亲关系。同姓诸侯是周天子的叔伯兄弟，异姓诸侯是周天子的甥舅表亲。周公确立的以血缘关系为基础的宗法制度和封邦建国为基础的国家机构，使得周王朝的政令畅通，大大加强了周天子对各地的统治。

"以德配天""天命无常"是周公维护周朝统治的基本思想，他用这些思想解释周朝为什么能够替代原来受天之命的商朝，使周王朝的统治具有不可侵犯的神圣地位。周公对周朝的统治者也提出警戒，既然天命无常，便不可拥有永久的统治，只有"以德配天""敬天保民"，励精图治，才能保证统治的长久。周公的思想成为历代封建帝王统治思想的基础，对后世产生了深远的影响。

周公还建立了一套完整的礼乐制度，"刑不上大夫，礼不下庶人"就是在周朝开始形成的。他严格区分君臣、父子、兄弟、夫妻，以及亲疏、尊卑、贵贱的礼仪，以确保周天子至高无上的地位，平衡统治阶级内部的权力分配。

在周公的辅佐下，周成王开创了"成康之治"的盛世景象，使周朝成为当时世界上少有的文明大国。

周公晚年是在周族的发祥地度过的。周公死后，成王以最隆重的天子之礼将他安葬，还特许鲁国用祭祀天子的礼乐来祭祀周公。

名人逸事

周公礼贤下士，堪称世人楷模。他唯恐失去天下贤人，洗一次头时，曾多回握着尚未梳理的头发；吃一顿饭时，亦数次吐出口中食物，迫不及待地去接待贤士。这就是成语"握发吐哺"的由来。

·中国最早的经济改革家·

管 仲

管仲出生于没落贵族，青年时是一名寒士。他从小就熟读《诗》、《书》，通晓礼乐，还练就了高超的射箭、驾车的本领。

齐襄公残暴荒淫，晚年被大臣所杀，齐国内乱。朝中大臣分头去迎接避祸在外的公子纠和公子小白回国即位。当时追随公子纠的管仲，为阻止小白归国，在小白归途中伏击，小白假装中箭，骗过管仲，然后迅速归齐即位，是为齐桓公。在平定内乱后，齐桓公让鲍叔牙任相，而鲍叔牙则推荐那位向齐桓公行刺的管仲。齐桓公不计前嫌，任管仲为相。管仲感激桓公的知遇之恩，施展其经世治国之才，尽心辅佐齐桓公开创了一番霸业，他自己也成为春秋第一名相。

管仲当政以后，首先集中精力整顿内政，发展经济。他采取了许多"富民"的经济政策：放弃公田制度，分田到户；废除劳役地租，按照土地的好坏，分等级征收实物地租；规定盐铁官营，设立"轻重九府"，由政府掌握铸币权；并根据每年的收成，收购或抛售谷物，既可以平抑粮价，又能够从中得利；重视商业贸易，尤其是境外贸易，以免税的方法来进行鼓励；发挥齐国临海的地理优势，大兴渔盐之利。

管仲像

管仲还改革行政组织，实行"参其国而伍其鄙"。行政区划规定好了之后，管仲下令禁止随意迁徙，禁止杂处改业，使人们各定其居，各守其业，加强了对人民的控制。接着，他又推行兵民合一的军事制度，按照行政组织来设立军事组织，人们平时生产，战时从军，这一举措不但扩大了兵源，还增强了战斗力。为了解决齐国军备缺乏的问题，管仲实行了用兵器或者铜铁赎罪的政策，就连一般的民事诉讼，也可以用箭作为诉讼费。经过这一系列的改革整顿之后，齐国迅速强大起来。

平王东迁以后，周天子地位一落千丈，许多诸侯不把周王放在眼里，各诸侯为争夺权力，纷纷起来争当霸主。内政的改革整顿完毕，管仲开始谋划协助齐桓公取得霸主地位。为了得到诸侯的认同，管仲为桓公筹划了"尊王攘夷"的策略。所谓"尊王攘夷"也就是拥戴周天子为天下共主，维护周天子下的宗法制度，号令诸侯共同对抗北方戎狄部落的侵扰。桓公听

名人档案

姓　名	名夷吾/字仲/亦称管敬仲
生卒年	？～公元前645年
祖　籍	颍上（今安徽省颍上县）
性　格	大智大勇/灵活机变/精明练达
身　份	卓越的政治家/思想家
父　亲	管庄/曾做过齐国大夫

名人逸事

管仲出身于没落贵族，后来家道中落，也就成了一名寒士，几次求仕，都不成功。管仲有一好友，名叫鲍叔牙，经常接济他，但管仲并不感谢他。鲍叔牙非常理解管仲，他常说："管仲是为了年迈的母亲，才不惜遭人嘲笑，保全性命。管仲之所以苟且偷生，不为公子纠死节，是因为他有更远大的志向，为了富民强国他会成就一番大业。"他知道管仲有经世治国的大志，所以才不拘小节。正是因为鲍叔牙的推荐，管仲才得到齐桓公重用，成为春秋第一名相。管仲曾感慨地说："生我者父母，知我者鲍子也。"

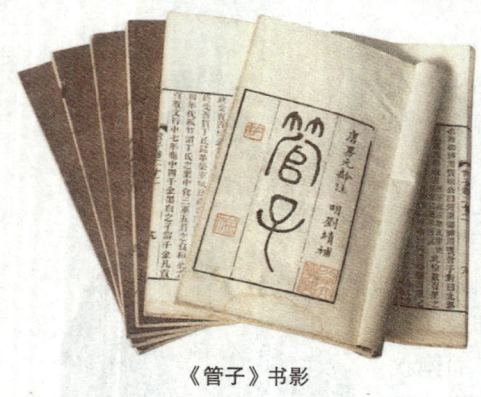

《管子》书影

从了管仲的建议，开始了争霸战争。

在管仲的建议下，齐桓公先后出兵灭掉谭国、遂国，然后与鲁、宋、陈、蔡、邾结盟。公元前680年，齐桓公征服背弃盟约的宋国后，再次接受管仲建议，在鄄城大会诸侯，周天子也派使臣参加，齐国成了事实上的诸侯霸主。公元前678年，周惠王正式任命齐桓公为"侯伯"，齐桓公得到了真正的霸主地位。公元前656年春，齐桓公和管仲统领中原八国的联军，挥师南下，与楚国在召陵会盟，楚国不敢再兴兵北犯；桓公还听从管仲攘夷的建议，号令诸侯，存邢救卫，阻止了北方戎狄对中原的侵扰，对保护黄河流域先进的农耕文化，起了重要的作用。公元前649年，齐桓公又派管仲到周天子的京城，平定了周襄王的弟弟叔带的叛乱。

在管仲的辅佐下，桓公先后主持了三次武装会盟，六次和平会盟，还帮助周天子平定了一次叛乱，这就是历史上所说的"九合诸侯，一匡天下"。

公元前645年，管仲临死时向齐桓公推荐宽厚仁慈的隰朋，希望齐桓公能重用隰朋，并建议齐桓公斥逐易牙、竖刁和卫公子开方这三个小人。但是齐桓公没有听从管仲的话，三年后，齐桓公被易牙等人饿死宫中，尸体直到60多天后才被收殓埋葬，齐国的霸业就此终结。

管仲死后，他的著作被收到《管子》中流传后世。

·道家学派创始人·

老 子

老子曾做过周朝"守藏室之史"，就是管理"藏室"的史官。老子一向只注意研究学问，不在意个人得失荣辱，虽然学识渊博，却一直过着默默无闻的生活。公元前516年，在周王室内部的权力争斗中，贵族王子朝失败，带着所有典籍逃走。老子再无"藏室"可管，于是骑着青牛，离开东周来到函谷关，在镇守函谷关的周大夫尹喜的盛情邀请下，写成了共有5000字的《老子》上、下两篇。老子写完书后，重新骑上青牛，出函谷关，从此不知去向。

《老子》以"道可道，非常道"开篇，提出了一个最高的哲学概念"道"，老子哲学就是由"道"推演出来的，他也因此成为道家的始祖。

老子把天、地、人等宇宙万物连贯成为一个整体，突破了古代哲学以政治和伦理为轴心的局限。老子认为"道"是先于天地生成的，是天地万物之源，宇宙间的一切，包括人在内都是天地万物的一部分，"人法地，地法天，天法道，道法自然"。老子这种思想实际上就是中国古代最早的一种"天人合一"思想，这一思想为后来的庄子所继承和发展。这种"天人合一"的整体观念，对中国古代的各个领域都产生了深远的影响。

老子思想中最大的闪光点是他的朴素的辩证法思想。老子观察到宇宙间的万事万物都存在着互相矛盾的两个对立面，"有无相生，难易相成，长短相形"，世间万物有阴阳、刚柔、强弱、兴废等分别。他还发现对立的事物能够向其相反的方向转化，如："物壮则老"，"兵强则灭"，"木强则折"，"祸兮福之所倚，福兮祸之所伏"。为了防止物极必反，导致衰落，老子主张"去甚去奢去泰"，就是要去掉那些极端的、过分的举动，始终保持着像"道"那样冲虚而不盈满的状态。

老子骑牛出关图 明

老子的朴素辩证法思想表现在军事战略方面就是"善为士者不武，善战者不怒，善胜敌者不与"，同时还要注意"将欲弱之，必固强之"，"将欲夺之，必固与之"。

名人档案

姓　名	姓李/名耳/字伯阳
生卒年	不详
祖　籍	春秋时代楚国苦县（今河南省鹿邑县）后乡曲仁里
性　格	深沉/智慧/消极
身　份	中国古代伟大的思想家/道家学派的创始人

他还提出了以柔弱胜刚强的指导思想，比如，天下没有比水更柔弱的东西，但以水攻坚，没有攻不下的，以此来说明柔弱能胜刚强。

老子的道的本性是自然的，他提出了天道自然的观念。

他认为天地的运行是自然而然、不假外力的。人也应该和万物一样，是自然的，人生必须消除主观和外在的干涉，使其自然发展。

在自然人性论的基础上，老子提出了"无为而治"的政治论。老子把人民的饥荒、贫困看做是多欲的统治者横征暴敛的结果。人民起来为"盗"，轻生冒死，其责任完全在于统治者。老子

传世名言

道生一，一生二，二生三，三生万物。
人法地，地法天，天法道，道法自然。
有无相生，难易相成，长短相形。
祸兮福之所倚，福兮祸之所伏。
物壮则老，兵强则灭，木强则折。

西汉帛书《老子》(残页)

主张用"天之道"来取代"人之道","损有余以补不足",这样就能够解决社会所存在的一切弊端。

老子提倡的"无为"而治,是对统治阶级的"有为"进行的揭露和抨击。老子提倡这种"无为"之治的目标是建立一个"小国寡民"的社会,也就是"使民复结绳而用之,甘其食,美其服,安其居,乐其俗。邻国相望,鸡犬之声相闻,民至老死不相往来"。

千百年来,老子的思想深刻地影响着中国的哲学、伦理道德、政治、文化,甚至是中国人的思维,他的思想为战国时代的庄子等人所继承,形成了道家学派。《老子》也被奉为道教的三大经典之一,尊称《道德经》。老子还受到西方的推崇,《老子》的英译本达40多种。老子的影响是极为深远的,可以说没有老子,中国乃至世界文化史将是不完整的。

·万世师表的至圣先师·

孔 子

孔子像

孔子自幼受到良好的教育,曾在鲁国任委吏、乘田等小吏。30岁左右,孔子成为知名的学者,奉诏开始办私学,广收门徒。公元前515年,答齐宣王问政时提出"君君、臣臣、父父、子子"的主张,未得重用。公元前500年左右,孔子开始为推行其政治思想奔走各国,备受冷遇。公元前484年,孔子返回鲁国,晚年一直致力于文化教育事业,整理古代文化典籍。公元前479年病故。

孔子是我国春秋时期最伟大的思想家、政治家、教育家,他以仁爱、礼义为本,建立了影响中国社会两千多年的儒家学派。孔子提出"克己复礼为仁,一曰克己复礼,天下归仁焉"。"仁"是孔子学说的核心和主导精神,体现在孔子思想的各个方面。孔子又提出"仁者爱人",仁者要对世人有同情心,能设身处地为他人着想。孔子非常重视个人的道德修养,他认为一个人能否成为有德之人，主要在自己的主观努力，为人应该严于律己，宽以待人，自己有德行，就不必担心别人是否赏识和理解自己。君子要安贫乐道，舍生取义。孔子还提倡自我反省式的修身养性之法。

在政治上，他提出"君君、臣臣、父父、子子"，他的理想是要恢复周礼，建立一个严格有序的社会。孔子反对暴政，反对滥用民力，希望君主能够"惠民"、"爱民"。孔子主张在政治生活中也要贯彻道德的原则，使政治行为道德化。在他看来，刑罚可以使人畏惧而不敢犯法，但并不能从根本上消除犯罪动机。只有用德和礼对人民进行感化和引导，提高人民的道德意识，才能使社会长期稳定。而以德治国的根本保证就是统治者必须成为道德的楷模，以自己的道德风范来影响和教育人民。

在教育上，孔子以道德教育为中心，把自己的政治思想与教育思想有机地联系在一起。他认为教育的根本目的就是教人做人，而做人的关键是要具备爱心，要做到己所不欲，勿施于人。孔子提出"有教无类"的办学宗旨，在教学中，他自拟教学内容，自创教学方法，因材施教，并且强调学习与思考结合，启发式的教学和弟子积极领悟结合。他还很注重教学与实践相结合，教学与社会现象相结合。在教学过程中，他以诗、书、礼、乐、射、御、数为具体的教学内容，这些又与文、行、忠、信相辅而行。

孔子在典籍整理方面也取得了很大的成就，他首次提出"文献"一词，并结合史实和旧有文献资料编订了《易》、《书》、《礼》、《乐》、《诗》、《春秋》等著作。他死后，他的弟子遵照他的遗嘱，将他的言行、语录编辑成书，定名为《论语》。

孔子的一生是奋力治学、执著追求、不计荣辱得失、为国为民的一生，他是中国古代最伟大的文化圣人，他对中国2000多年的社会和思想都产生了巨大而深刻的影响。虽然他的政治主张无法实现，但是他那种明知"不可为而为之"的坚毅和博大让后人感动。汉平帝追封他为褒成宣尼公，唐玄

名人档案

姓　名	姓孔/名丘/字仲尼
生卒年	公元前551～公元前479年
祖　籍	春秋末鲁国陬邑（今山东曲阜）
性　格	仁爱/宽厚/睿智/坚毅/执著
身　份	中国古代思想家/教育家/儒家学派创始人
父　亲	叔梁纥/做过鲁国的下级官吏

孔子塑像

位于大成殿内明间正中。高3.35米，头戴十二旒冕，身穿十二章服，手捂镇圭，一如天子礼制。清康熙帝曾在此亲祭孔子，行三跪九叩大礼，随从认为皇帝对一介布衣行如此大礼实有不妥，康熙说："孔子乃千秋帝王之师，万世人伦之表"，并亲书"万世师表"四字以示虔敬。

传世名言

学而时习之，不亦说乎？
己所不欲，勿施于人。
三人行，必有我师焉。
人无远虑，必有近忧。

宗追谥他为文宣王，元成宗加封他为大成至圣文宣王。他的学说在西汉武帝时代就被定为享有独尊地位的正统思想，清圣祖为他亲笔题书："万世师表"。

· 百世兵家之祖 ·

孙 武

孙武像

孙武，世俗尊称其为孙子或孙武子。孙子的祖先本姓田，是齐国王族。其祖父田书颇有军事指挥才能，曾被封一块封邑，获赐孙姓。父亲孙冯，做过齐国的卿相。孙氏家族后因无法忍受齐国内部激烈的权力纷争，去了吴国。在吴国，孙武一边耕田，一边写作兵书。后得好友伍子胥的七次推荐，被吴王拜为大将，孙武很快就为吴国训练出一支纪律严明、能征善战的军队来。

孙武不愧为一个有战略思想的伟大军事家，在他的努力下，吴国不但很快从一个贫弱小国，发展为实力强大的诸侯国，还实现了吴王阖闾称霸诸侯的梦想。公元前506年，在柏举之战中，孙武仅以3万兵力就击溃了楚国20万大军，攻占了楚国的都城。吴王阖闾死后，夫差即位，孙武又辅佐夫差征服越国、讨伐齐国、与晋国争霸，使得吴国的国势达到了巅峰，吴王也成为春秋时代又一个霸主。司马迁曾这样评价孙武：吴国的胜利是和孙武分不开的，正是在孙武的指挥下，吴军才能击败强大的楚国，威震齐晋，名扬诸侯。

孙武的主要思想都集中在《孙子兵法》中。《孙子兵法》共计13篇，有《计篇》、《作战篇》、《谋攻篇》、《军形篇》、《兵势篇》、《虚实篇》、《军争篇》、《九变篇》、《行军篇》、《地形篇》、《九地篇》、《火攻篇》、《用间篇》。《孙子兵法》是一部研究战略思想的军事学术著作，全书5900余字，文字简约，内容丰富，涉及了战略学、战术学、军制学、后勤学、军事地形学、侦察学等诸多领域。

孙武的军事战略思想包括以下几个方面：首先是与政治融为一体的战争观，"知己知彼，百战不殆""不战而屈人之兵，

名人档案

姓　名	字长卿/世称孙子
生卒年	不详
祖　籍	春秋时齐国乐安（今山东惠民）
性　格	颖悟/英勇/智谋
身　份	古代第一个形成战略思想的伟大军事家
祖　父	田书/颇有军事指挥才能
父　亲	孙冯/做过齐国的卿相

善之善者也。故上兵伐谋，其次伐交，其次伐兵""凡用兵之法，全国为上，破国次之"是孙武心目中战争的最高境界。他认为战争是关系军民生死、国家存亡的大事，发动战争应该谨慎，决定战争胜败的关键是政治而非军事，统治者应顺应民心，采取措施使得百姓安居乐业，与君主同心同德。其次是以野战为主的进攻战略，他认为在战争过程中自始至终要掌握主动权，要先发制人、主动出击、出奇制胜、因敌制胜。孙武一贯主张速战速决，"兵贵速，不贵久""出其不意，攻其不备"。再次是集中优势兵力的作战原

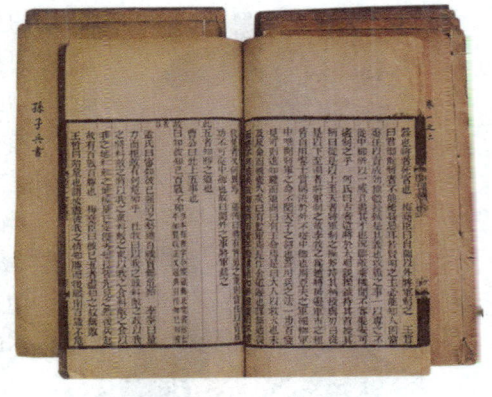

清版《孙子兵法》书影

则，"用兵之法，十则围之，五则攻之，倍则分之，敌则能战之，少则能逃之，不若则能避之""我专为一，敌分为十，是以十攻其一也，则我众而敌寡"，这也是《孙子兵法》中最精彩的内容之一。此外，他还提出要回避攻城作战，"攻城则力屈""攻城之法为不得已"。

《孙子兵法》的内容非常丰富，在统帅的基本素质和才能，战争的准备和进程，军队的组织和训练，临阵的战术技巧等方面，都有独到的见解。

孙武的战略思想对后世产生了巨大的影响："世俗所称师旅，皆到孙子十三篇"，孙膑、吴起的兵书吸收了很多孙武的思想；曹操亲自为《孙子兵法》做过注释；唐太宗曾赞曰："观诸兵书，无出孙武。"宋神宗颁定《孙子兵法》为《武书七经》之首。毛泽东曾赞誉它"至今仍是科学的真理"。

孙武以及他的《孙子兵法》在国际上也很有影响，唐代时传到日本，1772年，《孙子兵法》被译成法文版本，英国的汉学家称《孙子兵法》为"世界最古的兵书"，美国人则盛赞孙子是"古代第一个形成战略思想的伟大人物"。孙武的确堪称"百世兵家之祖"。

孙武的军事思想还被广泛地应用于政治、外交、经济、科技、体育竞赛等社会生活的各个方面，《孙子兵法》在现代企业经营管理和商业竞争中也具有不可估量的指导意义。

· 中国土木工匠的祖师 ·

鲁 班

鲁班出生在鲁国一个世代以工匠为生的家庭。家庭的影响和熏陶，使他从小就喜欢上机械制造、手工工艺、土木建筑等古代工匠所从事的工作。

小时候他跟随家人参加许多土木建筑工程劳动，在劳动中，他虚心向有经验的老师傅和家人请教，学习他们的先进技术和经验，并细心观察他们在各项劳动中高超的操作技

鲁班像

巧。长期的生产实践和他本人不断的努力,使鲁班逐渐掌握了多方面技能,积累了非常丰富的实践经验,成为有名的能工巧匠。

有一次,鲁班接受了一项建筑一座巨大宫殿的任务。这座宫殿需要很多木料,鲁班就让徒弟们上山砍伐树木。由于当时还没有锯子,他的徒弟们只好用斧头砍伐,但这样做效率非常低,累得筋疲力尽,也砍伐不了多少树木,使工程进度一拖再拖。为此,他决定亲自上山察看砍伐树木的情况。

上山的时候,无意中抓了一把山上生长的一种野草,一下子将手划破了。鲁班很奇怪,一根小草为什么这样锋利?于是他摘下了一片叶子来细心观察,发现叶子两边长着许多小细齿,用手轻轻一摸,这些小细齿非常锋利。他明白了,他的手就是被这些小细齿划破的。

鲁班受到很大启发,于是他立即下山,制作了带有小锯齿的铁片,然后到山上继续实践。鲁班和徒弟各拉一端,在一棵树上拉了起来,只见他俩一来一往,不一会儿就把树锯断了,又快又省力,锯就这样发明了。

名人档案

姓　名	原名公输般/姓公输/名般/又称公输子/公输盘/班输/鲁般
生卒年	生于公元前507年/卒年不详
祖　籍	春秋时鲁国
性　格	好学刻苦/善思/长于实践
身　份	建筑工匠祖师

鲁班还是一位杰出的机械发明家,发明创造了多种简单机械装置。如鲁班曾对古代的锁进行了重大改进。锁在我国奴隶社会的周代就已经出现,其形状像一条鱼,构造比较简单安全性比较差;经过鲁班改进后,其形状、结构均有较大变化,锁的机关设在里面,外表不露痕迹,只有借助配好的钥匙才能打开,具有很强的安全性和实用性,能够代替人看守家门。史书还记载,鲁班曾用竹子做成一只木鸟,

《鲁班经匠家镜》营造家具图

鲁班版画

名人逸事

公元前450年以后，鲁班从鲁国来到楚国，帮助楚国制作兵器。他曾创制了威力较大的攻城器械云梯，并准备以此来进攻宋国。为此他与著名学者墨子发生了辩论，俩人展开了一场攻城与守城的演习，鲁班想尽各种办法进行攻城，都被墨子一一化解。

墨子主张制造实用的生产工具，以造福老百姓，反对为战争制造武器。鲁班接受了墨子的这种思想，于是便把精力投入到木工工具、机械等各种实用技术上，埋头从事各种发明创造。

能够借助风力飞上高空，三天不落地，在当时引起很大震动。还有一种传说，说鲁班曾制成机动的木车马，这辆木车马由"木人"驾驶，装有各种机关，能够在路上自动行走，一直到汉代还在流传。

传世名言

在木匠眼里没有废料，关键是看你把它用在哪里。

鲁班最重要的发明，当数攻城器械云梯了。它的出现是军事技术史上的重大进步，大大提高了军队攻打坚固城池的能力。

鲁班对人类的贡献可以说是前无古人，后无来者，是中国当之无愧的科技发明之父。鲁班被人们视为技艺高超的古代工匠的化身，成为我国劳动人民勤劳智慧的象征。

· 主张兼爱的哲学家 ·

墨 子

墨子出身平民，精通手工技艺。他自称是"鄙人"，有人称他为"布衣之士"。墨子曾经做过宋国的大夫，是一个同情下层人民的士人。他早年学习过孔子的学说，非常欣赏儒家所说的大同社会，重点学习《诗》、《书》、《春秋》等儒家典籍。但后来他渐渐对儒家所崇尚的烦琐礼乐感到厌烦，最终放弃了儒家学说，著书立说，自成墨家一派。

在法家学派兴起之前，墨家学派是先秦和儒家相对立的最大的一个学派，被列为"显学"。墨家学派是一个组织严密、纪律严格的团体，最高的领袖被称为"巨子"。墨家的成员都称为"墨者"，必须服从巨子的领导，听从指挥。为宣传自己的主张，墨子广收门徒，亲信的弟子达数百人之多，形成了声势浩大的墨家

墨子像

名人档案

姓　名	姓墨/名翟
生卒年	约公元前476～公元前390年
祖　籍	春秋战国之际的邾国（今山东滕州市境内）
性　格	坚毅/智慧/宽厚/善良/勤俭
身　份	墨家学派的创始人

《墨子》书影

清光绪湖北崇文书刻本。总计53篇，大多为墨翟弟子及其后世门人对墨翟言行的记述。

学派。墨子的行迹很广，东到齐、鲁，西到郑、卫，南到楚、越。他还曾和公输班论战，成功制止了楚国准备对宋国发动的侵略战争。

墨子的思想和事迹主要体现在《墨子》一书中。西汉时的刘向把墨子及墨家学派的著作整理成71篇，但以后逐渐散失。现在所传的《墨子》共33篇，是墨翟和他的弟子共同著述的，也包括后期墨家的一些著述，是现在研究墨家学派的重要史料。

墨子的思想共有十项主张：兼爱、非攻、尚贤、尚同、节用、节葬、非乐、天志、明鬼、非命，其中以兼爱为核心，以节用、尚贤为基本点。

墨子思想的根本精神是自苦利人。他倡导"兼相爱，交相利"的思想，认为为别人谋利才是"义"，损人利己则是不"义"的行为，就是以是否有利于人民作为衡量是非的重要标准。他的非攻、非乐、节用、节葬等主张，都体现了这一精神。他要求人们学习大禹治水不怕艰苦为人民谋福利的精神，在个人物质生活方面，只取最低的标准。所以孟子说他是"墨子兼爱，摩顶放踵，利天下为之"。

在政治上墨子主张"尚贤"、"尚同"的思想。"尚贤"是主张突破贵族世袭制度，要求选拔有能力的人，罢斥无能者，反映了小生产者要求在政治上平等的思想。"尚同"则认为国家的职能在于统一全国思想，要求百姓与官吏逐级与上级官长保持一致，最后达到与君主的思想保持一致，实际上就是以君主的是非标准来判断是非，表现出专制主义的倾向。

墨子哲学思想的主要贡献是在认识论方面。他认为"耳目之实"的直接感觉经验才是认识的唯一来源，他认为，判断事物的有与无，不能凭个人的臆想，而要以大家所看到的和所听到的为依据。

墨子思想包含有深刻的矛盾。他自苦利人，

传世名言

听吾言，用我道。

仁人之所以为事者，必兴天下之利，除去天下之害，以此为事者也。

原浊者流不清，行不信者名必耗。

天下之人皆相爱，强不执弱，众不劫寡，富不侮贫，贵不敖贱，诈不欺愚。

名人逸事

墨子有个学生叫子禽，有一次他问墨子："老师，您认为多说话有好处吗？"墨子回答说："你看那蛤蟆、青蛙，还有逐臭不已的苍蝇，它们不分白昼黑夜，总是叫个不停，以此来显示自己的存在。可是，它们即使叫得口干舌燥、疲惫不堪，也没有谁会去注意它们到底在叫些什么。现在你再来看看这司晨的雄鸡，它只是在每天黎明到来的时候按时啼叫，然而，雄鸡一唱天下白，天地都要为之震动，人人闻鸡起舞，纷纷开始新一天的劳作。两相对比，你以为多说话能有什么好处呢？"

精神崇高，但带有若干空想成分，难于为多数人接受；他要求平等的政治权利，却又有着专制主义倾向。这些都反映出小生产者思想的特点。总的说来，中国古代逻辑思想不够发达，而《墨子》所阐述的逻辑思想，则已达到相当高的水平。《墨子》是了解中国古代逻辑思想的一部重要著作。

·锐意变法的政治家·

商 鞅

商鞅像

商鞅本是战国中期卫国人，出生在一个没落的宗室贵族的家里，名公孙鞅或卫鞅。入秦后因变法有功，被秦王封于"商君"，因而被称为"商鞅"。

商鞅年轻时好刑名之学，在魏相公叔痤下任中庶子，掌卿大夫家族事务。公叔痤虽很赏识他的才华和抱负，但是却直到临死时才向魏惠王推荐商鞅，让商鞅接任国相之职。可是他同时还对魏惠王说："如若不用，一定要杀了他，以绝后患。"可是，魏惠王并不赏识商鞅，拒绝接纳商鞅为国相，商鞅在魏国施展抱负的理想化成了泡影。公元前361年，正在商鞅郁郁不得志时，秦国刚刚即位的秦孝公决心继承父亲秦献公未竟的事业，颁下求贤令，准备变法革新。商鞅认为这是自己施展才华的好机会，决定离开魏国西行入秦。

到了秦国，商鞅向秦孝公进言"强国之术"，提出了一些变法建议，得到秦王的赏识和重用。公元前359年，秦孝公封商鞅为左庶长，鼓励并支持商鞅变法。公元前352年，秦孝公又封商鞅为大良造，支持他进行第二次变法。

商鞅两次自上而下的成功变法，奠定了秦国富强的基础。商鞅变法概括起来有六个方面：废除旧贵族的世袭特权，实行军功爵制，奖励军功，禁止私斗；实行编户制和连坐法，以控制农户和征收赋税；重农抑商，奖励耕织，发展生产；废井田，开阡陌，承认土地私有，允许买卖；废除分封，实行县制，建立封建中央集权的政治制度；统一度量衡。

商鞅的第一次变法削弱了旧贵族的势力，发展了经济，使得当时落后的秦国，在政治、军事、经济各方面超过了六国，成为头等强国。第二次变法使秦国

名人档案
姓　名	公孙氏/名鞅/亦称卫鞅
生卒年	公元前390～公元前338年
祖　籍	战国中期卫国
性　格	坚强/执著/刻薄
身　份	政治改革家

名人逸事

商鞅颁布新法时，为了取信于民，他在都城南门外立了一根三丈木杆，并张贴布告，"谁能把木杆搬到北门，赏金十两"。

老百姓看了布告都不敢相信，不知商鞅葫芦里卖的什么药，谁也不动。

商鞅又下令，"把木杆搬到北门者，赏金五十两"。

这回有人动心了，真的把木杆从南门搬到了北门。商鞅当众赏了这人五十两金，得到了老百姓的信任。商鞅此举意在昭示新法的严肃性，使得百姓不敢怠慢新法。

公元前340年，商鞅率军攻魏，双方势均力敌，秦难以速胜。商鞅采用兵谋诈术，写信给魏公子，约魏公子饮酒，假意言旧。魏公子丝毫不疑，如约而至，中了埋伏，魏军大败，只好归还秦国的河西之地。此一役，不仅解除了魏对秦的威胁，商鞅也因此被封为商君，得到15个城邑的封地。

更加国富民强，称雄于天下，为后来的秦始皇统一中国奠定了坚实的基础。李斯曾评价商鞅的变法："孝公用商鞅之法，移风易俗，民以殷富，国以富强，百姓乐用，诸侯亲附。"

商鞅的法令对后世产生了巨大而深远的影响。他统一的度量衡成为秦始皇统一天下度量衡的基础和标准；他推行的编户制和什伍制，成为后世保甲制度的依据；他制定的郡县制后来被秦始皇推向全国，也被以后的历代王朝所沿用。正是因为这些，梁启超才将商鞅誉为中国六大政治家之一。

然而，但凡革新变法必定要触及旧贵族的利益，为了推行新法，商鞅严惩了大批权贵，其中包括太子的师傅公子虔和公孙贾，也因此得罪了太子驷（秦惠王），以致在秦孝公死后惨遭车裂之祸。

金器 战国前期

战国时代，随着铁制工具的应用和普及，金银器的制作工艺有了很大提高。由于当时的黄金极为稀少，所以只有上层社会才有条件使用。

·伟大的爱国诗人·

屈 原

屈原出生于楚国的一个贵族家庭，20多岁时受到楚怀王的信任，先后做过左徒和三闾大夫的官职，地位相当显赫，"入则与王图议国事，以出号令；出则接遇宾客，对应诸侯"，一度是楚国内政外交的关键人物。但是，由于小人谗害，屈原一生遭到楚王的两次放逐，过了20多年的流浪生活。评价屈原的一生，可以说他是一个伟大的诗人，又是一个怀才不遇的政治家。

名人档案

姓　名	名平/字原
生卒年	约公元前339～公元前278年
祖　籍	湖北秭归
性　格	爱憎分明/执著坚定/正直高洁
身　份	诗人/政治家

他爱憎分明，决不随波逐流，以至于受到排挤，遭到楚王的两次放逐。

第一次放逐是在楚怀王二十四年（前294年），由于屈原极力反对楚怀王亲秦抗齐的外交政策，屡次犯上进言，被放逐到汉水上游。第二次放逐是在楚顷襄王时，因责备令尹子兰不该劝怀王入秦会盟以至被秦扣留而死，得罪了子兰，子兰在顷襄王面前进谗，使屈原再被流放，放逐于江南。

即便是被放逐，屈原的爱国热忱也丝毫没有减弱，在异地漂泊多年，他从未考虑过要离开楚国。公元前278年，秦军攻占楚国都城，在绝望中，屈原投汨罗江以身殉国。

屈原是中国古代第一位具有爱国主义思想的浪漫主义大诗人，他开创了楚辞文体，形成了中国文学史中最早的浪漫主义文学流派，和《诗经》一起构成了中国诗歌的两大源头，在中国文学史上占有极其重要的地位，对后世文学产生了无穷的影响。

屈原在第一次流放时所做的《离骚》，是楚辞中最重要的作品，因此楚辞又被称为骚体。

屈原的作品现存25篇，最著名的除了《离骚》之外，还有《九歌》、《天问》等。屈原的作品有自己独特的艺术风格，他大胆使用浪漫主义手法，运用神话传说，展开丰富的想象，抒发了自己奔放的情感和对美好理想的追求，表达了自己的政治理想，以及对腐败的统治者的不满和对人民的痛苦生活的深切同情和关怀。在反映现实矛盾，抒发内心感情时，作者继承并发扬了《诗经》的传统，巧妙地使用比兴手法，委婉而且深入地表述自己的观点。

屈原在诗歌的语言和表现形式上也做了变革，不仅加长了句子，还加大了篇幅，相对《诗经》来说，更有利于增加内涵，深入地表达思想。

透过屈原的作品可以感受到屈原伟大的人格和高尚的情操，他以国家兴亡为己任，追求"举贤荐能、修明法度"的美政理想。在《离骚》中，屈原对贵族统治集团争权夺利、贪婪嫉妒、仗势欺人、蔑视法度

屈原像

饮酒读《离骚》图　明　陈洪绶

《离骚》历来为忧愤之士所爱，图为一位士人坐于兽皮褥上正饮酒读《离骚》，一副激愤而又无可奈何之状，大有击碎酒杯一展悲吟之意。

等腐朽现象进行了无情的揭露。屈原耿直的性格和他那国家利益高于一切的爱国思想在《离骚》中得到充分的体现,当国君的做法不利于国家时,他也同样在作品中表现出自己的不满和愤怒。

在《天问》中,他一连提出172个问题,从自然问到历史,再问到社会,表现了他的宇宙观以及对宗教信仰的怀疑态度。

· 法家学说的集大成者 ·

韩非

韩非出生于战国末期的韩国贵族,自幼聪明过人,与李斯一同师承荀子。他长于写作,却不善言辞。韩非曾多次上书韩王,提出富国强兵的建议,主张修明法度、任用贤能、赏罚分明。但是韩王不为所动,韩非只好退而发愤著书立说,写成包括《孤愤》、《五蠹》、《内外储》、《说林》、《说难》等55篇作品、10余万字的《韩非子》。他的书流传到秦国,秦王嬴政读罢,拍案叫绝。为了得到韩非,秦王于公元前234年发兵韩国,昏庸无能的韩王只好交出韩非,以保得自己的一时平安。可是韩非在秦国还不到一年,就被李斯等人陷害自杀。

韩非是中国古代卓越的思想家,也是一个顺应时代潮流的政治理论家。他的思想涉及广泛,包括政治、法律、哲学、社会、财经、军事、教育、文艺各个领域,

韩非像

为秦始皇实施中央集权、统一中国、建立大一统的封建专制主义国家提供了有力的理论依据。

韩非的法治思想来源于荀子、商鞅、申不害和慎到,是法家的集大成者。他把战国前期的"法""术""势"三家思想结合起来,第一次明确地阐述了三者之间统一的、不可分割的联系,建立了一套完整的法制思想体系。他认为只有实行法制才可以顺利地推行地主阶级的政治改革;只有统治者掌握了政治上的权势,才能推行法制;有法有势而无术的话,统治者就会大权旁落,利益受到损害;有术无法就不能有效地推行政令,国家就不会富强。

韩非的思想体现在政治上主要有以下几点:他主张统治者应根据形势的变化而采取相应的措施,不可因袭旧法,墨守成规;他还主张论功行赏,提

名人档案

姓　名	韩非
生卒年	约公元前280~公元前233年
祖　籍	战国末期的韩国
性　格	善思/敏感
身　份	哲学家/思想家

名人逸事

韩非的著作传到了秦国,得到秦王嬴政的赞赏,他感叹地说:"如果能让我与他(韩非)交游,就是死了也没有什么遗憾了!"

当时,李斯正在秦国为秦王效力,为了讨好秦王,他告诉秦王,文章是韩国的韩非所著。秦王为了夺得这位才子,立刻派兵进攻韩国。韩王无奈,只好交出韩非。

韩非的到来却让李斯坐立不安,他知道自己的才能比不上韩非,恐怕自己被秦王冷落,于是,嫉贤妒能的李斯伙同大臣姚贾在秦王面前诽谤韩非,对秦王说:"韩非,韩之诸公子也。今王欲并诸侯,非终为韩,不为秦,此人之情也。今王不用,久留而归之,此自遗患也,不如以过法诛之。"秦王听信李斯谗言,将韩非投入狱中。李斯为除后患,不但阻止韩非面见秦王辩解,还强迫韩非服毒自杀。等到秦王后悔,要赦免韩非时,韩非早已死在云阳狱中了。

倡"耕战"。他认为国家富足要靠农民,抵抗敌人要靠军队,耕战政策是国富兵强的根本;他认为君权集中的指导思想是法家思想,要求定法家于一尊。他激烈地批判和攻击法家以外的其他学派,特别是当时影响最大的儒家和墨家。

《韩非子》书影

韩非对人与人之间的关系,也有独到的见解。他认为君臣的关系是当时社会最重要的一对矛盾,处理好这对矛盾是关系政权安危的头等大事;而国君和人民的关系也是对立的矛盾。他抛弃仁义,主张国君对人民必须实行强制,用刑罚镇压人民是最有效的手段;他还认为由于利害的不同,君臣、父子、夫妻、兄弟、君民等等,不管是哪种人群,和对立的一方都存在着矛盾。

通过《韩非子》,我们能看出韩非也是一位语言文学大师,他用恢弘的气势、透彻的说理、华美的文采,记载了大量的历史人物、历史事件、寓言故事和民间传说等,客观、翔实、丰富地反映了先秦时代的社会面貌。他的著作堪称先秦的散文巨著之一,是我国宝贵的文学遗产。

·巧夺天工的水利专家·

李 冰

李冰是中国战国时期杰出的水利工程学家,都江堰的设计者和兴建的组织者。大约在秦昭襄王五十一年(公元前256年),李冰被任命为蜀郡守。他到任以后,看到当地严重的自然灾情,就着手开始进行大规模的治水工作,设计并组织兴建了都江堰。

整个工程是由分水堰、飞沙堰和宝瓶口三个主要工程组成的,规模宏大,地点适宜,

名人档案

- 姓　名　李冰
- 生卒年　不详
- 祖　籍　不详
- 性　格　坚毅仁厚/勤于实践/善于思考
- 身　份　中国古代著名水利学家

布局合理，同时有防洪、灌溉、航行三种作用，充分体现了李冰和劳动人民的智慧，在世界水利工程史上也是罕见的奇迹。

李冰和他的儿子二郎首先对岷江的两岸的地势进行了实地考察，仔细地记录了水情。根据具体情况，制定了治理岷江的合理方案，开始了都江堰工程。

他先是在岷江的上游打开了一个20米宽的口子，叫它"宝瓶口"，形状就好像是大石堆，这就是后人称作的"离堆"。在江心，采取了构筑分水堰的办法，把江水分做两支，强迫其中的一支流进宝瓶口。为了实现在江心的建筑，他另辟新路，吩咐竹工们编成长三丈、宽二尺的大竹笼，装满鹅卵石，然后一个一个地沉入江底，终于战胜了急流的江水，筑成了分水大堤。这样，岷江汹涌而来的江水被分成东西两股。西面的叫做外江，是岷江的正流；东面的一股叫做内江，是灌溉渠系的总干渠。渠道的头上就是宝瓶口，在经过这个地方的时候再分成许多河道，组成一个纵横交错的扇形水网，灌溉成都平原的千里农田。灌溉面积达20多万公顷（300多万亩）。飞沙堰高度适中，具有分洪和减少宝瓶口泥沙的功用。从此以后，岷江水开始为民所用。以后，他又多次对都江堰进行改进，彻底保证了都江堰对水患的遏制作用。

李冰在治水的过程中，排除了种种迷信的阻挠，坚决用科学的方法来治理水患，而

二王庙

后人为纪念李冰及其子二郎治水的功劳，在都江堰修建了"二王庙"，在二王庙的墙壁上刻有"深淘滩，低作堰"的治水六字诀。

且他成功地解决了秦王的亲戚华阳侯的妒嫉以及制造的一系列的谣言和中伤事件，及时地处理了工程当中的问题和紧急状况。但是华阳侯的险恶用心还是让李冰受到了革职的处罚。温柔娴熟的李夫人甘当人质，为李冰赢得了宝贵的治水的机会，工程才取得了最后成功。百姓们对李冰感恩戴德，但李夫人却病死在咸阳。以后，他又多次对都江堰进行改进，保证了都江堰对水患的遏制作用。

除了都江堰，李冰在蜀郡还兴建了许多有益于民的水利工程，他在成都市建了7座桥，修了石犀溪，对沫水（又名青衣水）进行了治理。他组织百姓开凿河心中的山岩，整理水道，便利了航行。李冰还对管江、汶井江、洛水进行过疏导，又引水到资中一带灌溉稻田。李冰还在蜀郡修筑桥梁，在广都主持开凿了盐井，为开发成都平原、发展农业生产作出了重大贡献。

李冰父子塑像

成都平原能够如此富饶，被人们称为"天府"乐土，从根本上说，是李冰创建都江堰的结果。所以《史记》说：都江堰建成，使成都平原"水旱从人，不知饥馑，时无荒年，天下谓之'天府'也"。

李冰作为第一个治理都江堰的人，筚路蓝缕，功不可没，千百年来一直受到四川人民的崇敬，被尊称为"川主"，在许多地方修有"川主祠"，来表达对他的怀念。

· 千古一帝 ·

秦始皇嬴政

秦始皇，姓嬴名政，公元前259年，生于赵国邯郸。当时秦赵两国正在交战，他的父亲异人作为人质被扣押在赵国，他们的处境相当危险。公元前257年，赵国战败，赵王想杀掉异人，异人在富甲天下的吕不韦的帮助下逃回秦国。赵王盛怒，要杀赵姬母子，赵姬怀抱嬴政藏了起来。风声过后，母子俩悄悄地回到了秦国。

在吕不韦的资助下，异人回国后当上了太子，后又继承了王位，是为庄襄王。可是好景不长，公元前247年，即位不到三年的异人因病不治，早早归西。年仅13岁的太子嬴政顺理成章地成为秦王政。吕不韦被尊为相国，主持朝政。大权落入太后赵姬、吕不韦和宦官嫪毐手中。

□中外名人全知道

名人档案

姓　名	姓嬴/名政
生卒年	公元前259~公元前210年
祖　籍	秦国
出生地	邯郸
性　格	英明/神武/残暴/偏执
身　份	中国历史上第一个皇帝
父　亲	秦庄襄王
母　亲	赵姬

公元前239年，也就是嬴政亲政的前一年，吕不韦和嫪毐不甘心放弃自己的权力，采取种种手段，力图保住自己的地位。同样，富有谋略的嬴政也不甘心听任吕不韦和嫪毐的摆布，一场激烈的政治斗争开始了。公元前238年，嬴政下令发兵镇压嫪毐叛乱，车裂嫪毐。因为嫪毐是吕不韦一手引荐的，嬴政也借机免除了他相国的职位。同年，秦王政加冠亲政，独掌大权。

秦王嬴政安定了国内形势之后，开始进行统一六国的战争。他接受军事家魏缭的建议，用贿赂、离间等手段，采取分化瓦解、各个击破的策略，破坏了六国联合攻秦的计谋，为横扫天下做好了准备。从公元前230年灭韩，到公元前221年灭齐，嬴政用了10年时间，横扫六合，一统天下。

统一全国后，嬴政开始着手建立中央集权的政治体制。他认为自己兼有三皇五帝的功勋，于是就定尊号为"皇帝"，自称"始皇帝"，他的子孙依次称为"二世"、"三世"以至于"万万世"。此外，秦始皇还命令博士制定了一套尊君抑臣的朝堂礼仪和文书制度，确立了皇帝的无上权威和最高意志。

为了加强帝国的统一和稳固，秦始皇对官制也进行了调整和扩充，建立了一整套从中央到地方的新的政府机构，创立了一套中央集权的制度。他在中央设立三公九卿的统治机构，在地方，废除了分封制，在全国实行郡县制，把全国分为36个郡，由中央直接管辖。这套制度一直沿用了2000多年，对中国历史产生了重大影响。

秦始皇还统一了货币和度量衡。规定全国统一使用两种货币，一种是黄金铸造的上币，重二十两；另一种是铜铸的下币圆形方孔钱，半两一枚。他还颁布诏书，废除六国旧制，把商鞅变法时订立的秦国度量衡标准推向全国。秦始皇还统一了地亩、衣冠建制以及历法，这都促进了经济文

万里长城

28

化的发展，加强和维护了全国的统一。

中原地区稳定以后，秦始皇又着手巩固北部和南部的边防。公元前215年，秦始皇派蒙恬统兵北击匈奴，收复了河套地区，解除了北部边境的威胁。随后，秦始皇还把秦、赵、燕三国修筑的长城连接起来，建成了西起临洮，东至辽东的万里长城。秦始皇还在收复地区设置九原郡，移民实边，北部边防更加稳固。

在南方，秦始皇征服了百越，设立了会稽郡。公元前214年，又发兵攻占南越，设立桂林、象、南海三郡，从中原移民50万前去驻守，中原的先进文化和生产技术由此传播到南方，大大推动了南方经济文化的发展。

秦始皇是一个卓越的政治家，对历史的发展作出了巨大的贡献，堪称千古一帝。但是，在他12年的统治中，也充分暴露了他狂妄自大、专制暴虐、穷奢极欲的本性，严刑苛法、租役繁重、大兴土木、常年用兵，给人民带来了深重的苦难。此外，他焚书坑儒还严重地摧残了中国的文化。

秦始皇像

· 大汉王朝的缔造者 ·

汉高祖刘邦

公元前256年，刘邦出生于一个普通的农户家。刘邦年轻时很有些无赖习气，生活上有失检点。但他性格豪放豁达，乐善好施，颇有志向，曾经当过沛县泗水地方的亭长。

秦二世元年（公元前209年），陈胜、吴广的起义爆发，刘邦在沛县（今江苏省沛县）起兵响应，自称沛公。他曾依附于项梁，后来成为反秦主力军之一。陈胜、吴广失败后，刘邦和项羽继续斗争。巨鹿之战后，他和项羽兵分两路，进攻关中。公元

名人档案

姓　名	刘邦/字季
生卒年	公元前256～公元前195年
祖　籍	沛县（今江苏省沛县）
性　格	豁达大度/机智灵活/有错就改
身　份	西汉开国皇帝
父　亲	刘太公
母　亲	刘媪

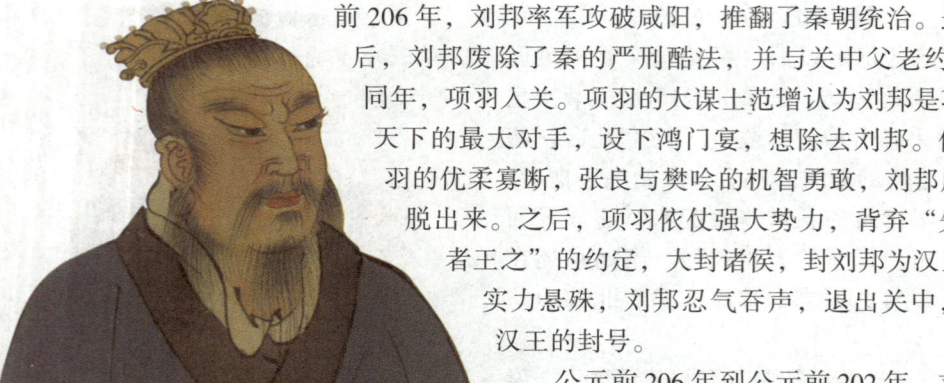

刘邦像

前206年,刘邦率军攻破咸阳,推翻了秦朝统治。进入关中后,刘邦废除了秦的严刑酷法,并与关中父老约法三章。同年,项羽入关。项羽的大谋士范增认为刘邦是项羽争夺天下的最大对手,设下鸿门宴,想除去刘邦。但由于项羽的优柔寡断,张良与樊哙的机智勇敢,刘邦成功地逃脱出来。之后,项羽依仗强大势力,背弃"先入关中者王之"的约定,大封诸侯,封刘邦为汉王。由于实力悬殊,刘邦忍气吞声,退出关中,接受了汉王的封号。

公元前206年到公元前202年,刘邦与项羽展开了长达4年的楚汉战争。公元前202年,刘邦大会诸军,在垓下消灭项羽主力,项羽本人也于乌江自刎。同年,他在定陶称帝,建立汉朝,后来又定都长安,史称西汉,刘邦就是汉高祖。

西汉建立之初,刘邦采取了一系列措施,巩固统治,发展生产。

为了削弱地方势力,加强中央集权,汉高祖秉承秦制,在中央设立三公九卿,在地方设立郡县制和20等爵位制,还在秦律基础上增订而成汉朝的法律《九章律》,并派秦博士叔孙通以秦仪为蓝本制定出汉代的礼仪制度。同时,高祖接纳娄敬建议,实行"强本弱末之术",将六国君主的后裔和地方上的豪族大户迁到关中。汉高祖在位期间还亲自率兵相继平定了燕王臧荼、韩王信、梁王彭越、淮南王英布等异姓诸侯王的叛乱。

为了发展生产,恢复经济,汉高祖实行休养生息政策,让大批士兵退伍回家,减免他们的徭役,还释放一些因饥饿卖身为奴的人为平民;汉高祖执行轻徭薄赋的政策,田赋十五税一,算赋,也就是人头税,每个成年人每年120钱。他还实行了压抑商贾的政策,抑制侵害农业的商人势力。这一系列举措增加了劳动力,为恢复生产、发展农业奠定了基础。

泗水亭

此亭在今江苏省沛县,据《沛县志》记载,汉高祖刘邦曾做过泗水亭长。

汉高祖刘邦虽是平民出身,但他雄才大略,知人善用,不拘一格选拔人才,开创了历史上第一个布衣将相之局。高祖自己曾说:"运筹帷幄之中,决胜千里之外,我不如张良;镇守国家,安抚百姓,供给军饷,我不如萧何;统领百万军队,战无不胜,攻无不克,我不如韩信。这三个人都是人中之杰,我能重用他们,所以才能取得天下。"他的文臣武将大多出身低微,这

歌风台

当年汉高祖平定英布叛乱后,于归途中经故乡沛县,酒酣之时,有感于昔日亡秦灭楚的戎马生涯,欣喜于既成帝业,即兴击筑而歌:"大风起兮云飞扬,威加海内兮归故乡,安得猛士兮守四方。"后沛人于鸣唱处筑"歌风台"以纪念。

一点也是他对历史的特殊贡献,是他结束了上古几千年的世卿世禄制度,后世的选官制度也是源于汉高祖的这一社会变革。

公元前195年4月,汉高祖因讨伐英布时受箭伤不治,病逝于长乐宫。

· 力拔山兮气盖世 ·

项 羽

项羽像

项羽生有异相,生重瞳子,少有大志,见秦始皇出巡,对其叔父项梁说:"彼可取而代之矣。"弃文而习武,学"万人敌",终于灭秦而称西楚霸王。但因刚愎寡断,在四年楚汉战争中终于强弱易势,于垓下之战中四面楚歌,惜别爱姬,无颜见江东父老而自刎乌江。其人其事至今令人扼腕叹息。

项羽的祖父是战国末年楚国名将项燕,项燕在与秦军交战时,兵败自杀。随后,楚国灭亡,叔父项梁带着他隐姓埋名。项羽从小就不愿读书,但却颇有志向,他说:"读书、写字、剑术都不值得学习,要学就学兵法,因为兵法能够抵挡千军万马。"项羽膂力过人,气概非凡,才干超群,小小年纪就成了吴中子弟的领袖。

公元前209年,秦末农民起义爆发,项羽跟随叔叔项梁在吴起义响应,自称楚军,成为反秦主力军。

公元前207年12月,25岁的项羽率领数万楚军渡过滔滔漳水,向北岸的秦军营地进发,来到巨鹿城下,楚军几乎陷入绝境,前面是如狼似虎的几十万秦军主力,后面是波涛汹涌的漳水。项羽知道楚军只有全力以赴,击败秦军,才能绝处逢生。他断然下令,凿沉所有船只,砸碎全部炊具,烧毁军营,每人只带三天的粮食,立即出发。楚军将士明白项羽的用意,人人奋勇争先,以迅雷不及掩耳之势冲向秦军阵地,经过

名人档案

姓　名	项羽/名籍/字羽
生卒年	公元前233～公元前202年
祖　籍	今江苏宿迁
性　格	勇敢/多疑/残忍/骄傲
身　份	秦末乱世中的霸主
祖　父	战国末年楚国名将项燕

9次激烈的战斗,俘虏秦将王离,摧毁秦军主力,为义军西进关中、推翻秦朝统治打下了良好的基础。

在这一战役中,项羽的坚决果敢和无所畏惧赢得了各路诸侯的敬佩,他也成了楚军和各路义军的统帅,威震四方。

巨鹿之战后,项羽继续南下,进攻章邯率领的秦军主力。两军对峙数月后,章邯投降,秦军主力部队被歼灭,反秦战争取得了决定性的胜利。公元前206年10月,刘邦率军攻入咸阳,秦王子婴投降,秦朝灭亡。虽然刘邦先入关中,但是推翻秦朝的首功却要归于项羽。

秦亡后,项羽自立为西楚霸王,建都彭城,封刘邦为汉王,另外还封了17个诸侯,自称为诸侯盟主。由于项羽的分封不公平,也不合历史潮流,诸侯之间的争战随即爆发了。在夺取关中地区后,刘邦杀出函谷关,直逼项羽的国都彭城,长达4年的楚汉战争开始了。开始,楚汉双方数度激战,互有胜负,公元前204年,刘邦与项羽订立合约,以荥阳城东的鸿沟为界,中分天下。不久,刘邦便背盟弃约,趁项羽征战东方之时,出兵攻击项羽。

公元前202年12月,项羽被困垓下,内无粮草,外无救兵,士气低落。此时,韩信布下十面埋伏,张良又施四面楚歌之计,项羽以为楚地尽归刘邦,肝胆俱裂,跨上乌骓马,率领800精壮骑士连夜突围。渡过淮河之后,项羽只剩下了100多人。在逃亡途中陷入沼泽地,结果被汉军追上。项羽退到乌江边,乌江亭长已经把船靠在岸边,等他上船,希望项羽能重整旗鼓,卷土再来。项羽感慨万分,说道:"既然天要亡我,我还渡江做什么?当年我带八千江东子弟渡江西进,如今八千子弟无一生还,纵使江东父老怜爱我,尊我为王,我又有什么脸面去见他们呢?"说罢,横剑自刎。西楚霸王项羽就这样悲壮地死在乌江之畔。

项羽的悲剧可以说完全是由于他自己的原因造成的,首先是他太过自负,不把刘邦放

张良吹萧破楚兵　年画

这是杨柳青年画中关于楚汉战争的描绘,生动再现了楚霸王兵败乌江的悲怆。

在眼里,不听谋臣范增的劝告,坐失鸿门宴杀掉刘邦的大好时机,以致酿成乌江悲剧。其次是他目光短浅,头脑简单,生性多疑,是非不明。他杀死秦王子婴后,有人建议他建都关中,但他却说:"富贵不回故乡,如锦衣夜行,谁会知道呢?"再次,他在战争中烧杀抢掠,荼毒百姓,不得民心,最终兵败身死,成了楚汉战争中的输家。

·结束秦始皇万世帝王梦的大奸佞·

赵 高

赵高是赵国的贵族,到秦国自宫做了太监,把秦国埋葬掉了。有人说,他是为了复仇,因为在长平之战中,秦国坑杀了40万赵国士兵,而且他的家里人都在秦朝受奴役而死。

他进入秦国的皇宫以后,利用自己的聪明机灵去察言观色,阿谀奉承。很快,他就摆脱了苦力的工作,转到文书部门工作。他通读了秦国的历史,尤其对秦国的法律,几乎能背得滚瓜烂熟,肚子里的确是积攒了一点东西。而且他很会办事,深得秦始皇的信赖,看起来是他对嬴政的无限忠诚让他做上了宦官的头目。秦始皇让他做皇子胡亥的老师,教他法律。胡亥是秦始皇第26个儿子,是一个昏庸愚蠢的家伙。

公元前210年,秦始皇第五次出巡,李斯、胡亥、赵高等随从。赵高专门掌管宫廷御车与印信、墨书,而且还保管传达皇帝命令和调兵的凭证——"符"和"玺"。秦始皇因病在沙丘(今河北广宗县北)去世。

丞相李斯为了避免出现乱子,秘不发丧,一面加紧时间往回赶,一面让赵高尽快派人把秦始皇的遗诏给扶苏送去。

但赵高可不愿意让扶苏继承皇位。他和胡亥两个人臭味相投,所以赵高一心想立胡亥称帝,以保证自己的富贵。赵高口才极好,善于雄辩,而且他也深知道李斯的弱点。他成功地说服了李斯,篡改了秦始皇的诏书,立胡亥为皇帝。同时,还以秦始皇的名义让扶苏和蒙恬自杀。接到诏书后,扶苏流着泪自杀了。蒙恬不愿这么糊里糊涂地去死,结果回来以后还是被赵高害死在监狱里。

赵高辅助秦二世,继续推行秦始皇时的暴政,征调上百万的民工,修建驰道、骊山陵。胡亥君臣腐化堕落,穷奢极欲,繁重的赋税,苛刻的刑罚,比秦

赵高像

名人档案

姓　　名　赵高
生卒年　？~公元前207年
祖　　籍　战国末期赵国
性　　格　心狠手辣/阴险狡猾/野心勃勃
身　　份　秦朝宦官

名人逸事

秦二世的时候，丞相赵高野心勃勃，日夜盘算着要篡夺皇位。他就想出一个试探朝中大臣有多少人能听他摆布，有多少人反对他的方法。一天上朝的时候，赵高让人牵来一只鹿，满脸堆笑地对秦二世说："陛下，我献给您一匹好马。"秦二世一看，心想："这哪里是马，这分明是一只鹿嘛！"便笑着对赵高说："丞相搞错了，这是一只鹿，你怎么说是马呢？"赵高面不改色地说，这的确是一匹千里马，陛下可以问问大臣们。秦二世就要求殿堂上的大臣们挨个说。结果只有几个正直的人说是鹿，日后他们都被赵高杀害了，而绝大部分的人都附和说是马，这些人都是赵高的同党。

阳陵铜虎符　秦

此符是秦始皇调动军队的凭证，用青铜铸成卧虎状，可中分为二，右半存皇帝处，左半存兵将领处，调动军队时，由使臣持右半符验合，方能生效。

传世名言

百足之虫，死而不僵，打蛇不死，反遭其殃。

始皇时期有过之而无不及，阶级矛盾更加尖锐，百姓叫苦连天，经常暴动，这样从根本上动摇了秦国的统治。另一方面，赵高还唆使秦二世大肆杀戮，前朝重臣或者战功赫赫的名将统帅多被诛杀。蒙毅兄弟和许多大臣，都不明不白地死了。在这场屠杀中，名相李斯也在咸阳被腰斩。此外，他们还杀掉了秦始皇的12个儿子和10个女儿。这些人都被施加了酷刑，有的被碾成肉泥，有的被砍成一块块的，致使秦国国内人心惶惶，秦国已经处在风雨飘摇之中了。

暴政引发了陈胜、吴广农民大起义。陈胜、吴广牺牲后，各路豪杰纷纷举事。在赵高的刻意隐瞒下，胡亥一点都不知道形势的危急程度，耽误了很多的战机。直到兵临城下的时候，他才知道一点点消息。胡亥特别软弱，向赵高求救。但是赵高早已经把杀人的屠刀准备好了。胡亥没有办法，只好自杀。赵高要自立为帝，但是大臣们不服。于是就立了胡亥的侄子子婴为帝。子婴设下计谋，把这个祸害秦国的赵高杀了。但是这已经太晚了，不久，刘邦攻入咸阳，子婴投降，秦国灭亡了。

·王侯将相，宁有种乎·

陈　胜

秦二世即位后，变本加厉，赋役繁重，苛政暴行，使得民不聊生，怨声载道。公元前209年7月，秦二世大举征兵，被任命为屯长的陈胜、吴广和其他900名壮丁一起被征发去戍守渔阳（今天津蓟县）。当队伍走到蕲县大泽乡（今安徽宿县东南）时，由于连日大雨，道路被雨水冲毁，被迫停下来，无法按期赶到渔阳。按照秦朝的法令，延误日期就是违反军令,是要斩首的。

陈胜等人不甘心就此被杀,他和吴广商议,决定带头起兵反秦。

但是,当时秦国极其强盛,战争经验丰富,再加上撼人心魄的严刑酷法,号召老百姓反秦谈何容易。

陈胜、吴广决定利用人们的迷信思想,先在一块丹纱上写上"陈胜王"三个大字,然后悄悄把它塞到渔民捕获的鱼肚子里,戍卒们烹调时,发现帛书,非常惊异。

吴广又在晚上溜到驻地附近的丛林中,在祠堂里点起闪烁不定的篝火,假装狐狸鸣叫,声音听起来像是在说:"大楚兴,陈胜王。"戍卒们更是惊奇万分,觉得陈胜一定是个非同寻常的人物,对他非常敬畏。

陈胜像

吴广趁两个将尉醉酒之时,故意说自己要逃跑,将尉大怒,鞭打吴广,还拔剑要杀掉他。吴广平时慷慨仗义,在戍卒中很有威信。戍卒们见将尉责罚吴广,群情激愤。

陈胜、吴广见时机已到,奋起夺了将尉的剑,杀死了两个将尉。陈胜趁机号召大家起义反秦,他对戍卒们说:"我们已误行程,到了渔阳免不了要被处死,就算侥幸不死,十之八九要戍边战死。男子汉大丈夫,死也要千古留名。""今亡亦死,举大计亦死,等死,死国可乎?王侯将相

名人档案

姓　　名	名胜/字涉
生卒年	？～公元前208年
祖　　籍	阳城(今河南登封东南)
性　　格	坚强果断/勇于斗争
身　　份	秦末农民起义领袖

阿房宫图卷

名人逸事

秦朝末年的一天,陈胜和一群雇工一同在田间劳作。大伙坐在田埂上休息的时候,陈胜仰望苍天,沉默不语,然后转身面向大家,郑重地说:"如果有一天我们之中有谁富贵了,希望不要忘记大家!"雇工们听了他的话哄然大笑,讥讽他说:"真是异想天开!都穷到这步田地了,哪来的富贵啊?"陈胜看着大伙,摇头叹息,说道:"燕雀安知鸿鹄之志哉!"果然,陈胜后来揭竿而起,倡义天下,成为反抗暴秦的英雄。

传世名言

燕雀安知鸿鹄之志哉!
王侯将相,宁有种乎?

宁有种乎?"陈胜的一番话,震撼了900戍卒,他们振臂表示愿意听从陈胜的命令,起兵反秦。

陈胜、吴广提出"伐无道,诛暴秦"的口号,起义得到了人民的热烈响应,起义军迅速发展到数万人,并在陈县建立张楚政权,陈胜被推为王。

张楚政权建立之后,陈胜和其他义军兵分几路,四出攻秦。他派召平、葛婴向吴楚故地进兵,武臣、周市北攻赵、魏,派将军周文率义军绕过荥阳,出其不意地攻占了函谷关,严重威胁着秦国都城咸阳。陈胜还派将军宋留取道武关,进攻咸阳。

周文军队攻克戏,咸阳的形势十万火急。秦二世无奈采纳了章邯的建议,将在骊山修筑陵墓的刑徒编成军队,由章邯率领,进攻周文。而武臣、张耳等人对陈胜让他们发兵策应周文的命令置之不理,周文孤立无援,兵败自杀。章邯大败周文后,立即进攻吴广。吴广军中发生内讧,将军田臧伪造陈胜的命令杀死了吴广。接着秦军又逼进张楚政权的中心陈,义军将领蔡赐、张贺先后战死,陈胜只得率领义军向东南撤退。公元前209年12月,陈胜退到下城父时,被叛变的车夫庄贾杀害。

陈胜、吴广起义是中国历史上第一次大规模的农民起义,张楚政权是中国历史上第一个农民政权,它的建立大大鼓舞了苦于秦朝压迫的人民,从根本上动摇了秦朝的统治基础。陈胜称王虽然只有短短6个月就失败了,但是他首倡的反秦起义却如火如荼地蔓延开来。陈胜倡义天下、反抗暴政的英雄气概,永远值得人们尊敬和爱戴。

·中国历史上杰出的军事家·

韩 信

韩信是中国古代著名的军事家,秦末淮阴人,自幼丧父,家境穷困。他酷爱武艺,善于用兵,一生战功赫赫,功勋卓著,为刘邦夺取天下立下了汗马功劳。

起初,刘邦并未发现韩信的才能,只让他当了一个管粮草的小官。后来经萧何极力推荐,汉王刘邦才设坛备礼,拜韩信为大将。

拜将之后,韩信给刘邦分析了形势,他建议刘邦出兵关中,把关中作为根据地,然后出关夺取天下。他说:"大王入关中时曾约法三章,对关中百姓秋毫无犯,关中百姓都

中国名人

盼望您可去做关中王，大王的部下又大都是关东人，可以借此契机，依靠关东人东征，定会取胜。"韩信的一番高论，令刘邦相见恨晚。

"明修栈道，暗度陈仓"是韩信为占领关中用的一个策略。刘邦入汉中时，为了表明不再东出争夺天下，也为了防止关中三王的袭击，烧毁了关中到汉中的栈道。韩信派出人马去修复栈道，好像要从这里进军关中，他自己却率军迂回绕到陈仓，从那里突发攻击，一举大败章邯等三王，占领了关中。

第二年，韩信又挥师东出函谷关，打败项羽的4个王，大军直逼项羽老巢彭城，成功阻止了项羽西进，同时还占领了大片土地。

虽然韩信成功阻止了项羽西进，但是先前归降的诸侯又都背叛了刘邦，被任命为左丞相的韩信又奉命平定诸王之乱。

韩信仅用一个月的时间，就平定了魏地，俘虏了魏王豹。

讨平魏国之后，韩信又奉命去讨伐赵国。赵国在地势险峻的井陉口屯集大军，严阵以待。这时，韩信的精锐部队已经被刘邦调走，兵微将寡，敌人又占据有利地势，形势对韩信非常不利。于是，他将计就计，先派一支人马出井陉口，背水布阵。赵军统帅陈余见韩信背水列阵，犯了兵法的大忌，以为消灭汉军、活捉韩信的机会来了，就下令赵军全部出动，向汉军掩杀过去。汉军背水一战，果然是"陷之死地而后生，置之亡地而后存"，将士个个勇猛顽强，拼命冲杀。这时，韩信预先埋伏在山上的2000精锐轻骑，趁赵军倾巢出动之际，火速冲进赵军营地，拔掉赵军的旗帜，换上汉军的军旗。混战中的赵军看到自己的营垒里全是汉军的旗帜，以为主帅被擒，营地已经陷落，一下子乱了阵脚。汉军两面夹击，打得赵军落花流水。

平定诸王叛乱、占领齐国之后，韩信向刘邦请立为假齐王。刘邦为了让他守住齐国，封他为齐王，但同时却调走了韩信的许多军队。

即便如此，此时的韩信对楚汉的胜负仍起着举足轻重的作用，项羽派人拉拢他，韩信不为所动。公元前202年，得到封地的韩信挥师南下，与刘邦会合，在垓下消灭了项羽最后的力量。可是，战争一结束，刘邦就夺了韩信的军权，让他到下邳就封，改封为楚王。

韩信像

名人档案

姓　名　韩信
生卒年　？～公元前196年
祖　籍　江苏省淮安市淮阴区
性　格　坚忍/勇略/犹疑
身　份　中国古代的大军事家

---- **名人逸事** ----

母亲去世后，少年韩信整天游手好闲，极为落魄，靠讨饭度日，淮阴的纨绔子弟很看不起韩信。有一天，一群无赖少年拦住韩信，羞辱他。为首的一个无赖叉开两腿挡在韩信面前，骄横地说："有胆量，就一剑杀了我；怕死，就从我胯下钻过去。"韩信一言不发地看着那个人，然后俯身从那个少年的胯下钻了过去。周围的人发出刺耳的哄笑，韩信站起身，头也不回地往前走去。

谁也没想到，这忍受胯下之辱的青年，后来竟成了一代名将，拜将封王，彪炳史册。

> **传世名言**
>
> 吾闻之,乘人之车者载人之患,衣人之衣者怀人之忧,食人之食者私人之食。
>
> 果若人言,狡兔死,良狗烹;飞鸟尽,良弓藏;敌国破,谋臣亡。天下已定,我故当烹。

公元前201年和公元前196年,韩信先后两次被人告发谋反,第一次刘邦采纳陈平之计,伪游云梦,趁机捆了韩信,但还是赦免了他,把他降为淮阴侯。第二次有人告发韩信和叛臣陈豨联合谋反,吕后和萧何设计擒杀了韩信,夷灭其三族。

作为军事家,韩信著有兵法三篇,并参与整理了先秦以来的兵书,还收集补定了军中律法,奠定了中国军事学术研究的科学基础。

· 雄才大略盛世主 ·

汉武帝刘彻

汉武帝刘彻16岁登基,71岁去世,在位54年,他的雄才大略造就了西汉盛世。

公元前156年7月7日,刘彻出生。4岁时,刘彻被封为胶东王,7岁时,景帝改立刘彻为太子。在德高望重、多才多艺的卫绾的精心培养下,刘彻能文能武、有胆有识、思想活跃、心境开阔,具备了成为一代盛世君主的各项条件。

公元前140年,景帝驾崩,刘彻登基,是为汉武帝。武帝登基之时年仅16岁,国家政事决于太后。前135年,窦太后死,汉武帝亲政。他以董仲舒提出的"天人合一"的理论、"大一统"的思想和"罢黜百家,独尊儒术"的主张为依据,变通政治,进行改革。

汉武帝首先进行用人制度的改革,建立健全了一套文官选拔制度,其中包括察举、征召、太学养士等。采取这一系列措施后,汉初的军功贵族政府转变成文官政府,这是中国政治制度的一大进步。武帝不拘一格,招贤任能,使得这一时期人才辈出,比如大文学家司马相如,大史学家司马迁,大经学家董仲舒,大政治家公孙弘,大军事家卫青、霍去病,大探险家张骞,大农学家赵过和大理财家桑弘羊,正是这些人的文才武略,帮助武帝开创了辉煌的西汉盛世。

为了进一步集中权力,确立自己的绝对威严,

汉武帝刘彻像

武帝先削弱相权，后又打击藩国。他采纳主父偃的建议，颁布"推恩令"，缩小诸侯的封地，削弱他们的政治军事实力。武帝还颁布了"左官之律"、"附益之法"以及"阿党法"，限制诸侯网罗人才，结党谋逆。

> **名人档案**
> 姓　　名　刘彻
> 生卒年　公元前156～公元前87年
> 祖　　籍　长安（今西安）
> 性　　格　雄才大略/风流多欲
> 身　　份　杰出政治家/西汉盛世皇帝

武帝还采取了改革监察制度、制定法律、任用酷吏严惩违法官员、加强军备等措施，以维护改革成果，加强对地方的控制，增强中央政府对外作战和对内镇压的力量。

在经济改革方面，汉武帝以重农抑商为原则，推行"算缗法"、"告缗法"、"均输法"，统一货币，统一物价，将冶铁、煮盐、酿酒等归由国家垄断经营。在农业方面，推广代田法和耧车，大修水利，治理黄河等。这一系列措施促进了农业生产，增加了政府收入，为汉帝国的强大奠定了经济基础。

为了消除边患，开疆扩土，武帝15次对匈奴用兵，两次派张骞出使西域，两次派李广利远征大宛，平定闽越和南越叛乱，开发西南夷，设立郡县，发兵东北征服朝鲜等部，使大汉雄风，扬威万里。

武帝晚年时，极其迷信神鬼。有一次，武帝梦见数千个木人来打他，醒来后就病倒了。武帝立即怀疑有人以巫蛊诅咒他，就派江充去调查，江充无中生有，先后害死了包括武帝两个女儿和丞相公孙贺父子在内的数万人。后又诬陷太子，太子无奈假传圣旨捕杀江充，兵发长安，结果太子兵败自杀，皇后卫子夫也自杀而死。贰师将军李广利也被指控以巫蛊诅咒皇帝，迫使李广利投降了匈奴，致使7万汉军全军覆没。这次失败使武帝受到极大震动，他醒悟过来，诛灭了江充全家，为太子昭雪，建思子宫与归来望思之台，纪念太子。

"巫蛊之祸"促使武帝开始检讨自己的过失。公元前89年，武帝东巡途中祭祀泰山明

武帝茂陵　汉
被称为"中国的金字塔"。位于西汉11座帝陵的最西端，是汉诸陵中规模最大的帝王陵。

堂时，对天地神灵和文武百官深切忏悔，同年6月，武帝下轮台罪己之诏，说："增加赋税以为军费，驻军轮台都是'扰劳天下'的行为，朕不忍为之，现在当务之急是禁除苛政，减少赋税，与民休息。"

汉武帝的文治武功、雄才大略不仅巩固了中国封建社会大一统的中央集权制度，确立了以汉族为主体的统一的多民族国家，促进了全国各族人民的团结，加强了中西方的交流，形成了著名的"丝绸之路"，而且还扩大了中国的版图，奠定了中国地大物博的基础以及今日中国之版图。汉武帝缔造了汉帝国的鼎盛之世，在历史上，西汉和唐朝并称"汉唐盛世"，均为世界强国。

· 创立"三纲五常"的伦理学家 ·

董仲舒

董仲舒出身大地主家庭，从小刻苦好学，"三年不窥园"，以悉心研究《春秋公羊传》而出名。

董仲舒少年时与公孙弘一同师承于胡毋生，汉景帝元年与胡毋生一起被立为博士。汉武帝即位之后，董仲舒以"天人三策"上书，他提出"罢黜百家，独尊儒术"，兴办太学，求贤养士，实行"量材而授官"的主张，得到汉武帝的赏识和采纳。但董仲舒的仕途并不顺利，任江都相辅佐易王刘非时，受牵连被废为中大夫；任中大夫期间，董仲舒写成《灾异之记》草稿，被妒嫉他的主父偃窃走上奏给朝廷，汉武帝发现其中有讽刺时政的文字，便把董仲舒下了大狱；出狱后，又因公孙弘的妒嫉，被打发到恣意放纵的胶西王那儿做丞相，因为董仲舒是个很有德行的大儒，胶西王也还善待他。董仲舒深怕相处日久会得罪他，就称病辞去了胶西王相之职。

董仲舒是汉朝最有才华的思想家和哲学家，著有《春秋繁露》及《董子文集》。他的哲学主张和政治主张，在中华民族的思想史上占有重要地位。他复兴了被扼杀达百余年之久的儒家文化，融会贯通先秦时期各家各派的思想，并把它们整合为一个崭新的思想体系。

董仲舒提出"罢黜百家，独尊儒术"，他认为"大一统"是"天地之常经"，天意是要大一统的，汉朝的皇帝是受命于天来进行统治的。各封国的王

董仲舒

中国名人

名人档案

姓　　名　董仲舒
生卒年　　公元前179～公元前104年
祖　　籍　广川（今河北省枣强县）
性　　格　刻苦深沉/练达变通/勇于创新
身　　份　西汉杰出的思想家/哲学家

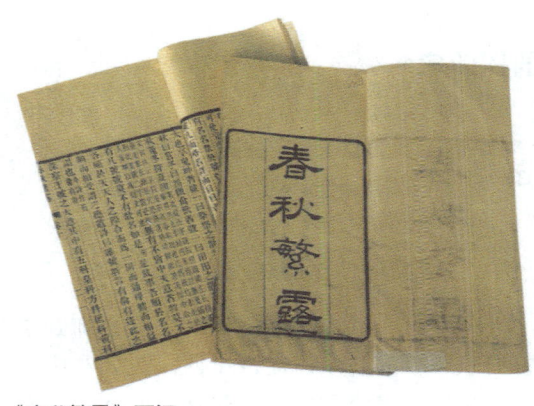

《春秋繁露》西汉

侯又受命于皇帝，大臣受命于国君。家庭关系上，儿子受命于父亲，妻子受命于丈夫，这一层层的统治关系，都合乎天的意志。他还提出"三纲五常"，即"君为臣纲，父为子纲，夫为妻纲"等，这是董仲舒的道德哲学。他的目的就是要把一切秩序化、合理化。他的政治思想成为汉朝统治者以及历代封建王朝巩固中央集权制、维护统治的重要工具。

他的政治思想是建立在他的哲学观基础之上的。董仲舒的基本哲学观是"天人感应"、"天人合一"。他认为天是至高无上的，有意志的，天生万物是有目的的，人与天是相合的。他还认为"道"源出于天，"天不变，道亦不变"，即是说"三纲五常"、"大一统"等维护统治秩序的"道"是永远不变的。他认为人的一切活动都受命于天，包括认识活动。人认识的目的就是了解天意，人通过内省可以判断是非，达到"知天"的目的，通过对阴阳五行的观察，能了解天意、天道。他还认为人与神相沟通是通过祭祀来达到的，这一活动能使人知道天命鬼神，看到日常见不到的东西。由此可见，"天人感应"和神学是分不开的，他是正宗神学的奠基者。

对于皇位的更换和改朝换代等现象，他也做了很好的解释，他提出了"谴告"与"改制"之说，谴责、警告统治者：如果为政有过失，天就出现灾害；如果不知悔改，就出现怪异和惊骇；若是还不知畏惧，大祸就会临头，历史是按照必然的顺序循环不已的。

董仲舒在人性论上主张性三品说：性是由天决定的，天生质朴，但是却要"待外教然后能善"，即人性善是教育的结果，君王对人民的教化也要顺乎天意。

董仲舒是思想家、哲学家、神学家，也是著名的经济学家，他提出"限民名田"、"盐铁皆归民"、"去奴婢"、"薄赋敛、省徭役"等改良主张，在当时具有进步意义。

帛画　西汉
该帛画体现了较为浓厚的"天人合一"观念。

41

·凿空西域的探险家·

张 骞

张骞像

张骞,两次出使西域,开辟了丝绸之路,加强了中原与西域少数民族的联系,促进了西汉王朝和中西亚各国经济、文化的交流和发展。张骞凿空西域,在中国历史、亚洲历史以及东西方交通史上都有深远的意义和巨大影响。

西汉时期,北方的游牧民族匈奴一直是西汉王朝的最大威胁。他们不断地南下,掠夺人口、牲畜和财物,侵扰汉朝的北部边境。有一次甚至逼近了长安附近的甘泉宫。汉朝虽想进行军事反击,但由于汉初实力不够,而无法实现,因此,一直以和亲的方式来羁縻匈奴。到了汉武帝的时候,汉朝进入全盛时期,国富兵强,武帝开始筹划反击匈奴。

恰逢匈奴单于杀死游牧民族大月氏人的王,继位者很想报杀父之仇。汉武帝探知这一消息后,决定利用这一大好时机,派人去联络大月氏,夹击匈奴。公元前139年,在武帝身边担任郎官的张骞毛遂自荐,带领随从100多人,第一次出使西域。

张骞此行充满了危险。当时匈奴的势力已经延伸到西域,控制了天山一带和塔里木盆地的东北部以及河西走廊地区。河西走廊是通往大月氏的唯一的一条路,张骞一行刚一进入,就遇见匈奴骑兵,结果全部被俘,被扣留了10年之久。但他不忘使命,在公元前129年,抛下妻儿,逃离匈奴,继续西行,终于到达了大月氏。可是西迁的大月氏征服了富饶的大夏以后,已不想再与匈奴交战了。张骞在大夏地区考察了一年多,起程回汉。归途中虽然改走天山南路,但还是再次被匈奴俘获,又被扣留了一年多。直到公元前126年,张骞等人才趁着匈奴内乱,带着妻子和儿子,逃了出来,回到汉朝。

张骞第一次出使西域,虽然没有完成使命,却开辟了举世闻名的丝绸之路,为进一步发展汉族和西域各少数民族之间的友好关系,促进国际间的经济、文化交流,作出了不可磨灭的巨大贡献。

丝绸之路的开辟,使得西域的葡萄、苜蓿、胡桃、芝麻、石榴、黄瓜、大蒜、胡萝卜、蚕豆等在中原地区生根落户;西方的毛皮、毛织品、玻璃,以及名马、骆驼、狮子、鸵鸟等珍禽异兽也都源源东来;中原地区的丝绸、铁器、农产品、铸铁技术、井渠灌溉方法等也相

名人档案

姓　名　张骞
生卒年　？~公元前114年
祖　籍　汉中成固(今陕西成固)
性　格　坚忍刚强/富有冒险精神
身　份　探险家

中国名人

名人逸事

第一次出使西域时，张骞一行出陇西，过敦煌，进入匈奴地界不久，就被匈奴兵俘获。匈奴兵要夺张骞的旌旗，张骞义正词严地说："旌旗是我出国的凭证，你们胆敢侮辱我！"匈奴兵无奈，只好把他押去见单于。单于扣下张骞、堂邑父以及所带物品，把他的随行人员分到各个部落去当奴隶。单于不断地提审盘问张骞，却一无所得。单于又软硬兼施，下令把张骞和堂邑父押送到匈奴西边的游牧地区，表面上优礼相待，暗地里则严加看管，还指派一名美女给张骞当妻子。

元朔三年（前126年），单于病逝，匈奴发生内讧，张骞趁机逃出虎口，携妻儿回归长安。

继传到了西域、印度等地。这种频繁的经济、文化交流，促进了西域的进步，也极大地丰富了中原人民的物质文化生活。

公元前122年，张骞在汉武帝的支持下，连续派出了十几批使者试图打通去往身毒（今印度）的道路，继续寻找前往西方的道路。这一举动虽然没有达到预期效果，却恢复了内地和西南的交通，加强了汉族和西南各少数民族之间的友好关系，为后来汉朝经营开发西南地区奠定了基础。

汉朝取得对匈奴战争的胜利后，为了进一步发展汉朝和西域各族的友好关系，加强和中亚、西亚各国的联系，孤立、打击匈奴在西域的残存势力。公元前119年，张骞建议武帝联合乌孙，共同对付匈奴。汉武帝采纳了他的建议，再次派他出使西域。由于乌孙的内乱，汉乌联合之事被搁置下来。张骞只好派部属分别前往大宛、康居、大月氏、大夏、安息等地访问考察。公元前115年，张骞回到汉朝，第二年就去世了。

后来，汉朝不仅和乌孙结成了同盟，还在西域设置了行政机构西域都护府，对西域地区进行管辖。汉朝和西方各国也建立起友好的关系。

张骞是一位卓越的探险家、一位英勇的将军。在抗争匈奴中，他凭借自己对西域的经验，寻找水源和草地，指点行军路线，为汉军的胜利屡立大功，被封为博望侯。

> **传世名言**
>
> （对张骞的评价）
> 不是张骞通异域，安能佳种自西来？

· 通古今之变，成一家之言 ·

司马迁

司马迁20岁开始壮游大江南北，网罗天下放失旧闻。公元前111年，他开始步入仕途，任郎中之职，奉使西南夷设郡置吏。汉武帝元封三年（公元前108年），38岁的司马迁继父职，任太史令。太初元年（公元前104年），司马迁奉汉武帝之命主持改革历法。经过精密的推算晦朔弦望，他主持完成

> **名人档案**
>
> | | |
> |---|---|
> | 姓　名 | 字子长 |
> | 生卒年 | 约公元前146～约公元前86年 |
> | 祖　籍 | 夏阳（今陕西韩城南） |
> | 性　格 | 正直刚强/才华横溢/忍辱负重 |
> | 身　份 | 西汉史学家/文学家 |
> | 父　亲 | 西汉史学家/太史令司马谈 |

43

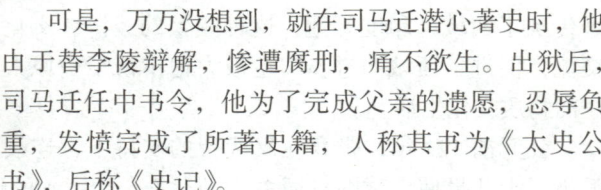

司马迁像

了汉历改旧历的十月岁首为正月岁首工作。又依金、木、水、火、土五行，以汉为土德，把皇帝的衣服颜色改为黄色。

任太史令期间，他一方面对朝廷的史籍和收集的百年之间的遗文古事、各种典籍进行整理；另一方面访问朋友或根据实地调查对材料重新加以订正和补充。他阅读国家藏书，研究各种史料，经过4年的积累，到他42岁时，著史工作已基本具备条件。

可是，万万没想到，就在司马迁潜心著史时，他由于替李陵辩解，惨遭腐刑，痛不欲生。出狱后，司马迁任中书令，他为了完成父亲的遗愿，忍辱负重，发愤完成了所著史籍，人称其书为《太史公书》，后称《史记》。

司马迁广泛的游历和残酷的命运使他对社会有了深刻的了解，在此基础上，他又继承了先秦的史官传统和诸子文化，确立了不屈服于君主淫威的相对独立和批判性的写作立场，因此，他著述的《史记》可以说是一部伟大的著作，是一座伟大的丰碑。《史记》是中国古代第一部由个人独立完成、规模最大、具有完整体系的著作。

《史记》是一部百科全书式的通史著作，开创了纪传体文学的先河。它上起黄帝，下迄汉武帝太初年间，空间包括整个汉王朝版图以及作者能够了解到的所有地域。全书130篇，50多万字，由本纪、书、表、世家、列传5种体例构成，通过这5种不同体例相互配合、相互补充，构成了完整的史书体系。它以大量的个人传记，组合成一部宏伟的历史，用一系列栩栩如生的故事再现历史上的场景和人物活动。它把中国文学塑造人物形象的艺术提高到一个新的高度。《史记》塑造的人物形象组成了一条丰富多彩的人物画廊，给人们以丰富的人生启迪。

《史记》书影

作为一个史学家，司马迁著述《史记》

名人逸事

天汉三年（前98年），汉武帝兴兵讨伐匈奴，命令李陵率弓箭手和步兵5000人在居延北部钳制匈奴的军队。李陵率军出征，不意在陵稽山与匈奴8万军队遭遇，一场血战，他的5000将士死伤大半。李陵在走投无路的情况下，投降了匈奴。

汉武帝听到李陵投降的消息，大为震怒，朝臣也纷纷附和斥骂李陵，无人为李陵辩解。司马迁与李陵虽素无交往，但他认为李陵为人宽厚仁慈、恭谦礼让，有国士风范。他为李陵辩解说："他投降未必是真心，一定会找机会报答陛下的。"汉武帝大怒，把他投进了监狱。

不久，汉武帝后悔没有给李陵救援，派公孙敖去救李陵。公孙敖不查实俘虏的口供，把为单于训练军队的塞外都尉李绪说成是李陵。汉武帝大怒，把李陵的家人统统杀光，还迁怒于司马迁，把司马迁处以宫刑。

司马迁遭受奇耻大辱，痛不欲生。但他想到草创未就的《史记》，想到父亲苍凉的遗言，忍辱发愤，活了下来，并完成了这部不朽的史学著作。

表现出了他严肃的、客观的史学态度。他认为历史是连续的、发展的、变化的,并明确提出了以史为镜的思想。尤其是对汉王朝的历史,对武帝时代的政治,司马迁始终保持冷峻的眼光。他对时政的揭露与批判,是真实的史实记录。

> **传世名言**
>
> 人固有一死,或重于泰山,或轻于鸿毛。
> 安危在出令,存之在所任。
> 马上得之,宁可以马上治之乎?

《史记》被列为中国第一部"正史",它不仅是中国古代政治、经济、文化等各方面历史的总结,也是通贯古今的人类史、世界史,它不是单纯的史实记录,在史学上、文学上以及哲学上,也都有极高的成就和影响。鲁迅先生曾高度评价它:"史家之绝唱,无韵之离骚。"

· 汉匈和平使者 ·

王昭君

王昭君是中国历史上的四大美女之一。晋朝的时候为了避讳司马昭,称为明妃。她出生在南郡秭归县,这是一个风光秀丽的地方,也是浪漫主义诗人屈原的故乡。她和屈原是同乡,同样的,她也和屈原一样具有忧国忧民之心。

天生丽质的王昭君,周身都散发出一种典雅柔美。成语"沉鱼落雁"就是形容王昭君。当她到小河边洗脸的时候,河里的鱼都惊叹于她的美貌,自沉河底。可惜的是她被选入宫以后,由于自己太有个性,倔犟耿直,不肯贿赂给宫女画像的毛延寿,结果当汉元帝看到王昭君的带有"丧夫掉泪痣"的画像的时候,当下否决了她。这样,她在汉宫中一直是一个默默无闻的小角色。这种境况一直持续了3年。在这期间,她利用有利的条件,刻苦学习,丰富自己。本来就是秀外慧中,这3年的修养更成就了她的美丽和高雅。

王昭君

公元前33年,在汉朝的帮助下巩固了自己的统治地位的匈奴王呼韩邪来到中原,请求和亲。汉元帝让那些后宫没有临幸的妃嫔们自愿报名。王昭君主动请缨被录取。汉朝一般来讲都是皇帝

> **名人档案**
>
> 姓　名　王嫱/号昭君
> 生卒年　公元前52～公元前19年
> 祖　籍　南郡秭归县宝坪村(今湖北省兴山县昭君村)
> 身　份　西汉宫女/后嫁匈奴单于为阏氏
> 性　格　正直/深沉/坚强
> 家　庭　父亲王穰/官至越州太守

传世名言

（歌咏王昭君的诗句）

群山万壑赴荆门，生长明妃尚有村。一去紫台连朔漠，独留青冢向黄昏。画图省识春风面，环佩空归月夜魂。千载琵琶作胡语，分明怨恨曲中论。

把王公大臣的女儿冒充公主嫁给匈奴，而王昭君是第一个以平民女子的身份担任和亲大使的。后来，汉元帝看到王昭君真容，后悔不已，但又不好反悔，在嫁出王昭君后就把毛延寿杀了。

王昭君带着自己的心愿和一丝丝的怨恨，离开了中原地区，前往茫茫的草原。这就是历史上有名的"昭君出塞"。传说王昭君出塞的时候，非常悲伤，自然而然在马背上弹起了琵琶。凄凄惨惨的曲调，空谷幽兰的她，就连南飞的大雁都为之倾倒，甚至都放弃了飞行，落在王昭君的周围。这就是"沉鱼落雁"典故中的"落雁"由来。

告别了长安的王昭君战胜了重重困难，经过了一年多的时间，终于到达漠北。匈奴举行了盛大的欢迎仪式。呼韩邪单于封她为宁胡阏氏（亦即安宁胡地的皇后），对她疼爱有加。

昭君出塞以后，汉朝和匈奴不再征战，而是和睦相处，边境保持了60多年的和平。她还把中原文化传给匈奴。她与她的子孙后代和她的姻亲们对胡汉两族人民和睦亲善与团结都作出了贡献。后来呼韩邪死了，她又听从汉成帝的意见，随胡族的风俗，嫁给了呼韩邪的长子。

王昭君死后，匈奴人厚礼把她葬在沙漠中，在今天的呼和浩特市南郊，她的墓依大青山、傍着黄河水。后人称之为"青冢"。

昭君出塞图　明　仇英

昭君出塞的故事在唐宋两代主要出现于诗词里，从北宋中期开始，成为常见的绘画题材，元、明、清三代，更是频繁出现于各种文学艺术作品和手工制品当中。

·善恶难辨的篡权者·

王 莽

王莽所在的宗族在西汉末年显赫之极，他的几个伯父、叔父个个都担任高官。但王莽本人的家庭却非常贫寒：父亲早逝，王莽只能和母亲相依为命，靠亲戚的周济过日子。在这样的生活中，他从小就学会了为人处世的本领，从来不在亲戚长辈面前表露对生活的不满。他乐观平和的表现很受人赞赏。

有一次，王莽的伯父王凤生病了，王莽一直陪在王凤身边伺候他，还亲口尝药，以免烫着伯父。就这样前后几个月，王莽都没有解开衣带好好休息，他的孝顺甚至超过了王凤的儿女们，这使王凤极为感动，因此，他在临死前极力保举王莽做官。

当时很多的名士也联名上书，赞誉王莽的人品和才德，王莽的叔父王商也分了一部分户邑给王莽。于是汉成帝便封王莽为新都侯，食邑1500户，担任"骑都尉光禄大夫侍中"一官。其中的骑都尉表示武官，而加上光禄大夫便可以参与朝政大事，至于侍中更加重了他的权势，因为侍中可以侍奉皇帝身边。

王莽像

当上大官后，王莽仍然非常谦虚，选拔贤才，把皇帝赏赐的钱财分给大家，自己的生活却非常简朴。有一次，他的母亲生病了，大臣们纷纷让自己的夫人来府上探视。王莽的夫人到门外迎接，但众人却将她当做王府的仆人，因为王夫人的穿着太普通。

汉成帝去世后，汉哀帝即位。他对王家把持朝政非常不满，开始排斥王家。为了避祸全身，王莽忍痛辞官家居。那段时间，王莽经常发脾气，痛惜自己多年的心血付之东流。然而汉哀帝在位不久就去世了，王莽在太皇太后的支持下做了新皇帝汉平帝的辅政

↑→大司马印章 西汉

名人档案

姓　名	字巨君
生卒年	公元前45～公元23年
祖　籍	魏郡元城（今河北省大名县东）
性　格	虚伪狡诈/狠毒阴险
身　份	汉室篡权者/新朝开创者

47

> **传世名言**
>
> 天生德于予,汉兵其如予何?
> 更名天下田曰王田,奴婢曰私属,皆不得买卖。

大臣。不久王莽就被授予"安汉公"这一尊贵无比的封号。

为了巩固地位,王莽让女儿做了平帝的皇后。不久王莽又得到了"宰衡"的封号,掌握了朝政大权。平帝逐渐对王莽不满,但未等平帝采取措施,便被王莽毒死了。王莽便将刚两岁的刘婴扶上帝位,自己则当起了"摄皇帝"。这时的王莽已经有了篡位之心。公元8年,王莽终于宣布取代"汉"朝,建立了新朝廷,国号为"新"。

夺取政权后,王莽进行了一系列的改革,希望来巩固政权。王莽首先改革了官制,结合传说中的上古官制和汉朝原有制度,颁布了新的官制。在中央设置四辅、四将、三公、九卿和六监。地方上则将全国分为9州,125个郡。王莽参照夏商周的井田制,颁布"王田令",将天下土地改称为"王田",同时禁止土地的买卖。为了防止奴婢增多,国家劳动力减少,王莽颁布了"私属令",将奴婢改称为"私属",禁止买卖。但是王莽的改革并没有取得预期的效果,反而使社会矛盾更加激化,政权不稳,各地农民暴动不断,其中绿林、赤眉两支起义军势力最大。面对风起云涌的农民起义,王莽派兵四处镇压,但反抗的烈火越烧越旺。

公元23年,王莽派出的大军和绿林起义军在昆阳交战,几乎全军覆没。起义军乘胜直捣长安。10月1日,起义军攻破长安,进入城内。王莽被起来响应义军的一名商人杜吴杀死。

·中兴大汉的伟大政治家·

刘 秀

王莽末年农民起义爆发后,南阳大地主出身的刘秀和其兄刘縯以复兴汉室为名,加入绿林起义军,拥立刘玄建立更始政权,开始了反抗王莽的大业。刘縯被任命为大司徒,刘秀为太常偏将军。在与王莽军队作战中,年仅29岁的刘秀表现出卓越的军事才能和超人的胆识,在他的指挥下,汉军取得了具有决定意义的昆阳战役的大捷。随后,汉军攻陷长安和洛阳,推翻了新莽政权。

公元23年,刘秀借出使河北之机,开始为建立帝业做准备。他把河北作为自己的根据地,废除了王莽的苛政,整顿吏治,安抚百姓,得到百姓的拥护。刘秀凭借自己的声望和政治手段,在巩固壮大了自己在河北的势力后,又统一了黄河以北的地区,彻底与更始政权决裂。公元25年,刘秀

光武帝刘秀像

名人档案

姓　名　字文叔
生卒年　公元前6～公元57年
祖　籍　南阳蔡阳（今湖北枣阳西南）
性　格　有勇有谋/坚强隐忍/英明圣达
身　份　东汉开国皇帝

举行登基大典，改元为建武元年。称帝之后，刘秀派兵迅速击溃更始帝刘玄的军队，占领洛阳，并把洛阳定为都城。为了和刘邦建立的西汉区别，历史上把刘秀重建的汉王朝称为东汉，刘秀就是汉光武帝。随后，他又用了10年时间，消灭了各地的割据势力，公元36年，刘秀完成了统一天下的大业。

面对天下疲敝、民不聊生的状况，刘秀采取恩威并施的手段，缓和阶级矛盾，在治理国家方面取得了辉煌的成就。为了加强中央集权，维护自己的统治，刘秀首先扩大尚书的权力。尚书台成为中央政府的重要机构，使得三公有职无权，尚书有权无职，大权全部集中到皇帝一个人身上。在地方，刘秀裁并了400多个县，精简了大批冗官，节省了国家的财政开支，也减轻了人民的负担。

为发展生产，恢复经济，刘秀采取了一系列措施：他规定凡是因为家贫被卖或是战乱时被掠为奴婢的，都可以离开主人，各自回家，恢复平民的身份。禁止伤害奴婢，保护奴婢的生命安全；他下令清查全国的土地和户口，抑制豪强地主对土地的兼并。他一方面严惩贪赃枉法的官吏，一方面追捕那些抗拒政府法令的豪强地主，将他们迁往他乡；刘秀还采用移民垦边和准许内地垦荒的方法解决农民对土地的需求；他还将赋税从十税一恢复到西汉初年的三十税一的旧制，减少了农民的负担；他还让地方上的兵士一律退伍回乡，从事生产。这些法令增加了社会劳动力，削弱了地方豪强的势力，对社会的安定和生产的恢复发展，起到了巨大的推进作用。

刘秀还很注意整顿吏治，对地方官严加督察，赏罚分明。对于开国功勋，刘秀让善征

光武帝涉水图　仇英

战、不善治国的功臣不再参与国事，坐享荣华富贵，以终天年；而让那些有杰出政治才干的功臣，参议朝政，帮助他治理天下。

刘秀在太学里读过书，接受过正统的儒家思想教育，他非常注意文化事业的发展，他下令搜集整理古代典籍，在京师建立太学，在地方修建书馆，培养人才。在刘秀的重视和提倡下，东汉初年就出现了"四海之内，学校如林"的局面。在思想上，刘秀宣扬君权神授，提倡谶纬之学和迷信鬼神，给学术和思想的发展带来了不利的影响。

刘秀统治期间，东汉经济迅速恢复发展，社会安定，百姓过上了安居乐业的日子，出现了欣欣向荣的"光武中兴"的景象。东汉成为继西汉之后又一个文明强盛的国家。

·第一个疑古问孔的唯物思想家·

王 充

王充是东汉时期杰出的唯物主义思想家。祖父、父亲在钱塘"以贾贩为事"。王充自幼聪明好学，青年时期曾到京师洛阳入太学，拜班彪为师。"家贫无书，常游洛阳市肆，阅所卖书，一见辄能诵忆，遂博通众流百家之言。"

王充一生在政治上很不得志，相传曾做过几任州、县的官吏，但都没什么实权，多系幕僚性质。因为他嫉恨俗恶的社会风气，常常因为和权贵发生矛盾而自动辞官。因此，每次仕进都为期极短。他把毕生的精力投入著书立说，居贫贱而不倦。他一生撰写了《论衡》、《政务》和《养性》等著作，其中《论衡》一书流传至今。

王充的著述活动也不是一帆风顺的，经常遭到社会舆论的非难。以致他的学说一旦问世，便被视为异端学说，甚至遭到禁锢。王充冲破种种阻力，坚持著述。他在《论衡》一书中系统地清算和批判了神秘主义的思想体系，确立了唯物主义思想，难能可贵。

王充塑像

汉代的唯心主义神学，鼓吹天是至高无上的神，像人一样具有感情和意志，大肆宣传君权神授和"天人相与"的天人感应说。宣扬"天子受命于天"，"承天意以从事"；天神能赏善惩恶；君主的喜怒，操行好坏和政治得失都会感动天神做出相应的报答，而

名人档案

姓　名	字仲任
生卒年	27～约97年
祖　籍	东汉会稽上虞（今浙江上虞）
性　格	好学沉思/勇敢无畏/具有怀疑与斗争精神
身　份	东汉著名思想家

名人逸事

王充曾辛辣地讽刺汉高祖刘邦是其母与龙交配生出来的龙子的谎言。他说动物之间，只有同类的东西才能相互成为配偶。牡马见雌牛，雄雀见牝鸡，是决不会交配的，因为它们不同类。天地之间，异类之物相与交接，这是从未有过的事情。现在龙和人不同类，怎能相感而生出后代来呢？如果汉高祖真是龙的儿子，那么，子性类父，龙会腾云驾雾，难道汉高祖也有这种本事吗？作为龙的儿子，汉高祖的模样也应该和龙一样，但事情并不如此。

自然界的变异和灾害就是天神对君主的警告和惩罚。王充针锋相对地指出：天是自然，而不是神。他说，天和地一样，是客观存在的平正无边的物质实体，它有自己的运行规律。日月星辰也都是自然物质，"系于天，随天四时转行"。天和人不一样，没有口眼，没有欲望，没有意识。

在王充生活的时代，各种鬼神迷信泛滥。王充在《论衡》中对各种迷信活动及其禁忌，尤其是对"人死为鬼"的谬论进行了深刻的批判。他很风趣地说，从古到今，死者亿万，大大超过了现在活着的人，如果人死为鬼，那么，道路之上岂不一步一鬼呢？王充认为人是由阴阳之气构成的，"阴气主为骨肉，阳气主为精神"，"精神本以血气为主，血气常附形体"，二者不可分离。他指出："天下无独燃之火，世间安得有无体独知之精！"也就是说，精神不能离开人的形体而存在，世间根本不存在死人的灵魂。

王充在《论衡》一书中还否定了圣人"神而先知"，"圣贤所言皆无非"。为了适应封建专制主义中央集权的统治需要，汉代的唯心主义神学极力推崇古代的圣人，说圣人是天神生的，"能知天地鬼神"、"人事成败"和"言往今来"。王充虽然也承认孔子是圣人，并且也不反对孔子所提倡的封建伦理道德。但他批判了圣人"前知千岁，后知万岁"，有独见之明，不学自知的唯心主义先验论。他认为圣人只不过是比一般人聪明一些，而聪明又是来自于学习。

《论衡》极具战斗性，涉及自然科学、哲学、伦理学、宗教和社会生活等诸多方面，阐明了以唯物主义为基本特征的世界观。全书共85篇（现存84篇），分30卷，约30万字。《论衡》是王充从33岁开始，前后用了30多年的时间，直到临死前才写成的，是他毕生心血的凝结，是中国传统文化中的宝贵财富。

·投笔从戎深入虎穴·

班 超

班超出身史学世家，但他的志向却是建功边塞。公元73年，班超投笔从戎，以代理司马之职，随窦固大军，大败匈奴呼衍王，一直追击匈奴军队到蒲类海，并占领了伊吾（今新疆哈密）。在这次战役中，班超机智勇敢，深得窦固的赏识。

同年，为了联合西域各国，共同抗击匈奴，窦固把出使西域的重任交给他。

中外名人全知道

班超像

名人档案

姓　名	字仲升
生卒年	32～102年
祖　籍	扶风安陵
性　格	志向远大/忠诚/坚忍/英勇/机智
身　份	东汉著名的外交家/军事家
家　庭	父亲班彪是著名的史学家/哥哥是修《汉书》的班固

班超一行首先到达塔里木盆地东部的鄯善。鄯善王开始时礼敬有加，后来匈奴使者来到鄯善，鄯善王受到匈奴使者的要挟，开始怠慢班超。问明了情况后，班超果断行动，当夜发动突袭，利用火攻，一举歼灭匈奴使者。

鄯善王见班超不动声色就杀了匈奴使者，心中畏服，就答应归附汉朝，并把儿子送往汉朝做人质。

窦固将班超的事迹上报朝廷，汉明帝提升班超为司马，派他继续向西域腹地进发。班超西出玉门关，先后收复于阗、疏勒、车师国以及一些西域小国，天山南路基本打通，北路的两端也被汉朝控制。汉朝重新设置西域都护府和两校尉，派兵驻守西域，汉朝和西域各国的交流重新频繁起来。

可是，公元75年，匈奴军队卷土重来，占领车师，西域诸国又纷纷背叛汉朝。班超和疏勒王死守橐城，坚持一年多，汉章帝下令放弃西域，重闭玉门关，撤销西域都护府和两校尉，命班超回朝。

但是，班超为了西域人民和自己未竟的事业，毅然留在西域。他以疏勒为根据地，联合附近各国，攻占姑墨，重新打开了局面。

公元80年，汉章帝对班超的作为非常满意，同意他联合乌孙，牵制匈奴，重新控制西域的主张，先后派两支队伍支援班超。

班超开始重新经营西域。他的第一个目标就是打通南路，最大障碍是大国莎车。班超用调虎离山之计，和大月氏重修旧好，从此，大月氏年年向汉朝贡献方物，西域天山南路已经基本打通。

为了彻底消除边患，汉朝决定再度对匈奴用兵。公元89年到91年，汉朝多次对匈奴发动大规模进攻，匈奴被迫西迁，对汉朝和西域的威胁基本解除了。西域大局已定，汉朝重新设置西域都护府，任命班超为都护，统辖西

鄯善国城墙遗迹

名人逸事

班超出使西域，首先到达鄯善。鄯善王一开始礼敬有加，可是没过几天，忽然冷淡下来。经过了解，班超才知道原来匈奴使者带领百余人来到了鄯善，鄯善王是受到了匈奴使者的要挟。

班超开始考虑对策。当时，他只有36人。他把随员召集来喝酒，酒酣之际，班超故意借鄯善王之事激怒大家，众人都表示愿意听从他的吩咐。班超听了大家的表态，就斩钉截铁地说："不入虎穴，焉得虎子。如今我们已经没有退路了，只有一举歼灭匈奴使者，威慑鄯善王，才能绝处逢生。"

到了夜里，恰好刮起了大风，班超带领部下趁着夜色奔向匈奴使者的营地，利用火攻，使得匈奴人全军覆没。

第二天，班超把匈奴使者的人头放在鄯善王面前，并劝他归附汉朝。鄯善王大惊，就答应归附汉朝，并把儿子送往汉朝做人质。

域各国。

班超的最后一个目标是征服曾经攻杀西域都护陈睦的焉耆、危须、尉离三国。班超借召集三国国王会面之机，杀死焉耆、尉离两王，危须王逃跑。班超为三国重立国王，稳定了局势。至此，西域50多个大小国都归附了汉朝，班超完成了开通西域的大业。

公元95年，汉和帝为了嘉奖班超，封班超为定远侯，后人遂称他为班定远。公元102年8月，班超回到了洛阳。同年9月病逝。

班超在西域征战经营长达31年之久，他用毕生的精力，为开发西域、保障"丝绸之路"的畅通、加强汉族和西北少数民族的交流往来以及为我国陆路交通的发展作出了重要而巨大的贡献。

传世名言

不入虎穴，焉得虎子。
臣不敢望到酒泉郡，但愿生入玉门关。

· 东汉文化巨人 ·

张 衡

公元78年，张衡出生于一个官僚家庭。他熟读儒家经典，十七岁时就开始到外地游学，"游于三辅，因入京师，观太学，遂通五经，贯六艺"，终成一代文化伟人。

张衡一生为官清廉公正，不与权奸同流合污，所以仕途并不顺利。他曾因上书建议裁抑宦官权臣，而遭到奸佞联合弹劾，被贬为河间太守。111年，张衡被调回京师担任尚书一职，他因此接触到更多的黑暗与腐败，对社会深感悲愤与失望。于是，他专心致志，从事科学研究，取得了累累硕果。

张衡最杰出的成就是在天文方面，他继承和发

名人档案

姓　名	字平子
生卒年	78～139年
祖　籍	河南南阳
性　格	公正廉洁/勤奋好学/勇于创造
身　份	东汉时期著名科学家

张衡塑像

地动仪（模型）

展了浑天说，撰写了两部重要的天文学著作《灵宪》和《浑天仪图注》，在论著中他首次提出宇宙无限的观点，阐述了天地的形成、结构和日月星辰的运动本质，对月亮的盈缺和月食做出了科学的解释。117年，张衡根据浑天学说制成了世界上最早使用水力转动的浑天仪。张衡创制的浑天仪是世界上第一架能够比较准确地观测天象的浑天仪，是划时代的伟大创造，推动了中国天文事业的发展。1092年，苏颂和韩公廉在他的启发下，创制了世界上最早的天文钟，这是中国古代最雄伟、最复杂的水运仪象台。

在地震学上，张衡发明了世界第一台地震仪——候风地动仪，这是张衡在浑天仪之外的另一个不朽的创造。地动仪全由青铜铸成，像一个大酒坛。周围铸有8条龙，头下尾上，按照东、南、西、北、东南、东北、西南、西北的方向排列着。龙头和仪器内部的机关相连，每条龙嘴里都含着一颗铜球。8个龙头下，蹲着8只张着嘴的铜蟾蜍。地动仪内部有一根大铜柱，叫做都柱，都柱上粗下细，能够摇摆。都柱旁有8条通道，通道内安有机关，叫做牙机。一旦发生地震，都柱就会向地震的方向倾斜，触动通道中的牙机，而那个方向的龙头，就会张开嘴巴，吐出铜球，落在下面的蟾蜍嘴中，发出声响。据此，人们就可以知道地震的时间和方位。138年，张衡利用地动仪准确测出发生在距洛阳千里外甘南地区地震，证实了地动仪的科学性。

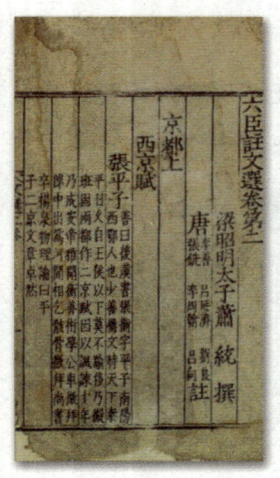

《西京赋》书影

张衡的《二京赋》在结构谋篇方面完全模仿《两都赋》，以《西京赋》和《东京赋》构成上下篇。作者有意和班固的《两都赋》及司马相如的《子虚篇》一比高下，所以内容力求丰富完备，文中生动地描绘了宫室的辉煌，官署宿卫的严整，后宫的侈糜，其间又穿插了商贾、游侠、解抵百戏、嫔妃邀宠的描写，展现了汉代的城市生活和风俗民情。文章的气势波澜壮阔，成为汉代"京都大赋"的代表之作。

张衡的地动仪，在当时是一项遥遥领先于世界的伟大发明，直到1700年后，欧洲才制造出原理基本相似的地震仪器。

在气象领域，张衡还发明了类似国外的风信鸡的气象仪器——候风仪，比西方的风信鸡要早1000多年。

除了天文，在其他很多领域张衡都颇有建树，他发明过指南车、会飞的木雕、水力推动的活动日历等机械仪器；写过一部数学专著《算罔论》，还计算出圆周率是3.4466和3.1625两个近似值，在1800年前，能有这样精密的计算，着实让人惊叹；张衡还研究过地理学，他绘制的地图流传了几百年；他还是东汉六大画家之一；在文学领域，他创作的《二京赋》把汉大赋推向了一个高峰，被誉为"长编之极轨"，在中国文学史上占有重要地位。他写的抒情小赋《温泉赋》《归田赋》等也极富文采。张衡的新体七言诗《四愁诗》，也是脍炙人口的传世之作。

中国科学院第一任院长郭沫若先生评价张衡："如此全面发展之人物，在世界史中亦所罕见。""万祀千龄，令人敬仰。"

·造纸术的发明人·

蔡 伦

蔡伦发明的造纸术和火药、指南针、印刷术一起，是中国古代科技史上的四大发明，是中国人对世界文明的巨大贡献。他出生于农家，从小家境贫寒，为了生计，于东汉明帝永平末年入宫做了太监。进宫之后，蔡伦从小黄门做起，小心谨慎，不敢有半点马虎。到了汉和帝年间，蔡伦升任中常侍，参与国家机密大事。后来又加官尚方令，掌管宫廷手工作坊，监督御用品的制造。89年，蔡伦开始负责监管刀剑武器和其他器械的制造工作。蔡伦监督制造的器械，全都精工坚密，世人争相仿效。当然，他最杰出的贡献是发明了造纸术。

进宫之前，蔡伦就对造纸感兴趣，曾经用破旧的废物糅合在一起，做过许多加工试验，虽然不是很成功，却对造纸用的材料有了很深的了解，为他后来成功改进造纸术奠定了

名人档案

姓　名	字敬仲
生卒年	约57～121年
祖　籍	东汉桂阳（今湖南省郴州市）
性　格	严谨务实/生性秉正/机敏多才
身　份	东汉宦官/造纸术的发明者

蔡伦像

□ 中外名人全知道

> **传世名言**
>
> 包括造纸术在内的中国四大发明改变了世界上事物的全部面貌和状态,又从而产生了无数的变化;看来没有一个帝国,没有一个宗教,没有一个显赫人物,对人类事业曾经比这些机械的发现施展过更大的威力和影响。
>
> ——英国科学家弗朗西斯·培根

基础。

他认真总结西汉以来用麻质纤维造纸的经验,经过长期的实验,对造纸的原料和造纸工艺都进行了改革,引发了书写材料的革命。他把树皮、麻头、破布和旧渔网等作为造纸的原料,不但扩大了原料的来源,还降低了造纸的成本;在传统流程的基础上,增加了用石灰进行碱液蒸煮的工序,使植物纤维分解速度加快、分解分布得更加均匀细致;经过切断、捣碎、沤煮、化浆、定型、风干等一整套工艺流程,纸张的质量大大提高,书写起来极为方便。

105年,蔡伦将他监造的优质纸张进献给汉和帝,因造纸有功,被封龙亭侯。之后,植物纤维造纸开始代替竹简、缣帛,成为广泛使用的书写材料,蔡伦也被后世奉为造纸祖师。

经过蔡伦改革之后,造纸业开始成为一个独立的手工行业,在全国各地发展起来。纸的推广使用,为保存文献、记载历史、交流思想、积累传播文化、促进科学技术的发展作出了巨大的贡献。后来,蔡伦的造纸术陆续传到朝鲜、越南、日本、阿拉伯以及非洲和欧洲,到19世纪,又传到澳洲,被世界普遍接受。

蔡伦不仅被中国的造纸工人奉为造纸鼻祖"纸神",还被日本等国的造纸工人尊为祖师,历代奉祀。我国大部分的产纸地区,都有为祭祀蔡伦而建造的庙宇。每年的阴历三月十六日是蔡伦的祭祀纪念日。元朝政府曾经在他的故乡耒阳重修蔡伦庙,蔡伦的墓地陕西省汉中市洋县也有他的祠庙。

蔡伦发明的纸和造纸术,具有划时代的伟大意义,为人类文明与进步作出了巨大的贡献。它充分显示了中华民族古老悠久的历史和灿烂辉煌的古代科技成就,是中华民族的骄傲。

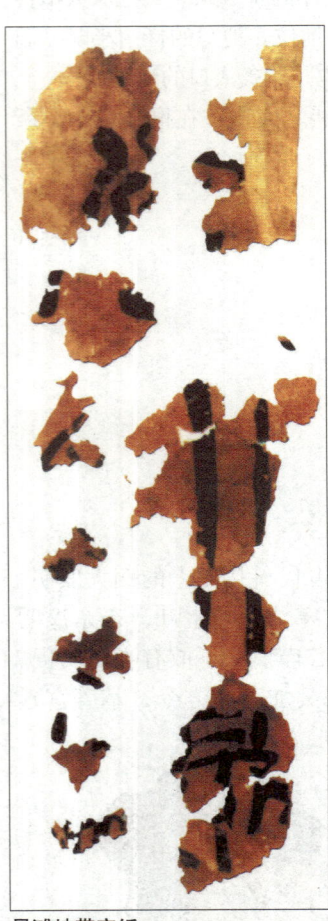

旱滩坡带字纸

名人逸事

为了纪念蔡伦,人们在其他故基墓上修建了蔡侯祠。今天的蔡伦纪念馆就是在原蔡侯祠基础上建立的,1987年正式开放展出。它由4个展室和有关蔡伦的文物等几部分组成,占地总面积1.6万平方米。

展室设在蔡侯祠内,展出内容包括蔡伦生平,蔡伦发明造纸、纸的发明和蔡伦遗迹4个部分。

纪念馆有关蔡伦的文物有:

蔡侯祠,原为蔡伦故居,虽经风雨侵蚀,洪水泛漫,蔡侯祠历代有人修建,一直保存,今祠是清代重建。祠为砖木结构,分前、中、后三栋。

蔡子池,位于蔡侯祠前,长180米、宽57米,是当年蔡伦用来浸泡纸浆的池子。

蔡伦墓,位于蔡侯祠西南百余米处,1981年重修,墓室高2米、长4米、宽2米余,外有圆形封土堆,墓碑为郭沫若先生手书。

· 中华"医圣" ·

张仲景

张仲景是中国东汉时期著名的医学家。他出身贵族家庭，从小聪明伶俐，非常好学，尤其爱读《史记》。书中《扁鹊仓公列传》所记神医妙手回春的故事，让他产生了学习医学的兴趣。从此他开始阅读各种医籍，拜访名师，终成良医。

张仲景的父母希望张仲景走仕途之路。他16岁时，父亲带他去拜访一位归隐乡里的名士。通过交谈，名士发现张仲景不但有英俊谦和的气质，还有才思敏捷的灵性，便说：你好好努力，将来一定能成为一个名医。名士的预测，更坚定了仲景从医的志向。父母也就顺从他的意思，顺其自然了。

东汉时期，医生这个职业是很受人歧视的。然而为了实现崇高的理想，张仲景不顾环境的恶劣和世俗的鄙视，刻苦钻研，投身医学。他的几位老师，无不是有感于他专心致志，虚心求教的精神，才将自己家传的秘技、秘方传授予他的。史书记载，当时张仲景在内科医技上已颇负盛名。

张仲景像

听说襄阳有位姓王的外科医生，治疗疮痈达背有绝招，人称"王神仙"。于是他立即肩背行囊，跋涉数百里，前往拜师。如此良苦用心，加上恭敬的态度，恳切的言辞，使得"王神仙"终于不再怀疑张仲景的动机，把自己的医学知识都教给了他。

东汉末年，战祸连年，疫病流行。南阳地区当时也接连发生大规模的瘟疫，许多人因此丧失了宝贵的生命。张仲景的家本是大族，有200多口人。然而不到10年，有2/3的人医为染上瘟疫而死亡，其中很多人是因为患上了伤寒病死了的。在这种情况下，张仲景下定决心要研究出治疗伤寒病的方法，来解救病痛中的人

《伤寒论》、《金匮要略》书影

张仲景著《伤寒杂病论》，被后人整理成《伤寒论》和《金匮要略》两书行世。

名人档案

姓　名	名机/字仲景
生卒年	约150～219年
祖　籍	东汉南阳（今河南省南阳市）
性　格	仁慈/高尚/刻苦专研
身　份	中国古代著名医学家

名人逸事

相传张仲景在长沙做太守的时候，时刻不忘自己作为一个医生的职责。但他毕竟是个大官，在封建时代，做官的不能轻入民宅，又不能随便接近普通老百姓。于是他想出了一个办法，就是在每月初一和十五两天，让有病的民众到衙门来看病。他就坐在大堂之上，给病人把脉施治。后来每逢初一、十五的日子，他的衙门前就聚集了许多来自各方的病人等候看病。为纪念张仲景，后来人们就把坐在药铺里给病人看病的医生，通称"坐堂"，那医生就叫"坐堂医生"。

传世名言

君疾可愈，国病难医。
人之伤于寒也，则为病热。
夫热病者，皆伤寒之类也。
上以疗君亲之疾，下以救贫贱之厄，中以保身长全，以养其生。

民。经过数十年含辛茹苦的努力，张仲景终于写成了《伤寒杂病论》这一不朽之作。这是继《黄帝内经》之后，中国又一部光辉的医学典籍。

《伤寒杂病论》集秦汉以来医药理论之大成，是中国医学史上影响最大的古典医著之一，也是我国第一部临床治疗学方面的巨著。这部医典当中体现出来的"辨证论治"的重要医学思想，对后世中医学发展起到了绝对的主宰作用。书中的113个处方，也都是颇具奇效的经典配方，被后人称做"经方"，在治疗一些疑难病症方面常有奇效，因此，《伤寒杂病论》也被称为"医方之祖"。三国时候的名医华佗读了这本书以后，不禁赞叹说："此真活人书也。"

张仲景将毕生的精力奉献给医学事业，因其医德高尚、医术高超，救人无数，被后人奉为"医圣"。历代注释《伤寒杂病论》的著作非常多，在继承发扬张仲景医学理论的基础上，形成了长盛不衰的"伤寒学派"。不仅如此，他的影响还越出了国界，对亚洲各国，如日本、朝鲜等国医学影响巨大。张仲景是中国医学的骄傲。

· 道教之祖 ·

张道陵

张道陵是张良的八世孙。东汉光武帝建武十年（34年）生于临安于潜镇南的生仙山（一说为西天目山）。据说生仙山上有一座道观，称为生仙宫，又名集真宫、天师宫，为张道陵故宅。据传，张道陵生得高大魁梧，身高九尺二寸，庞首广额，朱顶绿睛，高鼻方脸，英气逼人。不仅相异，且是聪明绝顶。到了7岁，就已上知天文，下知地理，尤其精通《道德经》以及河图洛书等。后来被地方推荐，在明帝永平年间，做了江州县令。

名人档案

姓　　名　初名陵/后名道陵/字辅汉
生卒年　34～156年
祖　　籍　后汉沛国丰县（今江苏省丰县）
性　　格　深邃仁爱/冲虚恬淡
身　　份　道教创始人

但他虽然身在官场，却一心钻研修炼的奥秘。不久，便辞官隐居于天目山。

东汉和帝永元年间，张道陵到了洛阳的北邙山炼丹。后来，他又到了鄱阳湖，上龙虎山，修炼成了九天神丹，并长期居住于龙虎山，因而龙虎山就成了道教圣地。在这里他创建了正一道，即天师道。天师道是张道陵创立并由其子孙世袭相传，以老子为教主，道为最高信仰，符箓斋醮为手段，以追求长生不死和成仙为最高境界的一种宗教组织。张道陵开始炼丹修道于龙虎山，于是龙虎山可称为中国道教第一山。张道陵是中国道教创始人，他是道教祖天师，又称第一代天师。

张道陵在龙虎山用3年时间炼成九天神丹后，已60余岁，吃了神丹容貌益少，"返老还童"，像30岁左右的人。接着又在龙虎山东北边的西仙源壁鲁洞，得神虎秘文，并建立天师草堂，广传弟子，为人治病。张道陵在龙虎山炼丹修道讲课时间长达30余年，这里有他留下的"炼丹池"、"濯鼎池"、"习升台"、"天师草堂"等遗址，壁鲁洞中的石灶石床石几俱存。葛洪在《神仙传》中说："陵初入龙虎山，合丹斗剂，虽未冲举，已成地仙。"可见他那时的道学功底已经相当深厚了。

张道陵像

张道陵第二次携弟子经嵩山入巴蜀已过90高龄。为什么耄耋之年他还要入蜀，一是"闻蜀人多纯厚，易于激化，且多名山"，对创教有利；二是"闻巴蜀疹气危害人体，百姓为病疫灾厄所困"，他要继续用符、丹为人治病，佐国佑民。入川后，他先居阳平山，后住鹤鸣山，还到了西城山、葛溃山、秦中山、昌利山、涌泉山、真都山、北平山、青城山，足迹遍及巴蜀、陕西等地。除游历治病救人外，他还精思炼志，著作道书24篇。他收徒设教，建立道教基层组织，规定凡入道者须出信米五斗（汉时一斗等于现在二升，五斗即等于现在一斗），"付天仓"以备饥荒和作"义舍"之用，因此，他创立的道教又叫"五斗米教"。

东汉桓帝永寿二年（156年），张道陵123岁，是年九月九日，将

> **传世名言**
> 太始者万物之始。
> 所谓无为者不先物为也；所谓无不为者因物之所为。

江西龙虎山天师府灵芝园八封门
张道陵天师的后裔世袭天师之号。龙虎山天师府是历代天师的府第。

诸秘录、斩邪二剑、玉册、玉印授长子衡,乃与夫人雍氏登云台峰,白日升化。

自"祖天师正一道"创立以后,时人尊张道陵为人天之师,又称天师道。宋元以后,三山符箓统归龙虎山,遂统称为正一道,以区别金元之际在北方兴起的全真道。

· 乱世雄杰 ·

曹 操

东汉的政治特点是宦官和外戚轮流专权,宦官的势力在桓帝和灵帝的时候达到了极致。也正是这一原因,生于东汉末年的曹操才有了显赫的身世背景。曹操的父亲曹嵩曾高居太尉一职,又是极受汉桓帝宠信的大宦官曹腾的养子,因此,曹氏家族可以说是位高权重,显赫一时。

189年,汉灵帝去世,14岁的少帝刘辩登基,何太后临朝听政,皇舅大将军何进受命辅政。何进对宦官集团一直恨之入骨,虽有曹操等人相助,还觉势单力孤,于是,他暗中招董卓进京,帮助他铲除宦官集团。董卓未至,何进已被宦官杀掉。董卓进京后,废掉刘辩,改立9岁的皇子刘协做皇帝,他还自封丞相,独揽了汉朝大权。

董卓很赏识曹操的才干,但曹操却根本不想为他效力。为反对董卓的倒行逆施,曹操和关东的一些刺史、太守一起推举袁绍为盟主,起兵讨伐董卓。从此,东汉陷入了军阀割据的局面。

在讨逆过程中,盟主袁绍和其他刺史、太守都想坐收渔翁之利,害得曹操人马损失惨重,只得重新招募军队。当时,黄巾起义烈火遍地,曹操施展谋略,大败青州军,得降兵30万,组成青州兵,开始了统一北方的大业。

曹操像

国人深受《三国演义》的影响,在许多人心目中,曹操是个反面人物。实际上,曹操是一位雄才大略的政治家和军事家,他统一北方,使混乱的社会经济得到恢复,对于结束东汉末年的战乱功不可没。同时,曹操在文学上也卓有建树。

196年,曹操"挟天子以令诸侯",在许昌建立政治中心。为了保证军粮的供应,曹操采取了一系列的措施,比如,屯田、军屯、兴修水利、推广水稻种植等,不但解决了军粮问题,而且使农业生产得到发展,社会得到稳定,为统一北方创造了条件。

曹操一边发展生产、积聚力量,一边继续进行

名人档案
姓 名	字孟德/小名阿瞒
生卒年	155~220年
祖 籍	谯县(今安徽亳州)
性 格	猜忌多疑/心狠手辣/英明果决
身 份	杰出的政治家/军事家

衮雪帖

兼并战争，他先后消灭吕布、张绣、袁术等军阀势力，地盘不断扩大。

曹操爱才如命、求贤若渴，他多次颁布招贤令，唯才是举。一时间曹操门下猛将如云，谋臣似雨，盛况空前。

200年，袁绍起兵10万进攻曹操，企图一举消灭曹军。当时袁绍人多势众，而曹操的军队很少，军粮又不够充足，但是曹操最终取得了官渡之战的胜利。接着曹操又率兵陆续占领冀、青、并、幽四州，一举消灭了袁绍的力量。此后，曹操还解除了游牧民族乌桓和鲜卑对北方边境的威胁，实现了真正意义上的北方统一，结束了汉末以来长期军阀混战的局面，恢复和发展了北方经济，为以后全国的统一奠定了基础。

曹操一直对孙权占据的江东，刘表领有的荆州虎视眈眈。208年，曹操发兵南下，兵不血刃，取得荆州，将刘备赶到了夏口。随后又率大军20万，进驻江陵。

为了对抗曹操，孙权和刘备组成联军，与曹操在赤壁展开决战。曹操的士兵大都是北方人，不习水性，为了便于作战，曹操就让工匠把所有舰船用铁链固定在一起，上面铺上木板，减少风浪的颠簸，人马如履平地。擅长水战的江东将领黄盖看出曹操连环船的弊病，就和都督周瑜设计采用火攻，使得曹操几乎全军覆没，狼狈地从华容道退回中原。赤壁之战失败后，曹操开始以防御为主，集中精力经营北方，三国鼎立局面形成。

曹操不仅是一位杰出的政治家、军事家，还是优秀的文学家、诗人，他是建安文学的倡导者和组织者，还留下了一些流传千古的佳作名篇。《步出夏门行·龟虽寿》《短歌行》等都是传唱千年的佳作。

曹操逼宫年画

· 忠义武勇的化身 ·

关 羽

关羽出生在有封建文化教养的农家，初名长生，后改为羽，取字云长，青少年时期在家习文练武兼作农事。因其熟读《左传》，长须飘飘，人称美髯公。中平元年（184年），关羽在家乡路见不平，杀死郡豪，逃亡到涿郡。时逢刘备在招兵买马，与其相谈，甚为投机，便投到了刘备的旗下。后辅佐刘备成就大业，曾大破曹军，威震一时，为刘备"五虎上将"之首，官历"前将军"，被封"汉寿亭侯"，驻守荆州时为吴将吕蒙所杀。谥"壮缪侯"。因其为人忠直仁义，广受民间崇祀，尊其为"关公"、"关夫子"。亦称为"关帝"、"关圣"，与孔子并称为"文武二圣"。

建安四年（199年），曹操出兵亲征刘备。刘备惨败，北投袁绍，困守下邳（今江苏省睢宁县西北）的关羽被俘。曹操十分爱惜关羽的勇猛，拜为偏将军，礼遇优渥，但关羽丝毫不为之所动。曹操也觉察到关羽没有久留之意，于是特地派关羽的好友张辽前去试探。关羽坦

关羽挑灯读《春秋》

率地表达了自己的心迹说："吾极知曹公待我厚，然吾受刘将军厚恩，誓以共死，不可背之，吾终不留，吾要当立效以报曹公乃去。"后袁绍与曹操交战，关羽策马奋勇当先，在万军之中力斩袁绍的两员大将颜良、文丑，解白马之围。曹操上表封关羽为汉寿亭侯，并重加赏赐。关羽却分毫未取，封金挂印，留下书信拜谢曹操，骑坐赤兔马，提一口青龙偃月刀，千里走单骑，过五关斩六将，赴袁绍营中寻找刘备。

赤壁战后，孙刘结盟已成鼎足之势，刘备攻取江南诸郡，关羽功劳最多，拜为襄阳太守，加号荡寇将军，驻防江北。刘备入蜀，留关羽、诸葛亮等守荆州，以关羽为督。刘备取益州，诸葛亮、张飞、赵云等都被召入蜀，关羽独当重任，成为刘备集团中举足轻重的人物。

建安二十四年（219年），关羽统大军北伐，向曹仁镇守的樊城进攻。曹操大将于禁赴襄樊前线增援。八月，大雨滂沱，汉水猛涨，把城外于禁的营地淹没了，于禁只带了

名人档案

姓　名	字云长/本字长生
生卒年	？~220年
祖　籍	三国时河东解县（今山西临猗西南）
性　格	坚毅忠诚/狭隘狂傲/刚强勇武
身　份	三国时蜀国著名将领

> **名人逸事**
>
> 关羽在一次战役中不慎中了毒箭。由于箭头有毒,右臂青肿,不能运动。正在关平和众将为此焦虑不安之际,神医华佗及时赶来,为关羽开刀去毒使其免致残废。当华佗给关羽刮骨疗毒之时,关羽和众将饮酒弈棋,谈笑自若,表现了大无畏的英雄气概。

少数将士躲避到高处,当关羽乘大船赶到时,遂束手就擒。将军庞德力战被俘,不屈而死。当此之时,关羽威名,中原为之震动,于是"遂有北向争天下之志"。曹操闻讯后甚为恐慌,准备从许昌迁都洛阳以避关羽。

关羽得志于荆襄,东吴的孙权却沉不住气了,他时时提防着关羽,但表面上给关羽频送秋波。孙权还派人说项,要与关羽结为儿女亲家。可是骄狂的关羽不识大体,极为藐视孙权,怒斥东吴使者,"虎女岂能嫁犬子"。后来关羽又在北伐中俘获曹兵3万,粮食一时紧张,他不经外交协商就擅取孙权辖地的粮食。这一举动不仅加剧了孙刘矛盾,而且给孙权出兵制造了口实。孙权派遣吕蒙率领大军白衣渡江,攻下荆州。关羽向上庸的蜀兵呼救,不料那里的守将刘封、孟达两人正闹矛盾,坐视不救。这一来关羽陷入了四面楚歌的境地,一路上将士逃散,溃不成军。关羽眼见大势已去,没有认真交战,就退走麦城,向上庸方向撤退。最后在突围中被吴将潘璋所擒。孙权杀了关羽,把首级送给了曹操。

华佗为关羽刮骨疗毒图

·智慧与诸忠诚的化身·

诸葛亮

董卓之乱爆发后,关东诸侯起兵讨伐董卓,从此天下分裂,军阀割据,战乱不休。诸葛亮少年时期就是在这样动荡不安的社会环境中度过的。他10岁时父母双亡,15岁时家乡遭受兵乱,一家人生活十分艰难。他17岁时担起了一家人的生活重担,在襄阳城西的隆中山里过着隐居的生活。

诸葛亮很有抱负,常自比管仲、乐毅,他的政治理想就是要辅佐贤君,扫平六合,统

名人档案

姓　名	字孔明
生卒年	181～234年
祖　籍	琅琊阳都（今山东沂南）
性　格	足智多谋/坚毅忠诚/志向远大勤奋公正
身　份	杰出的政治家/军事家

古隆中三顾堂，在今湖北襄樊

一天下。由于他才华超群，相貌不凡，被人称为"卧龙"。

被曹操称为"人中豪杰"的刘备此时势力单薄，四处寻访贤才，招揽名士。他听说诸葛亮是个英雄俊杰，就冒着严寒，去拜访诸葛亮。诸葛亮对刘备的政治主张非常赞同，又被他三顾茅庐的真诚感动，于是他给刘备分析了形势，替他筹划了建立蜀汉政权的策略，并答应出山帮助刘备实现隆中对策的各项计划。

曹操统一北方后，一直对荆州虎视眈眈。他趁刘表病重，荆州内乱之际，发兵南下，夺取了荆州。依附于刘表的刘备只好退出荆州，在去往江陵的路上，刘备和诸葛亮不忍抛下百姓，行进缓慢，被曹操大军追上，双方一场大战，刘备全军所剩无几，只好退守夏口。

面对强大的曹操，诸葛亮出使东吴，力劝孙权，组成孙刘联军，共抗曹操。208年，孙刘联军通过赤壁之战，大败曹操。在诸葛亮的帮助下，刘备趁机占领荆州，并相继夺取益州、汉中两地。

221年，刘备称帝，建立蜀汉，任命诸葛亮为丞相，天下三分之势终于形成。

因在荆州归属问题上的严重分歧，以及关羽的处事不当，219年，孙权派吕蒙夺取荆州，杀死关羽。刘备为了夺回荆州，替关羽报仇，于222年发兵讨伐东吴，结果被陆逊火烧联营八百里，大败而归。

刘备一病不起，临终托孤，17岁的刘禅登基做了蜀国皇帝。刘禅遵父命，封诸葛亮为武乡侯，领益州牧，万事都请他作主。

诸葛亮身受隆恩，更是殚精竭虑，帮刘禅治理国家。他先派人出使东吴，缓和吴蜀关系。之后，他集中精力，治理蜀汉，对抗魏国。

诸葛亮采取了一系列积极的措施治理蜀汉，他严肃法纪，赏罚分明，做到"无恶不惩，无善不赏"，自己也以身作则，为蜀汉官员树立廉洁奉公、勤政爱民的榜样。诸葛亮还很注意收罗人才，他任人唯贤，知人善任，巴蜀一带的有志之士，纷纷前来投靠效力。在经济上，积极推行休养生息，发展生产的政策。要求各级地方官奖励农业，减轻赋税，抑制豪强兼并土地；注重水利建设，派士兵保护

诸葛亮像

水利工程都江堰，设立堰官；出征的间隙，让士兵参加农业生产，进行屯田，以保证军粮供应，减轻人民负担；大力发展手工业，使蜀国的经济力量得到了很大的增强。

诸葛亮自己有很多发明创造，如木牛、流马对于运输工具的改进以及山地运输的发展，都有很大的贡献。

诸葛亮在发展生产的同时，还加紧整顿军队。

可是，西南的一些少数民族因不愿接受蜀国的统治，不断地起兵反抗。诸葛亮通过七擒七放南中统帅孟获，降服了南中和其他少数民族。任用少数民族的首领为官，治理西南，西南少数民族地区终于稳定下来。

他还把少数民族中骁勇善战的青羌1万多家迁到四川，编成五部"飞军"，大大增强了蜀国的兵力，为出师北伐做好了准备。

经过诸葛亮多年呕心沥血的经营，蜀国发展壮大起来。227年，诸葛亮向后主刘禅上《出师表》，请求统帅三军征伐魏国，北定中原，恢复汉室。

诸葛亮率兵六出祁山，却没有成效。54岁时因积劳成疾，病逝于五丈原，临终遗命撤军。

·中国"书圣"·

王羲之

王羲之出身贵族，他的伯父王敦、王导都是东晋显赫的权贵。王羲之入仕之后，做到了右军将军、会稽内史，人们都称他为"王右军"。王羲之生性正直，对当时的政治腐败极为痛恨。他怒斥当朝官员，认为他们应该自贬官职向百姓谢罪。王羲之的率真难免要得罪权贵，后来就是因为与上司不合称病辞官，隐居于会稽山阴，直到去世。

在父亲王旷的启蒙下，王羲之幼年时就开始学习书法，并且很是痴迷。少年时又跟随当时著名的女书法家卫夫人学习，卫夫人夸奖王羲之将来的成就一定会大大超过自己，成为著名的大书法家。

王羲之为后世留下了许多苦练书法的典故。他隐居山中专心致志地临摹钟繇和张芝等人的楷书、草书作品时，用了无数的竹叶、树枝、木片、山石，纸张绢帛更是不可胜数；他走路、休息时也在揣摩字的结构、间架、笔法，在自己身上比划练习，连

王羲之像
东晋大书法家。琅邪临沂（今山东临沂北）人，出身贵族。历任秘书郎、宁远将军、江州刺史，累官至右将军，会稽内史，人称"王右军"。

名人档案

姓　名	字逸少
生卒年	321～379年
祖　籍	琅邪（今属山东）
性　格	正直率真/勤奋刻苦/崇高善良
身　份	书法家

衣服都戳破了；王羲之门前有一个水池，他每天练完字之后，就到水池中冲洗笔砚，天长日久，水池竟然变成了"墨池"。

《兰亭序》 东晋　王羲之

功夫不负有心人，王羲之的书法终于自成一家。他汲取了汉魏时期书法家的精华，对楷书、草书、行书三种书体以及用笔、结字、章法、布白等方面都有大胆的创造，他的书法作品"飘若浮云，矫若惊龙"，称得上是绝世佳品。

传世名言

所以详察古今，精研篆隶，尽善尽美，其唯王逸少乎？
——李世民

且元常专工于隶书，伯英尤精于草体；彼之二美，而逸少兼之。
——孙过庭

王羲之的行书，以《兰亭序》最为著名，被誉为"天下第一行书"，对后世的书法家产生了不可估量的巨大影响。《兰亭序》写于公元353年春，全篇28行，328字，字字"遒媚劲健，绝代所无"，其中的20个"之"字、7个"不"字，更是情态各异，绝不雷同，可谓别开生面。

王羲之不仅行书独步天下，他的楷书也是一绝。他在学习钟繇的基础上，改革创新，青出于蓝，并变文字的楷书为书法的楷书。《乐毅论》、《黄庭经》、《孝女曹娥碑》等最为有名，至今仍在流传。

王羲之还改革了草书，并使其走向成熟。他的草书洒脱自然，如同"龙跳天门，虎卧凤阁"，代表了晋代草书的最高成就，流传后世的《十七帖》堪称草书艺术中的绝世之作。

王羲之的书法名扬天下，被世人推崇为"书圣"。千百年来，学习他的书法的人不可胜数。自隋朝至清，人们创作行书作品时多受《兰亭序》的影响，大书法家欧阳询、颜真卿、褚遂良、苏轼、黄庭坚等人更是以他为宗师。王羲之所创造的那种空灵蕴藉的气韵，从古到今都是书法艺术家追求的最高境界。

名人逸事

太尉郗鉴听说太傅王导家的子侄都是少年才俊，就派了一个门生到王导家求亲。王导听明来意后，就让门生自己去东厢房里随意挑选。王家的公子果然个个眉清目秀，英姿勃发。诸位公子也听说了郗太尉选婿之事，于是个个收拾齐整，在屋子里正襟危坐。只有王羲之一个人祖腹躺在东床上，不把选婿之事放在心上。

门生回去之后对太尉说了王家诸位公子的情况，太尉听后高兴地说道："那个坦腹东床的公子，就是我的好女婿了。"于是，郗鉴就把女儿嫁给了王羲之。

· 古今隐逸诗人之宗 ·

陶渊明

陶渊明像

名人档案
姓　名　名潜/字元亮
生卒年　365～427年
祖　籍　浔阳柴桑（今江西九江）
性　格　淡泊高洁/刚正不阿/平和旷达
身　份　田园诗派创始人

陶渊明的曾祖陶侃是东晋初年名将，都督八州军事，封长沙郡公，声威显赫一时，死后追赠大司马。祖父陶茂官至太守，父亲亦曾出仕。陶氏地位虽不如南下名族高贵，也是浔阳的大族。到了陶渊明这一支，因父早逝，家道中落。直至孝武帝太元十七年（392年），陶渊明均在家读书，料理家务。

陶渊明一生几次出仕，几次辞官。29岁时，经亲友推荐任江州祭酒，因不堪吏职，很快辞归。不久州上又招他去做主簿，他拒绝了；36岁时，在江陵桓玄幕府任职，因母丧辞官还乡；40岁始任军职，任镇军将军参军，第二年改任建威将军参军，八月为彭泽县令，到十一月，还是因为无法面对政治纷争和黑暗的现实，最后一次弃官，选择了归隐。

仕途失意的陶渊明，在文学创作方面取得了辉煌的成就，在中国诗歌发展史上作出了重要贡献。他开创了田园诗派，首次将大量的农家生活和劳动写入诗歌，扩大了诗的创作内容。在陶渊明笔下，田园变成了痛苦世界中的一座精神避难所。《归园田居五首》、《饮酒二十首》、《劝农》、《荣木》等是他田园诗的代表作。在这些诗歌中，陶渊明描绘了清新优美的田园风光，歌唱了亲自参加劳动的感受。凡此种种，都表现出他对隐居的热爱，对安宁闲静生活的追求，展示了一种随遇而安、淡泊平和以及安贫乐道的旷达胸怀。

除田园诗外，陶渊明还写过一些咏史诗，如《咏荆轲》、《咏二疏》和《咏三良》等，读这些诗，我们能感受到陶渊明的政治抱负，以及他激烈、慷慨、豪放的一面。

通过他的《杂诗十二首》，可以看出诗人孤独、寂寞、惆怅之情。陶渊明毕竟是饱读经史的文人，济世之志无法实现，仅仅共道桑麻是不能满足他的精神需要的。这些诗与其散淡的田园诗，恰好合成一个整体，完整地反映出陶渊明的精神境界。

陶渊明在散文方面也有不小的成就。虽然数量不多，却也清新，富有情致，《桃花源记》、《五柳先生传》、《归去来兮辞》等，都是脍炙人口的名篇。

《归去来兮辞》是他归隐后的第一篇作品。文中作者虚拟了"木欣欣以向荣"、"农人告余以春及，将有事于西畴"的景象，表现出陶渊明对乡居生活充满了浪漫的情怀，这种情

归去来辞诗意图　明　李在
　　此图描述的是晋代文学家陶渊明的名篇《归去来兮辞》中"云无心以出岫"这一句子。画面中陶渊明独坐在山峰上，仰望归鸿和远山，沉醉在大自然中，如有所思，超然物外。李在（？~1431年），字以政，明代福建莆田人，画史称其"自戴文进以下，一人而已"。

怀既表现出作者对乡居生活的热爱，也表现出对黑暗现实的痛心疾首。

　　陶渊明在《桃花源记》中，只用了300多字，就描绘了一幅清新淡雅的桃源图景，勾勒出了一幅理想社会的生活场景，它既是作者依据自己的理想所做的美好想象，也代表了那个动乱时代的广大民众对太平社会的向往。《五柳先生传》也是一篇奇文，是仿史传体写的一篇人物传记，全篇只百余字，以一个"不"字贯通始终，体现出了作者"自然"的人生哲学。

　　陶渊明的晚年生活相当贫困，时常要靠朋友接济，有时几天饿着肚子，甚至到了乞食的地步。但无论境况怎样恶劣，他始终不愿再为生存去求官求禄。

　　427年秋天，贫病交加的陶渊明预感到就要离开人世了，就给自己写了《挽歌诗》3首，《自祭文》1篇，他为自己写道："向来相送人，各自还其家。亲戚或余悲，他人亦已歌。"

　　同年十一月，陶渊明去世，享年63岁。

·虎头"三绝"·

顾恺之

　　顾恺之是东晋著名的画家，他博学且富有才气，诗赋、书法、绘画都很有一手，被当时的人们称为"才绝、画绝、痴绝"，虎头"三绝"的名称即由此而来。他的父亲顾悦之，曾经担任过无锡的县令、扬州别驾，最高官至尚书右丞。所以，出生在江东名门望族的顾恺之从小就受到了良好的教育。虽然出身门阀士族，他并没有成为一个大官，而是在盛行"玄谈清议"的时代作了一位并不富有的"清客"（即幕僚或食客）。

　　他拜卫协作为自己的老师，并且接受了汉代画像石的影响。他的作品大多是关于人物

名人档案

姓　名	字长康/小字虎头
生卒年	348～409年
祖　籍	晋陵无锡（今江苏无锡）
性　格	诙谐痴黠/率真通脱
身　份	著名书画家

顾恺之像

的，其他主体的作品，像关于山水、花草虫鱼，野兽猛虎，也是各有各的特点，自有自己的精妙之处。他刻画的人物，突破了汉朝和魏国时期的古拙风气，着重刻画人物神情心态。画人物的时候，注重画龙点睛之笔。按照他自己的话说就是"传神写照，正在阿堵中"。他作画时笔迹周密，紧劲连绵如春蚕吐丝。他和陆探微并称"顾陆"，号为"密体"，同南朝梁张僧繇、唐吴道子的"疏体"相区别。顾恺之传世作品有文献可考的60余件。现存《女史箴图》、《洛神赋图》、《列女仁智图》均为唐宋人摹本。《女史箴图》唐摹本在清光绪二十六年（1900年）被八国联军掠走，现收藏在英国伦敦不列颠博物馆。他是中国绘画史上第一个有绘画遗迹可考的大画家和最早的绘画理论家。人们之所以说他是一位伟大的画家而不是一个高明的画匠，就是因为他不但有高超的绘画技法，而且还有先进的绘画理论。

作为一代宗师，顾恺之对中国古代的绘画产生了深远的影响。他继承了秦汉以来的传统画法，集中地体现了魏晋的画风及时代特色，并开启了隋唐绘画高潮，是一个承前启后的人物。南朝宋时著名画家陆探微就学习他的画法，此后六朝的张僧繇、郑法士、董伯仁、展子虔，甚至到了唐代的阎立本、吴道子等大名鼎鼎的画家也都临摹顾恺之的画，研习他的技法。他极大极深地影响了中国古代绘画的发展。

多才多艺的顾恺之非常自信。他曾经拿自己的《筝赋》与鼎鼎大名的嵇康的《琴赋》作比，认为自己毫不逊色。这是他的才绝的特点——自负。顾恺之很有幽默感，而且活泼、率真、洒脱。他的画曾经被人偷走了，他不但不生气，反而得意洋洋地说，是他的画，太灵通了，化成神仙了，飞上天了。他甚至还天真地相信一些骗人的小把戏，"痴绝"的雅称由此而来。桓温常常说顾恺之身上是痴黠各半。其实，他的痴呆是假的，他的狡猾是真的。这是魏晋的名人超脱凡事的表现，更是他在权贵之间周旋中得到了一条真理，一条明哲保身的真理。顾恺之的画自然就不用多说了，"画绝"的美誉实在是不为过的。

他能够集"三绝"于一身，而且还淡泊名利，倾心于艺术，这种献身艺术的精神才是超人的。如今，他的画已

传世名言

传神写照，正在阿堵中。
声如震雷破山，泪如倾河注海。

名人逸事

顾恺之非常爱吃甘蔗。他每次吃甘蔗，都是先从甘蔗的尾巴开始吃起，慢慢才吃到甘蔗头。这正好和一般人的吃法相反。有人问他为什么这样吃，顾恺之回答说："这样吃才能渐至佳境呀！"这里的"渐至佳境"，是指"越来越有味道"。我们现在常常用"倒吃甘蔗"来形容事物"渐渐进入美好的状况"，就是从顾恺之这件趣事开始的。

远传欧美及日本，成为人类共同拥有的艺术珍宝，这不仅是中国绘画史上的骄傲，而且是人类艺术史上的光荣。

在社会生活上，他先后成为大司马桓温和荆州都督殷仲堪的参军，后来又成为桓玄的门客。他的一生基本上就是在当时的豪贵名流之间周旋，只是到了晚年才得到了一个闲职，任职没有多长时间就去世了，终年62岁。

· 通才科学家 ·

祖冲之

429年，祖冲之出生在建康（今南京）。祖冲之的祖籍是河北范阳，西晋末年迁居到江南。南朝刘宋王朝时，祖冲之做过徐州刺史刘子鸾的从事，后来又担任他府中的公府参军，刘子鸾被杀后，祖冲之被调到娄县去做了县令。刘宋孝武帝时，祖冲之曾在华林学省学习，在这里，他进行了很多科学研究。南齐发生内乱时，祖冲之在给齐明帝的上书《安边论》中建议朝廷开垦荒地，发展农业，安定民生，巩固边防。齐明帝深受震动，并打算派祖冲之前往各地巡查，但还未成行时，祖冲之就去世了。

祖冲之一生对仕途并不热衷，他的主要兴趣是在学问研究上，不论是自然科学、文学还是哲学，他都很喜欢，对数学、天文和机械制造尤其钟爱。在数学领域，祖冲之最光辉的成就是精确推算了圆周率，他推算出圆周率的值在3.1415926和3.1415927之间。它的"约率"为22/7，"密率"为355/113。这是当时世界上最精确的圆周率值。直到1357年，欧洲才有一个德国数学家推算出这个数值。所以，圆周率值也被称为"祖率"。他的数学专著《缀术》，影响极大，一直到唐朝还是官办学校必修的数学课程，考试题目也大多出自其中，可惜这部书到北宋中期竟然失传了。

在天文历法方面，祖冲之经过长期的观察研究，取得了一些创造性的成就。首先是改革闰法，中国历法采用阴阳合历，阴历与阳历年的时间并不相等，为改变这一现状，古人采用在阴历年置闰的方法解决，祖冲之时代，历法为17年9闰，并不准确，祖冲之

祖冲之像

名人档案

姓　名	字文远
生卒年	429～500年
祖　籍	范阳（今河北涞源）
性　格	正直/严谨/勤奋好学/勇于实践
身　份	中国古代伟大的科学家
祖　父	祖昌/做过大匠卿

名人逸事

某天，祖父（祖昌）对祖冲之说："爷爷带你去见一个人。"祖冲之问："谁呀？"祖父很神秘地说："到那里你就知道了。"

祖孙的马车在一座豪宅前停了下来。祖父催促祖冲之说："已经到了！下车吧！"原来，祖父带祖冲之拜访的人，是当时著名的天文学家何承天。

何承天热情地招待祖昌爷孙二人。他听说祖冲之对天文学非常感兴趣，就问祖冲之："孩子！你为什么要研究天文呢？"祖冲之高声回答："我要弄清楚天地间的秘密。"

何承天听了哈哈大笑，说："好，有出息！真是人小志大啊！"

通过研究，提出每391年应该有144个闰年，这种方法更为精确，也是最先进的。祖冲之还推算出岁差是每45年11个月后退1度，而且在制订历法时，使用了岁差理论，这在天文历法史上是一个创举。他根据自己的研究成果编制了当时最科学、最进步的历法——《大明历》，但是这部历法在祖冲之去世10年后才被正式使用。祖冲之还发明制造了水碓磨、指南车、欹器等，有的发明至今还被人们使用。

祖冲之儿子祖暅在开立圆术中设计的立体模型

祖冲之"搜炼古今"，但是绝不"虚推古人"。在汲取古籍文献中精华的同时，他对前人的研究成果中的错误和不足也予以纠正补充。他坚持科学真理，成就斐然，成为后世科学家的光辉榜样。

祖冲之的辉煌成就，为他博得了极高的声誉，我国紫金山天文台发现的一颗小行星就是用他的名字命名的；法国巴黎科学博物馆"发现宫"的墙上列有世界著名科学家的名字，祖冲之的名字也在其中；俄罗斯莫斯科大学的大礼堂走廊上，有祖冲之的彩色塑像；祖冲之的名字还被用来命名月球上的环形山。

·伟大的少数民族改革家·

北魏孝文帝

鲜卑族是继匈奴之后兴起的一个少数民族。386年，拓跋珪称代王，建国号为魏（史称北魏），迁都平城，在河套地区屯田，迁汉族和其他各族人到平城居住，鲜卑族从一个游牧民族转变成定居的农耕民族。

拓跋珪结束了五胡十六国的割据局面，统一了北方，成为与南朝对峙的政权。

拓跋宏，也就是孝文帝，是拓跋珪之后的第6位国君，471年即位，当时只有5岁。

孝文帝像

魏孝文帝最大的功绩,是对鲜卑族的政治、经济、文化进行根本性的改革。他的改制是西北各族陆续进入中原后民族融合的一次总结,对多民族国家的形成和发展起了积极的作用。

因沿用"立其子杀其母"的旧法,年幼的拓跋宏由祖母抚养,朝政也一直由太皇太后冯氏把持。

冯太后对拓跋宏进行了极为严格的教育,她请汉族士人做拓跋宏的老师,教他儒家经典。

拓跋宏深受汉族文化的熏陶,从中学习了许多汉族封建统治的经验。

490年,冯太后去世,24岁的拓跋宏开始亲政,他大刀阔斧地进行了汉化改革。

在改革之前,拓跋宏决定迁都洛阳。关于迁都,他做过周密的考虑,一方面,北魏定都平城以后,历经百年,社会情况发生了很大的变化,平城作为都城已经不合适了。另一方面,洛阳地处农业生产发达的中原地区,交通方便,一直是汉族的政治、经济、文化中心,也没有军事上的危险。更重要的一点是,拓跋宏认为平城是鲜卑贵族的老窝,保守派势力很大,如果想彻底改革,就必须摆脱这些旧势力的束缚。494年,孝文帝冲破重重阻挠,正式迁都洛阳。

迁都洛阳之后,孝文帝全面推行汉化改革。

首先,孝文帝进行了用人方面的改革。他不仅重用主持改革、提倡汉化的鲜卑贵族,还重用许多有才干的汉族人,为改革奠定了人才基础。

接着,孝文帝又进行了改变鲜卑旧俗、学习汉族的生活方式和典章制度等方面的改革。他下令禁止穿胡服,一律改穿汉服;禁止讲鲜卑语,一律改说汉语;改变鲜卑贵族的姓氏为汉姓,皇族姓氏拓跋被改为元,其他大族姓氏也都改为汉姓;改变鲜卑人的籍贯,凡是迁到洛阳的鲜卑人就是洛阳人,死后不许归葬平城。孝文帝的这些强制性的政策,对减少民族差异和民族隔阂起到了很大的作用。

为了拉拢汉族地主,扩大统治基础,孝文帝还主张同汉族通婚,把汉族地主和鲜卑贵族的利益联系在一起,壮大了北魏的统治力量,血统的交融,也加速了鲜卑的汉化,促进了北方各民族之间的融合。

孝文帝还废除了鲜卑族原来的政治制度,重新制定一套官

名人档案

姓　名	原名拓跋宏/因改汉姓为元/故亦称元宏
生卒年	466～499年
民　族	鲜卑族
性　格	果断明决/勇于创新/远见卓识
身　份	北魏皇帝/少数民族杰出的政治家

文吏俑　南北朝

北魏孝文帝改革时,厘定官制,依魏晋南朝制度,官吏着汉服,说汉话。此俑即是北魏官吏的形象,双手拱立,表情端正。

制礼仪；他还派人修订了法律，改革了官职名称；沿用汉族的门阀制度，把鲜卑贵族和汉族地主按门第分成4等，并按照门第等级来确定官职的高低。

孝文帝对自己民族的落后有着清醒的认识，他积极创办学校，传播文化知识，搜集整理天下书籍，使因战乱而衰落的北方文化开始复兴。他大力提倡佛教，推动了佛教艺术的发展，中国三大石窟之一的洛阳龙门石窟就是孝文帝正式迁都洛阳那一年开始开凿的。龙门石窟的壁画和雕塑艺术成就极高，其中宾阳洞中原有的两幅浮雕《帝后礼佛图》，更是艺术精品，是北魏风格的代表。

通过改革，鲜卑族的经济文化得到了迅速发展。但是，孝文帝激烈的改革措施，也引起保守的鲜卑贵族的阻挠和反对。496年，太子拓跋恂趁孝文帝到嵩山巡视之机，发动叛乱。孝文帝返回洛阳后，将拓跋恂废为庶人，并派士卒严加看守。后来，孝文帝又派人毒死了拓跋恂。同年冬天，鲜卑贵族穆泰又联络党羽，阴谋起兵叛乱。孝文帝亲自出征，平定了叛乱。

497年，孝文帝本想趁南齐内乱，一举灭掉南齐。但是由于北魏内部发生变故，孝文帝只得撤兵北归。

孝文帝途中患病，第二年正月才回到洛阳。三月，孝文帝又亲自南征，由于奔波劳累，再次病倒，还没有回到洛阳就去世了。年仅33岁。

·隋唐盛世的奠基人·

杨 坚

杨坚生于北周时期，他相貌奇特，性情矜持、深沉。他凭借深厚的家族根基和关陇集团中稳固的政治联姻，成为北周上层统治集团的一名重臣。周武帝即位后，他又进位大将军，袭爵隋国公，后因屡立战功，历官定州、亳州总管。攻灭北齐后，进位柱国。大象二年（580年），周宣帝暴卒，杨坚以国丈之亲，入朝摄政，掌握了北周军政大权。581年2月，杨坚迫使周静帝退位，自立为帝，改国号为隋，年号开皇，建都长安，史称隋文帝。

隋文帝称帝之后，从政治、经济、军事几方面入手，进行了大力改革。

首先，在政治上，隋文帝改革了政权机构。在中央，他设立内史、门下、尚书三省，作为最高政务机构，分别负责决策、审议和执行；在地方，他实行州县两级体

杨坚

名人档案

姓　名	杨坚/即隋文帝
生卒年	541～604年
祖　籍	弘农华阴（今属陕西）
性　格	矜持深沉/胆略过人/英明贤达/晚年喜怒无常
身　份	政治家/隋朝的开创者

制，撤除冗赘州县，节省了政府开支，提高了行政效率；他还规定六品以下官员也由吏部选授，地方官吏不得自辟僚佐，从而使中央对地方的控制能力得到极大加强。其次，隋文帝大力整顿吏治。由吏部每年定期考核地方官吏的政绩；州县佐官三年一换，不得再任；地方官全部选用外地人，严防各地豪强势力为恶。

在废止九品中正制以后，他多次下诏选求贤良，选拔门第寒微却有才能的士人充任高官。隋文帝还完善了法制，颁行并修订了《开皇律》。

在经济上，隋文帝颁布了均田和租调的新令，减轻了百姓的负担，使农民有更多的时间从事农业生产。为解决汉末以来豪强庇民户为私属、侵夺朝廷户口的积弊，隋文帝实行"大索貌阅"和"输籍之法"，从而检括出大量隐漏户口，扩大了政府的收入来源。隋文帝还十分重视水利的兴修和仓廪的建置，以发展农业生产和交通运输，并备灾年赈济之用，成为保障社会生产的有力措施。

对于强悍的突厥骑兵的侵扰，隋文帝采取积极的防御策略，远交近攻、离强合弱，稳定了北方边庭。

《隋书·高祖记》有关隋文帝改进府兵制的诏令

传世名言

国家事大，不限常礼。

开皇前期的改革取得了显著成效，隋朝逐渐强大起来。开皇九年（589年），隋文帝攻灭陈朝，结束了近300年的南北分裂局面，创立了统一天下的大业。

开皇十年（590年）隋文帝又着手改革府兵制度，把府兵制与均田制紧密结合起来，使得"兵农合一"，有效地防止了府兵将领拥兵跋扈，从而适应了民族融合、国家统一和社会生产发展的要求。

隋文帝统治后期，社会繁荣，国力富足，武功强盛，达到了中古时代罕见的鼎盛时期，被称为"开皇之治"。作为隋朝的开国皇帝，隋文帝杨坚以其辉煌的文治武功而为后世所称道。

名人逸事

隋文帝晚年时和皇后独孤氏把周围的人，包括他的儿子，或杀或贬，或做出其他安排，最后只剩下他们宠爱的杨广，即后来的隋炀帝。

仁寿四年（604年）七月，隋文帝病情加重，大臣杨素、柳述入侍，太子杨广入居大宝殿，杨广与杨素密谋夺位，私下交法，其密札被宫人鬼使神差地误送到文帝面前，文帝此时才如梦方醒，击床大呼："畜生何足付大事，独孤氏误我！"即刻召杨勇进见。杨广与杨素抢先下手，调东宫卫士代替御林宿卫，并控制宫门，命心腹大臣张衡入寝殿侍疾，并把后宫宫人全部赶到别室。顷刻之间，文帝驾崩，一时间，朝野上下议论纷纷，文帝被杀的真相，遂成为千古之谜。

· 千古第一昏君 ·

隋炀帝

杨广又名杨英，小名阿㦖，是隋文帝杨坚的第二个儿子。隋朝建立后，13岁的杨广被封为晋王，并任并州总管。588年，杨广统兵灭陈，因功封扬州总管。600年，他率兵抵御入侵的突厥，斩敌数千。杨广虽然品行不佳，却有过人的文武才能，战功远在太子杨勇之上，渐渐地他就有了篡夺太子地位的野心。

杨广很会伪装，他经常投父母所好，在父母面前摆出一副简朴、爱民的假象，以博父母喜欢。但背地里，他却使出种种手段，诬陷杨勇，致使杨勇被废为庶人，自己被立为太子。

当上太子后，杨广野心更大了。为夺皇位，心狠手辣的杨广先陷害弟弟杨秀，致使他被废为庶人，确保了自己太子的地位，相传他又将病中的父亲和哥哥杨勇杀死，登上皇帝宝座。605年，杨广改年号为"大业"，他就是千古第一昏君隋炀帝。隋炀帝杨广一得到帝位，马上就暴露了荒淫、奢侈、残暴的本性。

他生活极其奢靡，不但好女色，还喜欢华丽宫殿，喜欢四处游玩。为了营建洛阳，他每个月要役使200万农民千里迢迢地把从各地征集来的奇材异石运送到洛阳，许多人活活累死在路上。

杨广还下令开凿了一条东北起自涿郡，东南到苏杭，全长2000多千米的大运河。为了游玩方便，他让人在河的两旁开辟大道，道旁种上榆树和柳树，岸边每隔两个驿站设置一座供他休息的行宫，总共有40多座。虽然从客观上说，大运河的开凿便利了南北交通，促进南北经济文化交流，但这却成了他残暴骄奢的又一实证。开凿大运河的6年时间里，杨广共用约1.5亿个人工，许多民工累死在河中。有一段河道挖浅了，杨广竟下令将负责的官吏和民工5万多人全部捆住手脚，活埋在岸边。

为了从陆路去北方巡游，他征调十几个郡的民工，开凿太行山修大道。他还征调100多万人，限期20天修筑长城，以保护他的安全。到了北方，没有行宫，他又命人建造了

隋炀帝像

名人档案

姓　名	又名杨英/小名阿㦖
生卒年	569～618年
祖　籍	弘农华阴
性　格	虚伪矫饰/荒淫残暴/骄横恣睢
身　份	隋王朝的亡国之君

隋炀帝龙舟出行图　清　佚名

一座活动的、可装拆的宫殿，叫做观风行殿。这个宫殿可容纳几百人，下面还装有轮子可转动。

杨广在位期间先后发动了三次对高句丽的战争，这三次战争不是兵败，就是无功而返。第一次出兵前，他征调大批工匠在东莱海口大规模造船。工匠被迫在水中不分昼夜地劳作，腰部以下都生了蛆，死亡的有十分之三四。他还征调江淮以南的民工和船只，把黎阳仓，洛口仓的粮食运到涿郡，船只前后相继，长达1000多里。奔走在路上的民工和兵士，经常有几十万人。

隋炀帝杨广为了炫耀隋朝的富足强盛，竟然命令沿途郡县耗费巨资迎送西域使者和商人。610年，西域各国使者和商人齐集洛阳，从正月十五夜间开始到正月底，杨广命令置设盛大百戏场，1.8万多人为西域人表演百戏。西域人到洛阳做交易，杨广命令本国商人都穿上华美服装，广积珍货，连地摊上的卖菜人也得用龙须席铺地。西域人经过酒食店门前时，店主还得免费招待。市内树木也都用帛缠饰，以示富足。杨广把隋文帝时期积累起来的财富及民力挥霍和消耗得精光。

杨广暴虐的统治，使得广大农民无法生活，他们靠吃草根、树叶度日，甚至发生了人吃人的惨剧。611年，反抗隋朝暴政的农民大起义爆发了。618年，杨广被起义军困于江都，被发动兵变的部下缢杀，终年50岁。

客观说，杨广即位之初也还有一些政绩。他为选拔下层优秀人才，创建了科举制。他还修订了法律，将隋文帝末年比较严酷的法律进行了改革。另外，杨广还兴办学校，访求遗散的图书，加以保护。他恢复了被杨坚废除了的国子监、太学以及州县学，组织人编写了《长洲玉镜》400卷和《区宇图志》1200卷，这对于保存我国古代的典籍也作出了贡献。

· 四海独尊的皇帝 ·

唐太宗李世民

李世民出身极其显赫的关陇士族家庭。他的曾祖父李虎是北周的开国元勋、八大柱国之一，受封为唐国公；他的祖父袭封唐国公，曾任隋朝的安州总管；他的父亲李渊是隋文帝杨坚的姨甥，7岁就继承了唐国公的封号，后来还做了太原留守。

少年时的李世民聪慧过人,极有胆识,从小就受到很好的教育,骑射征战、文韬武略样样精通,很受李渊的喜爱。615年,参加屯卫将军云定兴的勤王军队,受到云将军的夸奖。第二年,李世民随父参加镇压农民军的战争。

隋炀帝骄奢残暴的统治,引发了各地农民起义。在农民起义的打击下,隋军土崩瓦解,隋炀帝困守江都。就在隋朝的统治危在旦夕之时,深谋远虑的李世民积极鼓动父亲拥兵自立,起兵反隋。617年5月,李渊在晋阳起兵,11月攻占长安。618年,隋炀帝在江都被杀,隋朝灭亡。5月,李渊在长安称帝,建国号为唐。李世民因功被封为秦王,他的哥哥李建成以嫡长子身份,被立为皇太子,弟弟李元吉被封为齐王。

唐王朝建立后,刚刚24岁的秦王李世民担负起统一天下的任务。

618年,李世民挂帅出征,先后讨平瓦岗军、河北窦建德、江淮杜伏威以及李轨、薛举、刘武周、王世充等割据势力,到623年,李世民仅用了4年零1个月时间就统一了全国,成为李唐王朝的大功臣。李世民卓越的军事才能和超群的胆识,使他的威望越来越高,权力也越来越大。他不仅统领三军,掌握兵权,还担任尚书令,位居宰相。

李世民显赫的政治、军事地位,引起了他的哥哥太子李建成和弟弟齐王李元吉的嫉恨。李氏兄弟开始了权力之争,而且愈演愈烈,最终酿成玄武门之变。武德九年(626年)六月,李世民在玄武门设下伏兵,趁太子建成和齐王元吉入朝的时候,突然发动兵变,亲手射死了哥哥李建成,他的弟弟李元吉也被尉迟敬德杀死。然后李世民又杀死了李建成和李元吉所有的儿子,李渊只得改立李世民为皇太子。两个月后,李渊被迫退位,改称太上皇。李世民即皇帝位,第二年,改年号贞观。

唐太宗像

名人档案

姓　名	李世民
生卒年	599～649年
祖　籍	陇西成纪
性　格	深沉刚毅/英明神武/豁达大度
身　份	杰出政治家/唐朝皇帝
父　亲	唐高祖李渊

唐太宗吸取隋朝二世而亡的深刻教训,采取了很多有效措施,恢复发展生产,稳定社会秩序,使中国的封建社会再次走向繁荣。

唐太宗积极推行轻徭薄赋,休养生息的政策,大力推行均田制,满足了农民对土地的要求,调动了农民的生产积极性。为了保障农民的劳动时间,唐太宗还实行了租庸调制,允许以绢布代替徭役,还尽量减少徭役的征发。

唐太宗既有识人之能,又有用人之量,他不论出身高低,唯才是举。他重用了一大批原来李建成和李元吉的亲信,其中最著名的就是魏徵。为了选拔人才,唐太宗还完善了隋朝的科举制,使更多的有才之士,尤其是中下层的地主阶级知识分子,能够参加到政权中来。

步辇图 唐 阎立本
此图描绘唐太宗会见吐蕃赞普派来迎娶文成公主的使者禄东赞的情景。

当国内形势好转之后,唐太宗开始经略边疆,控制了南起阴山,北到大漠的广大地区。

恢复了中西商路,远近40多个国家的使节来到长安,与唐朝通好。唐朝和各国发生了密切联系,成为当时世界上最强大的国家之一。

唐太宗还和青藏高原上的吐蕃建立了友好的关系,将文成公主嫁给了松赞干布,开创了汉族和吐蕃人民交往的新篇章。

从626年登基到649年去世,唐太宗在位共23年,他在位时期,政治开明,经济发展迅速,社会也比较安定,后人称为"贞观之治"。

· 中华"药王" ·

孙思邈

孙思邈小的时候,体弱多病,因此他发愤学医。他天资聪明,通晓诸子百家学说,广泛接触各种学术知识,而且还精通佛家经典,为中国医学的发展做出了重大的贡献。

孙思邈对中国传统的医学有深入的研究,同时对民间的药方非常重视,并终生致力于临床研究。他不但精通内科,而且还擅长外科、妇科、儿科、五官科,以及按摩、卫生保健、饮食治疗、方法、老年养生等等。有24项成果开创了中国医药学史上的先河。其中有大家都比较熟悉的:第一个提出建立妇科;第一个麻风病专家;第一个确定"阿是穴"……

他写的《千金要方》和《千金翼方》两部医药学著作，是中国医药学史上的重要典籍。其中，医学巨著《备急千金要方》是中国历史上第一部临床医学百科全书，被国外学者推崇为"人类之至宝"，对唐朝以后医药学的发展和日本、朝鲜等国医药学的发展，都有着极其重大的影响。

孙思邈是中国第一个全面系统研究中医药的先驱者，也是系统、全面、具体论述药物种植、采集、收藏的第一人。他有渊博的药物学知识，他曾经上过峨嵋山、终南山，下江州，隐居太白山等地，一边采集中药，一边进行临床试验。

孙思邈不仅具有高超的医术，而且具有高尚的医德。对病人一视同仁，"皆如至尊""华夷愚智，普同一等"。他在《备急千金要方》中专门写了"大医习业"和"大医精诚"两篇文章，详细地论述了作为一个医生所必须具有的医疗态度和医学品德。他自己则以身作则，身体力行，在行医过程中时刻以这些道德规范来严格要求自己。他不仅是我国医德思想的创始人，还被西方医学界称之为"医学论之父"，是与希波克拉底齐名的世界三大医德名人之一。

孙思邈同时又是一个出色的炼丹化学家，他所编著的《丹经内伏硫黄法》一文，记载了中国早期的火药配方。30岁的时候，孙思邈隐居在太白山，成功地炼成了太一神清丹。这种丹药，是用雄黄、雌黄、曾青、慈石等，经升华而得的，其实这就是氧化砷。孙思邈用它治疗疟疾，是一种很有效的方法，这也是他的首创之一，比英国人用砒霜制成氧化砷的孚勒氏早1000年。后来这种方法经阿拉伯西传，在欧洲曾有较大影响。

他的一生以治病救人和著书为己任，为我国和世

孙思邈像

名人档案

姓　名	孙思邈
生卒年	581～682年
祖　籍	唐代京兆东原（今陕西省铜川市耀州区）
身　份	医学家/思想家
性　格	勤奋/聪慧/古道热肠

《千金要方》书影

孙思邈善于总结前人成果和自己的实践经验，著有《千金要方》和《千金翼方》等。

名人逸事

有一天，孙思邈外出行医，正好碰上出殡的队伍。他看到从棺中滴下血来，就上前叫住了队伍。大家都以为他是个疯子。他有理有据地说："如果是人死了，血就会凝固的。但是现在棺材底下在滴血，人怎么会死了呢？"大家一看，果然如此。一问，原来是结婚十年没有生育的女子，昨天难产而死。孙思邈打开棺材，试了孕妇的鼻息和脉象，取出三根针，扎在不同的穴位。孕妇很快就苏醒过来。他又给了一服药和一幅图，嘱咐回去吃药，然后按照图来接生，肯定会保证母子平安。后来，孕妇果然顺利地生下了一个大胖娃娃。大家都把孙思邈看成神仙。

界的医疗事业做出了不可磨灭的贡献。虽然孙思邈一生淡泊名利,多次推辞做官,但是仍然获得统治阶级的赞赏。唐太宗李世民称赞孙思邈"凿开径路,名魁大医。羽翼三圣,调和四时。降龙伏虎,拯衰救危。巍巍堂堂,百代之师"。

传世名言

人命至重,贵比千斤。
寿夭休言命,修行本在人。
口中言少,心中事少,腹中食少,自然睡少。
少欲多足,少言多思,少逸多劳,少食多餐。

·百世贤相的表率·

魏 徵

因为父亲去世比较早,魏徵少年时的生活一直很困苦,但是他从小就胸怀大志,希望将来能有所作为。他虽然身陷窘境,却勤奋好学,很快就成为颇有名气的文人。

隋末农民起义爆发后,魏徵为了避乱,出家做了道士。李密领导的瓦岗军攻占河南大部分地区后,把魏徵请去,让他主管全军的文书。李密失败后,魏徵也随他一起归顺了唐朝,被李渊任命为秘书丞。在魏徵被派往山东劝服李密旧部归降时,被另一支起义军领袖窦建德俘虏,还被任命为起居舍人。不久,窦建德被李世民击败,魏徵再次投降唐朝,不被重用。太子李建成听说魏徵很有才干,就招他做太子洗马。失意之时得到太子知遇,魏徵感激不尽,从此对李建成忠心耿耿。

魏徵像

当时,太子李建成和秦王李世民争夺皇位继承权的斗争越来越激烈。李建成虽有太子身份,却没有多少功绩,太子之位很不稳固。这时,窦建德的旧部刘黑闼起兵反唐,魏徵就建议太子主动请战。622年,魏徵随李建成征讨刘黑闼。李建成采纳魏徵建议,运用攻心战术,瓦解了刘黑闼的队伍。

在太子与秦王的斗争中,魏徵一直为李建成出谋划策。

名人档案

姓　名	字玄成
生卒年	580～643年
祖　籍	河北钜鹿(今河北晋州西)
性　格	忠贞/耿直/勤俭/无畏
身　份	唐太宗重臣/杰出政治家

玄武门之变后,当上太子的李世民非常赏识他,不计前嫌,任命他为詹事主簿,掌管文书。李世民即位后,又提升魏徵为谏议大夫,专门负责给皇帝提意见,后来又兼任尚书右丞。唐太宗事事都要向他垂询,有时甚至把他召到卧室里,单独征求他的意见。魏徵非常感激唐太宗的知遇之恩,尽心竭力地辅佐太宗。

魏徵多次劝诫唐太宗要居安思危,吸取隋亡的

名人逸事

魏徵直言进谏,唐太宗对他非常敬畏。有人进贡给唐太宗一只鹞子,唐太宗非常喜爱,没事就逗鹞子玩儿。有一天,唐太宗正在把玩鹞子时,魏徵来了,唐太宗怕被魏徵批评,急忙把鹞子藏在怀里,等到魏徵奏完事离开,那只鹞子早已经被闷死了。

还有一次,唐太宗准备好车驾想出去游玩,可是忽然又放弃了。魏徵问:"陛下,怎么突然又不去了?"唐太宗笑道:"本来想去,可是怕惹你生气。"

魏徵死后,唐太宗非常伤心,叹息说:"用铜做镜子,可以正衣冠;以历史做镜子,可以知道国家兴亡的道理;用人做镜子,可以明白自己的得失。魏徵去世,让我失去了一面可以明得失的镜子。"

教训,最著名的是《谏太宗十思疏》和《谏太宗十不克终疏》。在《谏太宗十思疏》中,魏徵列举了知足自戒、谦虚谨慎、虚心纳谏等十个问题,请太宗三思而后行。在《谏太宗十不克终疏》中,他指出太宗不能善始善终的十个方面,提醒太宗警惕,劝他保持贞观初年那种节俭、谨慎、朴实的作风。唐太宗看过后,不但承认自己的过失,还把魏徵的奏疏放在身边,以便随时提醒自己。

作为一个杰出的政治家,魏徵有胆有识,敢于直言进谏,指责皇帝和朝廷的错误过失。从贞观初年到十七年病故,魏徵先后进谏200多次,涉及政治、经济、文化、外交乃至皇帝私生活等各个方面,魏徵"耻君不及尧舜,以谏诤为己任",堪称唐太宗的得力助手。

银背鎏金鸟兽菱花镜 唐

魏徵的忠贞耿直,使得唐太宗把他当做自己检讨过失的一面镜子。643年,魏徵病逝,唐太宗痛惜不已,他感叹地对朝臣说:"以铜为镜,可以正衣冠;以古为镜,可以知兴替;以人为镜,可以明得失。朕持此三镜,以防己过。今魏徵殂逝,遂亡一镜矣!"

魏徵还主持编撰了周、隋、陈、齐诸史,并著有《隋书》的绪论,《梁书》《陈书》《齐书》的总论,主编有《魏郑公诗集》《魏郑公文集》等,推进唐代了史书编修工作。

·西天取真经·
玄奘

玄奘从小聪明颖悟,对佛学非常感兴趣。父亲去世后,经常跟着在洛阳净土寺出家的哥哥去听高僧说法,逐渐有了出家的念头。玄奘13岁时,在净土寺剃度为僧,开始学习佛法。18岁时,玄奘为了躲避战乱辗转到了成都。5年后,东出剑门、三峡,开始到各地访求良师益友。10年后,玄奘已经精通许多佛教典籍。

名人档案

姓　名　本名陈祎/亦称唐僧
生卒年　602～664年
祖　籍　洛州缑氏（今河南偃师）
性　格　坚忍深邃/刻苦勤奋
父　亲　陈惠/曾做过江陵县令

627年，玄奘为了彻底解决对佛教教义的疑问，在没有拿到通关令的情况下，孤身一人踏上了西去印度求取佛法和真经的万里征程。

玄奘像

玄奘西行，先后经过凉州、瓜州、玉门关、伊吾、高昌、焉耆、屈支、素叶、铁门关、吐火罗国，一路上，风餐露宿，翻山越岭，穿越戈壁滩、大沙漠，最后终于到达了北印度边境。

当时的印度分为东、西、南、北、中五部分，玄奘先到北印度的佛教圣地犍陀罗国，又长途跋涉来到迦湿弥罗国。玄奘在王城的阇耶因陀罗寺住了两年，向一位年近古稀的高僧学习经典、声明学（语言文字学）和因明学（逻辑学），并遍读寺中的佛经。离开迦湿弥罗国后，玄奘途经中印度大国摩揭陀国的国都曲女城，最后到达印度最大的佛教寺院、印度佛教的最高学府、学术文化的中心——那烂陀寺。在这里，玄奘拜寺院德高望重的主持戒贤法师为师，潜心研究佛法，学习《瑜伽论》。遍读所有的经论后，玄奘辞别戒贤法师到各地去游学。640年，玄奘回到那烂陀寺，戒贤法师让他主持全寺的讲席，玄奘博学多才的名声盛传于印度各地，玄奘的名字在五印度几乎家喻户晓。

641年，玄奘踏上归途。645年，终于回到了阔别10多年的长安，并在弘福寺开始了大规模的佛教翻译事业。玄奘不仅精通佛教教义，而且通晓梵文。他遵循"既须求真，又须喻俗"的翻译原则，用了19年时间，主持翻译了佛教经论74部，1300多万字，是中国翻译史上翻译佛教典籍最多的一个人，开启了中国翻译史的新时代。玄奘翻译的佛经不仅丰富了中国的文化宝库，还为印度保存了许多珍贵资料，并应印度迦摩缕波

《功德经》 玄奘译

国王之请,将中国古代的哲学巨著《老子》译成梵文,传到印度。玄奘的译著成为中印两大民族的共同遗产。

玄奘的《大唐西域记》记载了他亲身游历过的110个国家和他听说的28个国家的山川形势、地理位置、历史沿革、风土人情、宗教物产等,是研究中亚、南亚等国古代历史地理的重要文献。书中奇异惊险的故事成为作家们创作的素材,他们据此创作出许多文学作品,如《唐三藏西天取经》、明代吴承恩的《西游记》等。近代的考古学者还曾经依据《大唐西域记》的记载,发掘出王合城、那烂陀寺等遗迹。

玄奘毕生致力于佛教教义的研究和佛经翻译事业,为中国以及世界佛教的发展作出了巨大贡献。中国的法相宗就是在他的影响下出现的,而日韩等国的法相宗也深受他的影响。

664年,玄奘圆寂。

玄奘译经图

·中国唯一的女皇帝·

武则天

武则天自幼才貌出众,机敏过人。637年,14岁的武则天被太宗召进宫,立为才人,赐号"武媚"。她虽得太宗宠爱,但又移情太子李治。武媚天性刚强,心肠狠毒,加之时有"唐三世之后,有女主武王取代帝王"的传言,因而太宗对武媚心生防备,再未加封。649年,太宗驾崩,武则天和所有嫔妃削发出宫入长安感业寺为尼。

武则天虽为女流,心计却非同一般。654年,武则天借力王皇后,重又进宫,被封为昭仪。从此,她就开始运用谋略,先得皇后之位再夺李唐江山。这期间,她使尽种种手段,掐死亲生女儿,嫁祸王皇后,迫使高宗废掉皇后。而后,又逼死长孙无忌,处决上官仪等反对自己的士族官僚官员。660年受高宗委托处理朝政,后又垂帘听政,与高宗并称"二圣"。大权在手,她仍不满足,罢免异

名人档案

又 名	媚娘/自名曌
生卒年	624～705年
祖 籍	并州文水(今山西文水)
性 格	狠辣/大度/爱才/风流
身 份	封建时代杰出的女政治家
父 亲	武士彟/封应国公
母 亲	隋朝宗室杨达的女儿

己,毒死亲生儿子李弘,几次废立太子,最后,终于达到自己的心愿,改唐为周,建都洛阳,自称圣神皇帝。真是权力欲不让须眉。

武则天天资聪颖,文史皆通,颇具政治才能。她采取了很多措施,不但巩固了自己的地位,还维持了社会安定,海内富庶,使得唐朝进一步走向繁荣。

她善用刑赏大权,用酷吏剪除异己,大杀唐宗室皇亲国戚以及大臣,巩固自己的地位。后为收买人心,又杀酷吏。她还设置告密制度,使得满朝文武诚惶诚恐。武则天虽然心狠手辣,但也虚心纳谏,颇有太宗之风。她还善用人才,以各种方式选拔,自举、试官、贡士殿试、设员外官、武举等。武则天虽然爱用俸禄收买人心,但她统治期间,也确实选用了大批有才能的大臣,文臣杜景俭、狄仁杰、张柬之、姚崇、宋璟等,武将娄师德、唐休璟、郭元振等,都是能治国安边的人才。

武则天像

在经济方面,武则天也颇有见地。673年,她在《建言十二事》施政纲领中提出革新政见,主张"劝农桑、薄赋徭",注重兴修水利,奖励农业生产,还在边远地区屯田,所积军粮可用数十年。

武则天的军事才能体现在防御外敌上,她采取积极防御的措施,抵制了突厥、吐蕃、契丹等外族的掠夺和骚扰。692年,还收复了失去20年之久的安西四镇,设置安西、北庭都护府,使碎叶河流域等大片土地重归大唐。这些措施对防御外患,开通中外交流,密切各民族交往起到了积极的作用。

晚年的武则天奢豪专断,弊政颇多。705年,也就是神龙元年,五王在张柬之的带动下发动宫廷政变,逼迫武则天还政中宗。这一年冬天,武则天辞世,遗诏"令去帝号,称则天大圣皇后"。中国历史上唯一一位女皇帝,回归女位,享受李氏子孙的香火。

武后步辇图　唐　张萱

· 中国佛教禅宗六祖 ·

慧 能

　　由于家境贫寒，慧能小时候没有读过书，但是很有慧根。有一天，他偶尔听见有人在朗诵《金刚经》，感触很深，就立志拜师学习。672年，他到黄梅东山，拜见第五代师祖弘忍。弘忍开口就问他："你是哪里人，来我这里想干什么？"慧能老老实实地回答说："我是岭南人，来到这里就有一个目的'作佛'。"为了试探他的慧根，弘忍摆出一副不屑一顾的样子，讽刺他说："你从新州来，怎么能成佛呢？"慧能当即尖锐地反击说："人的确是有南北的分别，但是佛性没有，我的形体虽然和你的不同，但我们的佛性没有差别的。"弘忍一听就把他留下来。但是让他在寺庙里作苦工——碓房舂米。后来，弘忍就亲自教导他，让他完全继承了自己的衣钵。为了避难和潜心修行，他在岭南隐居了15年以后，才正式向世人宣布自己禅宗六祖的身份，并且开始收弟子讲经。

　　中国禅宗从达摩开始，100余年间用的都是《楞伽经》，所以也叫楞伽宗。达摩的三传弟子道信开始把《金刚经》等也作为经典，到了慧能的时候，就用文句简单的《金刚经》代替了《楞伽经》，说白了就是把佛经通俗化。他希望能够摆脱烦琐的思想束缚，比较简单地求得开悟。

　　在长期习悟佛法及讲法的过程中，慧能大师形成了自己的一套思想，这些圆融高深的智慧都记载在《六祖坛经》中。

　　《六祖坛经》大概可以分为有性净说和顿悟说两部分。一是性净说。他认为人的心的范畴里面包含了本心和妄心这两个层次的对立。心即是一个客观存在，也是指人们的用心。人们在用心的时候可以分成善心和恶心两类。《六祖坛经》中说："世人性本自净……思量一切恶事，即行于恶；思量一切善事，便修于善行。"慧能比以往任何禅师更加强调净心就在妄心之中，也就是说各种心的结构，层次虽然不同，但它们是一体的。修行的人不应该离开他们的不好的妄心去求真，而是应该"即妄求真"。慧能的看法中还认为，人们的本性不是恶的，这样就突破了以往禅学中的人性善恶二元论，强调了人的修行作用。

　　二是顿悟说。在修行的实践上，慧能强调"以定惠（慧）为本"，认为定就是慧，慧就

六祖慧能铜像
此像塑于宋代，乃是按照六祖慧能肉身像铸造，法像庄严，神态生动，工艺精致，为佛门珍物。今供奉在广州六榕寺六祖堂内。

名人档案
姓　　名	慧能/本姓卢
生卒年	638～713年
祖　　籍	范阳/生在南海新兴
性　　格	聪明/悟性高/深沉/心胸宽广
身　　份	禅宗六祖/宗教改革家

名人逸事

弘忍在送慧能到南方避难,要渡过长江的时候,弘忍和慧能争着要划船,弘忍说:"应该是我来渡你过河!"慧能立马回答说:"迷的时候,是师父渡我,悟了以后,是我渡自己。"弘忍听了以后,知道自己没有看错人,就放心地走了。

慧能出山以后,到广州法性寺访问,当时印度的宗法师在讲《涅槃经》,有两个僧人辩论风幡,一个说是风动,一个说是幡动,争得面红耳赤。就连印度的宗法师也是无言以对。慧能插口说:"不是风动,也不是幡动,是你们的心动!"大家听了非常诧异,对他佩服不已,宗师也请他上座。

《六祖坛经》

传世名言

菩提本无树,明镜亦非台。本来无一物,何处惹尘埃!

是定,突出智慧在修行中的决定作用。"本觉"指一般人先天具有的佛家的智慧,就是他的"慧根","超越三世"就是顿悟,如果这个先天的条件具备了,坐禅、念佛、守心等一系列禅修的方法,就只剩下观念的转变了。这就是顿悟说的基础。慧能的顿悟法门展现为"无念、无相、无住"三个方面。认为是"无念为宗,无相为体,无住为本"。他说:"心量广大,遍周法界,去来自由,心体无滞,即是般若。一切般若智,皆从自性而生,不从外入。若识自性,一悟即至佛地。"

慧能的弟子很多,最著名的有青原行思、南岳怀让、菏泽神会、南阳慧忠、永嘉玄觉五人。他们得法以后,都自成一家。慧能和神秀都是弘忍的大弟子,但是因为对禅的看法不同,后来分为南北两宗。慧能这一派受到人们的仰慕和统治者的重视。中唐以来,慧能的曹溪法门成为修行的人普遍奉行的规则。

· "画圣" ·

吴道子

在中国艺术史上,有三位艺术家被戴上"圣"的桂冠:一位是晋代王羲之,被誉为"书圣";一位是唐代杜甫,被誉为"诗圣";还有一位被誉为"画圣",那就是唐代的吴道子。

吴道子,画史尊称他为吴生,又名道玄。他的生卒年代已不可考,只知道他一生主要活动在唐朝开元、天宝年间(713～755年)。吴道子出生在阳翟(今河南禹州),幼年失去双亲，生活贫困，他曾跟从张旭、贺知章学习书法，后跟随张僧繇学习。迫于生计，他曾向民间画工和雕匠学习。由于他刻苦好学，才华出众，20岁时就已经很有名气。唐玄宗把他召入宫中担任宫廷画师，为他改名道玄。他成为御用画家，没有皇帝的命令，不能擅自作画。这对他这样一个平民意识很强的艺术家来说一方面是一种约束和限制，另一方面又使他获得了最优厚的条件，不再浪迹江湖；而且利用这种条件，他可以施展自己的艺术才华。吴道子性情豪爽，不拘小节，画画时必须喝酒，因此，他经常是醉中作画。传说他描绘壁画中佛头顶上的圆光时，不用尺规，挥笔而就。在龙兴寺作画的时候，观者水泄不通。他画画速度很快，像一阵旋风，一气呵成。当时的都城长安（今西安）是全国文化中心，汇集了许多著名的文人和书画家。吴道子经常和这些人在一起，这使得他的技艺不断提高。有一次，在洛阳，他同书法老师张旭和善于舞剑的裴将军相遇，吴道子观看裴持剑起舞，左旋右转，神出鬼没，变化万端，很受启发，即兴在天宫寺墙壁上画了一幅壁画，画时笔走如飞，飒飒有声，顷刻而成。随后张旭又在墙壁上作书。这一次使在场数千观众大饱眼福，有人高兴地赞叹："一日之中，获观三绝！"还有一次，唐玄宗要看嘉陵江的景象，派吴道子去写生。吴道子回来后，让人准备了一匹素绢，用了一天时间，在大同殿上画出嘉陵江三百余里风光。唐玄宗赞叹不已，认为和李思训用几个月工夫画成的嘉陵山水一样美妙。吴道子是一个多产的画家，他作品的数量很多。吴道子兼擅人物、佛道、神鬼、鸟兽、草木、殿阁、山水等，尤其精于佛道、人物画，长于壁画创作。据记载，他曾在长安、洛阳两地寺观中绘制壁

名人档案

姓　　名	又名道玄
生卒年	约686~约760年
祖　　籍	阳翟（今河南禹州）
性　　格	诙谐痴黠、率真通脱
家　　庭	出身于贫寒家庭

宝积宾伽罗佛像摹本　唐　吴道子　绢本

吴道子常曰："众皆密于盼际，我则离披其点画，众皆谨于象似，我则脱落其凡俗。"

> **名人逸事**
>
> 吴道子的绘画具有独特的风格。他的山水画一改隋代以来的细密工致的风格,渐趋疏放;而他的人物画更为著名,所画人物衣裙飘举,线条道劲,人称"莼菜条描",具有天衣飞扬、满壁风动的效果,被誉为"吴带当风"。他还于焦墨线条中略施淡彩,世称"吴装";所画线条简练,"笔才一二,象已应焉",有"疏体"之称。

画达300余幅,奇踪怪状,无有雷同,其中尤以《地狱变相》闻名于时。

吴道子的绘画对后世影响极大,他被人们尊为"画圣",被民间画工尊为"祖师"。苏轼曾称赞他的艺术"出新意于法度之中,寄妙理于豪放之外"。吴道子的绘画无真迹传世,传至今日的《送子天王图》可能为宋代摹本,它所表现的是释迦牟尼降生为净饭王子以后,其父净饭王抱他拜谢天神的佛经故事。从中可见吴道子的基本画风。另外还流传有《宝积宾伽罗佛像》《道子墨宝》等摹本,莫高窟第103窟的《维摩经变图》,也被认为是他的画作。

· 兴衰两世主,悲欢两世人 ·

唐玄宗李隆基

唐玄宗,即李隆基,历史上也常称其为唐明皇。他是武则天的嫡孙,唐睿宗李旦的第三子,712~756年在位。

唐玄宗李隆基从小就有雄心壮志,虽然生于武周取代李唐江山之际,却得到女皇武则天的另眼相看,8岁便被封为临淄郡王。武则天退位后,李隆基联合姑母太平公主,发动了宫廷政变,将企图当女皇的中宗皇后韦氏一伙一网打尽,拥立睿宗李旦复位。李隆基因拥立有功,被立为太子。李隆基即位后,又铲除了太平公主及其党羽,掌握了全部的权力,稳定了自武则天当政以来一直动荡不安的宫廷政局。

唐玄宗像

唐玄宗执政前期可以说是一个励精图治的好皇帝,他任用姚崇、宋璟为宰相,不管是政治上还是经济上,都取得了不错的业绩,开创了空前繁荣的开元盛世。

开元年间,他不仅能做到任人唯贤,还很重视整顿吏治。他精简了官僚机构,提高了办事效率,节约了财政开支。他实行严格的官吏考核制度,将考核结果作为官员升降的依据,这对改善地方吏治起了积极的作用。唐玄宗为了解决财政困难的问题,大力提倡节俭,并且从自己做起,他下令销毁宫中的金银器玩,以供军需,禁止使用珠玉、织锦刺绣等。为了减轻农民的负担,唐玄宗还废除了许多杂税,在全国清丈田亩,清查户口,把豪强地主抢占的土地分给无地的农民耕种,把隐匿不报的人口登记入册,征收租调。唐玄宗还积极兴修水利,他在位期间,共修建了50多处水利工程,占唐朝水利工程的1/5以上,对推动农业生产的发展起了重要作用。

名人档案
姓　名　李隆基
生卒年　685～762年
性　格　睿智神武/才华横溢/骄奢淫侈
身　份　唐朝皇帝
父　亲　李旦

玄宗还很重视文化事业的发展,他组织学者到长安和洛阳的书院著书立说;把杰出的天文学家张遂请到长安,修订了对后世影响深远的《大衍历》,并支持他测量了地球子午线;曾经挑选乐工、宫女数百人,教授乐律,号称皇帝梨园弟子,后世因此而称戏班为梨园,称戏剧演员为梨园子弟,而唐玄宗本人至今仍被梨园子弟奉为祖师。

唐玄宗在位期间,还采取了一系列措施,维护和巩固了唐朝的统一局面。

为了解决边疆危机,唐玄宗改革府兵制,实行募兵制。这样,农民不必轮番戍边,节省了往来路上消耗的劳动力。吸收无业人员做募兵,既缓和了社会矛盾,还可以常驻各地,加强训练,对提高军队的战斗力具有积极的作用。玄宗还于苑养马,屯田积粮,积极为收复失地、安定边疆做准备。

一切准备就绪,唐玄宗开始了大规模的对外战争。先是收复契丹占领的东北13州、恢复了安北都护府,统一了长城以北。后又收复了碎叶,打通了丝绸之路,中亚诸国纷纷依附,加强了对外交流。

唐玄宗执政前期,励精图治,锐意进取,选贤任能,发展生产,收复失地,稳定边疆,开创了后世几乎无法企及的巅峰盛世。然而,开元盛景冲昏了唐玄宗的头脑,他开始贪图声色、荒疏朝政、宠信奸佞。为了能有更多的时间和杨贵妃在一起,唐玄宗先后任用李林甫、杨国忠为宰相,让这些奸佞之人掌握大权。这两个人对上阿谀谄媚,对下嫉贤妒能,诛除异己,朝政日益败坏。

政治的腐败导致了开元盛世的衰落,引发了755年的安史之乱,叛军直逼长安。唐玄宗无奈避难入蜀,途中,兵士发动兵变,杀死杨国忠和杨贵妃。758年,唐军收复洛阳、长安两京,唐玄宗才又回到长安。762年,唐玄宗病逝在长安太极宫。他一手开创的盛世局面就这样走向衰落。

唐玄宗在位期间,唐朝达到了鼎盛时期,也是在他当权之时,大唐王朝走向衰落。真是兴衰两世主,悲欢两世人啊!

明皇幸蜀图　唐　李昭道
此图描绘唐玄宗为避安史之乱而行于蜀中的情景,画中山石峻立,着唐装的人物艰难行于途中。

·回眸一笑百媚生·

杨贵妃

杨贵妃和西施、王昭君、貂蝉并称中国古代四大美女。她是隋朝名臣杨汪的五世孙女,父亲杨玄琰做过唐朝蜀州司户。大约10岁时,杨贵妃的父母双亡,她由叔叔杨立璬抚养。她天生丽质,聪颖好学,能歌善舞,精通音律。17岁时,被选为唐玄宗之子寿王李瑁的妃子。

名人档案

姓　名	小字玉环/道号太真
生卒年	719～756年
祖　籍	蒲州永乐人(今山西永济)
性　格	长于逢迎/娇纵奢侈
身　份	唐玄宗李隆基的宠妃

开元二十八年(740年)十月,风流天子唐玄宗到骊山温泉宫游玩时,被杨贵妃"回眸一笑百媚生,六宫粉黛无颜色"的美貌吸引,决定把杨玉环从寿王府接到宫中。可是,杨玉环毕竟是自己的儿媳,碍于伦理道德,唐玄宗先让杨玉环戴发修行,赐道号太真,住进宫中。天宝四载(745年)八月,正式册立杨玉环为贵妃。

杨贵妃不但擅长歌舞,琵琶也弹得出色,而且还能作诗,"罗袖动香香不已,红蕖袅袅秋烟里。轻云岭上乍摇风,嫩柳池边初拂水"。这首收在《全唐诗》中的《赠张云容舞》就出自她的笔下。在这首诗中,杨贵妃用女性特有的细腻描写了女子的舞姿,栩栩如生,不失为佳作。

在宫中,多才多艺的杨贵妃深得唐玄宗的喜爱,享受的待遇和皇后一样。"后宫佳丽三千人,三千宠爱在一身。""春宵苦短日高起,从此君王不早朝。"两人经常是一个打羯鼓,一个弹奏琵琶,一个轻歌,一个曼舞,真是如遇知音,成天歌舞酒宴,恣情欢娱,终日厮守,寸步不离。其

杨贵妃像

贵妃晓妆图　明　仇英

此图以华丽之笔描绘宫中嫔妃生活。虽是明人作品而人物皆作唐妆。贵妃晨起梳妆,从侍女各司其职,或于贵妃身旁伺侯,或抚琴,或浇花,一男士扛扇步下台阶。宫殿富丽堂皇,殿外鲜花怒放,令人如沐春风,如吮朝露。

明皇游月宫图　明　周臣

唐明皇李隆基游月宫的故事在唐代已广为流传。后代的众多文学家、书画家更是将这一故事作为常用的表现题材，唐代白居易的《长恨歌》、元代白朴的《梧桐雨》就是其中的代表作。在清代，洪昇对前代有关的文学作品润色加工并加以创造，衍生成戏剧《长生殿》。

兄杨国忠凭贵妃得宠，位及丞相，权倾天下。杨贵妃的三个姐姐也被封为韩国夫人、虢国夫人和秦国夫人，经常出入宫闱，享尽了世间的荣华富贵。所以当时京城有民谣说："生女勿悲酸，生男勿喜欢。"

杨贵妃和唐玄宗的感情也曾经出现过波折，曾先后两次被玄宗逐出宫门。没有杨贵妃，唐玄宗终日郁郁寡欢，食不甘味。最善揣摩主子心思的高力士，给唐玄宗出主意，以"有罪谪出，悔过召还"为理由，让杨贵妃应召回宫。

因为唐玄宗终日沉溺于酒色，无心打理朝政，大权落到了杨国忠、李林甫的手中。杨、李二人对上阿谀谄媚，对下嫉贤妒能，诛除异己，朝政日益败坏，引发了严重的社会危机。

"渔阳鼙鼓动地来，惊破霓裳羽衣曲。"天宝十四载（755年），安禄山以诛奸相杨国忠为借口，突然在范阳起兵，惊破了唐明皇与杨贵妃的美梦。转瞬之间，洛阳失陷，潼关失守。唐玄宗只好携爱妃杨玉环逃离长安。当车子走到了马嵬驿（今陕西兴平西）时，六军不发。禁军将领陈玄礼等人对杨氏兄妹专权不满，杀死杨国忠父子之后，还请求玄宗处死杨贵妃，以绝后患。唐玄宗无奈，只得与杨贵妃诀别。"天长地久有时尽，此恨绵绵无绝期"，杨贵妃竟落得如此下场。

有传闻说，杨贵妃没有死，而是逃到了日本，但是真假却无从考证。

· 再造大唐的老将 ·

郭子仪

郭子仪从小喜武，研读兵书，年轻时以武举进入仕途，官至天德军使兼九原太守。郭子仪凭借杰出的军事才能立下了赫赫战功，为恢复唐朝中央政权，安定社会，稳定边境，交好少数民族，作出了重要的贡献。

公元755年，安史之乱爆发，叛军很快攻破洛阳，直逼长安。唐玄宗避祸四川，太子

郭子仪像

名人档案

本　名	郭子仪
生卒年	697～781年
祖　籍	华州郑县（今陕西华县）
性　格	大智大勇/忍辱负重/谋略过人
身　份	唐朝著名军事家
父　亲	郭敬之/曾任刺史

李亨在灵武即位，是为唐肃宗。国事危难，肃宗任命郭子仪为朔方节度使，担负收复洛阳、长安两京，抗击安史叛军的重任。郭子仪先在恒阳城下大败史思明以及安禄山的援军，夺取了潼关；然后他又率领唐朝15万人马以及从回纥借来的5000精锐骑兵，分三路直取长安。这时，安禄山被他的儿子安庆绪杀死，郭子仪趁叛军内乱，一举收复了被叛军占领1年零4个月的京师长安。随后又在新店击败安庆绪，收复洛阳。

收复洛阳之后，肃宗对郭子仪赞誉有加，称其为大唐的再造者，并封郭子仪为司徒，代国公。

758年10月，郭子仪等9个节度使又率兵进攻退守相州的安庆绪，安庆绪走投无路，向史思明求援。由于监军太监鱼朝恩不懂军事，贻误战机，唐军大败。肃宗听信鱼朝恩的谗言，把相州失败的责任推到郭子仪一个人的身上，免去他的官职，召他回京，命李光弼接替他的职务。

史思明听说郭子仪被解职，立即带领大军进犯洛阳，洛阳再次失守。河东一带的节度使驻军听说洛阳失守，都骚动起来，肃宗只得起用郭子仪，任命他为河北诸州的节度使行营及兴平等军副元帅，并封他为汾阳郡王，出镇绛州，肃宗临死时把河东的一切军政大权都交给了郭子仪。郭子仪一到任，就杀了40多个为首作乱的人，稳定了河东的局势。

史思明死后，他的儿子史朝义继续盘踞在洛阳。即位的代宗任命郭子仪为副帅，出兵讨伐史朝义。郭子仪认为单凭唐军的力量，难以消灭叛军，于是向回纥借来10万精兵，一举攻占了洛阳。史朝义逃往莫州，763年，众叛亲离的史朝义自杀，为祸8年的安史之乱终于被郭子仪平定了。

安史之乱平定后，郭子仪又多次平定节度使仆固怀恩等人的叛乱，并多次击退吐蕃军队的进犯，保证了关中和长安的安全。

郭子仪戎马一生，为唐朝立下了汗马功劳，累官至兵部

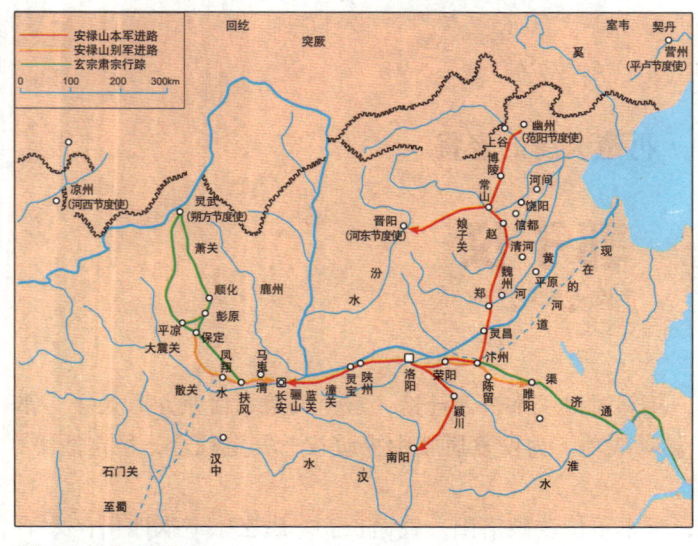

"安史之乱"示意图

名人逸事

765年,仆固怀恩再次勾结吐蕃、回纥和吐谷浑10万军队,进犯长安,包围了郭子仪镇守的泾阳。当时只有2万人马的郭子仪深知在这种情况下只能智取,不能力敌。郭子仪了解到仆固怀恩已经在行军途中暴病而死,敌军发生内讧,他决定单枪匹马去见回纥王。

他的儿子不愿让父亲以身涉险,拦住郭子仪的马头。郭子仪果断地说:"如果两军此时开战,大唐的江山就危险了,到那时我们还有容身之处吗?深入虎穴同回纥王谈判,总比坐以待毙好得多。万一失败,为国捐躯,也遂了我平生大志。"说完跃马出了军营。

郭子仪让军士大喊"郭令公来了!郭令公来了!"回纥兵听到这呼喊声十分吃惊,自动放下了武器。郭子仪来到敌军营前,摘盔卸甲,放下兵器,从容地向敌营走去。"真的是郭令公!"回纥兵惊讶地向统帅药葛罗回报。药葛罗也放下弓箭,前来迎接。郭子仪义正词严地对药葛罗说:"回纥替唐朝立下不少功劳,唐朝待你们也算不错,你们为什么不惜同唐朝结怨,而要帮助仆固怀恩呢?我只身前来,就是希望你们能诚心诚意地和唐朝交好,马上退兵。否则,我必将你们杀得片甲不留。"药葛罗连说:"我们是受了仆固怀恩的欺骗,他骗我们说郭令公已经阵亡,我们才敢来进犯的。现在我们亲眼见到了郭令公,哪还敢同唐朝作对啊!"郭子仪大喜,他还趁机说服了回纥帮助唐朝去进攻吐蕃。

尚书、太尉兼中书令,晚年被封为汾阳郡王,声望极高。德宗即位,尊为尚父,罢兵权。781年,郭子仪病逝,德宗下令将郭子仪陪葬肃宗建陵,并破例将他的坟墓加高一丈,以示表彰。

· 横空出世的"诗仙" ·

李 白

李白是中国文学史上继屈原之后最伟大的浪漫主义诗人。他的诗充满了发兴无端的澎湃激情以及气势浩荡、变幻莫测的壮观奇景,同时,又不失风神情韵而自然天成的明丽意境,堪称中国诗歌史上的一座高峰。

李白幼年时随父迁居绵州昌隆,他自幼勤奋好学,而且广为涉猎,"五岁诵六甲,十岁观百家",书法、骑射、剑术、弄刀、胡舞、胡乐、琴、棋等,可谓样样精通。25岁时,李白带着"申管晏之谈,谋帝王之术,奋其智能,愿为辅弼,使寰区大定,海县清一"的人生信念离川,仗剑去国,辞亲远游。26岁时,李白与在唐高宗朝当过宰相的许圉师的孙女结婚。此后十年,他仍经常外出漫游。十年漫游十年诗,所到之处,形诸吟咏,诗名远播,震动朝野。被唐玄宗征召入京,待以厚礼,"降辇步迎,如见绮皓;以七宝床赐食,御手调羹以饭之",命李白供奉翰林。

李白像

名人档案

姓　名	字太白/号青莲居士/又称"谪仙人"
生卒年	701～762年
祖　籍	陇西成纪/出生于现今位于中亚的碎叶城
性　格	自信/热烈/豪放/酷爱自由
身　份	唐朝伟大的浪漫主义诗人/唐代诗歌的代表人物
父　亲	李思汉

"仰天大笑出门去，我辈岂是蓬蒿人！"初入京时，李白也曾踌躇满志，要做一番大事回报天子的知遇之恩。但由于他高自期许、藐视权贵，遭到谗毁，以至于玄宗数次对李白的任命都被杨贵妃和高力士阻止，最后还被逐出长安。

李白离开长安后，至洛阳与杜甫相识，过了一段饮酒论文、追鹰逐兔的放逸生活。

安史之乱爆发后，李白避地东南，来往于宣城、当涂、金陵、溧阳一带，后隐居于庐山。当玄宗之子永王以复兴大业的名义请李白出山时，李白满怀热忱毅然从戎。可是，因为肃宗的猜忌，永王盛怒之下一举攻占丹阳。后以图谋割据、反叛朝廷的罪名被镇压。李白也受累入狱，被流放夜郎。溯江西上，至巫山时遇朝廷大赦放还。

李白的晚年辗转于宣城、金陵一带，漂泊困苦，穷愁潦倒，生活十分凄凉。61岁时，史朝义围宋州，东南地区告急，李白壮心不已，准备参加李光弼的平叛军队，途中因病折回。762年，李白病死于当涂。

太白醉酒图　清　改琦

唐代大诗人杜甫于唐玄宗天宝五年（746年）初至长安，分咏当时八位著名酒徒的个人性情和艺术成就。其中有这样的诗句："李白斗酒诗百篇，长安市上酒家眠。天子呼来不上船，自称臣是酒中仙。"淋漓尽致地描绘了李白作为"诗仙"的狂妄和放逸不拘。此图是清代著名画家改琦为这一诗句所作的人物画，再现了李白的洒脱和轻狂。

李白一生创作了上千首诗歌，现仅存900多首，其中最为杰出的有《蜀道难》、《静夜思》、《望天门山》、《梦游天姥吟留别》、《黄鹤楼送孟浩然之广陵》、《将进酒》、《望庐山瀑布》等，达到盛唐诗歌艺术的巅峰。除了诗歌，李白也以散文名世，现存的文章有书、表、记、赞等60多篇，如《与韩荆州书》、《春夜宴诸从弟桃李园序》等，都是历代文人学习的楷范。

名人逸事

相传李白在峨眉山隐居两三年后，想念家人及山中的一切，虽未学成，他仍决定下山，离开峨嵋山。在他经过一条小溪时，突然看见溪旁有个老婆婆拿着铁杵在石头上来回磨着。他好奇地问："老婆婆，您在做什么？"得到地答案是："我要把这根铁杵磨成绣花针。"李白十分惊讶地说："怎么可能？"老婆婆答道："只要功夫深，铁杵磨成绣花针。"李白深受感动，决心折回山中，发愤读书。

·以诗传史的"诗圣"·

杜 甫

杜甫,生于712年,自幼好学,知识渊博,十四五岁时便"出游翰墨场",与文士交游酬唱。受正统的儒家文化教养和家庭影响,仕途事业和不朽的诗名成为杜甫的最大追求。24岁时,杜甫赴洛阳考试,未能及第。33岁时,杜甫与李白相识,在梁、宋一带侠游。35岁时,杜甫来到长安求取功名,滞留10年却一无所得。后因父亲去世,他的生活变得贫困起来。44岁时,也就是安史之乱的前夕,杜甫得右卫率府胄曹参军的官职。11月安史之乱爆发,杜甫又被抛入流离的生活。叛军攻下洛阳后,杜甫抱着匡复社稷振兴王朝的愿望只身北上,往肃宗所在地灵武为国效力。不料半途被叛军俘虏,押往长安。至德二年(757年),肃宗到凤翔,杜甫逃离长安,"麻鞋见天子,衣袖露两肘"。投奔驻在凤翔的唐肃宗,被任命为左拾遗。这是杜甫仅有的一次在中央任职的经历。但不久又触怒肃宗,于乾元初被贬斥为华州司功参军。由于战乱、饥荒和对仕途的失望,乾元二年(759年),杜甫弃官,携家眷到了成都,在朋友的帮助下建了一座草堂。后来,杜甫的故交严武出任剑南东西川节度使,表荐杜甫担任了节度参谋、检校工部员外郎(后世因此称他为"杜工部")。永泰元年(765年),严武去世,蜀中大乱,杜甫在成都失去凭依,只好带着家小出川,过起流浪逃难的生活。在云安居住了一段时间后,又在夔州居住了近两年。57岁时,杜甫终于乘舟出三峡,在湖北、湖南一带的水路上漂泊。59岁时,杜甫在耒阳附近客死旅舟,结束了凄凉漂泊的一生。

杜甫像

名人档案

姓　名	字子美
生卒年	712～770年
祖　籍	河南巩县(今河南省巩义市)
性　格	志向远大/忧国忧民/正直无畏
身　份	唐朝杰出的现实主义诗人
父　亲	杜闲/奉天县令
母　亲	唐代士族中门第最高的清河崔氏

杜甫与李白被视为唐诗的两座并峙的高峰,杜甫诗歌的风格,是在安史之乱的前夕开始形成,在安史之乱以后数十年天下瓦解、遍地哀号的苦难之中发展的。因此,到了杜甫时期,那种充满自信、富于浪漫色彩的诗歌情调戛然而止,一转而为对于国家和民族命运的沉重的使命感。由于本身经历而产生的创作意识,使杜甫形成了独有的深入社会、关切政治和民生疾苦、重视写实的诗歌风格。他在诗歌创作中采用的语言表现形式不仅标志了唐诗内容与风格的重大转折,也对中唐以后直至宋代诗歌的发展,造成了深刻的影响。杜

甫诗歌的特征就是"沉郁顿挫",主要表现为意境开阔壮大、感情深沉苍凉;语言和韵律曲折有力,而不是平滑流利或任情奔放。形成这种特点的根本原因,是杜甫诗歌所要表达的人生情感非常强烈,而同时这种情感又受到理性的节制。

杜甫年轻时过的是侠游生活,加之当时正处于盛唐帝国的繁盛时期,受时代风气的影响,这一时期杜甫的诗篇意气风发和蓬勃进取,充满了自信、带有英雄主义的倾向。"所向无空阔"、"万里可横行"、"何当击凡鸟,毛血洒平芜"、"会当凌绝顶,一览众山小"等等,都体现了杜甫非凡的气概。

杜甫草堂
草堂位于四川省成都市,杜甫曾在此生活三年。

安史之乱后,也就是杜甫入川、离川这段时期,是杜甫诗歌创作的重要时期,他留下的作品有1000余首,占《杜工部集》存诗总数的2/3以上。当时,整个国家处在剧烈的震荡中,王朝倾危,人民处在水深火热之中,杜甫本人的生活也充满危险和艰难。杜甫对国家的前途更觉失望,他后期的诗歌,情绪甚至比安史之乱中更显得沉重,他对军阀、官僚的横暴、腐败,态度变得更为尖锐严峻,在浸满忧患的诗中记录了时代的苦难以及焦虑和愤怒的心情。这一时期他的诗歌创作达到了巅峰状态,《春望》、《月夜》、《悲陈陶》、《悲青坂》、《北征》、《羌村》、"三吏"、"三别"、《闻官军收河南河北》、《又呈吴郎》、《秋兴》、《诸将》、《咏怀古迹》、《旅夜书怀》等,都是这一时期的创作的传世名篇。这一时期,虽然像《兵车行》那样细致描述的作品不多,但以高度概括的诗歌语言所揭示的事实,却别有一种震撼人心的力量。

· 唐宋散文八大家之首 ·

韩 愈

韩愈出生于一个官宦家庭,从小父母双亡,由长兄抚养长大。13岁时,兄长又病死,只好随嫂子郑氏回了老家。虽然家世艰难,但韩愈却奋发好学,颇有志向。他7岁开始读书,13岁便能写文章。"念昔始读书,志欲干霸王","前古之兴亡,未尝不经于心也;当今之得失,未尝不留于意也",在韩愈的这些诗句中体现了他关心国家兴亡的政治抱负。

然而,韩愈的科考之路并不顺利,20岁时,他到长安参加进士考试,连考3次都名落孙山。后来，在梁肃的推荐下，才得中进士。韩愈又连续3次参加吏部举行的考试，均未中选。贞元十二年（796年），也就是韩愈29岁时，被荐为观察推官的小官。贞元十七年（803年），韩愈到京师听候调选。先后任四门博士、监察御史。可是，贞元二十年（804年），他又被贬到广东阳山做县令。贞元二十一年（805年）正月，德宗死，顺宗即位，韩愈被调到郴州待命。元和元年（806年），他被召拜国子博士。又经过几次调迁，升降，终于在元和八年（813年），韩愈被任为吏部郎中史馆修撰，职掌编写国史。元和九年（814年）十二月，任考功郎中知制法，负责为皇帝撰写百官任免的命令，进入了统治集团的上层。

韩愈一生经历了唐朝代宗、德宗、顺宗、宪宗、穆宗5个朝代。为官期间，韩愈不怕得罪皇上，坚决排斥佛教，以免在思想、道德领域对儒家的正统地位构成巨大威胁；在藩镇问题上，他旗帜鲜明地反对分裂，坚决维护国家统一；唐宪宗时，韩愈积极协助宰相裴度，任行军司马，参与了朝廷平定淮西节度使吴元济叛乱的军事行动。

穆宗长庆四年（824年）十二月初二，57岁的韩愈病故于首都长安，赠礼部尚书，世称韩文公。

韩愈是中国古代继司马迁以后最杰出的散文大家，又是唐代著名的诗人和政治家，他与柳宗元同为古文运动的倡导者，在文学革新事业上卓有建树。他在文学上打出了复古明道的旗帜，以恢复儒家道统为己任。韩愈将文章体制的革新与恢复儒家思想的正统地位结合起来，既学古文，又学古道，把文统与道统的延续统一起来，强调文学的社会教化功能和作家平时道德修养的重要性。韩愈的《原道》、《原性》、《师说》等名篇，乃至《昌黎先生集》都显示了古文运动的实绩，他的散文，纵横开阖，豪迈奔放，具有长江大河一泻千里的气势，呈现出一种刚健的美。他的散文，绝大多数都是紧密贴切生活现实，有感而发，极富批判精神。他的论说文，针对现实生活中种种弊端，说理透彻，逻辑严整，具有不容置辩的说服力。其记叙文，也有不少谴责了存在于社会各领域的不公平现象。

韩愈把中国古代散文提高到一个崭新的水平，对中国古典文学的发展，产生了深远的

韩愈像

名人档案

姓　名	字退之/世称韩昌黎
生卒年	768～824年
祖　籍	河南河阳
性　格	刚毅正直/勇于创新
身　份	唐代杰出文学家/文坛领袖
父　亲	韩仲卿/以文章著名

名人逸事

穆宗长庆元年（821年），朝廷派往镇州的节度使田弘正被兵马使王廷凑杀掉。穆宗为此调发大军前往讨伐，但迟迟攻打不下，反而被王廷凑围困了河北重镇深州。第二年二月，穆宗派遣韩愈去"宣慰"，实则为斡旋调停。此时的韩愈，已是55岁的老人。穆宗为此诏谕韩愈可以见机行事，不一定亲自身入叛军，韩愈却说："哪有接受了君命而顾惜自身犹豫不前的道理！"于是策马疾驰入深州。面对杀气腾腾的叛军，韩愈义正词严，晓以利害，又巧妙利用叛军的内部矛盾，终于迫使王廷凑解除深州之围。

> **传世名言**
>
> 不塞不流,不止不行。
> 事修而谤兴,德高而毁来。
> 我心如冰剑如雪,不能刺谗夫,使我心腐剑锋折。
> 业精于勤而荒于嬉,行成于思而毁于随。

影响。他在创作中摒弃陈规、独辟蹊径。他驾驭语言的能力极高,具有很强的表现力、概括力和感染力,善于熔炼古人的语言,铸造新的词语,创造了大量新的语句和词汇,丰富了祖国的语言宝库。由于韩愈在古文运动中的巨大作用和他出色的创作,后人称他为唐宋八大家之首。

韩愈还是一位卓越的诗人,中唐韩孟诗派的领袖,与元白诗派相对立。他一生留下了400多首诗篇,对后世尤其是宋代的诗坛产生了深远的影响。

· 杯酒释兵权 ·

宋太祖赵匡胤

赵匡胤出生于927年2月,父亲赵弘殷是后唐禁军飞捷指挥使。生逢五代乱世的赵匡胤聪明颖悟,文武双全,从小就有驰骋沙场、建功立业的雄心壮志。949年,赵匡胤投身于枢密使郭威帐下。因为他的军事才能和胆识,先后被提拔为禁军东西班行首、开封府骑兵指挥官、禁军掌控、殿前都虞侯以及忠武军节度使兼殿前都指挥使,成为后周禁军的高级将领。随着在禁军中威望越来越高,大权在握的赵匡胤有了夺取后周天下的野心,开始谋划自己的帝王大业。

959年,才略过人的后周世宗柴荣去世,年仅7岁的柴宗训继位为帝。960年正月,赵匡胤抓住时机,发动陈桥兵变,逼迫小皇帝把皇位禅让给他,赵匡胤登基,也就是宋太祖,建国号宋,改元建隆,建立了北宋王朝。

为了巩固自己的皇权地位,宋太祖对中央和地方官僚体制进行了一系列的改革。

宋太祖为了避免自己的故事重演,通过"杯酒

> **名人档案**
>
> 本　名　赵匡胤
> 生卒年　927~976年
> 祖　籍　涿郡(今河北涿州)
> 性　格　雄才大略/心机深沉/宽仁贤明
> 身　份　北宋开国皇帝
> 父　亲　赵弘殷/后唐禁军飞捷指挥使

赵匡胤像

释兵权"，削去了有功将领们的兵权。他还将禁军的侍卫司分为侍卫步军司和侍卫马军司，与原来的殿前司合称三衙，统领禁军。任命资历较浅的军官做指挥使，将调兵权给了枢密院，后勤供应交给三司，大权集中到皇帝手中，禁军真正成为皇帝的亲兵。为削弱宰相的权力，宋太祖设"参知政事"为副相，分割宰相的行政权，设枢密使为"使相"，分割宰相的兵权，设三司使为"计相"，分割宰相的财权，降低了宰相的地位。还采用官、职分离的差遣制度，巧妙地剥夺了后周旧臣的实际权力，消除了他们对赵宋王朝的威胁。而且差遣的官吏都是临时的，不会形成割据势力。他差遣到各地的州郡长官统统由文臣担任，还在各地设置通判，监督州郡长官，使二者互相牵制，以加强中央对地方的控制。

陈桥兵变遗址
今河南封丘陈桥镇，门前立碑，碑文为"宋太祖黄袍加身处"。

传世名言
卧榻之侧，岂容他人酣睡。

宋太祖还采取措施削弱地方藩镇的势力，把地方的行政权和财权都收归中央。废除了节度使制度，派文臣出任地方行政长官。由中央直接派人主持地方税收，不许藩镇插手，而且规定地方赋税收入，除本地行政开支所需外，全部运归中央。

稳固了统治之后，宋太祖就开始谋求南北统一，从963年开始，宋太祖以及后来的宋太宗先后消灭了南平、后蜀、南汉、吴越、闽、南唐、北汉诸国，使得中原和广大南方地区得到了统一。

宋太祖对中央和地方官僚体制的改革，把国家大权集中到皇帝手里，中国封建的专制皇权进一步发展。976年，宋太祖驾崩于万岁殿，他的死成为千古不解之谜。

名人逸事

五代时期，每个王朝都是被节度使或者禁军统帅夺去了皇位的。宋太祖为避免此种事情也在自己身上发生，于是决定想办法削弱将领们的兵权。宋太祖先是趁着义社兄弟集会之际，试探兄弟们对自己的忠心。

然后，宋太祖召义社兄弟、功臣勋将进宫赴宴。他叹息着说："多亏各位扶持，我才有今天，你们的功德，我永远都忘不了。可是你们哪里知道，做天子还不如做节度使快乐。"众人惊问为何，宋太祖说道："这有什么不明白的，有谁不想当皇帝？"众人连连叩头，说："陛下何出此言？如今还有谁会有二心呢？"宋太祖平静地说："未必吧？就算你们没二心，难保你们的部下没有贪图富贵之人。一旦他们把黄袍加到你们身上，只怕也由不得你们了。"众将吓得连忙叩首，说道："臣等愚昧，恳请陛下给我们指点一条明路。"宋太祖说："各位不如解去兵权，多买良田宅院，尽情享受一番。我们君臣无猜，相安无事，岂不很好？"

第二天，众将帅纷纷上书称病辞官。宋太祖立即免去他们的职务，赏赐大量的钱财给他们。

这就是宋太祖"杯酒释兵权"的故事。

· 中国古代科学的坐标 ·

沈 括

1031年,沈括出生于浙江钱塘的一个封建官僚家庭。1066年,考中进士后,被推荐到昭文阁编辑校对书籍,沈括对天文、历算的研究就是从这时开始的。这期间,沈括写成了《南郊式》,对朝廷祭祀天地的郊祭典礼进行了修改和简化,他的主张很快就被采用。他还被提升为太史令兼提举司天监,负责掌管图书资料天文历法。后来又升任太常丞,掌管礼乐。

博学多才的沈括堪称中国古代科学的坐标。他在天文、地理、数学、物理、化学、生物、医药、水利、文学、音乐甚至军事方面,都取得了令人叹为观止的卓越成就,将中国的科学技术水平推向新的高峰。沈括的成就对后世产生了巨大的影响。他发明了隙积法,成为垛积术的创始人;沈括在世界上第一次发现了地磁偏角;他总结的指南针装置方法,为后世航海指南作出了巨大贡献;他编制的《十二气历》为后世的历法改革提供了新的理念;他的地质学理论和研究方法,至今仍为科学工作者广泛使用;他的著作《梦溪笔谈》除了记载他一生科学研究成果,也记载了大量的中国古代的科学资料,其中就包括毕昇创造活字印刷的事迹,《梦溪笔谈》被誉为"中国科学史上的里程碑"。

沈括不仅是一个科学家,他还是王安石变法的积极拥护者和参加者。在新旧两派关于变法问题的政治斗争中,沈括一直坚定地站在进步的王安

沈括像

名人档案
姓　名	字存中
生卒年	约1031~1095年
祖　籍	浙江钱塘(今浙江杭州)
性　格	智勇兼备/坚定执著/勤于钻研
身　份	北宋博学多才的伟大科学家
父　亲	沈周

梦溪园内沈括纪念馆

这是镇江梦溪园内的沈括纪念馆。堂柱上书一联:"沈耽于东海西湖南洲北园之景梦里溪山多壮丽,括囊乎天象地质人文物理之学笔端谈论自纵横。"内中嵌有沈括和《梦溪笔谈》的书名。

石一边，即便是变法失败后，沈括始终对王安石保持着诚挚的敬意和深切的怀念。

沈括还是一个出色的外交家和军事家，在北宋与契丹的边界争端上，沈括和契丹丞相一共进行了6次会谈，最后凯旋而归，不但维护了国家的领土完整和民族尊严，也震慑了契丹，使契丹从此不敢再轻视宋朝；在抵抗西夏的侵犯上，他先后出任延安州官和鄜延路经略安抚使，他不但注意整顿军纪，还改进兵器和阵法，增强了军队的战斗力，加强了军事防务。1081年，西夏大举进犯北宋边境，沈括率领大军迎敌，大败西夏7万大军。

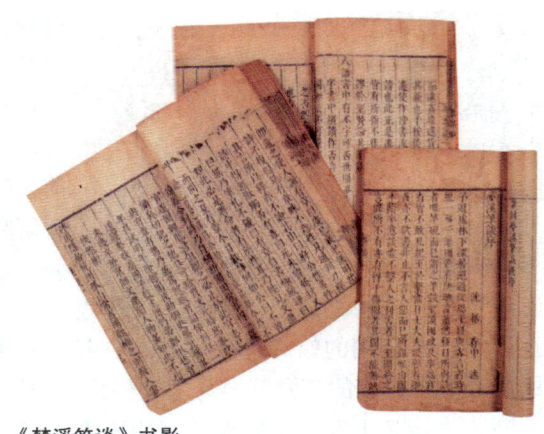
《梦溪笔谈》书影

第二年，西夏又以30万大军围攻西北要塞永乐，以8万军队进攻绥德。只有1万士兵的沈括奉命力保绥德，无法解救永乐。结果永乐失陷，2.3万多名宋军全军覆没。因为沈括曾经支持新法，永乐失陷却成了守旧派的官僚借机报复沈括的理由，污蔑他"抗敌不力"、"处理不当"，将他贬为均州团练。

> **传世名言**
>
> 沈括是中国整部科学史中最卓越的人物。
> ——英国科学史研究专家李约瑟
> 沈括是中国科学与工程史上最多才多艺的人物之一。
> ——美国科学史研究专家席文

1088年，58岁的沈括辞官归隐，回到润州自己的梦溪园，集中精力创作《梦溪笔谈》。1095年，沈括病逝。

· 发明活字印刷术 ·

毕　昇

毕昇发明的活字印刷术是印刷史上划时代的伟大创造，它不仅促进了中国文化事业的传播发展，而且也推动了世界各国各民族之间的科学文化的交流，为世界文化的发展作出了不可磨灭的贡献。北宋大科学家沈括的《梦溪笔谈》中比较完整地记录了毕昇创造活字印刷的事迹。

在毕昇发明活字印刷术之前，中国一直在使用雕版印刷术。雕版印刷虽然比用手抄写进步了许多，但是仍然极为不便。一部卷帙繁多的著作往往要雕刻几年，甚至更长的时间，而且雕版耗费原材料极多，又不能在印刷不同的著作时重复使用，还不易修改和存放。雕版印刷越来越不能适应

名人档案

姓　名　毕昇
生卒年　？～1051年
祖　籍　安徽徽州
性　格　聪明/勤奋
身　份　活字印刷术的发明者

中外名人全知道

> **传世名言**
>
> 印刷术却变成新教的工具,总的来说变成科学复兴的手段,变成对精神发展创造必要前提的最强大的杠杆。
>
> ——马克思《经济学手稿》

科学文化迅速发展的需要,人们开始寻求一种更加简便的印刷方法。毕昇认真总结前人的经验,反复琢磨研究,先后试验过多种制作活字的材料。他曾经制成木活字,可是木头的纹理疏密不同,沾水之后,就会膨胀,使版面高低不平。木活字还容易被印刷用的蜡和松香等黏在一起,不便拿取,而且印刷次数一多,字的笔画就容易膨胀模糊。毕昇经过多次实验,不断改进,终于发明了胶泥活字印刷术,使印刷技术发生了重大突破。这种胶泥活字印刷术,比起以前的雕版印刷,制版迅速,印刷质量好,还可以重复多次使用,节约了大量的人力物力,加快了印刷周期,是印刷史上划时代的技术突破。

毕昇的伟大发明,虽然并没有引起当时政府和社会的重视,但是却开了后世一系列其他材料活字的先河。后来,元代的王祯用木活字进行印刷,

毕昇像

泥活字版模型

活字版的发明是印刷史上的伟大创举,它为人类提供了一种更为快速排印书籍的技术。自北宋毕昇发明泥活字版后,又出现木活字、锡活字、铜活字等。

那时还出现了锡活字。明朝时又出现了铜活字和铅活字。清康熙年间,山东徐志定还用瓷活字印刷《周易说略》。这些活字都是在毕昇的胶泥活字印刷基础上进行的改进。

活字印刷术不仅推动了中国印刷事业的发展,还传往世界各地,在世界范围内产生了巨大的影响。

名人逸事

听说师兄毕昇发明了活字印刷,印刷效率一下子提高了几十倍,师弟们纷纷向师兄取经。

一位小师弟说:"《大藏经》5000多卷,雕了13万块木板,一间屋子都装不下,花了多少年心血!如果用师兄的办法,几个月就能完成。师兄,你是怎么想出这个办法的?"

"是我的两个儿子教我的!"毕昇说。

"你儿子?"

"对!"毕昇笑着说,"去年清明前,我带着妻儿回乡祭祖。有一天,两个儿子玩过家家,用泥做成了锅、碗、桌、椅、猪、人,随心所欲地排来排去。我的眼前忽然一亮,当时我就想,我何不用泥刻成单字印章,不就可以随意排列,排成文章吗?"

师兄弟们听了大笑起来。

"但是为什么偏偏只有你发明了活字印刷呢?"还是那位小师弟问道。

好一会儿,师傅开口说:"那是因为毕昇有心,他早就在琢磨提高工效的新方法了,'冰冻三尺非一日之寒'啊。"

公元13世纪，印刷术从中国传入日本、朝鲜、越南、菲律宾等地，并经过丝绸之路，向西经由中亚传入埃及和欧洲各国。欧洲在14世纪末年出现了雕版印刷，在此基础上，德国的谷登堡在1440年到1480年之间，发明了铅活字印刷，并制成了一种简单的印刷机械，开创了近代机械印刷的先河。但他发明的活字却比毕昇晚了400多年。

活字印刷术的发明，给人类文化知识的传播开辟了广阔的道路，对推动中国和世界文明的发展起了极大的作用，对中国乃至世界的历史产生了深刻巨大而且久远的影响。

· 创编年通史的历史学家 ·

司马光

司马光自幼好学，"手不释书，至不知饥渴寒暑"，虽然"幼时患记诵不如人"，但他能加倍用功，用心精读，博览群书，勤学不倦。司马光20岁中进士甲第，次年任为华州判官。31岁时，得其父好友、枢密使庞籍荐引，被召为试馆校勘。后又升为殿中丞、集贤校书。36岁时，与王安石同任群牧司判官。宋仁宗嘉祐三年（1058年），40岁的司马光回到京城，先后任度支员外郎、天章阁待制、龙图阁直学士。英宗即位后，司马光进呈《历年图》5卷，后又扩充为《稽古录》20卷。又修《通志》8卷及《历代君臣事迹》等，并奏请刘恕等参与其事，为编修《资治通鉴》奠定了基础。治平四年（1067年）英宗逝世，宋神宗即位。司马光、王安石先后任翰林学士兼侍读学士。

嘉祐七年（1062年）七月，继王安石长达万言的《上仁宗皇帝言事书》之后，司马光也向宋仁宗奏进了长达5000余言的《论财利疏》，坚决反对王安石的变法，他针对国家财力不足的状况，比较系统地阐述了自己的改革主张。虽然司马光和王安石一样，都主张通过改革解决社会积弊，消除宋朝的统治危机，但两人的思想方法却存在着很大的差异。司马光思想倾向保守持重、偏执，创新精神不足；王安石则活跃激进、勇于标新立异。王安石主张以法治国；司马光则强调传统的"仁政"思想。王安石主张改弦更张，创立新制；司马光却主张改良，认为关键"在于择人，不在立法"。

因为宋神宗渴望实现富国强兵，王安石的改革主张赢得了他的极大赞赏。司马光见自

司马光像

名人档案

姓　名	字君实/号迂叟
生卒年	1019～1086年
祖　籍	陕州夏县（今山西夏县）
性　格	勤奋/好学/执著/保守
身　份	北宋史学家/政治家

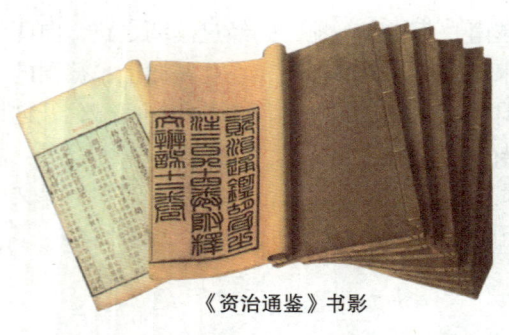

《资治通鉴》书影

已在朝廷上不可能有所作为，便决心远离政务，埋头著书。

在王安石变法的时候，司马光避居洛阳长达15年，期间，他组织人员集中精力编撰《资治通鉴》。

《资治通鉴》上起战国，下止五代，共1362年，294卷，外加《目录》、《考异》各30卷。在编写过程中，司马光先写提纲，他的助手们根据提纲排比材料，修成"长编"，最后由司马光修订、润色、定稿。从宋英亲治平二年（1065年）开始，至宋神宗元丰七年（1084年）成书为止，司马光遍阅旧史，旁采小说，编写《资治通鉴》前后耗时19年。

元丰八年（1085年）三月，宋神宗病逝，不满10岁的宋哲宗即位，太皇太后高氏垂帘听政。向来反对变法的高太后先诏封司马光为门下侍郎（即副宰相），后又拜他为尚书左仆射兼门下侍郎。司马光以保守偏颇主观的思想方法，在高太后的支持下对新法进行了全盘否定。"进一人则曰此熙丰之所退也，退一人则曰此熙丰之所进也，兴一法则曰此熙丰之所革也，革一法则曰此熙丰之所兴也。"司马光的做法，不仅遭到了原来的变法派的极力反对，就连原来反对变法的人也不赞同。然而，顽固的司马光一意孤行，在入朝执政仅一年多的时间，就把宋神宗时期实行达16年之久的新法，包括保甲法、方田均税法、免行法、保马法、免役法、青苗法等几乎完全废除。

元祐元年（1086年）司马光病逝，享年68岁。赠太师，追封温国公，谥号文正。

名人逸事

司马光小时候与一群小伙伴在院子里捉迷藏，有一个小孩一不小心从假山上掉到一个大水缸里了，很多孩子吓得逃走，剩下的孩子对这个比他们自己还高许多的大水缸也毫无办法。司马光灵机一动，用大石头把缸击破，水流出来，这个孩子才得救。这就是有名的"司马光砸缸"的故事。

年幼的司马光非常喜欢读书，"手不释书，至不知饥渴寒暑"。但他"幼时患记诵不如人"，司马光就用一个圆木当枕头，取名为"警枕"，圆木容易滚动，夜里一动，司马光醒了，就披衣起床，挑灯夜读。

·北宋强硬的改革家·

王安石

王安石出生于官僚家庭，书香门第。父亲去世后，家境艰难，有时要靠野菜充饥。他从小就酷爱读书，记忆力超群，过目不忘。王安石年轻时就有经世治国的远大志向，22岁中进士，被派往扬州，在韩琦幕下做官。1047年，王安石出任鄞县县令，任满后又做了十几年的地方官。1059年和1061年，他还先后做过中央三司度支判官和知制诰。

中国名人

　　王安石是一个伟大的政治家、改革家,在他年轻时就立志成为商朝伊尹那样的经纶之才,像后稷和契那样造福社会人民。

　　王安石担任中央三司度支判官和知制诰期间,曾两次给仁宗皇帝上书,在《上仁宗皇帝言事书》和《上时政疏》中,他提出整顿吏治,改革法度,培养人才的主张,都没有什么结果。

　　1068年,20岁的神宗皇帝即位,王安石有了施展才华和报国的机会。一心富国强兵的神宗皇帝一即位,就着手准备改革,他对王安石的《上仁宗皇帝言事书》和《上时政疏》非常认同,认为"除了王安石没有谁能为朕推行新法"。于是,他先任命王安石知江宁府,又任命他为翰林学士。神宗还打破常规,特召王安石入殿商讨国事。

　　1069年,神宗不顾反对和阻挠,将王安石提升为参知政事(副相),第二年又提升为同中书门下平章事(正相)。

　　在神宗的支持下,王安石开始了持续16年之久的熙丰变法运动,他陆续推行了理财富国的青苗法、均输法、农田水利法、募役法、市易法、方田均税法等;整军强兵的将兵法、保甲法、保马法;整顿吏治、更贡举、兴学校等法令。这一系列新法在农业上抑制了土地兼并,免除了农民繁重的差役负担,保证了农业生产,推动了农业生产的发展。还使原来偷税漏税的土地按照实际数目缴纳赋税,还大大增加了政府的收入。在商业上,打击了垄断市场的富商兼并势力和不法商人囤积居奇、牟取暴利,还使城市商贩有利可图。

　　熙丰变法还使军队指挥不灵的局面大为改观,大大增强了军队的战斗力,也为国家节省了巨额的军费开支。

　　王安石主持的熙丰变法收到了很好的成效,到元丰年间,中外府库无不充盈,可以支撑20年的财政开支。

　　而边境防御上,熙宁年间,北宋收复了幅员2000多里的领土,使唐朝中期以后就失守的旧疆域重新回归,这也是北宋历史上仅有的一次。

　　为了顺利推进改革,王安石还建议神宗进行官僚机构和科举制度的改革。王安石创建了制置三司条例

王安石像

名人档案

姓　　名	字介甫/号半山
生卒年	1021～1086年
祖　　籍	抚州临川
性　　格	勇于任事/敢于革新/坚忍不拔
身　　份	伟大的政治家/文学家
父　　亲	王益/任临江军判官

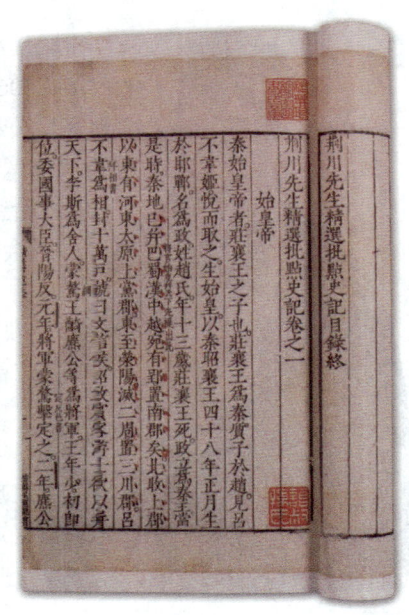

《荆川王先生精选评点〈史记〉》书影

司，整顿了台谏机构，提拔了一批有才学的年轻官员，罢黜了一些反对改革的谏官，选择力主改革的官吏充实台谏机构，使下情能够通达到中央政府，为改革充当耳目；在科举制度改革方面，王安石不但重新设立了以经义、策论取进士的考试科目，还整顿学校，改组了太学，增加太学生的名额，并先后设立武学、医学等专科学校。王安石还亲自编订各级学校的统一教材，他重新为《诗经》、《尚书》、《周礼》三部儒家经书做注，统称为《三经新义》，将它推行到从太学到县学的各级学校，作为科举考试的唯一标准。

由于熙丰变法触动了大官僚、大地主、大商人的利益，遭到了以太后为首的保守势力的激烈反对和阻挠，新政推行迭遭阻碍。1076 年，王安石奏请告老还乡，神宗只得让他以使相身份兼判江宁府。1079 年，被封为荆国公后，王安石退隐金陵，直到 1086 年去世。神宗去世后，熙丰变法宣告失败。

"不知几百年，方有如此人物"，王安石被梁启超誉为中国六大政治家之一。列宁也称之为中国 11 世纪的改革家。王安石还是一个伟大的文学家，他在文学方面对后世的影响也非同一般，后人将他列为"唐宋八大家"之一，北宋文坛领袖欧阳修有诗赞曰："翰林风月三千首，吏部文章二百年。老去自怜心尚在，后来谁与子争先？"

·全才文坛领袖，一代文章之宗·

苏 轼

苏轼像

苏轼从小研读经史，受儒学影响较深。他 22 岁考取进士，嘉祐六年（1061 年）应直言极谏策问，授大理寺评事签书凤翔府节度判官厅公事。在嘉祐六年的对策中，他发表过改革弊政的议论，其后又在《思治论》中提出"丰财"、"强兵"、"择吏"的建议。但他希望改革应通过社会各阶层的自觉调整与道德完善来改变社会的衰败。

神宗时，苏轼因反对王安石推行的新法而卷入上层政治冲突，主动要求外放，先通判杭州，后又做过密州、徐州、湖州等地知州。45 岁时，因"乌台诗案"入狱，出狱后被贬为黄州（今湖北黄冈）团练副使。元丰八年（1085 年），神宗去世，哲宗即位，高太后垂帘听政，苏轼被召入京，任起居舍人、中书舍人、翰林学士知制诰等职。由于苏轼不同意司马光等人一味"以彼易此"的做法，与当权者发生冲突，又自求调离京城，出知杭州，后又辗转就任于颍州、扬州、定州的地方官。

哲宗亲政后，宣布继承神宗的一套，起用自称维护新法的官僚，打击"旧党"。苏轼也被列入惩处之列，一贬再贬，最后贬到岭南、海南岛。苏轼确实是"一肚皮不合时宜"，无论旧党还是新党上台，他都不讨好。直到元符三年（1100年）宋徽宗即位，大赦元祐旧党，他才北归，次年到达常州。但是长期流放，加上跋涉的艰辛，他从此一病不起，最后死于常州，追谥文忠。

名人档案	
姓　名	字子瞻/号东坡居士
生卒年	1037～1101年
祖　籍	眉州眉山（今属四川省眉山市）
性　格	正直/执著/忧国忧民/豪迈洒脱
身　份	北宋杰出的文学家/文坛领袖
父　亲	苏洵/著名文学家/唐宋八大家之一

苏轼具有坚定执著的品格，他敢于坚持自己的意见，不盲从，不徇私，表里如一。在地方官任上，他也始终关心民间疾苦，努力兴利除弊。

多年的宦海挫折使苏轼感到极其无奈，他只能从老庄哲学、佛禅玄理中追求超越与解脱，求得个人心灵的平静。虽屡遭贬谪，依然豁达大度、洒脱随缘、乐观豪放，写出了无数千古绝唱，在诗、词、文、书法、绘画各方面都取得了极高的成就，成为中国文学史上一位天才巨匠。

苏轼的诗题材广阔，富含哲理，富于变化，挥洒自如，自然奔放。他把古诗中常见的题材提升到很高的层次，使得诗的内涵更为深厚。同时在跌宕起伏中把他旷逸豁达的人生态度表现得淋漓尽致。这些特点在《东坡七集》中有很深刻的体现。其中最有影响

东浦桥

苏堤六桥之一。苏轼于元祐四年（1089年）任杭州知府时，取西湖泥葑草筑成长堤，横贯西湖南北，称"苏堤"。堤上有六桥，古朴美观，是杭州十景之首。

---------- 名人逸事 ----------

苏轼不仅会喝酒，而且会酿酒，有人称他为"酿酒专家"。他在黄州酿蜜酒，以少量蜂蜜掺了蒸面，发酵，以米和米饭为主料做成兴酒。在定州酿过松酒，这种酒甜中带点苦味。在广东惠州，酿过桂酒，用生姜、肉桂做配料酿成。这种酒，温中利肝，轻身健骨，养神发色，常服可延年益寿，苏轼称这种酒是天神的甘露。

他在海南酿过"真一酒"。真一酒是上等好酒，用白面、糯米、清水三物酿成，呈玉色，酒性温和，饮之可解渴而不易醉。与王驸马所酿碧玉香完全一样。苏轼特为此酒写过《真一酒歌》和《真一酒诗》。

力和感染力的是他的言志抒怀诗和对自然风光的吟咏。"人似秋鸿来有信,事如春梦了无痕。""此生此夜不长好,明月明年何处看。""横看成岭侧成峰,远近高低各不同。不识庐山真面目,只缘身在此山中。"他的抒情写景小诗,笔触诙谐幽默,极富生活情趣和哲理,令人回味无穷。

苏轼代表着北宋的文学变革的最高成就,他的创作体现了这场文学变革所追求的文化理想,审美趋向,他的作品已成为中国文学的宝贵财富。

·精忠报国的抗金英雄·

岳飞

岳飞,字鹏举,1103年生于相州汤阴(今属河南)。因为家境清贫,从小就干一些打柴、割草、耕作的活计。岳飞非常喜欢读书,《左传》、《孙子兵法》和《吴起兵法》等是他最爱读的书,读书生活培养了岳飞忠君爱国的思想以及统兵打仗的军事才能。此外,岳飞还拜周同和陈广为师傅学武,刀枪剑戟样样精通,练就了一身武艺。1126年,为了救援被金军包围的都城汴梁,岳飞毅然参军,开始了戎马生涯。

在解救都城汴梁的过程中,岳飞随副元帅宗泽虽多次击溃金军,却没能挽救北宋的命运,1127年,汴梁失陷,徽、钦二帝被掳,北宋灭亡。同年5月,赵构做了皇帝,是为宋高宗,开始了南宋王朝。

宋高宗一即位就采取了逃跑政策,岳飞不顾职位低下,上书高宗,要求他回驾汴梁,主持北伐,结果触怒了投降派,被削夺了军职。岳飞又辗转投奔到守卫汴梁的将领宗泽帐下,屡立战功。宗泽病逝后,岳飞发誓要继承宗泽遗愿,收复故土,迎接徽钦二帝还朝。

岳飞像

1129年,兀术带领金军大举南侵。岳飞率军在广德截击金军,六战六胜,获得了辉煌的战果。1130年,岳飞收复建康,被高宗任命为通泰镇抚使。此后,岳飞北抗金军,南平叛乱,屡立奇功,队伍不断扩大,很快发展到4万人,岳家军的威名传遍了大江南北。为了奖励岳飞,宋高宗赐给一面军旗,上面绣着他手书的"精忠岳飞"

名人档案

姓 名	字鹏举
生卒年	1103～1142年
祖 籍	相州汤阴
性 格	英勇坚强/忠君爱国/光明磊落
身 份	杰出军事家/抗金英雄

四个大字。

1133年，金军和伪齐政权联合攻占了襄阳等地，严重威胁着南宋的统治。岳飞认为襄阳六郡是收复中原的根本，上书请求率兵收复襄阳，进取中原。1134年4月，岳飞奉命率兵从江州出发，一举攻克郢州、襄州，仅两个月时间，就收复了伪齐政权河南的6个州，击溃了伪齐的主力部队。

虽然苟且偷安的宋高宗没有让岳飞乘胜北伐，收复更多失地，但此次抗金的胜利，不仅保卫了长江中下游地区，使南宋的东南和西北连成一片，而且增强了南宋军民抗击金军的勇气和信心，岳飞也因此被升为清远军节度使。

1136年，宋高宗在抗金的呼声中，不得不同意岳飞、韩世忠等诸路出师北伐。岳飞出镇襄阳，声东击西，命牛皋佯攻，自己亲自率主力向西北进发，五战五捷，收复伊阳、洛阳、商州、虢州，进图陈、蔡，沉重地打击了敌人，抗金形势一片大好。不久，岳飞发现其他各路人马都按兵不动，只有自己孤军深入，况且内无粮草，外无援兵，只好下令退兵。岳飞退兵后，南宋和金国订约，南宋称臣纳贡，双方以淮河为界。但是，金国强硬派兀术掌握军政大权后，撕毁合约，于1140年5月再次向南宋大举进攻，宋高宗慌忙命岳飞等出兵反击。

粉彩精忠报国图　瓷版画

岳家军攻城夺地，势如破竹。在河南郾城，岳飞指挥战斗，大破兀术精骑"拐子马"，取得了郾城大捷。后连克颖昌、陈州、洛阳，又在朱仙镇大破金军主力，兵锋直指汴梁。金国在中原的统治摇摇欲坠。可是正当岳飞准备"直捣黄龙府，与诸君痛饮耳"之时，高宗却连发12道金牌"班师诏"，勒令岳飞火速撤兵。岳飞悲愤交加，仰天长叹："十年之力，毁于一旦！所得州郡，一朝全休！社稷江山，难以中兴！乾坤世界，无由再复！"

岳飞一回到临安，宋高宗和秦桧就剥夺了岳飞的军权，把他关进大牢，以"莫须有"的罪名将岳飞毒死在风波亭。临刑前，岳飞在秦桧等炮制的供状上，写下了"天日昭昭！天日昭昭！"八个大字。

作为杰出的军事家，岳飞训练了一支军纪严明、英勇善战的军队，攻无不克，战无不胜，令金军发出了"撼山易，撼岳家军难"的哀号。

岳飞在15年的戎马生涯中指挥了126次战役，从未失败，堪称常胜将军。他的精忠报国的爱国思想、光明磊落的浩然正气，给后世留下了宝贵的精神财富。

· 理学的集大成者 ·

朱 熹

朱熹像

名人档案

姓　名	字元晦/号晦庵/别称紫阳
生卒年	1130～1200年
祖　籍	徽州婺源（今属江西）
性　格	执著/好学
身　份	伟大的思想家/哲学家/教育家
父　亲	朱松/进士出身/以教书为业

朱熹19岁登进士第，赐同进士出身。22岁授泉州同安县主簿。24岁求师于李侗，树立了儒家思想的坚定信念。南宋绍兴三十二年（1162年），孝宗即位，朱熹上书陈事，第二年得孝宗召见，朱熹面奏三札，不被皇帝采纳，后因主张抗金，与主和派首领、宰相洪适意见不和辞职而归，差监南岳庙。屡次上谏被拒后，朱熹致力于授徒讲学，潜心学术，形成了完整的理学体系。15年后，又先后任南康军、直秘阁修撰。在任上他勤勉为民，深得百姓爱戴。后被推荐为焕章阁待制兼侍讲，给宁宗皇帝讲授《大学》。可是没多久，就因激烈党争而被罢免，从此绝意于官场。

庆元三年（1197年），朱熹被定为"伪学之首"，史称"庆元党禁"，还被编造了十大罪状。两年后，朱熹病逝。9年后，宁宗皇帝诏赠他"遗表恩泽"并赠谥号为"文"，追赠中大夫，还特赠学士等头衔。20年后，理宗亲题"考亭书院"，赠朱熹为太师，追封信国公，从祀孔庙。

朱熹是一位伟大的思想家、哲学家、教育家，他平生致力于著书立说、创办书院、讲学传道，是中国继孔孟之后的一代宗师。

朱熹对后世影响最大的是他的学术思想。在哲学思想上，他从二程关于理气关系的学说、集理学之大成，发展成为一个完整的客观唯心主义的理学体系，世称朱程学派，又称闽学、考亭学派。他认为"理在先，气在后"，但其宇宙形成说却能接受古代科学成果，主张阴阳二气的演化论等。在人性论上，朱熹学说的核心是"存天理而灭人欲"，他把封建伦常、忠孝仁义抽象为先天至高的"天理"，要求人们摒除私欲、摒除物质世界的一切诱惑，通过真心诚意、克己复礼，使人性纯化而归复"天理"。其社会历史观，又主张恢复三代之治，愿"周孔之道常在"。他的理学被后世帝王改造为统治思想的基础，在明清两代被奉为儒学正宗的地位，把他与孔子相提并论。清康熙帝把他的牌位抬入孔庙，列为十哲之次。他的哲学观点影响中国封建社会末期长达600多年之久。

传世名言

问渠哪得清如许？为有源头活水来。
等闲识得东风面，万紫千红总是春。
民富，则君不至独贫；民贫，则君不能独富。

名人逸事

朱熹在南康任职期间，看到曾与岳麓、睢阳、石鼓并称"天下四大书院"的白鹿洞书院栋宇不存，已成一片废墟，极为伤心。于是便再三向朝廷请求重兴白鹿洞书院，并得到孝宗皇帝的批准。书院落成之日，他饮酒赋诗，并做《白鹿洞成告先圣文》，还屡次请求孝宗皇帝为白鹿洞书院题匾、赐太上皇帝御书石经、监等九经流注疏。

他还亲自制订《白鹿洞书院教规》。以父子有亲，君臣有义，夫妇有别，长幼有序，朋友有信为教育目的；以"博学之，审问之，慎思之，明辨之，笃行之"为学之序。以"言忠信，行笃敬，惩忿窒欲，迁善改过"为修身之要；以"正其谊，不谋其利；明其道，不计其功"为处事之要；以"己所不欲，勿施于人；行有不得，反求诸己"为待人接物之道；以"循序渐进"为学习的方法，以"熟读精思"为学习原则。

当时，白鹿洞书院规模和教学质量均为全国之冠。

朱熹的学术著作很多，在哲学、经学、经济、政治、史学、文学、佛学、乐律、道学、伦理、逻辑，乃至自然科学中许多科学都有专门的论述和涉及，如《四书集注》、《太极图说解》、《通书解》、《周易读本》、《楚辞集注》等，后人辑有《朱子大全》、《朱子集语象》等。所著之书被元、明、清三朝定为开科取士的必读之书，他的《四书集注》及朱子学的经学注释在元仁宗时就成为钦定的教科书和科举考试的标准。明初所修的《四书大全》、《五经大全》、《性理大全》，朱熹的著作是主要内容。

朱熹也是颇具文学修养的理学家，但是他对前人多有抨击，尤其是对唐宋古文家，从一定程度上阻碍了文学的发展。

·纵横欧亚的一代天骄·

成吉思汗

成吉思汗像

1162年，铁木真出生在蒙古草原尼伦部贵族勃儿只斤氏家里。铁木真的父亲也速该因为作战英勇，被推举为尼伦诸部的领袖，后来在部落的仇杀中丧命，勃儿只斤家族败落，铁木真一家陷入困境。

青少年时的铁木真武艺超群，才智过人，远近闻名。为了重振家业，铁木真去找父亲的安答（结义兄弟）克烈部首领王罕。在王汗的庇护下，铁木真开始积聚力量，势力迅速壮大。

1196年，铁木真联合王汗，配合金国军队，在斡里札河围歼了反叛金国的塔塔儿部，杀死了他们的首领，报了父祖之仇。战后，金国封王汗为王，任命铁木真为察兀忽鲁，铁木真名声

名人档案

姓　　名　名铁木真/即元太祖
生卒年　　1162～1227年
祖　　籍　蒙古高原斡难河畔（今鄂嫩河）
身　　份　蒙古开国君主/杰出的军事家/政治家

大振。1202年，铁木真彻底歼灭四部塔塔儿，占领了呼伦贝尔高原。1203年，王汗与铁木真反目，铁木真败退到哈勒哈河以北。随后，铁木真重整旗鼓，发动突然袭击，大败蒙古族最强大的克烈部，王汗父子逃亡后被杀。

1204年，铁木真征服蒙古草原上唯一能和自己对抗的乃蛮部的首领太阳汗。1206年，各部贵族在斡难河源头举行盛大集会，推举铁木真为大汗，建立了强大的蒙古国。

成吉思汗的黄金家族是蒙古国的最高统治集团，拥有全部的土地和百姓。成吉思汗推广了千户制度，将全蒙古的百姓划分为95千户，任命蒙古的开国功臣以及原来的各部贵族担任那颜（意为千户长），世袭管领。为了维护自己的至高无上的统治地位，成吉思汗还建立了一支由大汗直接控制的人数达1万人的常备护卫军。这支强大的护卫军成为巩固蒙古帝国、进行对外战争的有力工具。

成吉思汗还命人根据畏兀儿文字创造了蒙古文字，用这种畏兀儿蒙古文发布命令，登记户口，编订法律，大大加强了统治，推进了蒙古文化的发展。

成吉思汗又任命自己的养子失吉忽秃忽为大断事官，负责分配民户，后来又让他掌管审讯刑狱等司法事务。他还制定了蒙古法律"大札撒"，作为蒙古人必须遵守的准则。法律的制定，对于安定社会，加强蒙古政权的统治起到了积极的作用。

蒙古帝国建立之后，成吉思汗开始向外扩张。他先后三次入侵西夏，迫使西夏称臣纳贡，并随同蒙古一同进攻金国。1211年，成吉思汗南下进攻金国，1215年，攻占了中都燕京。

1219年，成吉思汗踏上征讨花剌子模的万里西征之路。1220年，成吉思汗连破花剌子模的要塞不花拉、撒麻耳干等城，花剌子模统治者逃往里海一带，成吉思汗命人穷追不舍。1221年，拖雷占领呼罗珊全境。成吉思汗追击新算端札阑丁至印度河，不获而还。1222年，在占领区置达鲁花赤监治。1223年，还撒麻耳干驻冬，次年起程还国。1225年，回到蒙古，这场持续7年的西征终于结束。成吉思汗的西征，创造了世界历史上的奇迹。

1226年，成吉思汗再次进攻西夏。1227年7月，成吉思汗病死军中。同月，西夏灭亡。成吉思汗死后，他的子孙们继续他未竟的事业，攻灭西夏、金国、南宋，建立起一个空前庞大的大帝国。元朝建立后，成吉思汗被追尊为元太祖。

成吉思汗的辉煌战绩在中国乃至世界战争史上都是无与伦比的，因此被尊称为"一代天骄"。

骑射图　蒙古

此图绘箭在弦上蓄势待发的瞬间，表现出蒙古人的矫健，很有"弯弓射大雕"之势。

·留取丹心照汗青·
文天祥

名人档案

姓　名	字履善/宋瑞/号文山
生卒年	1236～1283年
籍　贯	吉州庐陵（今江西吉安）
出　身	状元/最高官至南宋的右丞相
性　格	百折不挠/忠贞刚烈/宁死不屈
父　亲	文仪

文天祥出生的时候，"暖风熏得游人醉，直把杭州作汴州"的南宋朝廷，已经是岌岌可危了。南宋末年，文天祥已是朝廷重臣。在危难之中，虽想力挽狂澜，却终究是无力回天。虽然他没有延续南宋朝廷的寿命，但这丝毫没有影响他的光辉形象。

文天祥高中状元出来做官时，正值蒙古贵族向南宋发起大举进攻，朝廷上下大都不想抵抗，宦官董宋臣更是主张迁都逃跑，文天祥大胆上书，驳斥董宋臣的主张，并提出政治、军事改革方案，最后虽未迁都，但是文天祥的主张也没有被采纳。

1274年，元朝开始发动了声势浩大的灭亡宋朝的战争，国家危在旦夕。1275年，文天祥在赣州组织起一支3万多人的军队，开到临安"勤王"。当时，4岁的赵㬎（即恭帝）在位。临朝的谢太后决心投降。文天祥不但反对无效，而且还被任命为右丞相兼枢密使，到元营进行谈判。他在元军的大营和元丞相伯颜争辩，被扣押。元军要把他带到北方，船走到镇江的时候，他逃脱了虎口。他颠沛流离，几经生死，但是始终不忘报国之志。

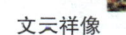
文天祥像

投降元朝的张弘范劝兑文天祥招降张世杰，他写了《过零丁洋》诗作为答复。元朝专横跋扈的宰相阿合马来威逼利诱，文天祥不为所动。后来，陆秀夫背着南宋皇帝赵昺

名人逸事

文天祥杀身成仁以后，被"暴尸"野外，但是由于他的行为深深地感动了看守的士兵，所以他们打算偷偷掩埋他。但是事不凑巧，他们刚把尸体放进棺材，就来了一位钦差说要检查尸体。这个时候狂风大作，不仅把钦差吹到山崖底下，还把文天祥的棺材埋起来。元朝官员挖了三天才挖出来。打开棺材飞出了他的《正气歌》手稿，但是已经没有了尸体。消息传到南宋，百姓们痛苦不已，举国悲恸，风云为之变色。六月天竟下起了雪，人们的头巾、衣服、哀杖上都挂满了雪花。从此，哀杖就用白纸缠裹。白纸飘扬起来就像是一层雪花一样。

> **传世名言**
>
> 辛苦遭逢起一经,干戈寥落四周星。山河破碎风飘絮,身世浮沉雨打萍。惶恐滩头说惶恐,零丁洋里叹零丁。人生自古谁无死,留取丹心照汗青!
>
> ——《过零丁洋》

文天祥《沁园春》诗意图

"人生倏忽云亡,好轰轰烈烈做一场。"
有人评价此首作品:此等作品,不可以寻常词观之也!

投了海,张世杰也以身殉职,南宋灭亡。

南宋灭亡了以后,张弘范又劝文天祥投降,文天祥嗤之以鼻。到了元朝的大都以后,南宋的前宋丞相留梦炎、受封为瀛国公的宋恭帝,前来劝降,都碰了一鼻子灰回去了。文天祥的慷慨陈词、义薄云天让所有的人都无计可施。从这以后三年当中,他一直被关在阴暗潮湿的监狱中。在此期间,他读到投降元朝的弟弟和在监狱中的妻子儿女的来信。但他没有被百般的折磨吓倒,没有被千般的利诱迷惑,更没有被万般的亲情感动,始终没有投降,表现了自己的气节。1283年1月8日,元世祖忽必烈召见文天祥,进行最后一次劝降。文天祥回答说:"我是大宋的状元宰相,宋朝灭亡,我只能是死,不能活。"第二天就慷慨就义。

文天祥著有《文山先生全集》。他前期的诗文大多是应酬之作。赣州起兵以后,风格迥然不同,诗词散文都悲壮刚劲,被人传诵至今。

·缔造大元的雄主·

忽必烈

忽必烈生于1215年,蒙哥汗(宪宗)之弟。年轻时的忽必烈就有"大有为于天下"的远大抱负,深得成吉思汗的赏识。他不仅弓马娴熟,能征善战,而且对汉族的文化也很了解,是蒙古王公中少见的能文之人。

忽必烈的大哥蒙哥即大汗位后,委托忽必烈全权管理大漠以南汉族地区的军事行政。

1259年,蒙哥战死,忽必烈和阿里不

名人档案

姓　名	亦作呼必赉/元世祖/又称薛禅皇帝
生卒年	1215~1294年
出　身	蒙古勃尔只斤氏/成吉思汗之孙/拖雷之子
性　格	宽宏大度/果敢英明/有远大抱负
身　份	创建大元王朝的卓越政治家

中国名人

哥为争夺汗位，展开激战。1260年，忽必烈夺取了蒙古帝国的汗位，年号"中统"。1264年，忽必烈又定燕京（今北京）为中都。1267年，忽必烈开始营建燕京新都，历时10年才完工。1271年，忽必烈废除蒙古国号，改国号为大元。1272年，元世祖忽必烈改中都为大都，正式迁都燕京（今北京）。

忽必烈稳定了自己的统治之后，开始南下攻宋。他先取襄阳、樊城，使得南宋门户大开。经多年讨伐，1279年，南宋灭亡。随后，他又将西藏、云南、新疆、东北、台湾等地都纳入自己

元世祖忽必烈像

的统治之下。经过多年的经营，元世祖终于结束了长达300多年的分裂割据局面，建立起一个统一的多民族的大帝国，实现了中国历史上空前的统一。元朝疆域十分辽阔，"北逾阴山，西极流沙，东尽辽左，南越海表"，超过了汉唐最兴盛的时期。元朝的统一，促进了国内的民族融合和中外经济、文化的交流。

为了维护统一，巩固汗位，元世祖忽必烈采取了一系列的措施。他首先废除蒙古族传统的分土立国的方法和忽里勒台大会制度，重新建设国家机构和职官制度，加强中央集权。元世祖在中央设立中书省掌管全国行政，又设枢密院负责军事，设御史台负责监察百官，最后大权都集中到大汗的手中。在地方，则设立行中书省，简称行省，还设置行枢密院和行御史台，行省下设路、府、州、县等行政机构。元世祖还改革了军事制度，实行军政和民政分开，成立了26队亲兵，由自己亲自控制，把军权集中在自己手里。

在经济方面，元世祖奖励农桑、减少赋税、节省徭役，大力恢复发展生产；在中央设立了劝农司，向全国各地派出劝农使；限制牧场侵占农田，禁止牲畜践踏庄稼，大力推行屯田政策，兴修水利；整顿驿站制度，修筑驿道，开凿运河，打通了水路运输线，沟通了海河、黄河、淮河、长江、钱塘江五大水系；在全国各水陆交通线上设置驿站，用来传递公文，保护商旅；还设置了急递铺，传递紧急公文；在泉州、广州等地设立市舶提举司，管理海上贸易。

元世祖还大力提倡以儒学为主的汉族传统文化，重建孔庙，确立儒家的统治地位。他极力拉拢汉族地主阶级知识分子，免除儒生的徭役。元世祖大力兴办学校，在中央设立了国子监，培养了许多人才。他选派名儒，编修国史，翻译经书。他让吐蕃高僧八思巴创造了蒙古新字，又将一批汉族典籍翻译成蒙古文，供蒙古贵族子弟学习。元世祖对佛

元世祖出猎图　元　佚名

教、道教、景教都加以提倡，在中央设置专门机构进行管理。

但是，元世祖的变革也有很多不彻底的地方，不但没有彻底废除分封采邑的制度，还增加了许多宗王的食邑。元世祖还保留了蒙古贵族蓄养奴隶的制度和斡脱制度，严重阻碍了工商业的发展，破坏了社会经济。

元世祖还发动了多次对外战争，两次大举进攻日本，以失败告终，两次攻击越南，无功而返。

元世祖晚年逐渐趋于保守，甚至顽固僵化，元朝的统治也开始衰落。1294年，元世祖病死。

· 大元科学第一人 ·

郭守敬

郭守敬像

名人档案

姓　　名　字若思
生卒年　　1231～1316年
祖　　籍　顺德（今河北邢台）
性　　格　聪颖/执著/勤奋
身　　份　元代著名科学家

郭守敬的祖父是金元之际学者，精通五经，熟知天文历算，擅长水利工程。在祖父熏陶下，郭守敬从小就对科学有着浓厚的兴趣。他是13世纪世界上有突出成就和发明创造最多的科学家之一，他不仅在天文、历算和水利工程方面成绩卓著，在地理、数学和机械工程方面也有重要的贡献。他的名字被国际天文学会用来命名月球上的一座环形山，所以，著名科学家茅以升说："郭守敬不仅在地上闻名，而且还在天上闻名。"

1276年，元世祖灭南宋迁都大都后，决定改旧历，颁行元代自己的历法，郭守敬参加了修订新历的工作。在准备工作中，郭守敬重新创制一套精密的仪器，他改进了圭表，解决了观测困难，减少了观测结果的误差。他还改变了浑天仪的基本结构，比原来的浑天仪简单且实用，所以叫做简仪。它可以同时测量天体的地平方位和高度。他创造的简仪等天文仪器比西方类似的发明早了几个世纪，不仅在当时是最先进的，而且一直沿用到明清时期，对中国天文历法的发展作出了卓越的贡献。郭守敬用他创造的简仪对黄道和赤道交角、黄道和二十八宿的距离进行了精密测定，这两项观测成果，对编订新历有重大的意义。

1278年，郭守敬在大都设计建造了太史院和观天台，还主持了东起朝鲜半岛，西至四川、云南和河西走廊，南及南中国海，北尽西伯利亚，南北跨度5000多公里，东西行程2500多公里的大规模的"四海测量"活动。郭守敬精密的天文测量，为创定新历提供了精确的天文实测数据。1281年，《授时历》在全国颁行。《授时历》所定一年周期为365.2425天，与现行公历几乎相同，但却比西方现行的公历早了几百年。《授时历》一直使用到明朝末年，还东传到日本和朝鲜。

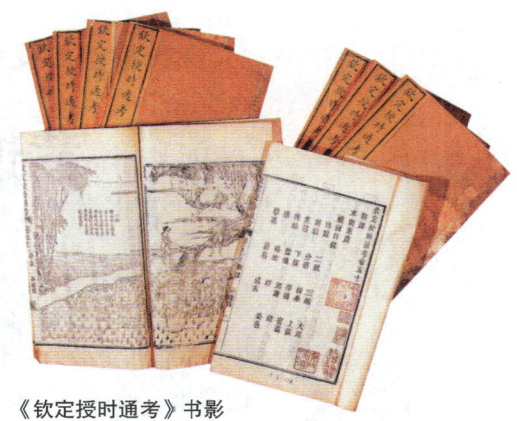
《钦定授时通考》书影

在水利方面，郭守敬也取得了很大的成就。1260年，郭守敬帮助大名路长官张文谦到各地勘测地形，筹划水利工程。1262年经张文谦推荐，郭守敬向元世祖忽必烈提出了6条水利方面的建议，被元世祖任命为提举诸路河渠，后来又提升为银符副河渠使。1264年，郭守敬在西夏修复水利工程，9万多公顷的良田得到了灌溉。完成修渠工程后，郭守敬又去探求黄河的发源地，是中国历史上第一个以科学考察为目的，探求黄河源头的人。为了解决大都的粮食供应，沟通南方与北方的经济交流，元世祖决定疏通淤塞已久的大运河，并开凿从天津到大都的水上通道，由郭守敬负责设计督修。1291年，郭守敬提出把昌平神山（今凤凰山）的白浮泉水引入瓮山泊（今昆明湖的前身），并沿途拦截所有从西向东流入清河、沙河的泉水，汇合到积水潭，作为运河的水源。1292年8月的一天，在郭守敬的主持下，开河工程正式动工了。1293年秋天，这条从神山一直到通州高丽庄，全程80多公里的运河工程全部竣工。

郭守敬设计主持的水利工程，促进了南北航运，改善了农业灌溉，不仅在当时起到了促进生产贸易的作用，而且惠及后世。特别是通惠河的开通，使京杭大运河畅通无阻，大大加强了南北物资的交流。当时的大都城商船云集，成为当时世界上最繁华的大都市。他的水利设计的先进思想和措施，对后人也有很大的启发。

元政府从郭守敬这里开了一个先例，以后的太史令和其他负责天文的官员，一律不许退休。郭守敬一直留任到他86岁去世。

浑仪
原由郭守敬设计制造，明代仿制，现在南京紫金山天文台。

棉纺新技术的推广者

黄道婆

黄道婆，松江乌泥泾镇人。她出身贫苦，生性刚强，因无法忍受公婆和丈夫的羞辱虐待离家出走，流落海南崖州。在黎族同胞的帮助、照顾下，黄道婆学会了当地先进的纺织技术，并以此谋生。勤劳聪明的黄道婆很快成为有名的纺织能手，还和黎族姐妹一起改进纺织工具和纺织工艺，创造了许多新的花色。

在崖州生活了20多年后，黄道婆告别黎乡，返回阔别多年的故土，把黎乡的先进技术带给松江的父老，帮他们摆脱贫困，过上幸福快乐的生活。

当时的乌泥泾已经在元朝的统治之下，元朝政府在江南设置了5个木棉提举司，每年向百姓征收10万匹棉布。可是由于生产条件和纺织技术都很落后，人们不停地劳作，除了完成政府繁重的任务外，再无剩余，生活处于极端贫困的境地之中。

黄道婆回乡后，首先向家乡人民传授先进的纺织技术，还把自己从遥远的海南带回来的纺织工具展示给大家，让大家仿制。她不厌其烦地向乡亲们示范操作方法，把自己精湛的技术毫无保留地传授给乡亲们。黄道婆看到妇女们还是像以前那样用手剥棉籽，不但辛苦，劳动效率也低。她就把黎族人民使用的搅车介绍给大家。这种搅车利用两个向相反方向旋转的轴轮，把棉籽剥离出来，送到两个轴轮之间的空隙里，人们只要摇动摇把，棉花和棉籽就会随着轴轮转动，自动分离，既快又省力。

黄道婆还着手改革了纺织工具，她把单锭手摇纺车改进成三锭纺车，纺纱效率提高了两三倍，操作起来也更省力了。这种三锭纺车是当时世界上最先进的纺织工具，它的出现是纺织技术的重大进步，大大推动了纺织业的发展。黄道婆还改进了弹棉花的弓，并用檀木制成的槌子代替手指来击打弓弦。经过这种改造后，弹棉花不仅省力，弹出的棉花也比以前均匀细致，棉纱和棉布的质量也随之提高。

黄道婆还对纺织技术进行了改进，她在纺车的顶上设计了一个花楼，织带有图案的布料时，由两三个人分工合作，下边的人织纬线，花楼上的人提经线，这样就织出了别致的

黄道婆石像

名人档案
姓　名	黄道婆/又称黄婆
生卒年	约1245~?年
祖　籍	松江乌泥泾镇（今属上海）
性　格	聪明/勤劳/坚强/有同情心
身　份	平民/棉纺技术的革新者与推广者

名人逸事

黄道婆很小的时候,父母因家庭贫困把她送给一个富裕人家做了童养媳。黄道婆的公婆和丈夫对她百般虐待折磨。她除了操持家务,还要下田耕种,纺纱织布,忙得连喘息的机会都没有。可是公婆和丈夫还是不满意,每天非打即骂,甚至有时连饭都不给她吃。有一天晚上,黄道婆实在太累了,不知不觉地趴在织机上睡着了。公婆和丈夫看见后,大骂黄道婆懒惰,将她痛打一顿,关进了柴房,连晚饭也不许她吃。

黄道婆是个生性刚强的女子,她再也不能忍受这种可怕的生活了,决定逃离这里,去寻找新的生活。黄道婆就将屋顶的茅草挖了个洞,在大雨和夜色的掩护下,逃离了婆家。天快亮的时候,黄道婆跑到了一条大江边。一位好心的老船夫很同情她的遭遇,就把黄道婆带到了海南的崖州。

提花布。黄道婆还总结推广了一套错纱配色、综线挈花的技术,于是妇女们织出的被褥、衣带、手帕都有折枝、团凤等各色花样,色彩艳丽夺目。

经过黄道婆的改进,乌泥泾的纺织技术大大提高,生产出的乌泥泾被远销各地,促使乌泥泾的棉纺织业迅速发展起来。当地人民终于摆脱了长久的贫困,过上了丰衣足食的富裕生活。

黄道婆革新的纺织技术还传播到附近的上海、苏州、杭州等地,她去世后不久,她的故乡松江就成了全国的棉纺织中心,而且一直持续了几百年。到了明朝中期的时候,松江农民一天就能织出上万匹布,并且松江布还远销海外,名扬天下。

黄道婆的卓越贡献受到了世世代代的尊敬和缅怀。她去世的时候,当地人为她举行了公葬,还修建了"先棉祠"来祭祀她。

缫丝图
根据王祯《农书》中的《耕织图》所绘。

·绘画新风的倡导师者·

赵孟頫

赵孟頫字子昂,号松雪、水精宫道人等,1254 年生于风光如画的浙江湖州,王室后人,是宋太祖赵匡胤的 11 世孙。南宋灭亡后,他被举荐在元朝做官,官至翰林学士承旨,封魏国公。赵孟頫在新朝做官,难免会引起遗老遗少的非议,他又是个汉人,在官场中常受排挤。在这种情况下,赵孟頫心灰意冷,退出仕途,归隐田园,专心书画。

赵孟頫像

名人档案

姓　名	字子昂，号松雪道人、水精宫道人
生卒年	1254～1322年
祖　籍	浙江湖州
性　格	诙谐痴黠、率真通脱
家　庭	出身于贵族后裔

赵孟頫博学多才，在诗文、书画、音乐等方面都有很高的造诣，特别是书法和绘画成就最高，开创元代新画风，被称为"元人冠冕"。

赵孟頫山水画主要学习了董源、巨然和李成、郭熙两大体系，脱离精勾密皴的画法，参照唐人古、简的意趣，自创新格。他博采众家之长，形成了厚重工稳、秀润清丽的总体风貌。人物画多保持唐人风范，法度严谨，风格古朴。花鸟画融合郭熙、黄筌二体，兼工带写，不事工巧，清疏淡雅。绘画理论上，他提倡复古，主张"画贵有古意"，崇尚唐人，反对南宋院体中柔媚纤巧的画风。尤为可贵的是，他的画变革了南宋院体格调，开创了元代画风。他大胆尝试将书法运用于绘画，形成书法和绘画相结合的"书画"，熔诗、书、画于一炉。他枯笔淡墨、浅绛设色，格调疏淡隽逸，着重表现出文人隐逸的生活情趣。

赵孟頫山水画传世的画迹有200余幅。《洞庭东山图》是比较有代表性的一幅，此图描绘的是洞庭东山的景色。洞庭山位于江苏吴县西南太湖中，分东西两山。东山古代叫胥母山，又称莫厘山，是伸出太湖的半岛。图中东山山势不高，圆浑平缓，山径曲折，有一个人伫立岸边眺望太湖。山后雾气迷蒙，岗峦隐约。湖面微波粼粼，轻舟荡漾。近处小丘浮起，杂木丛生。此幅笔墨从董源的规范中变化而来，柔和流畅的披麻皴和疏密相间的点苔，表现出江南草木滋润的土山形貌。细密的鱼鳞水纹，写出太湖潋滟的水光。山峦和坡石罩染淡淡的石青、石绿和赭石，以花青点染树叶，画面色调明澈清雅。这种浅绛山水是赵孟頫在唐、宋青绿山水基础上发展起来的新体貌，对元代山水画风影响很大。

赵孟頫也是元代初期很有影响的书法家。他的真、行是当代第一。他早年学"妙悟八法，留神古雅"的宋高宗赵构的书法，中年学"钟繇及羲献诸家"，晚年师法李邕、颜真卿、米芾诸家。此外，他还临摹过北魏的定鼎碑及唐虞世南、褚遂良等人，集前代诸

水村图　元　赵孟頫　纸本

赵孟頫所绘题材涉及山水、人物、花鸟、竹石、鞍马等，风格多样。他提出作画要有"生意"，"不求形似"，力倡书法入画，开创绘画新风。此图是赵孟頫极有重名的传世之作，图绘江南水乡的平远之景。远处青山隐现，近处湖水平旷，沙渚点缀其间，湖上渔舟出没。山冈沙渚用披麻皴，略加浓墨点苔，杂树、芦苇繁简有致。用笔潇洒，笔墨秀润，意境清旷。

家之大成，兼融包蓄，发展变化，形成结体严整、笔法圆熟、气势浑健的独特书风，人称"赵体"。尤为可贵的是，宋元时代的书法家多数只擅长行、草，而赵孟頫却能精究各种字体。赵孟頫的书法闻名于当时，天竺，也就是今印度的僧人不远万里来到中国，只为求得他的书帖，归国后尊为珍宝。后世学习赵孟頫书法的也很多，赵孟頫的字在朝鲜、日本也非常风行。

·明王朝的缔造者·

明太祖朱元璋

朱元璋出身贫农，少时在皇觉寺为僧。元末农民起义爆发后，朱元璋于元至正十二年（1352年）参加郭子兴部红巾军，由于作战勇敢，才华出众，受到郭子兴的赏识和提拔，郭子兴死后，朱元璋成为起义军领袖。

掌握兵权之后，朱元璋决定在集庆建立自己的根据地。他首先破釜沉舟，背水一战，率军拿下太平，然后，又用了半年的时间，扫清了集庆（今南京）外围的元军和地主武装。1356年春，朱元璋亲率水陆大军，占领了集庆，改名为应天府，并在应天设置大元帅府，他被任命为江南等处行中书省平章。这时，他已经统兵十万。

1357年，朱元璋把朱升"高筑墙，广积粮，缓称王"的建议当做建立大明朝的行动纲领，还特意在应天设立了礼贤馆，搜罗了许多地主阶级知识分子，借助他们的政治经验和谋略，来帮助自己夺取天下。

朱元璋像

苦心经营建立起了一支强大的队伍后，朱元璋决定逐鹿中原、决战天下。通过鄱阳湖之役，朱元璋消灭陈友谅，控制了长江中下游的广大地区。1364年正月，自立为吴王，以"皇帝圣旨，吴王令旨"的名义发布命令。然后朱元璋又先后消灭了张士诚、方国珍、陈友定，攻克两广，统一了中国南部除四川、云南以外的地区。1368年正月，朱元璋在应天称帝，定国号为大明，年号洪武。朱元璋就是后来的明太祖。1368年7月，明军攻陷大都，元朝灭亡。1387年，朱元璋平定辽东，完成了统一天下的大业。

名人档案

姓　　名	幼名重八/字国瑞
生卒年	1328～1398年
祖　　籍	濠州钟离（今安徽凤阳）
性　　格	勇敢/坚强/英明/狠毒/多疑
身　　份	大明王朝的创始人

锦衣卫木印

这封木制印信是由大理寺、都察院、刑部会同刻制的,印文是"锦衣卫印"。明朝宦官的弟侄等人荫袭锦衣卫官的很多,成为皇帝耳目。

为了维护和巩固自己的统治,朱元璋开始着手治理百废待兴的国家。

朱元璋接受刘基的建议,让李善长主持制定新法,整顿纲纪。1397年,几经修改的《大明律》正式颁布。朱元璋还3次下令编辑刊刻《大诰》,汇集1万多件案例,要求每户一册。

除了严肃法纪,朱元璋还改革了行政机构,加强中央集权。在地方,朱元璋废除了元朝的行省制度,改设承宣布政使司,简称布政司,按照皇帝的意思管理地方政务。同时,还在地方设都指挥使司管理军事,设提刑按察使司管理司法。这3个机构既各自独立,又彼此牵制,都直接听命于朝廷。在中央,朱元璋废除了丞相,把丞相的权力分给吏、户、礼、兵、刑、工六部,六部长官直接对皇帝负责。在军事上,朱元璋设大都督府管理军政,又分大都督府为前后左右中五军都督府。这些措施大大加强了中央集权,并把一直发展的君主专制推向顶峰。

为了加强对臣民的监督和控制,朱元璋设立特务组织,如巡检司和锦衣卫,来监视大小官员的活动。朱元璋还经常亲自微服出访,对臣下进行考察。

"狡兔死,走狗烹;飞鸟尽,良弓藏"在朱元璋这里有了很好的应验,他怕臣下觊觎他的皇位,就大肆诛杀功臣。其中最让人震惊的当属胡蓝之案,诛杀胡惟庸、蓝玉之后,朱元璋还借题发挥,杀掉了大批官员。胡惟庸一案,朱元璋共杀3万多人,蓝玉一案,被杀的多达1.5万余人,开国的元勋夙将,几乎被一网打尽。

1398年,71岁的朱元璋病逝,葬在南京钟山下的孝陵。

· 万国来朝的永乐大帝 ·

明成祖朱棣

朱棣,朱元璋第四子。洪武三年(1370年),11岁的朱棣被封为燕王。洪武十三年(1380年),21岁的燕王朱棣正式受命就藩北平(今北京)。他在明初与元朝残余势力作战和实现全国统一的过程中,建立了显赫的战功,得到了父亲的赏识和信赖,地位超过了其他藩王,成为强藩之首。洪武二十三年(1390年),朱棣初显身手,采用武力与怀柔相结合的策略,北征招降成功,朱棣在北部边防中地位越来越重要,可谓举足轻重。

朱元璋在皇位继承问题上坚持嫡长制,建国后立长子朱标为太子。洪武二十五年(1392年),朱标病死,朱元璋立朱标之子允炆为皇太孙。洪武三十一年(1398年),朱元璋死,皇太孙朱允炆即位。朱允炆感到"诸王以叔父之尊,多不逊",很难控制,于是决定削除藩王势力。

朱棣早有准备,在僧道衍(姚广孝)的策划下,一面假装疯癫,一面"练兵后苑中""日夜铸军器"。建文元年(1399年)七月,建文帝派齐泰以逮捕罪人为名,包围了燕王府。朱棣借此良机,按事先部署,当场将朝廷来的人拿下,并乘夜攻夺了九门,控制了北平。建文元年七月初七,朱棣聚将誓师,上书建文帝,引证朱元璋"朝无正臣,内有奸恶,则亲王训兵待命,为天子讨平之"的祖训,发动了争夺皇位的"靖难之役",也称壬午之变。朱棣采取不正当的手段夺取帝位,在血泊中登上了龙椅。

明成祖像

朱棣当政后采取了一系列措施使君主专制的中央集权得到进一步发展。他实施削藩政策,尽释诸王兵权,使得自己的皇位得到巩固;设立内阁,让大学士入阁参与机务;派遣御史巡视地方,还委宦官以重任;建立特务机构东厂,派宦官掌管,刺探官民动静。

名人档案
- 姓　名　朱棣/明成祖
- 生卒年　1360~1424年
- 性　格　大智大勇/果敢英明/心狠手辣
- 身　份　明朝第三位皇帝/政治家/军事家

朱棣在内政改革上施行"明刑慎法,惟诚任贤,直言纳谏"的方针,朱棣虽然残忍褊狭,但他还能以大业为重,虚心纳谏,敢于听取对他的批评。希望自己做事有了过失,大臣能给指出来。

成祖即位后就着手恢复靖难之役中遭到破坏的社会经济。他奖励开荒、移民屯田、迁徙富豪。朱棣对兴修水利也非常重视,他在位期间最主要的水利工程就是对大运河的治理。对促进南北地区的经济交流起到了积极作用。

为了维护多民族国家的统一,对周边少数民族进行了有效的统治,实现了天下大一统。在东北设置奴儿干都指挥使司,在西北设置哈密卫,还派宦官陈诚前往西域,号召西域各"国"前来朝贡。朱棣还进一步加强了汉藏之间的联系,封宗喀巴为"西天佛子大国师"。朱棣还设置了贵州等处承宣布政使司,推行改土归流。此外,朱棣在辽东开原、广宁设马市,在西北扩大茶、马贸易,加强与周边少数民族的经济联系。

朱棣即位后还改变了朱元璋的闭关海禁政策,和周边的邻国广泛建交和进行贸易。在福建、浙江、广东三市舶司建驿馆以招待外国贡使,后来又增设交趾、云南市舶提举司,接待西南诸国来使。派遣郑和率领船队"下西洋",发展了中国同南洋各国的友好往来,并在政治、经济

传世名言
不养场欲得贤,是犹不耕耨而欲重秋获,不雕凿而欲垂成器。
下有余则上何患于不足,下不足则上何以有余。
航沧海者必蔽山之舟,驭千里者必策云之骥,佐治理者必出众之才。

> **名人逸事**
>
> 朱棣为与朱允炆争夺皇位，发动了中国历史上的"靖难之役"。1399年，燕王朱棣率军南下，从天津三岔口渡河袭取沧州，于1402年攻入当时明朝首都南京，登上了天子宝座。朱棣登基后，对他争夺天下时经过的三岔河口十分赞赏，认为是块风水宝地，叫群臣献名。最后，朱棣选中"天津"二字，意为"天子渡津之地"，天津由此得名。不久，朱棣迁都北京，天津便成了京城的门户，军事地位日益重要。永乐二年（1404年），在天津设卫，"卫"是明朝的一种军事建制，天津共设三卫，驻军1.6万多人。于是，人们又把天津叫做天津卫。设卫就要筑城，天津作为一个完整意义的城市历史由此而开始。

和科学文化诸方面产生了深远的影响。

朱棣十分注重发展文化事业，他命胡广等编纂《五经大全》、《四书大全》、《性理大全》，颁布全国，让两京六部国子监及府州县学阅读。他还令解缙纂修了《永乐大典》。

明成祖朱棣以其雄才大略巩固了大明江山，成为中国历史上有作为的君主之一。

· 心学大师 ·

王阳明

王守仁是明代著名的思想家，世称阳明先生，谥文成，后人称王文成公。他出身官僚地主家庭，从小接受儒家正统教育，"才兼文武"，有"奇智大能"，28岁中进士，第二年步入仕途。

年轻的时候，他是程朱理学的追随者。为了实践朱熹"格物穷理"的理论，他曾"格竹子"七天七夜，试图从中领悟出永恒不变的真理，最终不但一无所获，人也因思虑过度累病了。他在极大的失望中，不得不放弃这种尝试，并对程朱理学产生了怀疑和动摇。在以后的生活中，他利用一切可以利用的时间和条件，游历高山名川，交游道士，苦苦思索哲学理论。1506年，他因为上书请求"去奸臣"，得罪了专权的刘瑾，被贬官到龙场（今贵州修文县治）驿丞。在那里，他日夜静坐沉思。一日深夜，他突然悟出"心即理"，明白了"真理就在自己心中，根本不用向外求"的道理。他在这里得"道"，被后人称为"龙场悟道"。从此，王阳明的思想由客观唯心主义转变为主观唯心主义，并在不断的思考和探索中，建立

王阳明像

起完整的理论体系。

"心即理"是王阳明的"立言宗旨",是他哲学思想的核心。他以此否定了朱熹"即物穷理"的思想,认为心和理是一个东西,是不可分的,天下的真理都包括在人心中。他还认为,心外不仅无"理"而且无"物",他说:"有是意,即有是物;无是意,即无是物",认为客观事物是人的意志活动的结果,离开人的意志,便没有客观事物的存在,是人的意思决定物质,因此,他的哲学是典型的主观唯心主义。

在"知行"问题上,王阳明提出了"知行合一"的主张,以此否定朱熹的"知先行后"说,认为知行本来就是一体的,"一念发动处即是行",知本身就是行动。因此,要形成良好的道德行为必须从修"心"做起,去"破心中贼"。

晚年,王阳明提出"致良知"的主张。认为"良知"是人心中固有的道德和是非观念。"致良知"就是要通过内心的省查存养功夫,保持良知不丧失,让天理良心常在,就成为好人了。他想借助道德教化的力量,加强对人心的控制,以挽救明王朝的社会危机。

王阳明做官的成就没有做学问的成就大。但是在做官期间,他还是为老百姓说出了一点心里话。在一定程度上指出了当时的政治弊病。同时为老百姓做了很多实事,受到人们的称赞。刘瑾倒台以后,他的官位一路高升,并成功地解决了南赣的多起叛乱。在平定宸濠之乱后,就称病住在寺院。以后的绝大部分时间都是在讲学。1528年他镇压了思恩、田州、八寨等少数民族的起义,第二年去世。

他的主要作品有《传习录》、《大学问》,后人把他的作品辑录为《阳明全书》(即《王文成公全书》)。

名人档案

姓 名	王守仁/字伯安/号阳明
生卒年	1472~1529年
祖 籍	浙江余姚
性 格	智谋足备/秉性忠直/忍辱负重
身 份	明朝思想家/南京兵部尚书

传世名言

破山中贼易,破心中贼难。
心外无物,心外无意。
致吾心之良知。

名人逸事

王阳明不仅是哲学家,而且还是位实际的政治家。明武宗的时候,宸濠叛乱,王阳明平定了宸濠之乱,逮捕了宸濠,把他囚禁起来。江彬等人妒忌王阳明的功劳,想抢他的功劳,于是,他们就到处散布流言,说王阳明与宸濠是同谋,听说朝廷的大军出征后,才把宸濠逮捕来为自己开脱。王阳明忍辱负重,把宸濠交给了太监张勇,同时在上书中把捉宸濠的功劳归于总督军门。

张勇回到京城,在皇帝面前极力称赞王阳明,说明了原因。皇帝知道了是非黑白,没有处罚王阳明。

铜陵观铁船歌卷(局部) 明 王阳明

· 命运坎坷的小说家 ·

吴承恩

吴承恩雕像

吴承恩生于小商人家庭。他的父亲吴锐乐观豁达，奉行知足常乐的哲学。但他不希望儿子同自己一样碌碌无为，因此为儿子取名承恩，字汝忠。这个名字意味着父亲希望他将来能够做大官，上承皇恩，下泽黎民，做一个流芳百世的忠臣。

吴承恩小时候确实没有辜负父亲的希望。他二三岁时就能够读诗，6岁时入私塾读书。有了老师的专门教导，吴承恩学业进步得很快。少年时，他就因才学而名冠乡里。人们都对他刮目相看，相信他日后肯定能做大官。但随着年龄的增长，吴承恩的兴趣发生了转移。他愈来愈觉得四书五经过于枯燥乏味，稗官野史却蛮有情趣。

他特别喜欢捕捉新鲜事物，更喜欢读神仙鬼怪、狐妖猴精之类的书籍，而且在读书时还作许多笔记和摘录。吴承恩最钟爱的小说野史是《百怪录》和《酉阳杂俎》。书中五光十色的神话世界，使他潜移默化地养成了搜奇猎怪的嗜好，这为他日后创作《西游记》奠定了基础。

名人档案
姓　　名　字汝忠
生卒年　约1500～约1582年
祖　　籍　怀安山阳（今江苏淮安）
性　　格　执著、忍辱负重
家　　庭　出身于小商人家庭

少年时的吴承恩听淮河水神及僧伽大圣等神话故事非常着迷，有时连续几天他都沉湎于离奇的故事情节中。随着时光的流逝，吴承恩步入了青年时代，但他对神话故事的兴趣有增无减，并且养成了狂放不羁、轻世傲物的个性。对此，他的父亲十分恼火，多次劝说儿子重新步入"正道"，吴承恩却毫不动心。

吴承恩20岁时，与同乡的一位叶姓姑娘结婚，二人婚后的感情非常好。也许是由于妻子的劝诫和勉励的缘故，他重新拾起了四书五经。几年之后，吴承恩在府学岁考和科考中获得了优异的成绩，并取得了科举生员的资格。这着实让吴家人高兴了一阵子。吴承恩自己也觉很光彩，一度还踌躇满志起来。时隔不久，他与朋友结伴去南京参加乡试。遗憾的是，平时写诗作文的才华远不如他的同伴都考取了进士，他这位誉满乡里的大才子竟名落孙山。

他这次落第，对父亲的精神影响很大。翌年春天，他的父亲吴锐怀着巨大的遗憾去世了。接受初次失败的教训，吴承恩在家人的鼓励下，在此后3年的时间里专心致志地在八股文上下了一番苦功。然而，在1534年秋的考试中他仍然没有考中。

父亲的去世，两次科举考试的失利，对吴承恩的打击太沉重了。在他看来，不能考取举人，不仅无法改善生活状况，而且愧对父母，有负先人。可是，他又不认为没能考取功名是因为自己没本事，而是命运不济。他认为"功名富贵都由天命决定，不是人力所能左右的"。正当吴承恩失意无奈之际，生活上的困顿又给他带来了巨大压力，这种压力并不小于科考的失利。因为父亲过世了，他需要应付全家人的开支，但他却没有顶门立户的能力，也缺乏养家活口的手段。因此，全家人的生活只能依靠每月从学府里领回的6斗米。

科场上的失意、生活上的困顿，使吴承恩对封建科举制度和黑暗社会现实有了更为深刻的认识。品尝了人生酸甜苦辣的吴承恩，开始更加清醒、深沉地思考社会人生的问题，并且向不合理的社会抗争。在与残酷的现实生活作斗争的过程中，吴承恩怀着满腔热情，蘸着自己的血泪，写下了不朽的《西游记》。

《西游记》图册　清

明代吴承恩的《西游记》问世后，各种表现唐僧师徒取经故事的艺术题材相继涌现，如诗歌、绘画、书法、雕塑、建筑等，不仅有巨大的美学价值，而且在民俗学、社会学上也有不小成就。《西游记》图册由清康熙时期的四大书法家之一的陈奕禧书写上简单的文字说明，图画生动传神，富有想像力，图文并茂，使故事情节经过图片与文字得到更好地体现和延伸。

· 晚明政治改革家 ·

张居正

张居正1525年出生，自幼聪明机敏，少年时即得南郡奇童之称，16岁中举人，潜心研究诗词文赋。23岁中进士，被选为庶吉士，进入仕途。但由于奸臣严嵩专权擅政，张居正以养病为由，告假还乡。1572年，张居正在老师徐阶的推荐下，成为太子太师、内阁大学士。同年，明穆宗病逝，10岁的太子即位，张居正受命辅佐万历皇帝，成为顾命大臣、内阁首辅，开始独掌朝政。

张居正当政之后，首先着手整顿吏治。他制定

名人档案

姓　名	字叔大/号太岳
生辛年	1525～1582年
祖　籍	湖广江陵（今属湖北）
性　格	聪敏好学/精明练达/敢于创新
身　份	万历朝首辅大臣/政治改革家

张居正像

了章奏考成法，稽查考核官员执行公务的情况，大大提高了政府的办事效率。张居正还奏请朝廷，逐步裁减了原来的都城南京保留的没有实际工作可做的官员，在全国范围内精简机构，共裁员1300多人，减少了支出。

张居正最大的政绩是改革赋役制度，整顿财政，富国富民。他上奏朝廷，请求皇帝减免一切无益之费，无功之赏，节约开支。对于宫廷的靡费，张居正严格加以限制；万历六年（1578年）他下令清丈土地，清查大地主隐瞒的农田；在全国范围内推行一条鞭法，在编订赋役时，把力差和银差统一改为征收银钱，和田赋一起征收，增加了国家税收，简化了征税程序，推进了经济发展；张居正还一再减免百姓积欠的钱粮赋税，减少各种杂役，还进行救灾，资助人民开垦荒田。

张居正也很重视人才。在他执政期间，任用户部尚书张学颜理财，是明朝最为富庶的时期；他任用名将戚继光加强防御北部边塞，把拱卫京师的防御整顿得固若金汤；他还任用精通水利的潘季驯总理河漕事务，解决了漕运问题。1571年，在张居正和高拱的共同决策推动下，明朝和蒙古俺答汗成功达成了隆庆和议，不但安定了边境地区，还使汉藏蒙各族能够"合为一家，永享太平"。

此外，张居正还改革了驿递制度，规定各级官员除非公差，否则一律不许使用驿站的马匹、民夫和食宿供应。

张居正的改革收到了很好的成效，在他的治理下，明朝财政状况大为好转，国库充裕起来。

《帝鉴图说》 明 张居正

名人逸事

1536年，荆州府举行府试，求才心切的知府李士翱在考试前夕梦见天帝让他把一颗玉印交给一个童子。李士翱醒来感到很奇怪，结果第二天考试点名时，发现有个叫张白圭（张居正原名）的12岁童子，聪颖机智。"昨夜梦中的童子应该就是他。"李士翱当即给张白圭改名为张居正，期望他能成为国家栋梁，并以第一名录取他为秀才。湖广学政田顼听说此事后，召见张居正，让他当场作《南郡奇童赋》。小张居正一挥而就，令田顼大为赞叹，张居正神童之名在荆州传扬开来。

第二年，湖广省首府武昌举行3年一度的乡试，张居正也参加了这次考试。主考官评卷时，发现他的答卷超群出众，尤其是他的《题竹》诗："绿遍潇湘外，疏林玉露寒。凤毛丛劲节，只上尽头竿。"深得主考官的赞赏，夸赞他小小年纪就志向不凡，"真是南郡奇童啊！"

湖广巡抚顾璘说："张居正天赋非凡，将来的成就不可限量。"他亲自接见了张居正，赞许他是国士，还把他称为小友。

1582年，张居正辞世。

张居正主政10余年，挽救了明王朝衰败的颓势，他推行的一条鞭法对后世产生了很大的影响，清代的摊丁入亩，彻底废除几千年的人头税，全面实现赋税的货币化，就是在一条鞭法的基础上完成的。后人赞誉张居正为"晚明理财大家"，梁启超把他列为中国古代六大政治家之一。

传世名言

下流壅则上溢，上源壅则下枯。
有所举措，不我贤愚，一因某人；有所可否，不我是非，一准于理。
多指乱视，多言乱听。
天下之贤，与天下用之，何必出于己。
不患无才，患无用之之道。

· 晚明伟大的地理学家 ·

徐霞客

徐霞客出生在一个地主家庭，小的时候非常聪明，出口成章。他的父亲讨厌官场，经常带他去各地游玩。在父亲的带动下，他对旅游产生了浓厚的兴趣，主动去看一些关于地理、游记、方志、历史方面的书。应该说，徐霞客后来走上游历这条路与父亲的影响是分不开的。参加科举失败以后，徐霞客决定外出游历，而他要是一走，家里就只剩下一个不满3岁的孩子和自己的老母亲。他的母亲非常理解徐霞客的志向。在徐霞客犹豫的时候，鼓励他说："好男儿志在四方，你放心去实现你的理想吧，家里有我呢。"于是，21岁的徐霞客衣冠整齐，身背行装，告别了家人，踏上了外出游学的行程。此后差不多每年他都要出去旅行，母亲都要嘱咐他"一定要做好记录"，他回来以后就给母亲讲解游历见闻，经常让母亲笑得合不拢嘴。

在长达34年的旅行探险过程中，他不知疲倦、不畏艰险，克服了种种困难，渡过了重重危机，始终不曾动摇自己的理想。考察了包括现在的江苏、浙江、山东等16个省以及北京、天津、上海等地。他走过的大山名川有泰山、天台山、黄山……大渡河、金沙江、澜沧江等等，这真是"饱尝河山美，收尽天下奇"。他不遗余力地将这些资料去粗存精、去伪存真，分析整理，进而探索大自然的规律，为近代地理学开辟了一条观察自然、认识自然的新方向。

他所著《徐霞客游记》以日记体裁详细地记录了

徐霞客像

名人档案

姓　名	名弘祖/字振之/别号霞客
生卒年	1587～1641年
祖　籍	江苏江阴城南南肠歧村
身　份	平民/明代地理学家
性　格	淡薄名利/坚定执著/热爱学术
家　庭	父亲徐有勉

名人逸事

徐霞客在桂林七星岩的时候,在一个山洞中有一只老虎,每当天黑的时候就出来找东西吃。所以当地的人们十分害怕,一到傍晚都回家了。徐霞客听说后,决定去了解老虎的形貌和习性,傍晚,他爬到山洞口的一棵有两抱粗的大树上,想看个究竟。老虎出来以后,就抬头看着树上的徐霞客。徐霞客就把准备好的沙子往老虎的眼睛上撒。老虎就不停地低下头,揉眼睛,被迷了眼睛的老虎怒吼咆哮,可是它既够不着徐霞客,又弄不动树,只好回到洞里。第二天,徐霞客又去了。这次他给老虎的是一些个糕点什么的,老虎吃得不亦乐乎,以后几天一直是这样。老虎的神态明显友善起来,徐霞客便下树就近观察,随意地摆弄老虎的尾巴,老虎不仅没有反抗,还很亲昵地往他身上蹭。当地人都非常佩服他的胆量和智谋。

传世名言

五岳归来不看山,黄山归来不看岳。

他一生旅行生涯中的所见所闻,富有文学色彩,又具有重要的科学价值。这本书对于当今的很多新兴的学科都有很大的作用,为比如说民族学、气象学、环境科学以及地理学科的分支——城镇地理、农业地理、人口地理、商业地理等学科的研究提供了难得的宝贵资料。尤其是游记中对我国石灰岩地区岩溶地貌的记述,详尽系统,是世界上较早的一本关于岩溶地貌的论著,也是今天一门新兴学科——岩洞学最早的文献之一。

在他最后一次也是为期最长的一次到云南的游历中,徐霞客做好了牺牲一切的打算,以51岁的高龄,以坚忍不拔的精神完成了考察祖国大西南的夙愿。经过这次游历以后,他回到家乡再也没有出去游历,直到终老。

宋代文学家王安石曾经说过:"世之奇伟瑰怪非常之观,常在于险远,而人之所罕至焉,故非有志者不能至也。"徐霞客的大无畏精神,是他取得成功的根本,是值得我们后辈学习的。

徐霞客家乡石桥

· 七下西洋的航海家 ·

郑 和

郑和像

郑和本姓马,祖先是西域人,后来迁居昆明。明朝初年,郑和入宫做了内监,成为燕王朱棣的侍童。后因在"靖难之役"中立功,明成祖朱棣赐他姓郑,并做了太监总管。

明成祖即位后,中国成为当时生产最发达、经济实力最雄厚的国家之一。为了树立和扩大明朝在海外的威望和影响,恢复和发展同海外各国的友好关系和贸易往来,明成祖决定派郑和率领船队远赴西洋。

1405年,郑和率领船队,带着大量的丝绸、瓷器、粮食等物资,开始了第一次远航。这次远航的起点是江苏太仓刘家港,终点是印度半岛西南的大商港的古里(今卡利卡特)。他受到了两地国王的欢迎,宣读了明朝皇帝的国书,向两位国王赠送了礼物,并分别在两国立碑纪念与两国友好关系的建立。郑和还在满剌加(今马六甲)建立了仓库,存放货物,作为远航途中的一个中转站。

1407年,郑和船队再次从刘家港起航,开始了第二次下西洋。船队经过占城,到达爪哇国。当时,爪哇国西王和东王之间发生战争,郑和船队的人员上岸进行贸易时,被西王的士兵杀死了170多人,郑和立即登陆,保护船队成员和当地华侨。西王自知理亏,派使臣随郑和到明朝谢罪。此后,爪哇一直和中国保持着友好往来。

1409年秋,明成祖又派郑和三下西洋。郑和船队首先到达占城,占城王出城迎接,并在王宫里举行盛大的宴会。占城人民非常喜欢中国的瓷器和丝绫等物,郑和也从他们那里购买象牙、犀牛角等特产。离开占城后,郑和再次到达锡兰。虽然在锡兰遇到了一些麻烦,但是经过郑和的努力,中锡两国重归于好。1411年,郑和第三次远洋归来,19个国家的使节随同他一起到中国来访问,明朝的对外关系达到了一个高潮。

1413年,明成祖又派郑和第四次远航,横渡印度洋,前往非洲。郑和先到达占城,又访问了东南亚诸国,并到了苏门答腊。在苏门答腊,郑和帮助苏门答腊国王稳定了局势,自己的仓库也得到了保障。

名人档案

姓　名	本姓马/小字三保
生卒年	1371～1433年
祖　籍	云南昆明
性　格	勇敢/果断/睿智/坚强
身　份	明朝宦官

传世名言

欲国家富强,不可置海洋于不顾。

1426年,郑和第六次下西洋,经红海岸边的阿丹国,又一直向南航行,到达了非洲东部海岸。郑和的船队经过东非红海沿岸的剌撒,绕过非洲东北角,继续南行,到了木骨都束(今索马里首都摩加迪沙)。

郑和到达麻林(今肯尼亚)之后,由于那里全是热带雨林,渺无人烟,最终还是放弃前行,从麻林起航回国。郑和回来时,有16个国家的使臣随他到中国访问。1421年,明成祖又派郑和带着国书和大量的礼物,率领船队护送这些使臣回去。于是,郑和的船队再次来到非洲东海岸各国。

郑和下西洋海船复原图

郑和船队最大的海船长44丈4尺,宽18丈,立9桅,挂12帆,是当时世界上最大的木帆船。短宽形船体的设计,体现了先进的造船技术,行驶起来平稳安全。船队航行中兼用天文与水罗盘导航。

明成祖病逝后,即位的仁宗下令停止下西洋,明朝对西洋各国的政治影响也随之减弱,海外贸易开始衰落。1431年,为了改变这种局面,明宣宗派已经60岁的郑和第七次下西洋。第七次下西洋,郑和几乎走遍了南海、北印度洋沿岸各国和非洲东岸的国家。1433年,郑和船队在满剌加装载货物,返航回国。7月初,船队返回南京。

1433年,郑和在归途中客死古里(今印度南部西海岸)。

· 卓越的药物学家 ·

李时珍

李时珍受家庭影响,从小就对医药学产生了浓厚的兴趣。先后三次参加乡试未中,李时珍决定放弃八股科举,专心研究医药学。

李时珍25岁时,开始正式行医。他天资聪颖且刻苦勤奋,除了研读医学名著外,还用心钻研古代的药物学著作。李时珍高尚的医德和高超的医术深得人们的称赞,还被镇守武昌的明朝宗室楚王邀请到府中掌管"良医所"。后来,经楚王推荐,李时珍进入京师太医院。

多年的行医经验和丰富的药学知识积累，使李时珍深刻地认识到旧的本草经典已经不够用了，重修本草典籍的工作已成当务之急。于是，在太医院只待了一年的李时珍，就辞职回乡，开始专心致志地编写医学巨典《本草纲目》。

《本草纲目》的编写，从1552年开始，到1578年完成，前后历时27年。《本草纲目》全书共52卷，收载药物1892种，还附有1109幅插图，以及1.1万多个药方。它改进了中国传统的本草学，系统地总结整理了医药学发展的新成就，是中国古代最完备的本草学著作。李时珍把收录的药物分成16部60类，他把草部的药材按照生长环境分为山草类、水草类、湿草类、石草类等，还按照植物的形态特点和所含的化学成分来进行分类。他创造的药物分类方法是当时世界上最先进的，比西方植物分类学早了近100年。《本草纲目》在化学和矿物学方面也有很大的贡献，它收录了矿物药材100多种。李时珍还在世界上第一次发现了黑辰砂中含汞较多，有很高的经济价值。

李时珍对收录的每种药物都从释名、集解、修治、气味、主治、发明、正误、附方8个方面加以解说。他还把大部分药物配上精细准确的插图，这对人们识别药物，有一定的科学价值。《本草纲目》收录的药方中，有8100多个药方都是李时珍亲自收集的。这些药方既有古代医学典籍中收录的"经方"，又有金元以后的医药著作中记载的"时方"；既有临床效果极佳的"验方"，又有民间广泛流传的"单方"。至今仍有一些中成药，是根

李时珍像

名人档案

姓　　名	字东璧/号濒湖山人
生卒年	1518～1593年
祖　　籍	蕲州（今湖北省蕲春县西南）
性　　格	聪颖好学/执著刻苦/坚忍不拔
身　　份	明朝杰出的药物学家/医学家
父　　亲	李言闻/以行医为生

御药房金煎药罐　明　　　传统制药工具——金铲、银锅

名人逸事

除了从古代典籍中获取知识之外，李时珍还非常重视实际的调查研究。他头戴竹笠，身背药囊，踏遍两湖、两广、安徽、河北、江西、江苏等地，亲自采集了许多珍贵的药物标本。向农民、猎户、樵夫、药农，甚至贩夫走卒请教调查，积累了丰富的第一手材料。为了了解故乡出产的蕲蛇，李时珍冒着生命危险，几次爬上龙峰山，在捕蛇人的帮助下，仔细观察了蕲蛇的生活习性，并在实地观察的基础上详细记述了蕲蛇的形态特点以及蕲蛇与别的地方所产的白花蛇的不同。

> **传世名言**
>
> 李时珍在药物学方面的成就达到了与伽利略、维萨里的科学活动同样高的水平。
>
> ——英国著名科学史专家李约瑟
>
> 《本草纲目》支配了我国江户时代的本草、博物学界,其影响更远及至19世纪末。
>
> ——日本科技史学家矢岛祐利

据这些药方制造的。

1578年,《本草纲目》编写完成,1590年着手刻印,1593年,就在《本草纲目》快要刻成之时,李时珍与世长辞。

李时珍是一位伟大的医药学家,《本草纲目》是他留给后人的最珍贵的遗产,它对后世本草学和方剂学的发展起到了很大的作用。《本草纲目》对中国和世界的影响都是难以估量的。

·抗倭御侮的民族英雄·

戚继光

戚继光生在将门,从小就有大志和军事天赋。1544年,17岁的戚继光接任了父亲的职务,任登州卫指挥佥事。1548年,戚继光调戍蓟门,后参加山东乡试,得中武举。1553年,他被提拔为都指挥佥事,管理登州等三营及三营所辖25个卫所,全权负责山东全省的抗倭工作。

两年后,他被调往倭患严重的浙江任职。在与倭寇的战斗中,戚继光英勇善战,身先士卒,初战就取得了胜利。当时的明军严重腐化,不仅战斗力差,而且祸乱百姓,戚继光决定另练新军。1559年,他从浙江义乌的大山当中招募勇敢的农民和身体健壮的矿夫共3000余人,采用营、官、哨、队四级编制方法编成一支新型的军队。经过戚继光的严格训练,这支新军成为一支劲旅,人称"戚家军",该军曾创下了歼敌上千人,而无一人阵亡的辉煌战例。

1561年,倭寇大举侵犯台州,戚继光和倭寇进行了9次交锋,九战九胜,取得举世闻名的台州大捷。倭寇们心惊胆战,给戚继光取了个名字叫"戚老虎"。接着他又像秋风扫落叶一般,

戚继光坐像

清除了倭寇在横屿、牛田、林墩的三大巢穴，又南下福建，和福建总兵俞大猷、广东总兵刘显等人取得平海卫大捷、仙游大捷，到1566年彻底肃清了中国东南沿海的倭寇。戚家军威震中国海疆，保证了福建和广东沿海一带的社会安宁。

1568年，北方边境出现问题，戚继光被调到北方，总理蓟州、昌平、保定军务，防御经常南下侵扰的鞑靼骑兵。他根据蒙古骑兵的作战特点，改进了军队的编制，创建了以火绳枪炮为主的步兵营、骑兵营、车营和辎重营，各个营可以在统一指挥下进行协同作战。同时，在旧长城的基础上加高加厚原有的边墙，并在长城沿线建立了空心的敌台，进攻和防御两手抓，从而真正建起一道牢不可破的坚固防线。他镇守北部边疆前后共有16年的时间，不仅使边地出现了太平景象，而且使都城北京的安全也有了保障。

1582年，支持戚继光的张居正去世，他遭到朝中大臣的排挤，调任到广东。1587年，年老体衰、积劳成疾的戚继光又感染了肺病，在家乡去世。

戚继光不仅是一位战功赫赫的爱国名将，同时还是一位杰出的兵器制造专家。他一生在军事上有不少创造发明。为了防止鞑靼和朵颜等的入侵，戚继光53岁时发明了埋在地下、不用人工点燃、让敌人自己踏上就会自动爆炸的新式杀伤武器，叫做"自犯钢轮火"。这就是世界上最早的地雷，比欧洲人发明地雷要早300年左右。

戚继光为保卫大明王朝的边疆奋斗了40多年，南征北战、出生入死，被称为中国"古来少有的一位常胜将军"。他智勇兼备，多谋善断，练兵有方。他还著有《纪效新书》和《练兵实纪》两部兵书，这是他多年选兵、练兵及指挥打仗的经验总结，是杰出的军事理论著作，为后世兵家必读书目之一。

名人档案
- 姓　名　字元敬/号南塘
- 生卒年　1527～1588年
- 祖　籍　山东蓬莱
- 性　格　勇敢/坚毅/果断/求新
- 身　份　民族英雄/杰出军事家
- 家　庭　父亲戚景通/生母王氏

传世名言
一年三百六十日，都是横戈马上行。
封侯非我意，但愿海波平。

抗倭图　局部
此图描绘倭寇船侵入浙江沿海，登陆、探查地形、掠夺、放火、百姓避难、明军出战、获胜的全过程。这段是明军与倭寇激战的情况。

·"南北宗"说·

董其昌

董其昌，字玄宰，号思白，又号香光居士，华亭（上海松江）人，明末画坛的领袖，书画造诣及欣赏水平都很高。他少年时即负盛名，以书法名垂海内外。明神宗万历十七年（1589年）中进士，官至南京礼部尚书，曾担任太子太保等职。董其昌既是画家、书法家，又是美术评论家，著作有《容台集》、《容台别集》、《画禅室随笔》、《画旨》、《画眼》等，对书画理论见解相当精当。他竭力推崇和提倡文人画的"士气"，曾说："读万卷书，行万里路。"

董其昌在绘画上取法"元四家"，又上探索元诸家之秘，将古人的结构技法加以归纳融化，使画面的疏密、开合、虚实等组织形式程式化。他在笔墨上取得了很高的成就，有清雅、温和、秀润、明净的韵味。当时追随董其昌的，有松江派的陈继儒和莫是龙、华亭派的顾正谊、云间派的赵左等人。

董其昌在画史上的主要贡献还是他的"南北宗"说。"北宗"指唐代李思训父子的着色勾勒山水，流传为宋代的荆浩、关仝、赵干、赵伯驹、赵伯，以至马远、夏圭；"南宗"指自唐代王维的水墨渲染始，流传为董源、巨然、郭忠恕，以至"元四家"。结论是：崇南贬北。此论一出，遂成定案，于是文人画的南宗成为正宗。

董其昌像

董其昌在书法上也有杰出的成就。董其昌学书的道路十分艰难。这在他的《画禅室随笔》中有所记述："初师颜平原《多宝塔》，又改学虞永兴；以为唐书不如晋魏，遂仿《黄庭经》及钟元常《宣示表》、《力命表》、《还示帖》、《舍丙帖》。凡三年，自谓逼古……比

> **名人档案**
> 姓　名　字玄宰，号思白、香光居士
> 生卒年　1555～1636年
> 祖　籍　华亭（今上海松江）
> 性　格　诙谐痴黠、率真通脱
> 家　庭　出身于贫寒之家

名人逸事

松江派为明代著名的山水画派。由三个画派组成：以赵左为首的苏松派、以沈士充为首的云间派和以顾亚谊为首的华亭派。他们之间互相学习，互相影响，但主要受董其昌、陈继儒影响，大多继承宋元画风。华亭派的创始人是顾正谊，但以董其昌为代表。唐志契在《绘画微言》中说"苏州画论理，松江画论笔"。华亭派的特点就是用笔洗炼，墨色清淡。

游嘉兴，得尽睹项子京家藏真迹，又见右军《官奴帖》于金陵，方悟从前妄自标评。"他在用笔、用墨和结体布局方面融会贯通各家之长，以古为师，以古为法。书法至董其昌，可以说是集古法之大成，他"六体"和"八法"无所不精，在当时已"名闻外国，尺素短札，流布人间，争购宝之"。到了清代，康熙对他的书法又倍加推崇、偏爱，甚而亲自临摹，并常列于座右，晨夕观赏。一时士子皆学董其昌的妍美、软媚，清初的书坛被董其昌笼罩，书风日下，实在是书坛的悲哀。对董其昌的批评者也很多，包世臣、康有为最为激烈。康有为说："香光虽负盛名，然如休粮道士，神气寒俭。若遇大将军整军厉武，壁垒摩天，旌旗变色者，必裹足不敢下山矣。"

他的书法以行草书造诣最高，他的书风也或多或少地影响到他的创作。他的作品风格萧散自然、古雅平和，或与他终日性情和易、参悟禅理有关。许多作品行中带草，用笔有颜真卿率真之意，体势有米芾的侧欹，而布局得杨凝式的闲适舒朗，神采风韵似赵孟頫，轻捷自如而风华自足。董其昌对自己的楷书，特别是小楷相当自负。

董其昌是一位集大成的书画家，在中国美术史上具有一定的地位，其《画禅室随笔》是研究中国艺术史的一部极其重要的著作。

秋兴八景图　明　董其昌　纸本
此图册共八幅，本书选录其中一开。董其昌将本套作品喻为杜甫的八首《秋兴》诗，因而以之题名。本图远山兀立，湖面平旷；近岸怪石突兀，古松参天；丛林之中，亭台楼阁隐然可辨。水中两舟荡于湖心，一舟正扬帆待航。用笔精工，没色淡雅。

·中西文化交流的桥梁·

徐光启

徐光启自幼聪敏好学，胸怀大志。7岁到龙华寺的村学读书，20岁考取秀才。万历三十二年（1604年）徐光启高中进士，崇祯五年（1632年）升任礼部尚书兼东阁大学士，崇祯六年（1633年）兼任文渊阁大学士。

徐光启是中国明代伟大的科学家，他用毕生精力推进中国科学的发展，在天文学、数学、农业科学、机械制造等方面都取得了很高的成就。他把欧洲的自然科学介绍到中国，

徐光启像

名人档案

姓　名	字子先
生卒年	1562～1633年
祖　籍	上海徐家汇
性　格	聪敏好学/勤奋沉思/勇于受新事物
身　份	晚明科学家

传世名言

文宜得气之先，造理之极，方足炳辉千古。

历虽无切于用，未必更无用于今之诗文也。

其教必可以补儒易佛，而其绪余更有一种格物穷理之学。

引进了西方先进的数学、历法、水利、测量等科学技术，为推动中西方文化的交流与融汇作出了巨大贡献，堪称中西文化交流的桥梁、中国近代科学的先驱。

徐光启是一位杰出的农学家，他结合自己的实际经验，对古今中外农业生产和农学研究的得失利弊，做出全面总结，在所著《甘薯疏》《北耕令》《农遗杂疏》等农书的基础上，撰写了农学巨著《农政全书》，这是代表中国古代农业科学发展最高水平的百科全书。

他和利玛窦合作翻译的《几何原本》，打破了传统数学体系，开创了全新的数学证明方法。《几何原本》后来成为清末全国中学的教材，对普及几何学知识，培养数学人才，以及充实当时数学研究的内容产生了巨大的影响。

天文学也是徐光启学习西学的重要内容之一，他曾撰写《平浑图说》《日晷图说》《简平仪说》等书。徐光启不仅对西方天文仪器的构造、原理有充分的认识，对西方的测天方法和理论也有深入的研究。1629年，徐光启运用西方的方法，推测出日食发生的准确时间，于是，崇祯皇帝让他负责修改历法。

徐光启把翻译介绍西方的天文学著作当做修改历法的第一个必须的步骤，他自己积极参与编译的著作有《测天约说》《测量全义》等许多种。他还上书皇帝，建议制作地球仪、天球仪、日晷、望远镜、自鸣钟等10种仪器用于天文观测，为清朝初年铸造大型的天文仪器积累了宝贵的经验。徐光启还精心设计了历书的结构，成为《崇祯历书》编写工作的纲领。为了使新历法更加科学准确，徐光启多次组织人员进行天文观测，获取了大量的第一手的科学资料。他根据实际观测结果，绘制了一幅星图，这是当时最完备、最精确的星

名人逸事

有一年，父亲去世，徐光启回到上海守丧。那年夏天，江南遭到一场水灾，大水把稻、麦都淹了。水退之后，农田里颗粒无收。徐光启为这个心里特别着急。他想，如果不补种点别的庄稼，来年春天拿什么度荒呀！恰巧在这时候，有个朋友从福建带来了一批甘薯的秧苗。徐光启就在荒地上试种起甘薯来，过了不久，长得一片葱绿，十分茂盛。后来，他特地编了一本小册子，推广种甘薯的办法。本来只在福建沿海种植的甘薯就移植到江浙一带来了。

表和星图，也是中国目前所知最早包括了南极天区的全天星图。

在徐光启修订《崇祯历书》期间，努尔哈赤后金军队入关威胁京师，他投笔从戎，停下修订历法的工作，从事火器制造和保卫京师的工作。

1633年，徐光启病逝。1635年，《崇祯历书》全部修订完毕。这部历书虽然不是由徐光启最后完成的，但他对新历的贡献却是无人能及。《崇祯历书》不仅是对传统天文学的总结，而且吸收了大量西方天文学的先进成果，是中外学者共同努力的结晶。它的问世使中国天文学发生了深刻的变革，从此走上了与世界天文学并轨的道路。

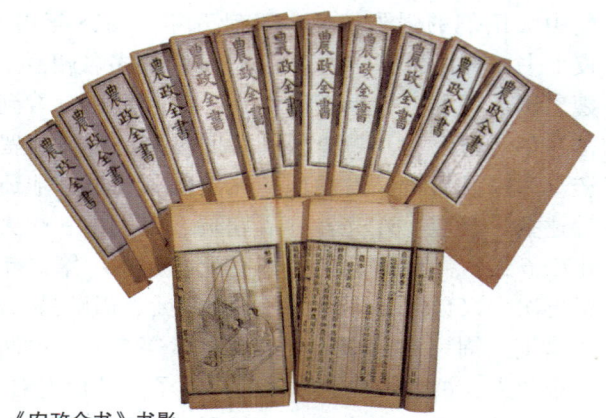

《农政全书》书影

·祸乱大明的权奸·

魏忠贤

魏忠贤本来是一个无赖，整日游手好闲，经常为逃避债主东躲西逃。后来实在没有办法，就进宫做了太监，这可是当时的一种"时髦"，太监可以接近皇上，如果能够得到荣华富贵，连亲戚也可以沾光。

刚刚开始当太监的时候，他只是一个做苦力的小角色。不久他便攀附上魏朝（宦官头目），当上了王才人的办膳太监。王才人是当时的皇太孙朱由校的生母，因此，魏忠贤有了接近未来的皇上的机会。他抓住小孩子喜好玩耍的特点，变尽花样哄皇太孙开心。

1620年，明神宗、光宗在两个月内相继死去。年仅16岁的朱由校被东林党人推上皇位，这就是明熹宗。熹宗即位后，封乳母客氏为"奉圣夫人"，借助与客氏的暧昧关系，魏忠贤当上了秉笔太监。秉笔太监批答奏章，传达圣旨，制约内阁，有"二皇帝"之称，魏忠贤成为当权人物，从此开始了他的专权生涯。天启三年（1623年），魏忠贤兼掌特务机构东厂，更加炙手可热，朝廷内阁完全由魏忠贤的走狗掌握，他们竟相拜魏忠贤为父、为祖父，自称十几义孙。魏忠贤阉党核心人物有"五虎"、"五彪"、"十狗"、"十孩儿"、"四十孙"等。他利用自己的一帮徒子徒孙一手遮天，无恶不作。这激起了

名人档案

姓　名	原名李进忠
生卒年	1568～1627年
祖　籍	肃宁县（今河北肃宁）
性　格	贪婪阴险/厚颜无耻/心狠手辣
身　份	明代宦官

朝中大臣们的强烈愤慨。天启五年（1625年），杨涟连夜上书，声讨魏忠贤，紧接着又有70多名朝臣上疏弹劾魏忠贤。可是，朝臣们的奏章，明熹宗还没看到，就先落在魏忠贤手中。魏忠贤利用明熹宗的昏庸，罢免了杨涟。后来魏忠贤又发动他的死党陷害杨涟，他还假传圣旨逮捕了杨涟、左光斗、周朝瑞、魏大中、顾大章、袁化中6人，并残酷地把他们害死在狱中。第二年，魏忠贤再次大兴冤狱，逮捕杀害了周起元、周顺昌、高攀龙、缪昌期、周宗建、李应升、黄尊素等7人。这两次大狱死难的人，被后人称之为"前六君子"、"后七君子"。魏忠贤一伙残酷迫害忠良，诛杀异己，气焰熏天，四海震恐。见风使舵的大臣和势利之徒奔走门下，他们对魏忠贤阿谀奉承，大肆吹捧，天启六年（1626年），浙江巡抚潘汝桢首倡为魏忠贤立生祠，接着各地效仿，生祠遍布全国。祠中供有魏忠贤塑像，行人经过要行五拜礼，呼九千九百岁。魏忠贤自称九千岁。内阁拟旨，将"朕与厂臣"联名并称。

在残酷镇压的同时，他还命令阉党顾秉谦等撰修《三朝要典》，尽翻梃击、红丸、移宫三案，肆意诋毁东林党人及正直朝臣。又拆毁全国书院，禁止讲学，压制言论。朱由检（崇祯）即位后，东林党人纷纷弹劾魏忠贤。痛恨魏忠贤的崇祯皇帝将他贬到凤阳，接着又下令逮捕治罪。魏

魏忠贤像

魏大中绝命书　明

魏大中，万历进士，官至刑科给事中，为官清正廉明，是东林党重要成员，受魏忠贤诬枉，惨死狱中。魏大中被捕后知无再生可能，遂写下这份绝命书。书中称自己没有辜负国家，但毁了自己的家，上对不起前辈，下对不起儿女。望子女"一概安心守穷"，"安贫、读书、积德"。

名人逸事

北京安定门内国子监街的孔庙里，古柏森森。在大成殿前西侧屹立着一棵巨柏，就是驰名京城的"除奸柏"。据说它是元代国子监第一任祭酒许衡所种。传说在明天启年间，权阉魏忠贤也是替皇帝祭孔，当他路过此柏时，忽然狂风大作，乌纱帽都被枝干掀掉了，古柏上的一个大枝断落，正好打在魏忠贤的头上。人们认为古柏痛恨奸臣，说它也想要除去奸臣，所以叫它"除奸柏"。

忠贤走投无路,畏罪自杀。他的阉党被定为"逆案",魏忠贤被定为"逆案"的首领,妄想流芳百世的他,却落得遗臭万年的可耻下场。

·明清杰出启蒙思想家·
黄宗羲

黄宗羲聪明好学,从小受到完备的启蒙教育。他的父亲是东林党领袖黄尊素,被权阉魏忠贤害死。他遵从父亲的遗命,拜著名学者刘宗周为师,开始了深入刻苦而有计划的学习。他每天都读书到深夜,鸡叫第一遍的时候才睡觉,这种生活一直持续到抗清战争的爆发。

19岁的时候,他怀揣着状纸和铁锥到京城为父亲申冤,在大堂上把奸臣打得落花流水,声名远播,朝野关注。但是他推辞了皇帝的任命,毅然回到家乡,攻读经史,练习武功。后来,黄宗羲组织"复社",用自己的笔发动社会舆论来讨伐在南京作威作福的阉党余孽阮大铖,被抓进监狱。李自成灭亡了明朝以后,吴三桂带领清军入关,黄宗羲趁着混乱回到家乡。

清军入关后,一路烧杀攻入南京。黄宗羲激于民族义愤,招募义兵进行反清复明的武装斗争。失败后,他长期过着政治流亡的生活,四处奔走。曾亡命舟山群岛,远赴日本。1656年才返居家乡,在化安山隐居,重办学院。清政府屡次征召,他坚辞不出,开始了著述讲学的生涯,写成《明夷待访录》、《明儒学案》、《宋元学案》等史学巨著。

名人档案
姓　名　字太冲/号南雷/别号梨洲
生卒年　1610～1695年
祖　籍　浙江余姚
性　格　博学/勤奋/务实
身　份　明末清初的思想家/史学家
家　庭　父亲黄尊素/儿子黄百家

在明史的修纂上,黄宗羲的贡献是无人能比的。他三次抗旨,拒绝清廷的任命,没有去修史机构工作。

黄宗羲像

但是修明史碰到什么疑难问题的时候,有人总是不远千里地向他请教。黄宗羲历尽艰辛,凭着个人的力量,用了26年的时间,完

《明儒学案》清 黄宗羲

成了《明文案》（217卷）《明文海》（482卷）的编纂。尤其是《明文海》被《四库全书总目提要》称为"一代文章之渊薮"。

黄宗羲冷静地总结了明朝灭亡的历史教训，对封建君主专制弊病有了一个初步的认识，写成著名的《明夷待访录》。他在书中甚至"大逆不道"地提出了封建专制君王是"天下之大害"的论点，否认"君权神授"，否定君主专制主义存在的合法性和合理性，表现了他过人的勇气和智慧，在中国民主思想发展史上有重大的意义。因此，黄宗羲也被作为伟大的启蒙思想家而载入史册。

黄宗羲指出，封建的赋税制度有三害，用现代的话来讲，不分土地好坏都统一收税，农民还要把粮食换成货币来缴税，受到商人的剥削，每一次的赋税改革，税就加重一次，而且一次比一次重。这就是著名的"黄宗羲怪圈"。

继《明夷待访录》之后，黄宗羲把主要精力集中到学术史专著方面，编纂了对后世影响巨大的《明儒学案》。这部专著不仅开创了一个新的体裁——学案体，而且系统地总结了明代近三百年来的学术思想发展演变史，保存了多门学科的丰富史料和作者的精辟见解。它与《明夷待访录》前后交辉，是黄宗羲成为文化巨人的奠基石之一。

黄宗羲作为浙东史学鼻祖，他们和乾嘉学派的重视考据不同。他们讲究的是文史皆通，同时综合利用各门学科，来怀疑取证，最后得到正确的认识。黄宗羲作为一个文化巨人，不仅勤奋著作，而且还十分重视教书育人，桃李满天下。他的言传身教使得浙东学派影响深远。黄宗羲一生追求正义，充满乐观精神，最终长寿。

· 以天下兴亡为己任的思想家 ·

顾炎武

顾炎武是明末清初思想家、经学家、史学家。原名绛，字忠清。明朝灭亡后，改名炎武，字宁人，亦自署蒋山佣，学者尊为亭林先生。

顾炎武是江苏昆山人，出身江东望族，其高、曾祖为明廷仕宦，明朝末年，家道中落。顾炎武7岁入私塾，14岁取得诸生（秀才）资格后，与同里挚友归庄共入"复社"，极大地增强了他研究现实问题的兴趣。

顾炎武性情豪爽，敢作敢为，不拘于封建礼法。因屡试不中，自27岁起，他断然弃绝科举帖括之学，遍览历代史乘、郡县志书，以及文集、章奏之类，辑录其中有关农田、水利、矿产、交通等记载，兼以地理沿革的材料，开始撰述《天下郡国利病书》和《肇域志》。

顺治二年（1645年），清兵下江南，顾炎武与归庄等人以匡复故明为志，在昆山、苏州两地参加武装抗清斗争，失败后，与归庄等结为惊隐诗社，一边秘密从事反清活动，一边做学问，决意不与清廷合作。

顺治十二年（1655年），由于陆恩之狱，顾炎武被迫弃家北游。

康熙十七年（1678年），清廷议修《明史》，顾炎武拒不就荐；次年，更誓死不入《明史》馆。此后，即客居山西、陕西，潜心著述不再入都。康熙二十年（1681年）在山西曲沃病逝，与同时代的思想家王夫之、黄宗羲，被合称为清初三先生。

在北游的20余年中，顾炎武往返于河南、河北、山东、山西、陕西等地，以二马二骡载书自随，行万里路，读万卷书，进行了大量的实地考察和金石考古工作，著书立说。

顾炎武像

顾炎武学识渊博，在经学、史学、音韵、小学、金石考古、方志舆地以及诗文诸学上，都有较深造诣。他继承明朝学者的反理学思潮，不仅对陆王心学作了清算，而且在性与天道、理气、道器、知行、天理人欲诸多范畴上，都显示了与程朱理学迥异的为学旨趣。他认为明亡的原因在于学界的思想僵化空疏，不能适应政治社会的变革，所以他力倡"经世致用"之学，以朴实归纳的考据方法，创辟路径的探索精神，把"古"与"今""学"和"用"紧密结合起来，做到学以致用。他以在众多学术领域取得的成就，开启了一代朴实学风的先路，给予清代学者以极为有益的影响。在《天下郡国利病书》中，顾炎武以大量社会历史资料的排比，对土地的兼并、赋役不均的社会积弊进行了猛烈的鞭挞，充满了求实思想，对矫正明末清初的空疏不学之风，作出了卓越的贡献。他还主张舍弃宋儒对经书的阐释，回到接近儒家原著的汉代学者注释，从而创立汉学学派。他强调"博学于文，行己有耻"，认为探讨经世济民之学和砥砺操守气节同样重要。在哲学上，他宣扬唯物主义观点，赞成张载对太虚、气、万物三者统一的学说。顾炎武还断然弃绝空谈

名人档案
姓　名	字忠清/后字宁人/号亭林
生卒年	1613～1682年
籍　贯	江苏昆山
性　格	客观务实/豪迈豁达/勤奋深邃/有气节
身　份	明末清初的思想家/学者

《日知录》 清　顾炎武著

> **传世名言**
>
> 天下兴亡，匹夫有责。
>
> 有亡国，有亡天下。亡国与亡天下奚辨？曰：易姓改号谓之亡国；仁义充塞而至于率兽食人，人将相食，谓之亡天下。
>
> ——《日知录》

心性的玄理，猛烈抨击超凡顿悟的禅学，明确地提出了"理学，经学也"的主张，客观上否定了理学，推进了清初的反理学斗争。

顾炎武的社会思想也是在经历了国运存亡、家道盛衰、人生聚散等种种灾难和痛苦的基础上形成的，在《日知录》中，他结合晚明衰亡的历史，大胆地怀疑神圣不可侵犯的君权，提出"众治"、反对"独治"主张，充满了民主主义思想。

他试图通过经学、历史、典章制度的研究，探索出一个切实可行的安邦治国的制度和措施。"天下兴亡，匹夫有责"，他极其关心国家民族的前途命运，他以国事为己任，终身都在为恢复故国而奔走呼号。

顾炎武还是一位优秀的古声韵学家，他编著的《音学五书》把音韵学和文字学结合起来，为人们对古代许多文献的理解、参悟开辟了蹊径，他也被推崇为清代古音学的鼻祖。

顾炎武著作甚丰，大概有50多种，累计400多卷。他以严谨的治学态度，成为名满天下的大学者。

·中国古典哲学的终结者·

王夫之

王夫之出生于明朝末年一个没落的地主阶层知识分子家庭。1644年，王夫之25岁时，清军南下占领湖南，他在湖南衡山揭竿而起。失败后王夫之投奔南明永历政权，因弹劾权奸，反遭迫害。后经农民军领袖营救，才得以辗转逃回湖南。为躲避清朝政府的缉拿，他隐姓埋名，逃亡于湘南各地，饱尝颠沛流离之苦。

当军事抗争毫无意义之时，王夫之转入文化思想领域，去从事另一种形式的斗争。他把自己的亡国之思和对时局政治的思考寄托于学术领域，勤恳著述40年，内容涉及哲学、政治、经济、历史、文学、教育、军事、伦理、自然科学等诸方面，建立了超越前人、博大精深的思想体系。他深入研究《周易》，探讨改革社会的方法，先后撰成《周易稗疏》和《周易考异》两部著作，为终生精研《易》理打下了坚实的基础。他还撰写了堪称民族宣言的政论著作《黄书》。

> **名人档案**
>
> 姓　　名　字而农/世称船山先生
> 生卒年　　1619～1692年
> 祖　　籍　湖南衡阳
> 性　　格　爱国/坚强/执著/勤奋
> 身　　份　明末清初思想家

王夫之对中国朴素唯物主义认识论的发展有着独到的贡献。他继承和发扬了古代朴素唯物主义的优良传统，吸取当代新兴"质测之学"的成果，以"六经责我开生面，

中国名人

> **传世名言**
>
> 六经责我开生面,七尺从天乞活埋。
> 有豪杰而不圣贤者矣,未有圣贤而不豪杰者也。
> 意犹帅也,无帅之兵,谓之乌合。

王夫之像

"七尺从天乞活埋"的创新和求实精神,对社会现实进行了高度的哲学概括,在前人成果的基础上把唯物主义发展到时代条件所允许的高度。他从哲学上和政治危害上全面清算了宋明理学唯心主义,以科学方法剖析了宋明理学的理论根源,并以其在批判中建立的"别开生面"的朴素唯物辩证法体系,为统治中国思想界数百年的宋明理学乃至整个古典哲学做了总结和终结。

王夫之还以唯物主义一元论为依据,从探究人的本质出发,研究人类社会的起源、发展、规律及动力等一系列重要问题,从而建立其独特的历史观。他在考察社会历史发展过程及其规律的基础上,提出理势合一论。他把历史发展的现实过程称作"势",认为历史发展过程就是一种客观必然趋势,而发展趋势中所包含的不可改变、不可抗拒的必然性,他称之为"理"。

王夫之一生著述甚丰,除了《读四书大全说》、《四书训义》、《尚书引义》和《诗记章句》等哲学论著外,还撰成《春秋家说》、《春秋世论》、《续春秋左氏传博议》等早期史论,反映了17世纪我国学术变迁的新动向;并以《诗广传》一书另辟学术门径,试图跳出中世纪诗学的狭隘眼界。

62岁以后,王夫之在衡阳石船山麓筑草堂定居,他不顾年迈体衰,贫病交加,撰写了《周易内传》、《周易内传发例》、《庄子通》、《庄子解》、《相宗络索》、《张子正蒙注》、《宋论》、《读通鉴论》、《俟解》、《搔首问》、《噩梦》、《四书笺解》、《楚

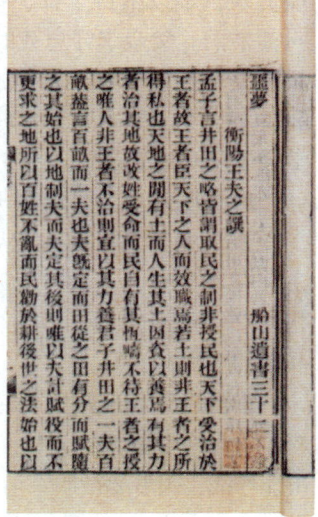

《噩梦》 王夫之
该书对当时社会的田制、赋税、吏治和科举制度提出改革的设想,主张土地归耕者所有,表现了进步的思想倾向。

名人逸事

王夫之大力倡导"留心经济之学",是中国较早论述商品流通作用和市场调节理论的学者。他认为"商贾负贩之可不缺也,民非是无以通有无而赡生理"。只有商品流通才能"生人之用全,立国之备裕",从而把过去的"以其所有,易其所无"的简单例证推进了一大步。他充分认识到价格对市场供求的调节作用,主张让市场价格自由涨落,"乃当其贵,不能使贱,上禁之弗贵,而积粟者闲秘,则愈腾其贵,而怀金者不售,则愈益其贱"。他在《黄书》中论述了商业促进"极其瘦薄"的乡镇经济发展,为农民提供"盐、鲑、布褐、伏腊、酒酱"之类生活资料的社会功能,赞扬了商品流通对社会经济的重要影响。王夫之还提出"天理"即在"人欲"之中,主张满足人生的物质要求。他还要求富民大贾成为"国之司命",主张发展自耕农经济等。

辞通释》及《诗话》《夕堂永日绪论》诸书，可谓著作宏富。

清康熙三十一年（1692年），王夫之逝世于石船山下的草堂内，时年74岁。他的墓碑上写着"明朝遗民王夫之之墓"。

·家国悲剧系一身·

李自成

李自成小名黄来儿，又叫黄娃子。幼年时因家境贫寒，难以维持生计，被家人送进寺庙，所以又叫黄来僧。父亲李守忠死时，连简单葬殓都不可能，只能草草掩埋了事。李自成没有了依靠，只好给人放羊。后来又当了银川驿驿卒，给官府传送文书，学会了骑马射箭。

后来明政府为了节省开支，大量裁减驿站，许多驿卒失业。李自成失业后，无力偿还债务，被债主关在木笼里，头顶烈日，不许饮食。许多驿卒见状大怒，砸毁枷锁，救出李自成，一起参加了正在兴起的农民起义军。

李自成像

李自成率领部队投奔高迎祥后，主要在河南、陕西等省交界处活动，与明军作战互有胜负。李自成曾一度被围在汉中的峡谷中，粮草用尽，人员马匹死伤过半，又赶上大雨连绵，部队又不能作战，眼看要被明军消灭。李自成急中生智，派人贿赂明官，假意投降，出了栈道，便重举义旗，连破关中七县。这一下，不仅使李自成声威大增，而且也使他自己经受了考验和磨炼。

崇祯九年（1636年）是关键性一年。这年七月，被官军视为首强的闯王高迎祥被俘牺牲。李自成被众人推举，继续称"闯王"。但是起义遭到重大挫折，各支起义军纷纷投降。而李自成却始终没有消沉，他在深山老林里养精蓄锐，鼓动张献忠再举义旗。后来张献忠重新起义。李自成率领数百人马，进入河南，提出"均田免粮"的口号，各地饥民纷纷投奔李自成，起义军迅速发展到10余万人。

崇祯十四年（1641年），李自成农民军攻占洛阳，杀死福王朱常洵。后转战河南、湖北等地，击溃明军主力，明军主帅杨嗣昌自杀。崇祯十六年（1643年）二月，李自成在襄阳设官建制，建立了襄阳政权。

崇祯十七年（1644年），李自成占领西安后，正式定国号为大顺，改元永昌，并改西安为长安。李自成改名自

名人档案

姓　名	原名鸿基
生卒年	1606～1645年
祖　籍	陕西米脂
性　格	勇敢刚强
身　份	明末农民起义著名领袖

名人逸事

崇祯十四年（1641年），李自成攻破洛阳，活捉了明神宗的爱子福王朱常洵。李自成指着福王怒斥说："你作为亲王，是天下第一豪富，如今这样的饥荒，你都不肯发一分一毫的积蓄来赈济百姓，真是个奴才。"然后杀掉福王，开仓济贫，使人民"应之者如流水"。

晟，称大顺王。同年三月，攻克北京。崇祯皇帝在煤山（今北京景山）自缢而死，明朝灭亡。占领北京后，大顺中央政治机构在襄阳、西安两次建置的基础上加以补充，委派官吏。同时，继续分兵略地，委派地方官吏，建立基层政权。当时，北方的劲敌只余驻防山海关外的明总兵吴三桂。自成虽认识到吴三桂拥有重兵，事关边防，但失于轻敌，仅派降将唐通携金银锦缎前往招抚。吴三桂同意接受招抚，后来听说李自成在北京向明官追饷，又听说家属被拘，所以又回到山海关反叛，并向清军求援。李自成大怒，亲自率军进攻山海关。然而在吴三桂和清兵的夹击下，因众寡悬殊，两面受敌，农民军势渐不支，败退北京。

大顺通宝、永昌通宝

李自成称王后，设局铸造钱币名曰"永昌通宝"。中国历代开国时都要铸造本朝货币，确认自己的地位，李自成、张献忠也是如此。

农民军的战败引起北京人心惶恐，明降官纷纷南逃，各地官绅地主也纷起反攻。尤其严重的是，起义军的很多将官经不起都市豪华生活的诱惑，日趋骄奢淫逸，士卒也各贪恋财物，没有斗志。在清军进逼下，李自成退出北京城。后来在湖北通山县的九宫山被地主武装包围杀害，年仅40岁（也有人说李自成兵败后归隐湖南石门夹山为僧）。

李自成是一个马上得天下、马上治天下的草莽英雄。值得一提的是他的最高理想——平均主义，但这种平均是指老百姓平均，自己享有特权，并不是真正的平均主义。再加上身边文人谋士少，对吴三桂的事情又处理不妥，后来落败也是必然的。

·收复台湾的民族英雄·

郑成功

郑成功父亲郑芝龙早年浪迹四海，亦商亦盗，最后不但成为闽南首富，还当上福建总兵。当他旅居日本平户时，与当地女子田川氏结婚，生下郑成功。7岁时，郑成功从日本返回中国，开始接受儒家教育。21岁时，郑成功从家乡来到南京，进入国子监太学，拜名儒钱谦益为师。

郑成功像

名人档案

姓　名　原名森/字明俨/号大木
生卒年　1624～1662年
祖　籍　福建南安
性　格　忠贞骁武/百折不挠/有民族气节
身　份　民族英雄/抗清领袖之一

传世名言

此番孤军侵入重地,当于死中求生。
选将练兵,号召天下,进取不难矣。

清军入关以后,唐王朱聿键在福州被郑芝龙等拥立为帝,建号隆武。郑成功这时也由南京返回福建,向隆武帝献抗清之策,深得赞赏。隆武帝对郑成功的忠勇十分嘉许,赐他与国同姓,易名"成功",封忠孝伯,任御营中军都督,从此南明官方称为"朱成功",又称为"国姓爷"。福州政权存在仅短短一年多时间,1646年9月隆武帝为清军俘虏,最后在福州绝食而死。郑氏家族欲降欲战,进退两难。战则家族财产千万,将毁于一旦,降则可保全性命财产,而且郑芝龙已经私下得到清顺治皇帝封王许愿的劝降书,因此主降的意愿占了上风。但是,作为郑家长子的郑成功由于对明朝忠贞不贰,始终坚决反对投降,家族中存在着巨大矛盾。郑成功见无法阻止郑芝龙投降的意愿,自己领了一小部分兵马,到金门另起炉灶去了。

郑成功在东南沿海一带反复同清军交战,并利用控制台湾海峡制海权的优势,发展海上贸易,建立起一支强大的军事力量。

鼎盛时期拥有水陆精兵20余万,大小船舰5000多艘,对清王朝在东南沿海的统治产生了巨大的威胁。1657年底,郑成功被永历帝册封为延平王。

1659年,郑成功开始平生最大规模的北伐。郑成功率大军自舟山北上,从长江口溯江西而上,一路势如破竹,7月初直逼南京城下,一时清廷为之震动。在胜利在望之际,郑成功迟延了进攻时机,在清廷后续援军的反攻之下惨遭失败,被迫沿长江东撤,转海道撤回。

郑成功北伐失败后,清王朝已控制了中国的大部分国土。鉴于敌我力量的悬殊和全国客观形势的变化,仅凭金、厦两岛无法生存发展,郑成功决定东征台湾,利用海峡天险和海上力量的优势,建立新的抗清基地。

1661年4月21日,郑成功率2.5万名将士,乘350余艘战舰,从金门出师东征。因遇暴风雨在澎湖停留数日,30日拂晓从台南鹿耳门胜利登陆,击溃了荷军的狙击,并乘势攻下赤嵌城。

随后,郑成功率大军包围了荷兰人在台湾的统治中心——台湾城。荷兰驻台湾长官揆一拒绝投降,凭借坚固的城墙工事负隅顽抗,郑成功数度强攻未果,乃改为长期围困。郑成功再次组织大规模的进攻,殖民军死伤惨重。1662年2月1日,揆一终于向郑成功投降,率

郑成功部铸的"漳州军饷"币

名人逸事

1646年10月中旬郑芝龙降清,随后清军进袭安平,郑成功之母不堪被辱自缢身亡。遭遇如此变故,郑成功遭受空前未有的打击,跑到孔庙,烧毁儒服,以孤臣孽子自况,下定决心弃文从武,反清复明。在《焚衣词》中写道:"昔为儒子,今为孤臣。向背去就,各行其是,谨谢儒服,唯先师昭鉴。"

残兵败卒撤出台湾,至此,荷兰殖民者对台湾长达38年的统治宣告结束,台湾重新回到中国的怀抱,郑成功收复台湾的壮举,为祖国和人民立下了不朽的丰功伟绩。收复台湾不久,郑成功患病去世,年仅39岁,其子郑经袭延平王爵,继续开发台湾。

收复台湾后,郑成功所率军队和眷属定居台湾,郑成功及其后人制定了一系列促进台湾经济、社会、文教发展的措施,移居台湾的闽粤居民则以他们所具备的先进农业生产方式和工艺,与岛内的原住居民一道共同开发台湾,台湾的经济和各项建设因此获得了巨大的发展。

·宏图远略的东方大君·
清圣祖康熙

清圣祖康熙皇帝的名字是爱新觉罗·玄烨,他8岁登基,是清入关后的第二位皇帝。

1661年,年仅24岁的顺治患天花去世。临崩前遗诏,立8岁的玄烨为皇太子,命索尼、苏克萨哈、遏必隆、鳌拜四大臣辅政。后来,鳌拜自恃功高,专擅朝政,制造冤狱,打击异己,根本不把康熙放在眼里。甚至在康熙亲政时,还不甘心交出大权。少年康熙自然不能容忍,他从各王府中挑选亲王子弟100多名做他的侍卫,组成善扑营,练成高超的摔跤技艺。康熙八年(1669年),也就是康熙16岁那年,他联合内大臣索额图,利用善扑营子弟智擒专权跋扈的鳌拜,宣布了鳌拜30条大罪,禁锢终身。康熙夺回大权,从此开始了他的宏图伟业。

1673~1681年,康熙充分发

康熙读书像

名人档案
姓　名	爱新觉罗·玄烨
生卒年	1653~1722年
身　份	清朝皇帝

名人逸事

玄烨是顺治皇帝的第三个儿子,他的生母佟佳氏是汉族人。玄烨6岁时,有一次和哥哥福全、弟弟常宁进宫给父皇请安。顺治皇帝就问几个儿子:"几位皇子,朕问你们,你们长大后有什么志向啊?" 3岁的常宁还不会说什么,福全因为是庶妃所生,地位很低,说话也就没了底气,只说愿意做一个贤王;只有玄烨人小志大,他高声回答:"我要像父皇一样,勤勉治国。"

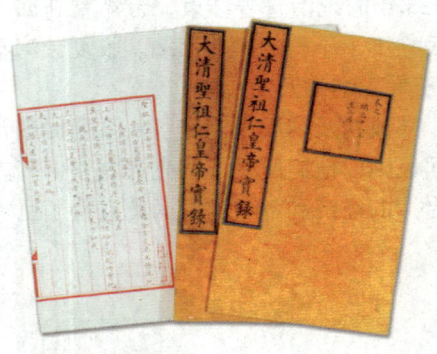

《大清圣祖仁皇帝实录》书影

该书详细地记录了康熙皇帝运用智谋,以近乎童稚的布库游戏擒拿权臣鳌拜的史实。

传世名言

重民桑以足衣食,尚节俭以惜财用。

朱子文章之中,全是天地之正气,宇宙之大道。

军务不可以限以日期,日讲不应变,以慰向学之意。

挥了满洲八旗的军事优势,制定了重点打击吴三桂、争取其他叛军中立、归降的策略,平定了长达8年的三藩之乱。

1682年,康熙借胜利之势,派姚启圣、施琅为将,攻陷台湾,设置台湾府,将台湾置于清朝政府的统一管辖之下,台湾成为中国领土不可分割的一部分。

南方战事一结束,康熙就开始谋划抗击不断向东扩张的沙皇俄国。通过两次雅克萨之战,沙俄被迫请求清军撤围,以黑龙江流域的广大领土"皆我所属之地,不可弃之于俄罗斯"为原则,双方签订了《尼布楚条约》,划定中俄东段边界,从法律上肯定了黑龙江和乌苏里江流域的广大地区都是中国的领土。

接着,漠西蒙古准噶尔部发动叛乱,康熙三次御驾亲征,使准噶尔部大汗噶尔丹陷入绝境服毒自尽。

康熙励精图治,在经济、政治、文化等方面都取得了突出的政绩。他不但解决了水患和漕运问题,还废除了圈地政策,奖励垦荒,发展农业。为了恢复生产,康熙还多次减免赋税,并把丁银的总额固定下来,规定以后增加人口,永不加赋。这减轻了农民的负担,对于经济发展也有很大好处。他还压缩官营手工业,宫廷官府用品改为向商人购买,这些都有利于促进资本主义萌芽的发展,从康熙年间开始,全国许多的手工业城镇日益兴盛起来。

康熙帝一生崇尚文教,优容文士,他苦研儒学,表倡程朱理学、开博学鸿词科,设馆纂修《明史》,编纂《古今图书集成》、《全唐诗》、《佩文韵府》、《康熙字典》、《朱子全书》、《性理大全》、《大清一统志》等。康熙大规模地编纂书籍,对整理保存古代文献、振兴文教事业、促进学术文化繁荣,做出了很大的贡献。

康熙在位61年,他凭借自己卓越的军事才能和政治远见,励精图治,勤勉治国,开创了康乾盛世,为国家的统一、边疆的稳定、经济的发展做出了巨大的贡献,为大清朝的强盛奠定了坚实的基础。他的文治武功,在历代封建帝王中都是极为突出的。

· 康乾盛世的有力推行者 ·

清世宗雍正

雍正，名胤禛，姓爱新觉罗，康熙大帝的第四子。康熙晚年立储的时候，诸多皇子为争夺皇位而斗得不可开交。胤禛也参加了争夺皇位的斗争，但他没有锋芒毕露，而是处处做好人。他深知父皇对太子允礽又爱又恨的心理，处处为允礽说好话，同时又暗中与允祀保持联系。他又伺机讨好康熙，当康熙因废太子而伤心，卧病不起时，他主动到病床前护理，请医调治，问汤拿药。康熙为他的假仁假义所感动，对他十分信任。

康熙六十一年（1722年）十一月，康熙帝驾崩，胤禛即帝位，是为雍正帝。

雍正即位之初，对诸兄弟的行为采取了容忍的态度。但雍正二年（1724年）征战青海获胜，政权稳固以后，雍正开始对诸兄弟举起了屠刀。他发表上谕，历数允祀罪行，休允祀妻，并派人严加看管。后来他将允禟、允祀打入大牢，允禟因禁致死，将允䄉迁于景山，继续囚禁。至此，允祀的势力被雍正帝扫除殆尽，雍正帝也从此落下了不亲骨肉的骂名。

雍正元年（1723年）七月，直隶巡抚李维钧奏请摊丁入粮，雍正将他的奏章交户部讨论，户部同意了李维钧的条陈。雍正帝又命九卿詹事科道共议，诸臣提出亩有大小，地有好坏，担心分摊不均。雍正帝遂命李维钧拿出一个既无损于国家又无害于百姓的方案，李维钧于是想出一个两全其美之策，将地亩分为上中下三等，丁银按地亩等级摊入，田地好坏而负担不均的问题迎刃而解，雍正帝遂命于次年开始实行。在此后的两年里，福建、陕西、甘肃、江西等地陆续实行了摊丁入亩的政策。

年羹尧与隆科多曾经为雍正夺取皇位和巩固皇位立下了汗马功劳。二人自恃有功，开始擅权乱政。雍正皇帝决心将他们绳之以法。雍正三年（1725年）七月，撤销了年杭州将军之职。十二月，雍正历数年羹尧九十二项罪行，命其自裁。雍正五年（1727年），雍正

雍正皇帝朝服像

名人档案

姓　名	爱新觉罗·胤禛
生卒年	1678～1735年
性　格	深沉/暴躁/多疑
身　份	清军入关之后的第三位皇帝
父　亲	康熙皇帝
母　亲	乌雅氏

名人逸事

关于雍正的死因,众说纷纭。流传最广的是吕四娘刺杀雍正帝的故事。相传雍正帝曾大兴文字狱,将吕门一斩的斩,发配的发配,但其孙女吕四娘侥幸得脱。吕四娘立志为家人报仇,投身学艺,练就了一身飞檐走壁的好功夫。后来她以宫女的身份混进皇宫侍寝,伺机行刺,用飞剑砍去雍正脑袋。这个传说后来被拍成电影,广为传播,但可信度非常小。

帝列举隆科多罪行四十一条,下令将隆科多囚禁在畅春园附近。雍正六年(1728年)六月,隆科多终于死于禁所。年、隆集团的瓦解,大大加强了君权,有利于雍正推行各项改革,澄清吏治,关注民生。

为了办理国家要务和军机大事,雍正四年(1726年),雍正帝下令设立军需房。后于雍正七年(1729年)更名为军机房,雍正八年(1730年)再次更名为军机处。雍正创设军机处,是行政制度上的重大改革,他使自太祖以来诸王、贝勒、议政大臣会议决定国家要务的局面被打破,又使内阁形同虚设。军机处临近皇帝寝宫,一切活动都处于皇帝监视之下,军机大臣唯上命是从,这一切都大大加强了皇帝的集权力。

雍正四年(1726年)九月,署云贵总督事鄂尔泰,上奏建议改土归流,并提出既要用兵,又不专恃武力,雍正授鄂尔泰为云贵总督,加兵部尚书,为鄂尔泰推行改土归流政策做了组织准备。鄂尔泰对苗地用兵,初战告捷,又乘胜向前推进,招服了广顺定番、镇宁生苗等土司,兵锋直抵广东边境。广西土司见势不妙,纷纷收敛自己的行为,按兵不动。雍正八年(1730年),广西全境改土设置府、镇、县,土司纷纷归降,广西局势遂定。湖南、湖北也基本上归顺。到雍正十年(1732年)左右,清廷在滇、黔、桂、川、湘、鄂等六省的广大地区基本上实现了改土归流和设官建制,西南边疆安定下来。

雍正十三年(1735年),雍正帝暴卒于圆明园宫中。

雍正帝是继康熙之后的又一代有为之主。他即位后敢于革除旧弊,办事雷厉风行,是康乾盛世有力的推行者。他执政期间,整顿财政,健全奏折制度,设立军机处,改土归流,有力地推动了清朝政治、经济的进步。但由于他性格暴躁、多疑,为了加强皇权,推行酷政,骨肉相残,屠戮功臣,遂有"酷君"之名。

· 清代盛世英主 ·

清高宗乾隆

乾隆帝,名爱新觉罗·弘历,雍正帝第四子,1711年出生于雍王府。少年时期的乾隆聪明好学,风姿俊秀,得皇祖垂爱,带入宫中养育抚视。

雍正元年(1723年),雍正帝秘密建储,弘历被内定为储君。雍正年间,他不仅接受了系统完整的教育,而且多次参与政务,受到很好的历练。雍正暴卒后,25岁的弘历嗣位

中国名人

名人档案
- 姓　名　爱新觉罗·弘历
- 生卒年　1711～1799年
- 性　格　英明敏锐/风流多情/自负自信/好大喜功
- 身　份　清朝皇帝
- 父　亲　雍正皇帝
- 母　亲　孝圣宪皇后

登基，是为乾隆皇帝。

康熙晚年为政尚宽，雍正济之以猛，政策多有偏激，乾隆登基以后，定下宽猛相济的施政政策，罢苛改缓和社会矛盾，惩贪官澄清吏治。赦免被雍正残忍打击的皇族成员，为多尔衮平反，裁汰僧道，团结了统治集团的各方力量。为惩治腐败，他执政的前40年中，严惩贪污，屡诛大员，打击了祸国殃民的贪官污吏，保证了政治清明。

乾隆追求成为圣主明君，以勤政爱民为祖训。为爱护百姓，他鼓励垦荒，兴修水利，减免租赋，还曾5次下诏蠲免天下钱粮。

这些措施的实施，保护了农民利益，推动了农业生产的发展，把封建社会推向繁盛的顶峰。从康熙到乾隆统治时期，被誉为治隆唐宋的"康乾盛世"。

乾隆自评平生业绩，称一为"西师"，二为"南巡"。所谓西师，指的是他为巩固边防而展开的一系列战争，主要有两定金川、两征准噶尔、一平回鄂、一平台湾、征安南、讨缅甸、二击廓尔喀。其中值得一书的是他在西北的用兵，确定了近代中国的版图，为中国的发展稳定做出了杰出的贡献。

在文化方面，乾隆实行高压与怀柔并用的政策，一方面大兴文字狱，禁锢思想，摧残文化；另一方面，组织大量人力物力，编写了多达79309卷的巨型文献《四库全书》，为整理和保存古代文化遗产作出了贡献。在编书过程中，审查焚毁了不少不利于清朝统治的书籍，造成

乾隆帝朝服像

《四库全书》书影　清

乾隆皇帝修纂《四库全书》固然是为了彪炳史册，但另有其政治目的。一是把大量杰出人才引入其中，穷经皓首，而不去过问政治，其次，禁毁那些对清廷统治不利的书籍。《四库全书》在保存传统文化的同时，也造成不少典籍毁损。

名人逸事

有一天乾隆和他的老师在避暑山庄里散步。老师顺口吟出一句上联：山石岩下古木枯此木为柴。乾隆听了，不假思索地即刻接道：长巾帐里女子好少女更妙！那老师听了，点点头，肯定少年乾隆的才思敏捷，然后预感到这少年将来必然是个风流天子。为什么呢？"山、石"两个字合起来是个"岩"字，古和木合起来是个"枯"字，此、木两字合而成柴。可乾隆张嘴就来的是，帐子里躺个女子好，睡个少女更妙！对的快捷当然是聪明，但是未免有点登徒子味道——好色！

了一定的负面影响。

乾隆晚年沉浸在繁华自足的美梦中，六巡江南，奢靡无度；重用和珅，政治败坏；不思进取，民生艰难，他统治的晚年，内有白莲教起义，外有资本主义势力试探觊觎，大清王朝开始走上了下坡路。

1796年，在位60年的乾隆禅位给皇太子，继续操纵国政。1799年病逝，享年89岁，为中国历代皇帝中寿数最高者。

· 中国古典文学巨匠 ·

曹雪芹

名人档案

姓　名	名霑/字梦阮/号雪芹/芹圃/芹溪
生卒年	1715～1763年
性　格	多情/好学/智慧
身　份	清朝伟大的文学家

曹雪芹是满洲正白旗"包衣"。自曾祖起，三代任江宁织造，其祖曹寅在清康熙朝曾得到格外的恩宠。雍正初年，在统治阶级内部政治斗争牵连下，曹家受到重大打击，其父免职，产业被抄，曹雪芹也随着迁居北京，革职抄家给曹雪芹的童年留下了很深的印象。在他十六七岁时，曹家彻底败落，包括曹雪芹在内的曹家子弟沦落到社会底层。

曹雪芹最后的十几年流落到北京西郊的一个小山村，生活更加困顿，一家三口过着"食粥赊酒"的日子。也是在这个时候，曹雪芹开始了长达10年时间的《石头记》（即《红楼梦》）的创作。清乾隆二十六年（1761年）秋，曹雪芹因爱子夭折而过度悲伤，卧床不起。"孤儿渺漠魂应逐，新妇飘零目岂瞑"。除夕那天，曹雪芹留下一部未完成的《红楼梦》书稿，离开了人世。

曹雪芹个性豪爽犷放，才气横溢，"工诗善画"。饱经沧桑之后的曹雪芹把他的情感、体验以及他的才华全部熔铸到了《红楼梦》里。"满纸荒唐言，一把辛酸泪！都云作者痴，谁解其中味？""字字看来皆是血，十年辛苦不寻常"，曹雪芹把他全部的心血都投入到这部著作当中。

在《红楼梦》中，曹雪芹对人物形象的塑造充分体现了他的才华和一丝不苟的创作精神。他

曹雪芹像

中国名人

大观园全景图

把上百个来自社会不同阶层、具有不同文化背景的人物塑造得惟妙惟肖、栩栩如生，而无不独具个性、各有风采。

旷世奇作《红楼梦》是曹雪芹对世界文学宝库的杰出贡献，这部以个人和家族的历史为背景的长篇小说，以其艺术上的精致完美达到了中国古典小说的巅峰。而通过对它的研究形成的"红学"则是学术界对他的贡献的广泛认可。以一本小说形成一门独立的学问，不仅在中国文学史上是独一无二的，在世界文学史上也是罕见的。

> **传世名言**
>
> 满纸荒唐言，一把辛酸泪！都云作者痴，谁解其中味？
> 世事洞明皆学问，人情练达即文章。
> 假作真时真亦假，无为有处有还无。

名人逸事

　　曹家在顺治、康熙两朝得到格外的恩宠。清康熙二年（1663年），曹玺授内务府的"肥缺"江宁织造，控制着江南的丝织业，从中获取了极大的利益，不但成为江南的望族，同时还是康熙派驻江南，督察军政民情的私人心腹。其祖父曹寅为了迎接康熙南巡造成的亏空，成了曹家日后的莫大祸患。

　　雍正一登基，首先就是查亏空，曹家因多次违背"圣意"、藏匿财产，被革职抄家。雍正顾及曹寅在江南的影响，才恩典"少留房屋，以资养赡"。经过这一场大变故，曹家败落了。

　　雍正驾崩后，他的第四子弘历即位。普天同庆新皇帝乾隆即位时，曹寅的多项亏欠也被列入宽免之内，曹家的经济状况才稍有好转。可是，好景不长，乾隆初年，也就在曹雪芹大约十六七岁时，曹家再一次遭受变故，彻底败落，包括曹雪芹在内的曹家子弟们结束了"锦衣纨绔之时，饫甘餍肥之日"的公子生活，沦落到社会底层。

· 睁眼看世界的禁烟英雄 ·

林则徐

林则徐生于贫寒的旧封建知识分子家庭,清嘉庆十六年（1811年）中进士,曾与龚自珍、魏源、黄爵滋等提倡经世致用之学。1820年起外放出京,先后任浙江杭嘉湖道、盐运使、江苏按察使、江宁布政使、河东河道总督。因为他清正廉洁,勤于政务,体恤百姓疾苦,以至清名远播,被百姓称为"青天"。

林则徐升任湖广总督后,他除了尽可能地采取禁烟措施,严惩有关案犯,推广戒烟良方,还全力支持严禁鸦片的主张,提出重治吸食的方案。他大声疾呼,"如不严加禁止,数十年后,中原几无可以御敌之兵,且无可以充饷之银"。

1838年（道光十八年）11月,道光帝特命他为钦差大臣往广东主持禁烟。到广州后,林则徐下令查封广州所有烟馆,并会同邓廷桢坐堂传讯垄断对外贸易的"十三行"商人,指斥他们勾结外商走私鸦片的种种违法活动,命令他们把禁止走私鸦片的布告向外国商贩传达,限令三日之内外商报明并交出所存鸦片,要求外商立下"永不敢夹带鸦片"的书面保证。此举

林则徐画像

遭到英国驻华商务监督查理·义律的对抗和威胁,林则徐断然采取措施,迫使外国烟贩报明所存鸦片2万余箱,并迅速组织彻底清查收缴。1839年6月3日,在虎门海滩将所收缴的鸦片当众销毁。20天中销毁鸦片19179箱、2119袋,共计2376254斤。

受到沉重打击的英国资产阶级岂肯善罢甘休,1840年（清道光二十年）6月,也就是虎门销烟一年后,英国正式发动了对中国的侵略战争。林则徐担负起前敌统帅的重任,他积极支持和直接督导广东水师,对沿海各处炮台进行改建或加固,并大胆地购来"洋炮"、"洋船",利用和学习西方的船坚炮利来提高军队的装备水平,并积极组织利用民众武装。

虽然被撤职,林则徐仍然恳请皇帝给他抗敌报国的机会,以四品衔赴浙江前线筹划海防。然而,清廷又把广东战败归咎于他,革去四品衔,遣戍伊犁。去伊犁之

名人档案

姓　名	字少穆
生卒年	1785～1850年
祖　籍	福建侯官
性　格	执著/爱国/坚强/清正廉洁
身　份	虎门销烟的民族英雄

名人逸事

清道光十二年（1832年），林则徐授命江苏巡抚，正赶上江苏连年水灾，百姓生活苦不堪言。在这种情况下，林则徐和两江总督陶澍联名上疏，请求缓征徭赋，拨出赈银，以解百姓困苦。可是两人的做法却遭到道光皇帝的斥责，说他们为博取声誉谎报灾情。面对道光皇帝的态度，一向清正的陶澍也踌躇起来。林则徐却说："倘有应得处分，使当独任！"

于是他上疏据理力争，他在奏折中写道："国计与民生实相维系，朝廷之度支贮无一不出于民，故下恤民生正所以上筹国计，所谓民唯邦本也！"

当时这个奏稿在江苏省争相传抄，远近为之纸贵，百姓听说此事，无不感激涕零。

前，因黄河决口，林则徐又奉命完成治河工程，于半年后又被发往新疆。

清道光二十五年（1845年），林则徐被重新起用，署陕甘总督，次年转任陕西巡抚。二十七年（1847年）升任云贵总督。在这期间，他曾先后平息、镇压西北西南民族冲突和人民起义，整顿了云南矿政。

传世名言

海纳百川，有容乃大；壁立千仞，无欲则刚。
苟利国家生死以，岂因祸福避趋之。
死生命也，成败天也，苟利社稷，不敢竭股肱以为门墙辱。

道光二十九年（1849年），林则徐因病辞职归籍。太平天国运动爆发后，清军镇压失败，朝廷内外一直呼吁请林则徐出山。三十年（1850年）九月，奉旨赴广西镇压农民起义途中，卒于潮州普宁县行馆。死后，林则徐被封为太子太傅，谥文忠。

林则徐不仅是中国近代史上一位伟大的爱国者，他为中国文化的发展也做出了卓越的贡献。他曾组织翻译英国人写的《地理大全》并加上自己积累的材料，编成《四洲志》，成为中国第一本比较系统的世界史地著作。他还搜集外国人对中国的看法，编成一部《华事夷言》，又让人翻译《各国律例》用以了解外国的法律制度。林则徐的这些举措成为中国学习西方的先声，广州成为中国人了解世界的最前沿。

· 太平天国的领袖 ·

洪秀全

洪秀全自幼勤奋好学，7岁入塾读书，16岁因家境贫困失学，在家帮父兄种田、放牛。18岁时在本村一面教书，一面自学，梦想有朝一日由科举考试进入仕途。可是10多年过去了，年过而立却屡试不中，连秀才的头衔都未捞到，绝望之余他发誓："等我自己来开科取天下士吧！"

1842年，洪秀全去广州应考，再次落榜。这次他在广州传教士那里得到一本《劝世良言》的小册子，回家稍稍看了一遍就放入书橱中，并未重视。第二年应试仍然落第，此后洪秀全仔细钻研《劝世良言》，相信基督教的教义，创立了拜上帝教。接着，洪秀全和冯云山撤去本村塾中的孔子牌位，他们因此失掉教师职业。

1847年7月，他到广西紫荆山和冯云山设立拜上帝教机关，10月，他和冯云山到象州甘王庙，宣布地主崇奉的甘王欺骗世人的十大罪状，愤举竹杖击毁神像。这一行动震动了整个紫荆山地区，从此，洪秀全威名大振，加入拜上帝教的人越来越多，这期间，洪秀全和冯云山等开始秘密商讨发动起义。

1847年以后，广西连年旱灾，农民再也活不下去，纷纷起义。1851年1月11日，洪秀全领导会众在金田宣布起义，建号太平天国，洪秀全称天王。不久，太平军攻下永安，进行初步建制。洪秀全发布诏令，封杨秀清为东王，萧朝贵为西王，冯云山为南王，韦昌辉为北王，石达开为翼王，东王以下各王均受其节制。又封秦日纲为天官丞相，胡以晃为春官丞相。之后，太平军攻入湖南，占领长沙，攻克武昌，聚大军50余万，浩浩荡荡，顺江而下。1853年3月19日，太平军攻克南京。洪秀全将南京改称天京，定为都城，建立起和清王朝相对立的农民政权。

洪秀全像

名人档案

姓　名	原名火秀/又名仁坤
生卒年	1814～1864年
祖　籍	广东花县（今广东省广州市花都区）
性　格	坚强/有魄力/富有反抗精神/贪图享乐
身　份	太平天国领袖

太平天国颁布了《天朝田亩制度》，号召人民起来建立一个人人平等的新社会。为打退威胁天京的清军，并推翻清朝统治，先后进行了北伐和西征。由于孤军深入，北伐失败，而西征在石达开的指挥下取得了辉煌的战果，太平军军威达到极盛。

定都天京后，太平军统治集团的矛盾越来越激化，最终酿成天京变乱。先是杨秀清逼洪秀全封他为万岁。接着洪秀全密诏北王韦昌辉入城杀杨秀清，然后又把韦昌辉处死，并逼走石达开。这次变乱对太平军影响极大，元气大伤。

天京变乱，是亲者痛，仇者快的悲剧。曾国藩趁机重建了江南、江北大营。在这紧要关头，天王果断地起用陈玉成和李秀成。在他们的领导下，太平天国又呈现一派复兴景象。

第二次鸦片战争后，清政府和外国侵略者勾结起来，要联合镇压太平天国。1860年6月，美国人华尔成立了"洋枪队"，向太平军进攻。李秀成统率大军在青浦打败"洋枪队"，华尔身中5枪，"洋枪队"死伤三分之一。

名人逸事

洪秀全在第三次应考失败以后，一连病了40天。在病中他做了种种怪梦，梦见自己被隆重迎接到天上一所堂皇的官殿，一位身穿黑袍的金须老人坐在宝座上。老者说："世上的人都是我所生，我所养，吃我粮，穿我衣，但却无人供奉我。更可恶的是，竟用我赐的物品去侍奉魔鬼。世人冒犯我，让我恼怒，你不要效法他们。"然后，老者赠给他一柄宝剑，命他斩除魔鬼，不可妄杀兄弟姊妹。他在病中常大声呼叫"斩妖！斩呀！斩呀！"家里人以为他疯了。

正当李秀成在上海附近大败中外反动派时，陈玉成在西线失利，壮烈牺牲。曾国藩派兵包围了天京。洪秀全这时非常迷信，不愿放弃天京。最后，1864年洪秀全在天京陷落前病故。7月19日天京陷落，起义失败。

从1851年1月11日金田起义到1864年天京陷落前夕，洪秀全领导了这场农民战争的全过程，历时14年，势力发展到18省，先后攻占600多座城市，给了中外反动势力以沉重打击。洪秀全的错误主要在于定都天京后，封建意识与日俱增，等级观念、享乐思想尤其突出。洪秀全在天王府深居简出，严重脱离将士群众。在太平天国革命政权向一个新的封建王朝政权蜕变的过程中，洪秀全不仅无力回天，反而起了恶劣的带头作用。

> **传世名言**
>
> 手握乾坤杀伐权，斩邪留正解民悬。
> 有田同耕，有饭同食，有钱同使，无处不均匀，无人不饱暖。
> 天下多男人，尽是兄弟之辈；天下多女子，尽是姊妹之群。

· 垂帘听政的"无冕女皇" ·

慈禧太后

慈禧太后，姓叶赫那拉氏，出生于满洲八大世家之一的叶赫家族，满洲镶黄旗人。叶赫那拉氏是咸丰帝的宠妃，被封为懿贵妃。咸丰帝死后，同治即位，叶赫那拉氏被封为慈禧皇太后。1861年慈禧太后联合恭亲王奕䜣发动辛酉政变，推翻由八大臣辅政的制度，第一次垂帘听政。慈禧太后是晚清的无冕女皇，她经历了咸丰、同治、光绪三朝，立过同治帝、光绪帝和宣统帝三个小皇帝。从1861年垂帘听政到1908年病死，她统治中国长达48年之久。

太平天国起义爆发后，慈禧对外向侵略者让步，对内重用曾国藩、左宗棠、李鸿章等汉族官吏，镇压了太平天国、捻军和其他各族人民的起义，重新恢复了中央皇室的权势，取得政治局面的相对稳定；为了稳固自己的权力，达到独掌朝政的目的，她先是利用清流党的力量牵制恭亲王，然后又巧妙地

慈禧太后像

□ 中外名人全知道

慈禧皇太后之宝玺及玺文

名人档案

姓　名	姓叶赫那拉/乳名兰儿
生卒年	1835～1908年
性　格	善弄权术/阴狠刻毒
身　份	清咸丰帝妃/同治、光绪朝圣母皇太后

利用盛景的劾疏，将以恭亲王为首的诸军机大臣全部换掉，并在短时间内将显赫一时的清流党肃清殆尽，此举解除了恭亲王等对自己的权力的威胁。最后，心狠手辣的慈禧又毒死慈安太后，她的权力从此更为巩固；当她觉察到袁世凯干练而有权谋，难于驾驭时，就利用岑春煊等人与袁世凯之间的权力争夺，限制袁世凯势力的扩张。

慈禧太后全心考虑的是如何维护自己的绝对权威，一旦某种因素对她的权势构成了威胁，她一定会痛下杀手，决不姑息，即便是骨肉至亲也不例外。同治皇帝是慈禧太后的亲生儿子，因为对慈禧太后的专制统治不满，要限制慈禧太后的权力，导致母子反目成仇，并因此招来了断药断食早归西天的横祸。

19世纪60年代兴起的洋务运动、90年代的戊戌维新变法运动，以及20世纪初发生的"新政"运动，最初都得到了慈禧太后的支持，正是因为这一点，洋务事业虽遭清流派与顽固派的抨击、抵制而从未中断过，光绪帝才对变法充满了信心和决心，而"新政"运动中的变革深度才会大大超出戊戌时期维新人士的设想。可是，当她看到光绪帝的表现大有触及她的权威的迹象时，她便立即发动"戊戌政变"，杀害维新派谭嗣同等6人，将"百日维新"扼杀在襁褓中，造成了中国近代化的停滞不前，乃至倒退。光绪帝也被她囚禁，折磨至死。

当国家民族利益和她个人的权威发生冲突时，她绝对不惜牺牲国家民族的利益换取个人的满足，她对内镇压人民反抗，对外妥协投降，她的贪婪加速了清王朝的灭亡。中法战争失败后，在海军急需建设的情况下，海军经费却被她挪用修建颐和园；甲午战争前，因筹备慈禧太后六十大寿的庆典，清政府竟然没钱备战。八国联军侵入北京后，她签订空前的丧权辱国的《辛丑条约》，只不过是为了换取列强对她统治地位的继续承认。

养心殿东暖阁——垂帘听政处

160

·中兴大清的名臣·
曾国藩

曾国藩祖辈以农为主，生活较为宽裕。曾国藩自幼天资聪明，勤奋好学，"日以读书为业"。28岁考中进士，从此踏上仕途，并成为军机大臣穆彰阿的得意门生。10多年间，他先后任翰林院庶吉士，累迁侍读、侍讲学士，文渊阁直阁事，内阁学士，稽查中书科事务，礼部侍郎及署兵部、工部、刑部、吏部侍郎等职，可谓官运亨通。

曾国藩是清王朝由盛世转为没落、衰败的过渡、动荡时期的重要人物，他在当时的政治、军事、文化、经济等各个方面都产生了极大的影响，正是由于曾国藩等人的力挽狂澜，才一度出现"同治中兴"的局面。曾国藩毕生追求立德、立功、立言，是儒学文化最典型的实践者，他克己、修身、齐家、治国、平天下，实现了书生报国的愿望。

太平天国起义爆发后，曾国藩在湘潭集结组建陆军13营、水师10营，加上勤杂人员共1.7万余人的湘军，担负起剿灭太平天国的重任。曾国藩历尽千辛万苦，几度出生入死，终于在同治三年（1864年）攻破天京，镇压了中国历史上规模最大的农民起义。他被封为一等毅勇侯，成为清代文人封武侯的第一人，加太子太傅、兵部尚书衔，又历任两江总督、直隶总督，取得军政大权。由一介书生而成为一个统领群伦的"中兴"名臣。

曾国藩等人的崛起，打破清王朝只重用满人，防范汉人的传统，彻底改变了清朝的权力格局，对晚清政治、军事的发展产生了巨大而深远的影响。1870年，天津爆发教案，曾国藩奉旨查办，在办理此案的过程中，曾国藩处理国人，取媚洋人，被天下人所唾骂。

曾国藩还是洋务运动的最早发起者之一，在镇压农民起义的过程中，他重视使用西洋枪炮洋船，他提出"师夷智以造炮制船"，先后设立安庆军械所、江南机器制造局，仿制洋枪洋炮。虽然洋务运动没有能挽救大清王朝的灭

曾国藩像

名人档案
姓　名	字涤生
生卒年	1811~1872年
祖　籍	湖南湘乡
性　格	坚忍/忍耐/百折不挠
身　份	洋务运动最早发起人之一/近代政治家
父　亲	曾麟书/为塾师秀才

名人逸事

"富厚堂"又名毅勇侯第,是曾国藩的侯府,位于湖南省双峰县荷叶镇富托村,全宅占地60余亩,建筑面积近1万平方米。富厚堂藏书楼建于同治六年(1867年),分"公记"、"朴记"、"芳记"三部分,"公记"收藏的是曾国藩读过、批示过的书籍,以经、史、子、集、地方志、家藏史料及宋元旧椠为主;"朴记"收藏的是曾国藩长子曾纪泽常用书籍;"芳记"为其次子曾纪鸿夫妇藏书。

曾国藩故居"富厚堂"内,藏书曾达30余万卷,超过近代史上著名的私人藏书楼山东聊城海源阁、江苏常熟铁琴铜剑楼、浙江归安丽宋楼、杭州八千卷楼,是当之无愧的近代私人藏书第一楼。

穆彰阿与乙丑同年雅集图(局部) 清

亡,但是却推进了中国的近代化进程。

"不为圣贤,便为禽兽;莫问收获,但问耕耘。"这是曾国藩撰写的一副对联,透过这副对联可以看出曾国藩的理学修养是极为深刻的。曾国藩的文章也极为出色,还是桐城派的领袖。

曾国藩的个人修养也达到了很高的境界,他勤于求教,不耻下问,博览群书,才华横溢。他常用"勤"、"俭"、"谦"三个字来教育子女,用一个"诚"字教育弟子。在交友方面,曾国藩也有独到见解,他认为交友要"推诚守正,委曲含宏,而无私意猜疑之弊","凡事不可占人半点便宜,不可轻取人财","要集思广益,兼听而不失聪"。

·兴办洋务、创立近代工业的北洋大臣·

李鸿章

李鸿章,字少荃,安徽合肥人,1823年出生于一个官僚地主家庭。青少年时期的李鸿章,勤奋力学,志向远大,曾投于一代名臣曾国藩门下,受其影响,开始关心时事,重视经世致用。

1847年,李鸿章中进士,受翰林院庶吉士。太平天国起义爆发后,李鸿章先奉命随屡贤基回籍团练乡勇，后入曾国藩幕府办事。1860年，在曾国藩的支持下编练淮军，相继取得了镇压太平天国和捻军的胜利，历任江苏巡抚、两江总督。1870年，李鸿章任直隶总督兼北洋大臣，掌握清政府军事、经济、外交大权达30年之久，并多次代表清政府与列强签订不平等条约，是晚清举足轻重的实权人物。1901年病逝，谥文忠，晋封一等侯爵。

李鸿章像

概括起来看，李鸿章一生共办三件大事：

编练淮军，镇压农民起义。1860年，李鸿章奉曾国藩之命回安徽招募淮勇，张树声、刘铭传、关长庆、潘鼎新、周盛波等相继来投，很快编成一支13营的淮军，军制一如湘军。投入战场后，淮军联合洋枪队，独当一面，克苏州，下常州，成为剿灭太平军的重要力量。曾国藩镇压捻军失利，李鸿章奉命担任剿捻统帅，经两年而灭捻军，李鸿章成为独立的统帅，淮军也成为清朝最重要的军事支柱及李鸿章本人的政治资本。

兴办洋务，筹办海军。在19世纪60至90年代中国的洋务运动中，李鸿章是最关键的核心人物。在镇压太平天国的过程中，李鸿章认识到外国先进的军事技术的重要性，在上海的经历，也使他了解了一些西方情形和国际形势，因而奋起办洋务，以"求强""求富"，他创办了中国近代史上最大的军事工业——江南制造总局，主持天津机器局，掌握着国家军事工业。后相继创办了轮船招商局、开平矿务局、电报总局等一大批民用工业。此外，他还创建铁路，兴办学校，派遣留学生，使中国艰难地向近代化道路迈进。

几千年来，中国国家安全的威胁主要来自北部内陆边疆，而19世纪中期以来，危机起于大海，李鸿章认识到此为3000年未有之大变局，因而奋起筹建海军，经数年经营，建立起北洋、西洋、福建三支海军，李鸿章本人操纵着实力最强的北洋海军。甲午战争前，这支海军曾是中国海疆之保障。

名人档案

姓　名	李鸿章/字子黻/别名少荃
生卒年	1823～1901年
祖　籍	安徽合肥
身　份	洋务派和淮军首领

传世名言

今……实唯数千年来未有之变局。轮船电报之速，瞬息千里……而我犹欲以成方制之，譬如医者疗疾，不问何症，概投之以古方，诚未见其效也……若非朝廷力开风气，破拘挛之故习，求制胜之实济，天下危局，终不可支，日后乏才，且有甚于今日者，以中国之大，而无自强自力之时，非唯可忧，抑亦可耻。

名人逸事

有一次外务部举行联欢晚会，一个地方官向李鸿章恭敬行礼，李鸿章却下巴朝天，装作没有看见，实在是太傲慢了。辜鸿铭看不过去，上前对李鸿章说："我听说大人的身体欠安，不知道哪里不舒服？"李鸿章说："胡说，这都是谣言！"辜鸿铭却认真地说："不不不！在我看来，大人确实有病，是眼病。要不怎么没有看见刚才请安的人，恐怕已经很严重了。难道大人还不知道？"李鸿章这才明白过来自己被骂了。

办理外交,力撑危局。晚清政府极端腐败,对外的中法战争、甲午中日战争、八国联军侵华战争,一次比一次败得惨。列强因此视中国为病夫,争相宰割。李鸿章站在外交的最前沿与虎狼周旋,他被迫先后与列强订立了《烟台条约》《中俄密约》《辛丑条约》一系列决定国家命运的不平等条约。

在办理外交的过程中,李鸿章以保和局为目的,以退让为原则,以利用外部矛盾为手段,虽为中国争取一定利益,却丧失了众多主权,非但不能改变危机日甚一日的大趋势,反而加深了危机。

李鸿章的一生,带有鲜明的时代烙印,他是中国洋务的先驱,外交的奠基者,生前死后都备受争议。有人用"将倾大厦的裱糊匠"来比喻他,还是比较准确的。

· 清末维新运动的发起者 ·

康有为

康有为像

名人档案
姓　名　原名祖诒/字广厦/号长素
生卒年　1858～1927年
祖　籍　广东南海
性　格　偏执/狂傲/深刻/睿智
身　份　晚清思想家/维新运动领导人

康有为出生于官僚地主家庭,11岁父亲去世,随祖父读书,深受程朱理学的熏陶。他博览群书,受到良好的传统教育,功底很深。在清政府发行的官署的《邸报》中,康有为了解到京师风气和早期维新派的政论。1879年,康有为游历香港,接触到《西国近事汇编》和《环游地球新录》两书,开始关注西方的文明制度和政俗习惯。3年后又到上海,多方求购西学书籍,深入研读之后,深感"西人治术之有本",思想上萌发了学习西方,进行维新变法的要求。

中法战争爆发后,中国不败而败。康有为开始把拯救民族危机、抵御外来侵略、学习西方之长、实行维新改革看成自己的责任。1888年,到北京参加顺天乡试时,康有为写下长达5000言的《上清帝第一书》,他提出"变成法,通下情,慎左右"的建议,希望清政府实行改革。

1891年,康有为在万木草堂开始讲学。他认为治学莫大于救国,于是,他将学术研究同政治改革密切结合起来,致力于培养维新人才,用爱国主义精神教育学生,他要把学生引导到维新变法的轨道上来。在讲学过程中,康有为写成了两部理论著作《新学伪经考》和《孔子改制考》。这两部书表面上是历史考证的著作,实际上是戊戌变法的理论著作。

1895年春夏之交,康有为和弟子梁启超召集1300名举人联名上书,提出"变法成天下之治"的主张,坚决反对李鸿章与伊藤博文签订丧权辱国的《马关条约》,这就是著名的"公车上书"。从此以后,他不仅是变法理论的导师,而进一步成为维新运动的领袖。从1888年至1898年,康有为先后7次上书,设计了一个以君主立宪为主体的救国方案,反复申述和论证了他的政治主张。康有为的第6次上书,即著名的《应诏统筹全局折》,他从事物发展规律的高度,论述变法的必要,从而得出"变法而强,守旧而亡"的结论。这次上书收到了一定的效果,康有为受皇帝之命提出了变法的具体步骤,即"大誓群臣以革旧维新"、"开制度局于宫中"、"设待诏所许天下人上书"三大急务。1898年他又向皇帝呈上一部《日本政变考》,目的是要中国效仿日本明治维新,采纳西政,实行君主立宪制度。

康有为在极力争取皇帝支持,实行自上而下改革的同时,也把目光投向社会。1895年,他领导创建了维新组织强学会,办起《中外纪闻》、《强学报》等维新刊物。1898年4月,以"保国、保种、保教"为宗旨组织起保国会。

1898年6月11日,光绪帝终于采纳康有为的建议,下诏变法。6月16日,在颐和园勤政殿,光绪帝特旨召见康有为。光绪帝命他在总理衙门章京上行走,谭嗣同、杨锐、刘光第、杨深秀等人入军机处任章京担负具体职务,推行新政,为了便利康有为为皇帝出谋划策,光绪又特许他专折奏事。在百日维新中,康有为充当了政治改革方案的设计师,光绪帝发布的一系列新政,基本上是根据康有为等维新人士的改革建议颁行的,其内容涉及政治、军事、经济、文教等各方面。

随着维新运动的深入发展,维新派与顽固守旧派之间的矛盾也日益激化起来,双方争斗越来越激烈。慈禧太后于9月21日发动政变,绞杀了新政。光绪帝被幽囚,康有为、梁启超逃亡国外,谭嗣同、林旭、杨锐、刘光第、杨深秀、康广仁六君子被杀害。变法仅仅持续103天,就以失败而告终,故史称"百日维新"。

变法失败后,康有为在海外流亡了16年之久,他周游列国,继续寻找救国救民的方案。辛亥革命后,康有为在上海担任孔教会会长,创办《不忍》杂志,提倡以孔教为国教。1917年,为支持张勋复辟帝制,康有为来到北京,这次复辟帝制几天工夫便被粉碎,康有为的政治生涯就此结束。1919年的五四运动中,他致电犬养毅,要求日本政府从山东撤军,归还青岛。1922年7月,他怒斥湖南省长赵恒惕分裂国家的所谓"联省自治论"。由于迷信皇权,康有为思想渐趋保守,在海外组织保皇会,与孙中山领导的资产阶级革命派展开了论战。

1927年3月31日,康有为与世长辞,终年70岁。

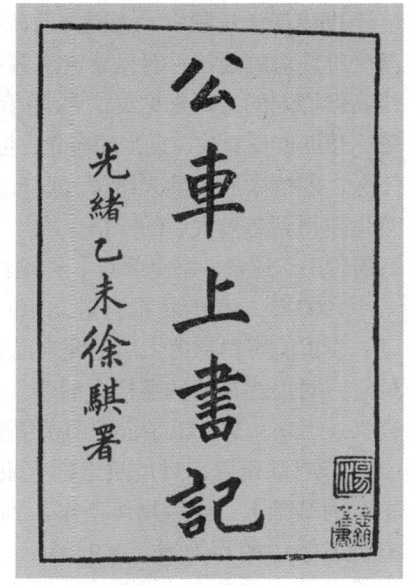

《公车上书记》书影　清

· 背叛民国复辟帝制的窃国大盗 ·

袁世凯

袁世凯出生在河南项城县一个世代官宦的大家族。父祖多为清朝显贵,权重一方。父亲袁保中捐纳同知,未出仕,在家经营田产。生有两女六子,袁世凯为其第四子。

袁世凯早年科举不第,便弃文投军,依附淮军将领吴长庆门下。1892年,朝鲜内乱,求助于清廷,袁世凯即随军入朝平乱。驻朝期间,袁世凯头脑灵活,办事机敏、干练,表现出较高的外交、军事才能,颇为清廷瞩目。1894年受李鸿章保举为驻朝总理大臣。

甲午战争后,清廷酝酿编练新军,他抢先上书朝中权贵,提出训练新军的方案,经多方钻营,得到李鸿章和慈禧太后的亲信荣禄的推荐,被派至天津小站,接管"定武军"10个营,作为编练新军的基础。袁又增募2000人,仿德国军队的编制,组成新建陆军,聘请德国军官进行训练。"小站练兵"奠定了他一生事业的基础。

戊戌变法过程中,为同守旧派抗衡,光绪帝接受维新派的建议,召见袁世凯并特赏候补侍郎。维新派谭嗣同又秘密见袁,要求他率新军入京,除旧党,帮助推行新政。袁当面应允,但随即向荣禄告密。不久,慈禧太后囚禁光绪帝,宣布重新临朝"训政"。袁世凯得到慈禧太后的宠信,次年升工部右侍郎,年底署理山东巡抚,率全部新军至济南,镇压义和团。

1900年,八国联军打进北京,他在济南按兵不动。袁世凯害怕慈禧太后追究自己,为了消除慈禧的疑忌,对出逃在外的慈禧太后非常恭顺,送去大量物资。得到袁世凯接济的慈禧太后,万分高兴。后来,袁世凯亲自护驾送慈禧太后回京,慈禧太后,赏赐袁世凯黄马褂、紫禁城骑马。

袁世凯像

名人档案

姓　名	字慰庭/号容庵
生卒年	1859~1916年
祖　籍	河南项城人
性　格	机变干练/长于钻营/野心勃勃
身　份	北洋军阀首领/中华民国大总统

李鸿章死后,袁世凯出任直隶总督,北洋大臣。袁世凯深知军队的重要性,便在原来军队的基础上,继续增练新军。到1905年之时,已练成6镇(相当于后来的师)新军,使袁世凯手中的兵力增至8.9万人,成为地方上实力最为强大的军阀。清末新政中,袁世凯大展身手,定新法,办教育,开交通,作为良多。

载沣摄政之后,以袁世凯患"足疾"为由,令他罢官休养。袁世凯回到老家河南项城,

名人逸事

袁世凯做皇帝之前，总统府给他特制了一件龙袍，龙袍上有九条龙，蜿蜒全身。袁看了不悦，认为这九条龙是散龙，龙气不团结，于是又命重做一件九条龙团结在一起的龙袍。龙袍做成后，袁试穿了两次，进行登基演习。但到了登基那天，全国讨袁风潮四起，袁不敢穿龙袍，而是穿总统服当了皇帝。袁做了83天皇帝，一直不敢把龙袍穿出来。

袁满57岁生日这一天，特地请来京剧老生刘鸿声给自己唱《斩黄袍》，他很欣赏刘的唱功，心想自己的龙袍虽好，但没机会穿出来，于是就把龙袍送给了他。从此，刘鸿声外出唱《斩黄袍》，就穿袁大总统送给他的龙袍，一时名声大噪，观众都前来观看袁的龙袍究竟是何等豪华。

1909年，又隐居彰德府北门外的洹上村，自号"洹上钓叟"，显现出一副闲云野鹤的姿态。1911年10月10日武昌起义爆发后，北洋军队不听调动，清廷不得已让袁世凯再次出山。此后，袁世凯利用手中的权力和军事力量，左右着清王朝和当时的局势。

辛亥革命后，袁世凯一面以兵力威胁革命军，一面又利用革命军要挟清廷，企图居间获利。由于当时革命军的实力不足，孙中山不愿内战延长，乃以清帝退位、赞成共和、遵守约法为条件，同意把临时大总统职位让给袁世凯。袁世凯夺权后，不断加强独裁统治。最终于1916年元旦宣布改元洪宪，正式称帝，恢复了已被推翻的帝制。袁世凯恢复帝制不得人心，遭到全国上下一片反对。在全国的反袁浪涛声中，袁世凯被迫取消帝制。袁世凯一共只做了83天的皇帝。1916年6月6日，因尿毒症不治，死于北京，时年57岁。同年8月24日正式归葬于河南安阳。

· 努力学习，坚持锻炼·

竺可桢

竺可桢出生在浙江绍兴东关镇的一个粮商家庭。

他小时候天资不错，勤奋好学，2岁就能认字，4岁时能认两千个字。6岁那年，父亲请章镜臣先生做他的私塾老师。章先生学问极高，而且以严厉著称。但他从没有对竺可桢发过火，因为小可桢对自己的要求比老师的要求还要高，总是主动完成更多的功课。他练习写作文时，往往是写了一遍，觉得不够好又重写一遍，直到自己满意了才停笔。

小可桢学习太用功了，读起书来就忘记时间。母亲怕他累坏了身子，经常用陪学的办法使他早点休息。一天晚上，当他准备上床睡觉时，外面院子里的大公鸡已经开始"喔、喔"地叫了。天快亮了，他不想让母亲一直陪自己，因为母亲白天干活，晚上还得陪自己读书实在太辛苦了。

名人档案

姓　名	竺可桢
生卒年	1890～1974年
籍　贯	浙江省绍兴
职　位	中国科学院副院长
毕业院校	哈佛大学
家庭背景	出身于小商人家庭

竺可桢像

竺可桢便草草地把书桌收拾了一下,和衣睡下。可是,等母亲睡熟了,他又轻轻地爬起来,背诵昨天老师教的国语课文。天长日久,竺可桢积累了愈来愈丰富的知识。上课时,老师提出的问题,他总能对答如流。

他不满足于已有的学习成果,而是热衷思考各种问题。他的家乡雨水较多,屋檐上总是滴水,落在下面的石板上发出"滴答!滴答!"的悦耳响声。下雨天,出不去。竺可桢就爱站在一旁数那滴答作响的水滴,数着数着,他像发现了奇迹一般,眼睛出神地盯住石板。他心里纳闷:这些原本很光滑的石板上怎么会有一个一个的小水坑呀,而且水滴正好滴在小坑里。再看旁边的几块石板,也都有同样的情况。他赶忙跑去请教父亲。看着儿子惊讶的样子和求知的眼神,父亲的脸上浮现出慈祥的笑容。

他听完了儿子的陈述,耐心地向他解释说:"小熊(竺可桢的小名)啊,这就叫做'水滴石穿'呀!"竺可桢迫不及待地打断父亲的话:"柔软的水滴怎么能弄穿坚硬的石头呢?"父亲语重心长地说:"别看一滴一滴的雨水没有什么棱角,很柔软,但是,天长日久,坚硬的石板就被滴出小坑了。读书、学习,办其他的事情,都是这个道理,只要你能持之以恒,就会有所成就。"竺可桢把这件事深深地记在心里。从此,"水滴石穿"成了他的座右铭。他一直用这句话激励自己,学习成绩也一直名列前茅。

1905年,竺可桢从章老先生那里出徒,考入上海的澄衷学堂。当时,父亲的粮栈生意很惨淡,家里的经济异常拮据。他觉得儿子已经长大,也学到一些本领,帮着自己管管账,打理一下生意绰绰有余,于是不打算让他继续读书了。他找到竺可桢跟他商量这件事,竺可桢坚决不同意,要求

竺可桢塑像

中国名人

名人逸事

《竺可桢全集》共计20卷、1300余万字。该书分为两大部分，一是各种文稿和信函，其中包括学术论文、科普文章，以及工作报告、思想自传等；二是日记，即保存长达38年之久的日记。书中的内容全部是按年代顺序排列，未分文章类别。通过这本书，人们不仅可以看到大量科研成果，还可以看到一位满怀科学救国理想、忧国忧民的知识分子形象及其身上鲜明的时代烙印。

继续上学。父亲没想到儿子态度这么坚决，就生气地说："这个家到底是你说了算，还是我说了算？"竺可桢也不示弱："在家里是你说了算，但我已经长大了，有权在决定前途命运的问题上做出自己的决定。现在，我们的国家贫穷落后，备受欺凌，只有上学读书，才能学到大本领，让祖国繁荣富强起来……"父亲十二分的不耐烦，说："你不要跟我说这些没用的，我只知道干活，挣钱，吃饭。"见父亲这样说，竺可桢又驳道："当初，是你给我讲水滴石穿的故事，告诉我做事情要持之以恒的道理。现在，学还没有上完就叫我退学的，也是你。"这句话让父亲哑口无言，但还是不松口。后来，在章老先生的劝说下，父亲才勉强同意了竺可桢的请求。

在澄衷学堂期间，竺可桢深知学习机会来之不易，加倍地努力学习，每门功课都很优秀。由于过度劳累，他的身体瘦弱不堪，而且经常得病。同班同学胡适讥笑说他顶多活20岁。这虽然是一句玩笑话，但竺可桢把他记在心里。从那以后，他坚持锻炼身体，风雨无阻，从不间断。这样，他的身体一直很健康，为日后从事科学事业创造了良好的条件。

· 知错就改，敢作敢当 ·

郭沫若

郭沫若出生在四川乐山。他的父亲郭朝沛特别擅长理财，郭家在当时是远近闻名的大财主。他们家的后园里有一座家塾"绥山山馆"，郭家的孩子们都在那里接受启蒙教育。郭沫若5岁的时候，父亲便带他去拜师：先是点燃一对大红的蜡烛，烧三炷香，然后是父亲按住他，在孔子的牌位前磕几个响头。他还在莫名其妙地东张西望呢，就已经完成了当地人称为"穿牛鼻"的拜师仪式。

家塾中总共有10多个孩子，数郭沫若最聪明，也数他最顽皮。刚上学，觉得新鲜，他主动去书房，可是不到4天就逃起学来。郭家家教严，逃学肯定是不行的，他在小伙伴们一片"逃学狗，逃学狗"的讥笑声中，被父亲呵斥着重新回到书房。没过多久，他又在书房里变

郭沫若像

名人档案

姓　名	郭沫若
生卒年	1892~1978年
籍　贯	四川乐山
职　位	中科院院长
毕业院校	日本九州帝国医科大学
个人爱好	诗词、书法

着法儿捣乱。私塾先生见了，嘴里说着"不打不成人，打到做官人"，手里的板子就落到郭沫若的头上。不一会儿，他的头上便浮出许多包。他回家向母亲哭诉，母亲心疼得不得了，一边用手轻轻地抚摸着伤处，一边教育他要听老师的话，好好学习。

在严师与慈母的教育下，郭沫若很快对读书产生了兴趣。他发蒙时读《三字经》，之后读四书五经，还有唐诗、宋词和古文。《唐诗三百首》《千家诗》等，他都熟读成诵，尽管其中有的篇章他不理解，但这为他的旧学打下了牢固的基础。郭沫若脑子好使，一点就透，常常受到私塾先生的夸奖，但有时候也很淘气，让先生没辙。

有一次，他与小伙伴们在一座寺庙附近玩耍，忽然见寺内桃树伸出墙外的枝头上挂满了又红又大的桃子，就想摘几个吃。他们从墙角的狗洞爬进去，到树上捡最好的摘了几个。这时，老和尚远远地赶了过来，但哪里追得上这群孩子，于是到私塾先生那里告了一状。第二天，先生怒气冲冲地追问是谁偷吃了桃子。孩子们面面相觑，不敢吱声。先生说："我出一副对联，你们谁能对上下联，就免罚。否则，挨个打板子。"先生的上联旨在挖苦偷桃的孩子，说："昨日偷桃钻狗洞，不知是谁？"孩子们纷纷把目光转向郭沫若，因为平时数他最聪明。他也不含糊，开口答道："他年攀桂步蟾宫，必定是我！"古人用"攀桂"和"步蟾宫"比喻考中状元，形容大有作为。郭沫若的下联诙谐地回答了先生："昨日偷桃吃的是我，将来有所作为的也是我。"

先生为郭沫若的聪明机灵由衷地感到高兴，但脸上丝毫没有表现出来。他沉着脸训斥道："为人做事，光有远大的志向还不够，还得有高尚的品质。做人要光明磊落，诚实不欺，知错就改。人只有不断上进，求取新的知识，同时保持谦虚的品格，才能有长足的进步。你明白吗？"郭沫若响亮地答道："谢谢先生的教诲，我记住了！"从此以后，郭沫若学习上更用心了。

郭沫若手迹《题蒲松龄故居对联》
联上书：写鬼写妖高人一等，刺贪刺虐入骨三分。

名人逸事

《女神》是一部现代诗集，也是郭沫若新诗的代表作，初版于1921年8月。该诗集包括作者1916～1921年的56首新诗和1首序诗。其中五四运动以前的诗多表现诗人对民族苦难的忧伤和疾愤，格调哀婉低沉；五四运动以后的诗多以爱国主义为主题，诗风变得雄浑豪放。《女神》表现出作者对旧社会彻底的叛逆精神和对未来的殷切期待。它以浪漫主义的艺术风格为新诗开拓了新的天地，成为中国新诗走向成熟的里程碑式作品。

他白天读经，晚上诵诗，隔几天还要上一次诗课，内容是对对子或者是学做试帖诗。那些绝句呀、律诗呀，韵脚限制得非常死，开始，郭沫若一见到这些就觉得头昏脑涨。久而久之，反而不再对它们那么反感了。9岁时，郭沫若开始学着作五言、七言诗，并且很快喜欢上了王维、孟浩然、李白、柳宗元，却不喜欢杜甫，"更有点痛恨韩退之"。10多岁的时候，他开始读一些现代书刊，再读那些深奥的古书也觉得比以前更有条理了。

郭沫若13岁考入乐山县高等小学，后来赴日本留学。当时的日本，正在走向极端反动，而郭沫若又是一位革命者。他到日本时间不长就被捕了，后来虽然获得释放，但一直受到军警的监视，心理压力非常大。同时，他在经济上也很困难，主要靠发表文章获得微薄的稿费为生，有的时候穷得连纸和笔都买不起。就是这样穷困，他也没有选择沉沦。他怀着对祖国要有所贡献的赤子之心，把大部分精力都倾注到历史和古文字的研究中。

他在甲骨文、金文的研究中取得巨大成果，并推动了整个学科的发展。他运用历史唯物主义观点研究中国古代历史和古文字学，著有《中国古代社会研究》《甲骨文字研究》等著作，成绩卓著，开辟了史学研究的新天地。此外他还著有剧作《棠棣之花》《屈原》等，也是现代文学史上的名作。

· 兼容并包开一代新风的教育家 ·

蔡元培

蔡元培生于1868年，1885年中秀才，1889年中举人，第二年会试中贡士，1892年中进士，入翰林院。26岁时，深受帝师翁同龢赏识，成为"声闻当代，朝野相结纳"的士大夫。戊戌变法运动被镇压后，蔡元培决定从培养革新人才入手以改变中国现状。1898年9月，蔡元培毅然辞官，开始了反清革命和教育救国的生涯。1902年，蔡元培在上海创办中国教育会，鼓吹革命，接着，他创办学校、报刊，大力宣传革命思想，成为上海知名的革命人士。1904年，光复会成立，蔡元培被推为会长，并于次年赴东京参加同盟会成立大会，并被任命为上海分会会长。1907年，蔡元培赴德留学。

1912年，蔡元培被任命为南京临时政府教育总长。将

名人档案

姓　名	字鹤卿/号子民
生卒年	1868～1940年
祖　籍	浙江绍兴
性　格	博大宽厚/深沉挚热
身　份	中国近代杰出教育家

蔡元培像

教育分为政治的和非政治的两类,并特别重视美育,是蔡元培教育思想的重要特点。就任教育总长后,蔡元培立即着手制定民国教育方针,除重订学制外,还在文化教育领域首倡反对尊孔读经,罢尊孔拜教,小学废止读经,大学取消经科。他彻底否定了封建教育中"忠君""尊孔"的内容,提出国民主义教育、实利主义教育、公民道德教育、世界观教育和美感教育五项教育方针。他是我国第一个把美学理论应用于教育的人,后来又提出"以美育代宗教"的著名口号。

1916年底,蔡元培应邀任北京大学校长。他以"思想自由"、"兼容并包"为办学方针,并向学生约法三章:抱定宗旨,"以研究学术为天职";砥砺德行;敬爱师友。蔡元培揭开了北大历史的新篇章,造就了一个全新的北大。

蔡元培聘用进步学者陈独秀、李大钊、胡适、刘半农等来北大任教的同时,他也不排斥有学术造诣的旧派人物如辜鸿铭、刘师培、黄侃等。他还整顿教师队伍,裁汰不合格的教员,延聘有真才实学的名家。

为营造浓厚的学术空气和"活泼的精神",他鼓励学术研究,提倡社团活动。在他的亲自发动和帮助下,各种学术团体和社会团体在北大校园竞相涌现。为将学校办好,他还改革领导体制,实行民主办校、教授治校,设立由校长、各科学长和主任教员等人组成的评议会为最高立法机关,各科教授会规划各科教学工作,以及由各科教授会主任组成的校教务处领导全校教学工作。"五四"运动前后,蔡元培提倡平民教育,设立平民夜校。同时,蔡元培还提倡女权,赞同大学开放女禁,开创了大学男女同校的先河。

在蔡元培的努力下,北京大学焕然一新,成为五四运动的摇篮和中心,马克思主义在中国的发源地,北大成为举世闻名的现代高等学府。

蔡元培在献身科学教育事业的同时,仍积极参加反对卖国独裁、反对外国侵略的斗争。五四运动中,他热情支持学生的爱国行动,并多方奔走营救被捕学生。

1927年春,蔡元培受国民政府之命主持创立了中央研究院,共建立9个研究所和一个博物馆。他还亲任院长之职,仍以"兼容并包"、"民主治院"为办院方针和治院方法,聘请国内最优秀的科学家和学者为研究员。中研院的成立,不但使中国第一次有了全国性的科研机构,也使中国科学逐渐摆脱了单纯介绍西方科技成就的局面,开始有了自己的科研成果,有的还达到世界先进水平,并为我国科技事业的发展积累了经验,培养了人才。

1940年3月5日,蔡元培在香港去世,全国各界同声哀悼。国民政府颁布了褒扬令,蒋介石发了唁电并亲自参加公祭。中共中央和毛泽东也从延安发了唁电,称他是"学界泰斗,人世楷模"。

传世名言

路不并,不必相悖;道不同,不必相害。
思想自由,兼容并包。

名人逸事

蔡元培任北京大学校长时,有次他突然问学生:"5加5是多少?"学生以为校长所问必有奥妙,都不敢作答。好一会,才有一个学生率直地说:"5加5等于10。"蔡笑着说:"对!对!"并鼓励说:"青年们切不要崇拜偶像!"

·中国新文学的旗手·

鲁 迅

鲁迅出生于没落的旧官僚的家庭,聪明好学,兴趣广泛。少年时,除了在绍兴三味书屋读过《四书》、《五经》外,他对具有优秀传统的民间艺术,像戏剧、传说故事等都颇为喜爱。1898年春,17岁的鲁迅考入南京江南水师学堂学习,几个月后,转到江南陆师学堂的路矿学堂学习。1902年4月,鲁迅以优异成绩毕业于路矿学堂,获得了官费留学日本的机会。

到日本后,鲁迅首先选择学医,但发生在仙台医学专科学校的"幻灯片事件",使鲁迅感到"中国人的病不在身体上,而在精神上"。他果断做出弃医从文的决定,离开仙台,来到东京。鲁迅的选择影响了他的一生,也影响了中国现代文学史的格局和进程。

1909年8月,鲁迅从日本回国,先后应邀在杭州的浙江两级师范学堂和绍兴府中学堂执教,还曾应蔡元培之请在教育部任职。1918年,鲁迅在《新青年》发表了中国现代第一篇白话小说《狂人日记》。小说通过对"狂人"的心理描绘,形象地揭露和控诉了中国几千年"吃人"的历史,堪称五四运动中反封建的最强音。

从此,鲁迅一发而不可收,以揭露封建社会黑暗、封建礼教吃人为主题的作品接二连三地问世,《孔乙己》、《药》、《一件小事》、《故乡》、《阿Q正传》等相继发表。在《孔乙己》中,鲁迅成功地塑造了一个受科举考试制度毒害而沦落的读书人的形象;《阿Q正传》通过阿Q这样一个生动不朽的典型形象,深刻地揭示了辛亥革命必然失败的原因,反

鲁迅像

名人档案

姓　　名	原名周树人/字豫才
生卒年	1881～1936年
祖　　籍	浙江绍兴
性　　格	有骨气/尖刻/睿智/敏感
身　　份	中国现代文学的旗手/文学家

名人逸事

鲁迅讲课喜欢创造和谐的课堂气氛。20世纪20年代,他在北京大学给学生讲《中国小说史略》中的《红楼梦》时,曾有过这么一段有趣的故事:一次,他提问学生:"你们爱不爱林黛玉?"话音刚落,就有许多学生不假思索地信口回答。而其中却有一个学生反问道:"周先生,你爱不爱?"

这时,鲁迅先生并不以为有失"师道尊严",而是毫不迟疑地回答:"我不爱。""为什么不爱?"那个学生又反问一句。"我嫌她哭哭啼啼。"鲁迅先生风趣地回答,顿时引得同学们哈哈大笑。

在笑声中,他又侃侃而谈,循循善诱地引导学生去分析林黛玉的性格特点等新知识了。

> **传世名言**
>
> 横眉冷对千夫指,俯首甘为孺子牛。
> 吃进去的是草,挤出来的是奶。
> 不在沉默中爆发,就在沉默中灭亡。
> 我以我血荐轩辕。
> 于无声处听惊雷。

映了处于长期封建统治下的农村社会的劣根性和下层农民的愚昧现状。

1923年9月,鲁迅出版了小说集《呐喊》,将《狂人日记》、《药》和《阿Q正传》等14篇短篇小说收入其中。三年后,鲁迅又出版了《彷徨》,收有《祝福》等11个短篇。

除了小说外,鲁迅也写了大量散文、散文诗以及杂文。如《朝花夕拾》、《野草》等。作为一个学者,他还研究中国古代文化,撰写了极具见地和极高史料价值的《中国小说史略》。

1927年10月,鲁迅到上海,专事著述,这期间先后主编了《语丝》、《奔流》和《朝花》等文艺刊物。在阅读并翻译马克思主义文艺理论书籍的过程中,鲁迅的思想发生了很大的变化,他明确地肯定了文化起源于劳动,人民群众是文化的创造者。1930年初,鲁迅参加了中国共产党领导的秘密政治团体"中国自由运动大同盟",发表著名的讲话《对于左翼作家联盟的意见》,成为"中国左翼作家联盟"事实上的盟主。1931年2月,柔石等"左联"五烈士被害,鲁迅怀着悲愤的心情写下了《黑暗中国的文艺界现状》、《中国无产阶级革命文学和前驱的血》,针锋相对而又巧妙地同国民党当局对革命文化的疯狂"围剿"进行不屈的斗争。

在鲁迅的作品中,随处可见他的战斗精神以及他对中国黑暗社会的种种丑恶现象无情的批判,他的作品的思想性和艺术性均达到了炉火纯青的境界。

1936年10月19日,鲁迅逝世。上万人自发地为鲁迅先生举行了庄严隆重的葬礼,在棺盖上,民众代表为他覆上了"民族魂"的大旗。"鲁迅是一位为了中华民族新生而奋斗终生的文化巨人",这是人民大众给他的最恰当的评价。

·谦虚好学的京剧大师·

梅兰芳

梅兰芳是著名的京剧表演艺术家。他小时候学习非常刻苦,眼睛有轻度的近视,眼珠转动也不是很灵活,有时候还迎风流泪。但是,运用眼神顾盼传情是戏曲演员表情达意的重要手段。因此,梅兰芳经常为自己演出时眼神不好而忧心忡忡。

后来,他听友人说养鸽子有利于锻炼身心,就试着养了几对。从此,每天清早,他就起床去给它们喂食,然后放飞。鸽子愈飞愈高,愈飞愈远,梅兰芳就站在鸽棚旁,眼睛随着鸽子的飞动而转动,尽力追踪愈飞愈远

> **名人档案**
>
> 姓　名　名澜,字畹华
> 生卒年　1894~1961年
> 祖　籍　江苏泰州
> 性　格　执著、坚毅、虚心、好学
> 家　庭　出身于梨园世家

民国初年的梅兰芳
民国时期，梅兰芳以自己精湛的演技征服了一个时代。

的鸽群，直至鸽子消失在天际。几个月下来，梅兰芳的视力大有长进，不知不觉地眼珠转起来也更灵活了，近视的毛病也没有了。梅兰芳从此以后更加喜欢养鸽子了，他的鸽子由开始的数对渐渐增加到三百余只。

除了养鸽子，梅兰芳还养花，他主要养牵牛花。牵牛花色彩鲜艳，千变万化，让人目不暇接。一天，他在欣赏牵牛花时，猛然联想到自己在演出时头上戴的翠花、身上穿的行头。因为它们要搭配颜色，这向来是个相当繁杂的课题，而牵牛花千变万化的色彩告诉梅兰芳，哪几种颜色配合起来鲜艳夺目，哪几种颜色配合起来素雅大方，哪几种颜色不能搭配。

从此，梅兰芳迷上了种牵牛花。他不仅在住宅庭院里栽种、精心养护，还读了许多关于牵牛花的书籍。他家院子里的牵牛花越来越多，他演出时头上戴的翠花、身上穿的行头的色彩也越来越多，搭配得也更为得体。观众们所见到的梅兰芳饰演的角色也更加绚丽多姿。

在努力提高舞台表演技巧的同时，梅兰芳还十分注意提高自己的艺术修养。因此，他特意学习绘画，还对同行们说："从事戏曲表演的人要学习绘画，这样能够提高自己的艺术修养，改变自己的气质。我们应从画中吸取养料，把它运用到表演中去。"为了学好绘画，梅兰芳拜著名画家齐白石、丰子恺、陈师曾、吴昌硕、刘海粟等人为师，并且非常尊重他们。

有一次，友人宴请宾客。在场的宾客多为达官显贵，只有齐白石一个人衣着俭朴，显得有些寒酸，因此被众人冷落。不一会儿，主人满面春风地携着梅兰芳走进客厅。满座宾客一见梅先生，都争先恐后地与他握手。梅兰芳正在与众人寒暄之际，突然瞥见齐白石孤零零地坐在角落里，立即挤出人群向他走去，恭敬地叫了一声："老师！"之后便与齐白石先生攀谈了起来。

这使在座者大受感动，人们无不钦佩梅兰芳高尚的德行。齐白石特地画了一幅《雪中送炭图》赠给梅兰芳。还有一次，梅兰芳在一个堂会上演出，发现身着布衣粗服的齐白石坐在后排，就亲自把他搀到前排。众人不理解，梅兰芳大声地解释说："这是名画家齐白石先生，我的老师！"

梅兰芳为了提高自己的表演水平，想尽一切办法。最初，他对自己表现女人吃惊时的情态很不满意，尽管多次揣

梅兰芳剧照
此照为梅兰芳在《御碑亭》中饰孟月华的扮相。

> **名人逸事**
>
> 1937年卢沟桥事变之后，中日战争全面爆发，梅兰芳做出了不到战争结束决不再登台演出的决定。不久，梅兰芳留起小胡子出现在大众面前。直到抗战胜利那一天，他一直没刮掉小胡子。不演戏致使梅兰芳家里的经济状况异常拮据。另外，他除了要照顾自己一家人之外，还要维持整个剧团30多人的生活。为此，他不得不把北京的住宅卖掉。在这种情况下，许多戏院的老板找他说，只要他剃掉胡子，登台演出，立即以百金相送，但梅先生不为所动。

摩，反复试验，还是不能将其恰如其分地表现出来。

一天，他回到家中，看到妻子正在认真地整理衣服。他灵机一动，顺手抄起身旁的兰花瓷盆，狠狠地摔在地上。"咣当"一声巨响，妻子被吓得惊叫一声："哎呀！"情急之下竟将手中的衣服掷出老远，半晌没说出话来。梅兰芳在那一瞬间准确地捕捉了妻子的神情和动作。之后，他据此反复琢磨、练习，将女人受到惊吓时的那种张皇失措的神态，巧妙融进有关的戏曲表演中，将剧中人物刻画得更加活灵活现。

梅兰芳对自己的表演技艺要求精益求精，经常说："说我不好的人，才是我的老师。"有一次，他刚演完自己的拿手好戏《杀惜》，却发现后排的一位老先生连连摇头。散场以后，他找到老人，恭敬地说："说我不好的人，才是我的老师。先生必有高明的见解，请赐教。"这位老先生见梅兰芳如此诚恳，便说："剧中人阎惜姣上楼与下楼的台步按规矩都是七上八下，你为何演成八上七下？"梅兰芳恍然大悟，深感自己的疏忽，连声称谢。

后来，梅兰芳每到该地演出，必然请这位老先生前排就坐，看戏指教。梅兰芳总是能够虚心接受他的意见和建议。经过长时间的虚心求教、刻苦磨练，梅兰芳的演技达到炉火纯青的地步。

· 自古雄才多磨难 ·

徐悲鸿

名人档案

姓　　名　徐悲鸿
生卒年　　1895～1953年
籍　　贯　江苏宜兴
职　　位　中央美术学院院长、全国美术工作者协会主席
毕业院校　巴黎高等美术学校
家庭背景　出身于丹青世家
个人爱好　绘画

徐悲鸿出生在丹青世家。父亲徐达章是一名小有名气的民间画师，经常以授徒和鬻字卖画贴补家用。家里到处悬挂着父亲的字画。儿时的悲鸿耳濡目染，逐渐对书画产生了浓厚的兴趣，但学画的请求却遭到了父亲的拒绝。两年后，9岁的徐悲鸿才如愿以偿，跟父亲学习绘画。

父亲对他要求非常严格，让他每天下午临摹一幅吴友如的人物画，并学着设色。从此，徐悲鸿与书画结下了不解之缘。当时，民间画匠地位很低，收入十分微薄，但他乐在其中。正当徐悲鸿陶醉于绘画艺术中的时候，灾难和不幸接二连三地向他袭来。1908年,徐悲鸿的家乡暴雨成灾。年仅13岁的徐悲鸿与父亲沦为流民,父子二人不得不到邻近的县镇鬻字卖画,维持生计。不久,徐达章又身染重病,徐悲鸿搀扶着全身浮肿的父亲回到家乡。

时间不长,父亲病逝,家里竟连安葬费都凑不齐。无奈之下,徐悲鸿含泪向亲戚朋友借钱。可是,眼看着徐家陷入了绝境,原来的亲朋故旧竟然都不管不问。后来,还是热心的陶留芬先生送来了一些钱,并且亲自帮助他安排了丧事。父亲去世后,徐悲鸿成了家里的顶梁柱,19岁的他过早地体会到人生的艰辛和世事的无常。

徐悲鸿创作像

为了养家糊口,他决定到上海去谋求出路。当时,他的同乡徐子明先生任教于上海的中国公学。徐先生很欣赏徐悲鸿的才干,把他推荐给复旦大学校长。开始,校长答应为他安排一个工作,但见到一脸孩子相的徐悲鸿时,就犯了嘀咕。他私下里对徐子明说:"这个人分明还是个孩子,怎么能工作呢?"几天之后,徐子明到北京大学教书,徐悲鸿工作的事也就没有了回音。天气愈来愈冷,徐悲鸿仅有的一点路费很快就用光了。因交不起房钱,他被旅馆老板赶出了大门。他在极度失望中回到了家乡。

然而在贫穷的农村,他的画更是无人问津。思来想去,他还是决定去上海寻找出路。1915年夏,徐悲鸿怀揣徐子明的介绍信前往商务印书馆,求见《小说月报》的主编恽铁樵。恽铁樵看了他的几幅作品和徐子明的介绍信之后很满意,答应让他为小学教科书画插图。第二天,当他兴冲冲地来到商务印书馆上班时,却被告知国文部的另一个主管认为他

群奔 徐悲鸿
徐悲鸿生平酷爱画马,他把奔腾不息、激昂飞扬的民族精神都融入到了画中。

风雨鸡鸣　徐悲鸿

此图作于 1937 年，其时目睹祖国满目疮痍，时局危急，徐悲鸿创作此画，并以《风雨鸡鸣》题之，寄寓了他渴望祖国强盛起来的强烈愿望。

的画不合格。刚刚燃起的希望之火又被无情地浇灭了，徐悲鸿有些绝望。他踉踉跄跄地跑出大门，一直跑到黄浦江边，看着滚滚东去的江水，真想纵身一跃，一了百了。

正在彷徨之际，突然有人拉住了他的胳膊。这人就是商务印书馆里的小职员黄警顽。徐悲鸿离开商务印书馆时绝望的样子使善良的黄警顽放心不下。他尾随徐悲鸿来到黄浦江边，见他要寻短见，赶忙制止了他。黄警顽将他带回自己的住处，徐悲鸿暂时有了栖身之所。

终于有一天，黄警顽帮他找到一份工作，是为中华图书馆出版的一套体育教材《谭腿图说》配图。徐悲鸿欣喜若狂，几天工夫就把 100 多幅图全部画好。不久，他得到一生中卖画的第一笔收入——30 元稿酬。生活上出现转机，徐悲鸿变得开朗起来。在黄警顽的引荐下，他携带作品拜访了著名油画家周湘，并得到周先生的赏识。周先生让他欣赏了自己收藏的书画作品，这令徐悲鸿眼界开阔了许多。

后来，徐悲鸿获得了公费留法学习的机会，并于 1919 年开始了自己的欧洲游学生涯。在欧洲，他一呆就是 8 年。其间，他参观临摹了许多名画，遍访名师，学习绘画技艺。当他回国时，画艺已有了长足的进步。

1939 年，徐悲鸿应邀至印度举行画展，并游历了喜马拉雅山的大吉岭。他在那里看到了许多罕见的高头、宽胸、长腿、皮毛光亮的骏马，并且经常骑着

徐悲鸿之子徐庆平博士为各界观众导览徐悲鸿的艺术作品

> **名人逸事**
>
> 徐悲鸿纪念馆是一座展示徐悲鸿先生生平活动、作品及收藏品的社科类人物纪念馆。它原位于北京市东城区受禄街，1954年对外开放，后因修地铁拆毁，20世纪70年代于西城区新街口重建，1983年1月重新对外开放。该纪念馆是一座典雅的灰绿色二层楼房，拥有7个展室和1个序厅。展厅内陈列许多徐悲鸿先生的不朽艺术作品。这些作品大都洋溢着高尚的民族精神。他笔下的骏马就寄托着作者丰富的情感，表现了令人振奋的战斗精神。

这样的骏马远游。他逐渐熟悉了马剽悍、勇猛、驯良、耐劳、忠实的性格，掌握了马最美的神态。徐悲鸿大量写生，逐渐画出了马的气质和活力，进而塑造出千姿百态的奔马，并达到了"尽妙"的境界。

·少年立志造大桥·

茅以升

著名桥梁专家茅以升出生在秦淮河畔的镇江。

南京秦淮河上有座文德桥，这里在古代是最繁华的地方。清末以来，每年端午节秦淮河上都要举行划龙船比赛，周围的人们争先恐后地到文德桥上看龙舟竞渡。茅以升10岁那年的端午节前一天，几个小伙伴就与茅以升约好次日同到秦淮河上看赛龙舟。

不料，第二天茅以升的胃疼得厉害，没有去成。他只好请小伙伴们看完以后把赛龙舟的情况告诉他。那天，秦淮河上彩旗招展，锣鼓喧天，人声鼎沸。一百多条龙舟一字儿排开，船两侧坐着划船手，他们一个个摩拳擦掌，严阵以待。当时观看龙舟竞渡的人太多了，河岸边挤得水泄不通。无论大人还是小孩，都想占到一个能看得清楚的地方，文德桥是最理想的位置。当龙舟从文德桥下划过的瞬间，数千人拥向文德桥。正在人们为选手们欢呼加油的时候，文德桥"轰！"地一声塌了下来，许多人跌入水中。

原来，文德桥是座很古老的桥，年久失修，突然遇到挤压，承受不住倒塌了。这时，识水性的人连忙下水救人，赛龙舟的选手也放弃竞赛，加入到救援的行列中。出人意料的重

茅以升像

名人档案

姓　　名　茅以升
生卒年　　1896～1989年
籍　　贯　江苏镇江
职　　位　铁道研究所所长、铁道科学院院长
毕业院校　康奈尔大学、美国加利基理工学院
个人爱好　朗读、背诵

茅以升晚年照

大事故，经小朋友们绘声绘色地描述，让茅以升心情非常沉重。晚上，他躺在床上，浮想联翩，心中暗下决心：将来一定学习造桥，要造出踩不坏、挤不塌的桥。

从此，茅以升只要看到桥，不管是石桥还是木桥，总要从桥面到桥柱看个遍。茅以升上学后，只要看到有关桥的文章、段落，就抄在本子上，遇到有关桥的图画就剪贴起来。几年下来，他竟积攒了厚厚的几大本。中学毕业后，他考入唐山工业专门学校土木系。1916年毕业后，茅以升又获得了官费赴美留学的资格。同年9月，他到美国康奈尔大学报到。不料，该校的注册处主任竟傲慢地说：" 你说的唐山工业专门学校我从来没有听说过，你必须经过考试，合格后才能予以注册。" 茅以升心想：这样也好，我考出一个好成绩叫那些瞧不起中国人的洋人看看，中国人到底是不是孬种。考试结果公布之后，茅以升以优异的成绩被破格注册为桥梁专业研究生。

1917年，茅以升获得康奈尔大学研究院专业硕士学位，两年后获加利基理工学院工学博士学位。他的博士论文在当时具有世界水平，荣获了该学院颁发的金质奖。1919年12月，年仅24岁的茅以升，婉言谢绝老师的挽留，毅然回国到交通大学唐山分校任教。他

武汉长江大桥

大桥是衔接京汉铁路和粤汉铁路、联结武汉三镇的枢纽，由茅以升负责筹划和主持修建，于1957年落成。

茅以升（左）与其他科学家在交谈。

回顾自己的读书生活时曾说："这14年的努力，好比造桥，为我一生事业建造了坚实的桥墩。"茅以升先后任唐山工业专门学校教授、东南大学工科教授兼主任、江苏省水利局局长等职。

茅以升经常想，中国的大江大河上已有许多大桥，但都是外国人造的。比如济南黄河大桥是德国人修的，哈尔滨松花江大桥是俄国人修的，云南河口人字桥是法国人修的……钱塘江大桥，中国人一定要自己修，从而证明外国人能干的事情，中国人也能干，我们不比别人笨。

1933年，茅以升出任钱塘江大桥工程处处长，全面主持修建我国第一座公路铁路兼用的现代化大桥——钱塘江大桥。钱塘江古称"无底江"，就是说江水深，流沙厚，变幻莫测，水流急，冲刷力大。同时，建桥的经费有限，施工期限极其急迫。因此，修建这座桥梁，上下有关的工程必须配套联成"系统工程"，同时动手，一气呵成。茅以升运用自己的学识，发挥工程技术人员甚至于一线工人的集体智慧，解决了一道又一道难题。

当时，每一个桥墩下需要打160根桩，9个桥墩要打1440根桩，若用老办法打，一天只能打1根，光打根桩就得花几年时间。后来，他采用"射水法"打桩，一昼夜能打30

名人逸事

1955年，茅以升出任武汉长江大桥技术顾问委员会主任委员，全权负责筹划和指挥修建武汉长江大桥的工程。1955年9月，大桥正式开工，1957年9月25日正式建成，比原计划提前两年。同年10月15日，武汉长江大桥举行落成典礼。该桥是铁路公路两用的双层钢桁梁桥，下层为铁路桥，宽18米；上层为公路桥，宽22.5米；正桥长1155.5米，连同引桥，总长1670.4米。这座大桥将京汉铁路和粤汉铁路衔接起来，并把武汉三镇联结在一起，确保了我国南北地区铁路和公路网联成一体。

根，大大加快了工程进度。建桥期间，茅以升没有休息日，没有假期。为了监督工程的进度，他经常同工人吃住在一起，甚至下到水深 30 多米的沉箱中查看工程进度。

经过数年的奋斗，我国桥梁史上前所未有的伟大工程终于按期完工。

· 爱书如命 ·

朱自清

朱自清像

名人档案

姓　名　朱自清/号实秋/字佩弦
生卒年　1898～1948年
籍　贯　浙江绍兴
职　位　清华大学中文系主任、西南联大中文系主任
毕业院校　北京大学
个人爱好　古典诗词、美术

朱自清出生在江苏的一个诗书人家。他从父亲那里接受了良好的启蒙教育，养成了良好的学习习惯。很小的时候，朱自清就酷爱读书，四五岁时就能有声有色地背诵唐诗、宋词。

转眼间，朱自清上中学了，并且越来越喜欢读书。当时，家里每月给他一些零花钱，让他买些零食什么的。但是，他从来没用这点钱买过零食，都是攒起来买书。离学校不远有一家广益书局，他是那里的常客。

久而久之，书店的老板都认识这个清瘦的小伙子了。这一天，他又走进了广益书局。书架上一部浅灰色的《佛学易解》引起了他的注意，他取下来看了几页就被吸引住了。1 个小时过去了，他仍然呆呆地站在那里看那本书。"怎么样，想买吗？"店老板走过来不紧不慢地说。朱自清猛地清醒过来，干脆地回答道："想！"但转而他又犯难了，老板早看出了他的心思，说："先拿去看，有钱再付。"朱自清说了声"谢谢！"，兴冲冲地携书出了店门。回去之后，他如饥似渴地读这部书，从此对哲学产生了浓厚的兴趣。

后来，朱自清考入北京大学读书，选择的专业就是哲学。不久，他又喜欢上佛学方面的书了。当时，在西郊卧佛寺、鹫峰寺一带，佛经类的书比较多。他曾到寺内买过《百法明门论疏》、《因明入正理论疏》、《翻译名义集》等。那是一个深秋天的下午，街上就朱自清一人，挟着这些书，行色匆匆地走着。他后来回忆这件事时说："这股傻劲颇有意思。"

1920年，是朱自清在北京大学读书的最后一年。一天，他到琉璃厂一带逛书店。华洋书庄内一部新版《韦伯斯特大字典》让他流连忘返，他仔细看了一眼定价——14元。按理说，对于这部大辞典来说，这个价格根本不算贵，但对于一个正在念书的学生来说却不是个小数目。自己手头没这么多钱，但他又不忍心丢开这本好书，前思后想，一定得把它买下来。

朱自清手迹

当时，朱自清就有一件皮大氅还值点钱。这件大氅是父亲在朱自清结婚时特地为他做的，水獭领，紫貂皮，质量不错。不过，这件大氅是布面，样式有些土气，领子又是用两副"马蹄袖"拼起来的，但毕竟是皮衣。而且在制作的时候，父亲很是费了些心思，东西非常实惠。由于实在舍不得那本"大字典"，朱自清就安慰自己说："先把大氅当了吧，将来肯定能赎回来。"踌躇了许久，他还是将它拿到了当铺。

当铺离学校后门不远，一会儿就到。朱自清兴冲冲地跑到那里，把那件大氅抛给里边的伙计。人家问他要当多少钱，以为他要一个高价。没想到，他仅仅要14元钱。一件紫貂皮大氅当然不止这个价，当铺柜上的伙计一点不为难，即刻就付了款。在朱自清看来，当来的钱能买书就行，其他的根本就没想那么多。拿上钱，朱自清马上回到华洋书庄，把那本《韦伯斯特大字典》买回来。不料，那件饱含父爱的大氅却始终没能赎回来。

《背影》初版封面

朱自清的第一本散文集，出版于1928年，集子里收录了《背影》《匆匆》《荷塘月色》等名篇。

大学毕业后，朱自清回到南方教书。那里天气暖和，大氅的事也就淡忘了。后来，他被聘为清华大学中文系教授。北方的冬天很冷，朱自清才又想起了那件大氅，却没有力量缝制一件像样的棉袍。他决定到街上去买一件马夫穿的毡披风。这种披风有两种，一种式样较好且细毛柔软，很贵；一种贡也比较粗糙，便宜些。朱自清买不起贵的，便买了后一种。这件毡披风显得过于寒碜，成为大家戏谑的对象，也成了教授生活清贫的标志，后来竟多次出现在朋友回忆朱自清的文章中。

朱自清对这件披风却情有独钟，因为它白天为朱自清进城上课遮挡风寒，晚间又被铺在床上当褥子。这时，再想起那件不能赎回的大氅，更能让人感到朱自清对于书的痴迷。正是这种痴迷才造就了一代文学大家。

· 一代才华 ·

郑振铎

郑振铎与夫人高君箴、女儿郑一箴合影。

名人档案
姓　名　郑振铎
生卒年　1892～1958年
祖　籍　福建长乐
职　位　文化部文物局长、考古研究所所长
家庭出身　没落官吏家庭
个人爱好　文物考古

1898年，郑振铎出生在浙江永嘉县（今温州）。他的祖父允屏为浙江永绥县丞，是"从九品"的官，官虽小，但总归不算穷人。他的叔叔曾出洋留学。父亲名庆咸，在苏州府衙作幕僚。郑振铎六七岁时，父亲病故了。五六年后，祖父也去世，从此家道中落。振铎和两个妹妹，一家四口仅靠亲友帮助和母亲做针线活、卖些自制的鞋垫之类维持，生活极其清贫。

因为叔叔留学归来后在外交部当个小官，所以1917年夏，郑振铎到北京进铁路管理学校求学，但也靠的是半公费才上的大学。郑振铎最初的志向是上京城一流的文科大学，但是由于经济窘迫，他考了学费最低、且毕业后有"铁饭碗"的铁路管理学校（今北京交通大学前身）。

郑振铎在北京读大学时，生活是极其艰苦的。即便如此，郑振铎还是利用课余时间读了不少西方社会学著作和俄国批判现实主义文学作品，思想上、文学上都受到启蒙教育。不久结识瞿秋白、耿济之、许地山等人。

1919年五四运动爆发时，郑振铎成为校学生代表和福建学生联合会的代表，从此积极从事革命活动。郑振铎积极参加组织旅京福建省学生抗日联合会，成为该会领导人之一。他参加编印《闽潮》，奔走呼号，声援故乡的反帝爱国运动，始终和故乡的人民心连心。

1921年春，经好友茅盾介绍，郑振铎进商务印书馆编译所工作。应该说，郑振铎自从进商务印书馆工作后，经济上便有很大的好转。他一开始工资就很高，这里面还有一个故事。商务印书馆总经理张元济和编译所所长高梦旦二人，在1920年10月曾到北京寻访人才，当时就与郑振铎认识了。郑振铎随后为商务印书馆编过《俄罗斯文学丛书》等，令高梦旦对他的才能十分欣赏。

郑振铎告别铁路局到商务印书馆报到，当高梦旦问他希望拿多少工资时，他大概只知道当时茅盾的月薪数，于是就说了60元。其实他并不了解编译所的工资标准，而当时新来的编辑一般月薪只有24元。像茅盾进馆5个月后破格提升月薪也才30元，后因工作多年，又被提拔为《小说月报》主编才加了薪水。可是，爱才如渴的高梦旦毫不怪他冒失，竟笑着答应了！

郑振铎的一生没有离开过翻译，成果颇丰，对我国文学与翻译做出了很大贡献。他掌握的外语，主要是英语，因而从事的翻译都是从英文转译的。

新文化运动开展以来，随着人们对文学的认识的提高，有些人对译作是否能保持原著的思想和艺术风格提出质疑，甚至有些人认为文学作品是绝对不可译的，尤其是诗歌翻译，他们认为是绝对不可能的。对于这个问题，郑振铎认为，"文学书是绝对能译的，不惟其所含有的思想能够完全的由原文移到译文里面，就是原文的艺术之美也可以充分的移植于译文中"。他还认为文学的"风格"就是文学的"表达"，而"表达"可以把人类思想具有共通的东西"移植"成文字。这种对于文学可译性的论述，消除了某些译者和读者的疑虑，对我国翻译事业的发展有重要的意义。

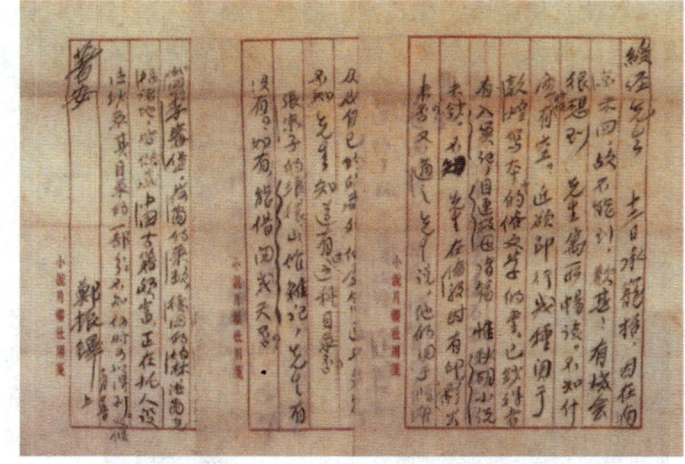

郑振铎书札
此为郑振铎致他人之信，内容谈及敦煌文学中的俗文学。

郑振铎早在青年时代对文物考古就产生了浓厚的兴趣，他买古籍和陶俑，都是靠他在大学的薪水和微薄的稿费。尽管在乱世中文物变得相对廉价，但收藏这些陶俑的花费也颇不少。于是，家里过得更为窘困，靠的是节衣缩食。

早在郑振铎旅居英国伦敦时，就曾编著了迄今所知的他的第一部考古专著《近百年古城古墓发掘史》一书，介绍了世界考古的重要发现。当时，我国田野考古工作尚在萌芽阶段，大批文物被盗掘而流落海外，或遭到严重收破坏。为了从事文物研究，在数十年的时间里，他几乎把有限的全部财力，用来搜集古书。到了抗战时期，他又和一些朋友，竭尽全力为国家抢救了大批珍贵古籍文献。

作为嗜书如命的学者和藏书家，在日军占领上海之际，眼看江南珍贵典籍毁于战火，幸存下来的也纷纷被藏家后人出售，郑振铎勇敢、执著地留在"孤岛"，抢救出了大批国宝。

他一生为古物书籍奔波，但从诗、散文、小说到评论，他无一不做，其中还不乏《我是少年》与《桂公塘》等名篇。对中国的文化学术事业做出了多方面的杰出贡献。

名人逸事

1927年蒋介石发动"四·一二"反革命政变，大肆屠杀共产党人、工农群众和革命知识分子。郑振铎被迫远走欧洲。他撷取了赴欧途中的一个生活片断，写了《海燕》。他凭借对故乡的了解，用工笔的手法描绘家乡。在万物峥嵘、春意盎然的景象中，由南方回来的逗人喜爱的小燕子，任情地横掠斜飞，飞倦了就返回一年前的旧巢安身。他写道："燕子归来寻旧垒"，"这便是我们故乡的小燕子，可爱活泼的小燕子。"在"离家是几千里，离国是几千里"的海路上，"不料却见着我们的小燕子"。他从内心抒发了浪迹天涯的游子对祖国和故乡魂牵梦萦的思念之情。

· 不信女子不如男 ·

林巧稚

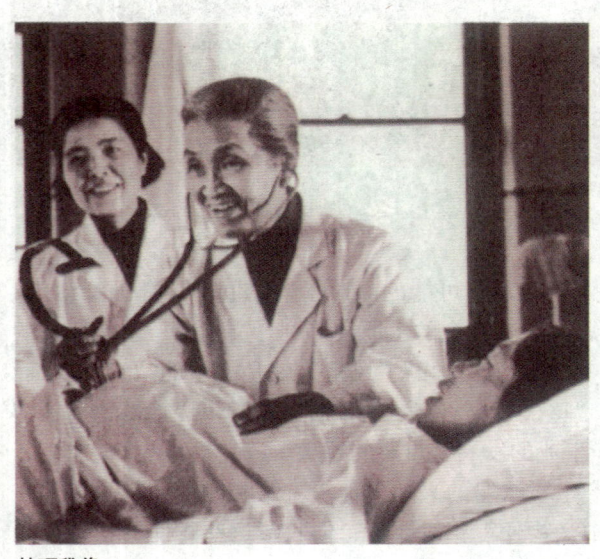

林巧稚像

名人档案
姓　　名　　林巧稚
性　　别　　女
生卒年　　1901~1983年
籍　　贯　　福建厦门
职　　位　　中国医学科学院副院长
毕业院校　　北平协和医学院
家庭背景　　出身于教师家庭

林巧稚出生在福建厦门鼓浪屿的一个教师家庭。1906年，她的母亲患上了宫颈癌。当时的医疗条件很差，根本无法治愈这类疾病。小巧稚眼见着母亲在病痛中挣扎，心如刀绞。最后，母亲还是撇下他们父女几人，在痛苦中死去。"学医，当个医学家。"仅5岁的林巧稚在失去亲人的痛苦中第一次立下了学医的志向。

母亲的病逝对父亲的打击太大了，他也病倒了。全家人的生活由此陷入了极度困难的境地，好在巧稚的长兄明事理，他为了全家人的生计和能让妹妹上学，毅然离开还有一年多就能毕业的大学，回到鼓浪屿做生意赚钱贴补家用。这样一来，家里的情况暂时稳定了下来。

林巧稚在父兄的抚育下成长。困难的家境使她比同龄孩子晚两年入小学，但她比同龄的孩子成熟得都早。她懂得生活的艰难，从小养成了顽强拼搏、倔强善良的性格。她一边用功学习，一边努力帮家里干活。几年后，林巧稚在鼓浪屿的"蒙学堂"完成了启蒙教育，并以优异的成绩升入鼓浪屿高等女子师范学校。在校期间，她品学兼优，受到同学和老师的广泛赞誉。

1921年夏，林巧稚以优异的成绩从女子师范学校毕业。回到家里，父亲看到女儿已经长成温文尔雅的大姑娘，心里有说不出的喜悦。他问女儿："你毕业后打算做些什么？"林巧稚本想说什么，但看到父亲那斑白的两鬓、苍老的面容，又把话咽了回去。父亲看出女儿的踌躇，催促说："有什么打算你就说吧，别憋在心里头。"林巧稚犹豫了片刻，开口说："大学快报名了。"父亲微微皱起眉头，说："你想念什么学校呢？"林巧稚轻巧地回答："协和医学院。我想学医，但是得读8年才能毕业。"

继母在一旁大叫起来："8年？那得多少钱啊！"林巧稚低下了头，小声说："每年，每年总得要四五百块银圆吧。"家人都惊讶得瞪大了眼睛,父亲长长地叹了一口气。林巧稚的心里有说不出的滋味:负担这么多的学费对于这个家庭来说,实在是太难了!"上大学干什么?女孩儿嫁个好人家才是正理!"继母瞪了林巧稚一眼,不屑地说:"三姑娘,你现在都已经二十出头了,再读8年大学,还能嫁得出去吗?"

妇产科专家林巧稚。

林巧稚抬起头,倔强地回答:"那我就一辈子也不嫁!"她这种破釜沉舟的勇气令家人都无话可说了。不久,林巧稚报考了北平协和医学院。凭着扎实的知识功底,她一考即中。但她生活的时代,女性在诸多方面受到歧视。在学校里,女生经常受到男同学的嘲笑。林巧稚从不认为女人比男人差,总是努力用实际行动证明:"男人能做的事,女人也可以做,甚至能做得更好"。

有一次,协和医学院要举行学期统考。同学们都在教室里紧张地复习功课,谁都怕考试不及格重修,那可是既丢面子又浪费时间的事。这时,男生堆里发出一阵哄笑声:"这次考试可不是能轻易蒙混过关的,那帮丫头肯定没有及格的,说不定要集体重修呢。"有的女生听了脸涨得通红,敢怒不敢言;有的低头不语,显得有点灰心丧气。这时,林巧稚说道:"你们不要把话说得太绝了,成绩怎么样,得考后才知道。再者,你怎么知道女生就不如男生呢?"她冲着一个叫嚷得最凶的男生问。那个男生一脸的不屑,撇撇嘴走开了。林巧稚暗下决心:一定要考出好成绩,超过男生。

从此以后,大家轻易看不到林巧稚的身影。原来,每天天刚亮,她就来到操场的空地上晨读。2个小时后,大家都起床洗漱,到操场活动。这时,她又重新找个安静的地方学习。晚上,大家都睡下了,她又一个人来到校园的路灯下钻研白天没有弄懂的问题。经过不懈努力,林巧稚终于在期末考试中脱颖而出,名列前茅。事后,那些嘲笑女生的男生见了她都不敢抬头。她不骄不躁,继续努力,终于以优异的成绩毕业。

名人逸事

由于精湛的医术和高尚的品德,林巧稚多次被委以重任。1959年她被国务院任命为中国医学科学院副院长,并且成为中国科学院首届当选的唯一女学部委员。不久,她又出任中央技术管理局发明审查委员会委员、国务院科学规划委员会医学组成员。她还担任过中华医学会妇产学会主任委员、中华医学会副会长和中华妇产科杂志社总编辑,以及卫生部教材编审委员、医疗事故鉴定委员会委员、考试委员会委员等。

· 少年读大书 ·

梁思成

梁思成像

名人档案

姓　名　梁思成
生卒年　1901～1972年
籍　贯　广东新会
职　位　中国建筑协会副理事长
毕业院校　清华大学、美国彭省大学
个人爱好　美术和音乐

梁思成是近代大思想家梁启超的长子，出生在日本东京，童年也在日本度过。他有3个弟弟和1个小妹。虽是同父异母所生，但思成与他们亲密无间。他从来不以老大自居，对弟妹颐指气使。后来，梁家搬进了背山面水、风景秀丽的华侨聚居区。思成又多了几个堂兄弟姐妹在一起玩耍。尽管这些孩子的脾气禀性各不相同，但小思成总能与他们玩在一处。

童年的梁思成不仅玩得快乐，而且学得扎实。他在父亲的教导下，3岁便开始识字，4岁的时候就熟读了《三字经》、《百家姓》和《神童诗》等中国传统启蒙教材。5岁那年，父亲把他送入横滨大同学校附属幼儿园，接受正规的近代启蒙教育。后来，他又进神户中文学校初小读书。这两所学校都是当地著名的华侨子弟学校，特别重视对孩子们进行民族意识和传统文化方面的教育。同时，梁思成亲身感受到了弱国子民被外国人鄙视的现实。他很小就产生了强烈的民族自尊意识，懂得为振兴中华民族而发奋努力。

梁启超见儿子小小年纪就有如此志气，很是高兴，同时也对他提出更严更高的要求。思成7岁那年的一个晚上，父亲正坐在院子里纳凉，忽然悟到了什么，便把思成叫到身边，给他讲起灿烂悠久的中华传统文化。小思成听父亲这么郑重其事地讲古典文化，还是第一次。他认真地听着父亲的每句话，生怕漏掉一个字。讲到动情之处，父亲给他布置了任务："从现在起，每天除了完成正常的功课之外，要在两年内读完《史记》。"小思成当时还不知道《史记》是怎样一本书，只是听父亲说它蕴含着古典文化的精华，想必是一本很好看的书，于是愉快地接受了这个新任务。

出乎他意料的是，这本书不似以前学过的课本那般容易，也没有精美可爱的插图，满篇全是既难读又难懂的文言。可是，既然答应了父亲就不能不读，于是他硬着头皮往下念。小思成心想，这哪是什么名著，太索然无味了。有了这种想法，他便时常流露出

名人逸事

梁思成的《中国建筑史》是现代第一本由中国人自己编写的比较系统完整的建筑类著作。全书共分为8章。第一章绪言,首先对中国古代建筑的特征,以及建筑史的分期作了宏观概括,同时以简要的笔墨介绍了《营造法式》与《清工部工程则例》两部著作。该书总结了中国古代建筑的历史、规律、特点,并从政治、经济、文化等方面进行了科学全面的分析,同时注意与西方建筑进行比较,其学术水平达到空前的高度。

畏难情绪。父亲见了这种情况,就用自己小时候刻苦学习的事迹来感召他,使他一次又一次地鼓起勇气。过了一段时间,他感觉到读这本书的乐趣了,逐渐喜欢上了它,甚至到了爱不释手的地步。小思成一页页地读,不到两年就读完了这本大书。读完《史记》,他"大长了学问",以至于到他家来串门的大学者都"考"不倒他。见他这么小,就拥有如此丰富的知识,学者们都说:"思成思成,有望大成。"

梁思成在读书的时候,还用心思考,因此有着比一般人更为冷静和敏锐的头脑。五四运动期间,同学们在清华校刊上展开了一场以"校长应具备何等条件"为主题的大讨论。许多人提出:"校长应无党派臭味。"这一度成为当时的主流观点,但梁思成却没有附和。他发表了一篇题为《对于校长条件的疑问》的文章,指出:"人离不开社会,而社会又是与政治分不开的。所以人只要生活在社会中,他的观点和意见就必然会与某党的政见相合或相近。鉴于此,社会中不存在一个绝对无党派关系的人。"梁思成平实的说法,引起人们深思,并得到大多数人的赞同。因此,同学们称他是"一个有政治头脑的人物"。

林徽因与梁思成

人有旦夕祸福。1923年5月7日,梁思成驾驶一辆摩托车经过南长街口时,被军阀金永炎的汽车撞倒,伤势严重,需要长期卧床。但他此前与林徽因约好近期一同到美国留学。突发事故使他异常焦急苦恼,情绪也很消沉。父亲知道后给他写了一封信,叮嘱他在养病的时间里认真研读《论语》、《孟子》,尤其注意体会其中有利于修身养性的词句。梁思成按照父亲的要求,重新振作起来、潜心学习,不但学到了许多新的国学知识,还领悟了人生的"奥秘":任何时候都不能松懈,积极地利用"消极日子"是很重要的。这一年,他还刻苦钻研建筑学,为日后成才打下了坚实的基础。

·勤奋换来的克隆先驱·

童第周

童第周像

名人档案

姓　　名：童第周
生卒年：1902～1979年
籍　　贯：浙江鄞县
职　　位：中国科学院生物学部主任、中国科学院副院长
毕业院校　复旦大学、比利时比京大学
家庭背景　出身于贫寒之家

童第周出生在浙江省鄞县一个偏僻的小山村。由于家里过于贫困，他小时候上不起学，一直在家里跟父亲学习各种知识，17岁才到学校读书，后来考入一所教会学校，在三年级当插班生。童第周比别的同学大许多，家里又穷。他被同学们视为班上的另类。平时，没有哪个同学愿意跟他在一起。但他总是默默地忍受着这一切，从来没有抱怨过。

他在忍受寂寞的同时，还要忍受别人的白眼。由于基础太差，他在学习上很吃力。第一学期结束了，他的平均成绩只有45分，校方令其退学或留级。他再三恳求老师给他一次机会，校方被他的诚意打动，答应让他再跟班试读一个学期。童第周知道这次机会来之不易，加倍努力学习，经常很晚才回寝室休息。过了一段时间，他所在的寝室传出"童第周不顾学习，经常谈恋爱至深夜"的新闻。这引起了老师们的忧虑，但童第周从来不为自己辩解。

一天深夜，教数学的陈老师在回学校的路上，发现昏黄的路灯下有个瘦小枯干的身影在晃动。他很纳闷："这是谁呀，深更半夜的，还不回寝室休息？"陈老师放轻脚步走过去，原来是童第周，他正借着微弱的路灯光一丝不苟地演算数学习题，竟然没有察觉身边的陈老师。"这么晚了，你为什么还不回寝室休息呢？"陈老师轻声问。童第周吓了一跳，定了定神，说："我要抓紧时间把功课赶上去，我不想总戴着倒数第一的帽子。"陈老师望着童第周渴求知识的目光，关切地劝他回去休息。童第周嘴里答应着，却继续演算习题。走出不远，陈老师回头看了一眼执著的童第周，心中无比感动。他深深地理解童第周的心情，为自己有这样的学生感到骄傲。

第二天，陈老师在课堂上郑重地说道："我明确地告诉大家，童第周是一个勤奋好学的学生！大家不要靠瞎猜下结论，更不要流言蜚语中伤别人，这样做是不道德的！"陈老师停了一下，继续严肃地说："我亲眼目看见童第周同学晚上借着昏暗的路灯学习。他值得全班同学学习！"陈老师环视了一下四周，接着说："不错，童第周曾经是全班的倒数第一，但我们不能以胜败论英雄。衡量一个人的知识和能力，要看他最终如何！"

期末考试又到了，童第周终于靠自己的努力，使各科平均成绩达到70分以上，其中几何还得了100分。这是全校唯一的100分，他再次成为全校关注的对象。童

童第周（中）正在进行细胞遗传试验

第周一点没有飘飘然，而是继续奋斗。高三年级期末考试的时候，他的总成绩名列全校第一。校长感慨地说："我当了这么多年校长，从没见过进步这么快的学生！"这件事让童第周明白了一个道理：别人能办到的事，我经过努力也能办到，所谓的天才是用勤奋换来的。

1924年7月，童第周以优异的成绩考入复旦大学。大学毕业之后，他赴比利时留学深造。留学期间，他刻苦钻研，勤奋好学。即便如此，他仍然被人看不起。一些其他国家的留学生竟公开说："中国人笨，正因为他们笨，花在学习上的时间才多。"童第周被激怒了，他暗下决心：一定要做得更好。当时，他的老师布拉舍正在研究剥除青蛙卵膜的手术，很长时间都没有搞成。童第周知道这种手术很难做，但他还是不声不响地努力。

他在自己的住所搞试验。没有无影灯，他就在院子里借助天然光，在显微镜下切割和分离卵子；没有培养皿，他就用陶瓷酒杯来代替；没有显微解剖器，就用一根自己拉的玻璃丝代替；其他实验材料，比如蛙卵，都是他在星期天从野外采来的。就在这样简陋的条件下，童第周进行了大量实验，完成若干篇有关蛙胚纤毛运动机理分析的论文。这些成果一下子震动了整个欧洲生物学界。连那个平时看不起中国人的研究生也不得不承认："童小子真行！中国人并不比西方人笨，他们是优秀的！"

名人逸事

1930~1934年，童第周开始涉足胚胎学。他在棕蛙卵子受精面与对称面的关系的研究中，证明了对称面不完全决定于受精面，而是决定于卵子内部的两侧对称结构状态。同时，他完成了海鞘早期发育的部分研究。回国后，他在青岛继续进行海鞘的研究。童第周用实验事实证明了未受精卵子中已经存在器官形成物质，而且具有一定的分布规律，精子的进入对此没有大的影响。另一方面，他观察到内胚层和外胚层的等能性，感觉细胞的形成很大程度受外部因素制约。他的这项研究成果奠定了实验胚胎学的基础。

·东方国度上升起的灿烂的数学明星·

苏步青

苏步青（左二）与科学家合影

名人档案

姓　名　苏步青
生卒年　1902～2003年
籍　贯　浙江省平阳县
职　位　复旦大学数学研究所所长、中国数学会副理事长
毕业院校　日本东北帝国大学数学系
个人爱好　古典文学

苏步青是现代著名数学家。他出生在浙江平阳的一个普通农民家庭。父母都是文盲，斗大的字不识一箩筐。他们尝过没文化的苦头，望子成龙心切，于是给孩子取名叫"步青"。因为村里的王秀才说了，以"步青"为名，孩子将来一定能"平步青云，光宗耀祖"。

然而，当同龄人背起书包步入学堂的时候，苏步青却赶着家里的那头大水牛来到了卧牛山下，当起了放牛娃。放牛回家的路上，要经过私塾门口，苏步青常被里面传出的琅琅读书声吸引。有一次，正赶上老师大声领读："苏老泉，二十七，始发愤，读书籍。"他听后，情不自禁地跟着念了起来。此后，他竟然把它当成顺口溜，放牛时常挂在嘴边。

他的父亲在家里常听儿子背诵《百家姓》、《三字经》，心里诧异。一天，他偶然看见儿子在私塾外面"偷听"，心里受到强烈的震撼。夫妻二人经过商量，决定无论如何也要让苏步青读书。

苏步青9岁那年，父亲挑着一担上好的大米当学费，走了50里山路，送他到平阳县城的小学读书。放牛娃成了一名高小插班生，但他并没有像父母期望的那样，一进学堂就如饥似渴地读书，而是学会了调皮捣乱。有一次，他见到烧开水的老虎灶，感觉很新鲜，就把从家里带来的鸡蛋掷进去。一锅开水立刻成了蛋花汤，开水工气急败坏地打了他一顿。在学校食堂吃饭的时候，苏步青平生第一次看到馒头里有肉末，于是用饭票换成钱，买"肉馒头"吃。半年的饭票很快用完了，只好向家里"催粮"。

苏步青在学习也不用心，经常旷课，到县城的大街小巷东游西逛，考试常常得倒数第一。同学和老师都说他是个十足的"笨蛋",不可救药。但地理老师陈玉峰不这样看,他把苏步青叫到办公室,给他讲故事:"牛顿小时候到城里念书,成绩也不好。有个同学身体比他棒,功课比他好,平时经常欺侮他。但有一次,牛顿忍无可忍,猛地把那个同学逼到墙角,教训了他一顿。那个同学见牛顿发起怒来如此强硬,只好服输。牛顿悟到:学习也是如此,只要下定决心,努力去做,一定能把它制服。从此,他发愤图强,刻苦读书,很快跃居全班第一名,后来成为一名伟大的物理学家。"

苏步青听了陈老师的一番话,幡然醒悟。陈老师见他一脸诚恳的样子,又和蔼地说道:"你爸妈拼命干活,省吃俭用,供你读书。你现在的学习这么差,怎么对得起他们?"苏步青再也抑制不住内心的愧疚,泪水像断线的珠子一样淌满了脸颊。他第一次感到自己做错了事。打那以后,苏步青像变了个人似的,不再贪玩,而是利用一切时间刻苦读书。期末考试时,他得了全班第一名。高小毕业后,苏步青升入浙江省立第十中学。

中学的第一堂数学课,苏步青终生难忘。刚刚从日本留学归来的杨老师在课堂上,神情凝重地说:"当今世界,弱肉强食。列强依靠先进的科学技术,制造出坚船利炮,肆意侵略我国。当前,中华民族面临着亡国灭种的危险。为了救亡图存,我们必须振兴科学技术事业。而数学是科学的基础,若想在科学领域有所成就,先得学好数学。"杨老师的话使苏步青的心灵受到强烈震撼。从此,他愈来愈喜欢数学了。有一次,老师让学生们用两种方法证明一条定理,苏步青却用20种不同的方法证明了该定理。校长得知后,勉励他说:"好好学习,将来送你留学。"苏步青中学毕业时,校长已调到北京任职,但他仍然关心苏步青的学习,并寄来了200元钱资助他留学。

毕业后,苏步青如愿以偿地来到日本留学,不久又免试升入所在学校的研究生院深造。他以顽强的意志,一边靠卖报送牛奶获得微薄的收入糊口,一边刻苦攻读几何学。后来,苏步青接连在权威科学杂志上发表了40多篇仿射微分几何方面的论文,开辟了微分几何研究的新领域。他由此被数学界称为"东方国度上升起的灿烂的数学明星"。

苏步青手迹

苏步青为人民教育出版社所撰贺词

名人逸事

苏步青数学奖包括两项国际性数学大奖,分别为"苏步青奖"和"苏步青应用数学奖"。"苏步青奖"设立于2003年7月,旨在奖励在数学研究领域作出杰出贡献的个人。首届"苏步青奖"于2007年在瑞士举行的第六届国际工业与应用数学大会上颁发。"苏步青应用数学奖"于2003年11月设立,该奖主要奖励在数学对经济、科技及社会发展的应用领域作出杰出贡献的工业与应用数学工作者。

·身残志坚的科学铁人·

高士其

高士其画像

名人档案

姓　名　高士其
生卒年　1905～1988年
籍　贯　福建福州
职　位　中央政府文化部科普局顾问
毕业院校　芝加哥大学
家庭背景　出身于书香门第

高士其出生在福州的一个知识分子家庭，从小受到良好的家庭教育。他天生聪明，4岁时就能读书写字、背唐诗。6岁那年，高士其开始上学了。第一天，天不亮，他就跑到学校，老师和同学一个也没有到，只有烧开水的老头在门口打哈欠。他说："上课还早着哩，先回去吧。"

老师知道了这件事后，连声夸赞高士其，说："你求学这样心切，如此勤奋，将来一定会学业有成，成为有用的人才。"高士其在学校认真听讲，回家专心致志地做功课。有一次，由于看书时过于专心，油灯烧着了头发，他竟浑然不觉。他平时喜欢读各种书籍，积累了广博的知识，经常受到老师的表扬和同学们的赞扬，但他始终严格要求自己。暑假到了，高士其每天除了出去与小伙伴们玩耍之外，还坚持写一篇毛笔字。

13岁那年，高士其以优异的成绩考入清华留美预备学校（清华大学前身）。不久，他踌躇满志地奔赴北京。一路上，他目睹了中国的贫弱和外国人对中国人的歧视。他暗下决心："一定要努力学习，到美国学习新科学，回来拯救积贫积弱的祖国。"

入学后，由于成绩出众，高士其被直接编入二年级。他的大部分科目学起来都游刃有余，只是英语基础太差，学起来很吃力。但他很明白：去美国留学，全得靠英语，英语上不去哪能行呀。为了攻克英语关，他把生单词记在小本子上，一有空闲就读、背。渐渐地，他的英语成绩赶了上来，期末考试时还得了"英语优等奖章"。

各门功课当中，高士其最感兴趣的是生物学。他通过显微镜看到了微生物世界的小魔王——细菌的奥秘。在毕业考试中，他的生物学、英语等科目都获得了优等奖章。1925年，他被保送到美国留学深造。他怀着战胜"小魔王"的理想，先后在美国的好几所大学攻读细菌学。1928年的一天，他正在芝加哥大学医学研究院的细菌学系实验室做实验。实验中，需要给豚鼠注射甲型脑炎病毒，然后取出它们的大脑进行观察。不巧，这几天他的左耳有

名人逸事

高士其科普奖是中国科普界的最高荣誉奖之一。它包括表彰和奖励青少年的一系列科学奖项，以传播科学思想、科学方法为宗旨，以激励广大青少年努力学习，勇于创新为目的。同时，它大力配合我国的素质教育，检验青少年的科技创新成果。高士其科普奖由全国青少年科技活动领导小组聘请科学家、教育工作者以及辅导员组成的评审委员会评审。评委会负责对全国各地参赛学生的作品，依据其创造性、实用性逐项打分进行评比。

些炎症，但他舍不得放下实验，休息几天。正当高士其聚精会神地观察豚鼠反应的时候，"嘭！"地一声，桌上一支装满甲型脑炎病毒的试管爆裂了，毒液四溅，弄了他一身一手。他把破裂的试管处理了一下，又继续投入试验。他没有想到，此时巨大的灾难正向他袭来。几天之后，他的左耳时常出现耳鸣，脖子有时转动困难，以前麻利的双手竟然颤抖得拿不住试管。他怀疑自己患上了甲型脑炎。经过医生诊断，确实如此，病因就源于那次试管破裂，毒液中的病毒通过患炎症的左耳膜侵入小脑。医生说，他最多还能活5年。

这个打击太突然了。他从医院出来，觉得天旋地转。"难道一切就这样结束了吗？"高士其不断地问自己这个问题。校方得知这个消息后，劝他中止学业，回国休养。经过慎重考虑，高士其决定留下来，继续学习。尽管疾病时常发作，发病时头往上仰，眼球上翻，脖颈僵硬，两手抖动不止，但他仍然坚持工作，最终完成了医学博士的全部课程。

1930年秋，高士其回到阔别5年的祖国。他怀着满腔热忱归来，然而等待他的却是失业和饥饿。他费尽周折，才在南京中央医院弄到一份检验科主任的差事，但是连申请购置一台显微镜的要求都得不到满足。他无奈地离开了，来到上海，靠做翻译工作和当家庭教师来维持生计。由于长期的营养不良，他的病情加重了，生命危在旦夕。

在此期间，他逐渐与艾思奇、张天翼、董纯才等文化界的进步人士有了往来。艾思奇把一些马克思主义经典著作介绍给他，使他在黑暗中看到光明和希望。他渐渐明白了一个深刻的道理：要想消灭害人的"小魔王"，必须先消灭社会上鱼肉人民、阻碍社会进步的"大魔王"。

从此，他用颤抖的手拿起笔，投身于擒拿大小"魔王"的战场，并取得丰硕的成果。

·历尽磨难，终成大器·

冼星海

冼星海出生在澳门的一个贫苦船工家庭。他出生前父亲就去世了，母亲靠给人家做佣工和外祖父接济生活。6岁时，冼星海进私塾读书。不久，外祖父又去世了。他随母亲一起漂泊到了新加坡，1918年才回国。因交不起学费，他进入一所教会学校读书，并参加了学校的乐队。

此时，他表现出一些音乐方面的天赋，擅长吹奏单簧管，有"南国箫手"的美誉。20

冼星海像

名人档案

姓　　名　冼星海
生卒年　1905~1945年
籍　　贯　广东番禺
职　　位　鲁迅艺术学院音乐系主任
毕业院校　巴黎音乐学院
家庭背景　出生于贫寒之家

岁那年,冼星海打算学拉小提琴。但当时他手头拮据,根本买不起一把小提琴。后来,他费尽周折才从朋友那里借到一把破得不像样子的小提琴,就这也把冼星海乐得不得了。他先把琴身和弓子擦洗了一遍,第二天一大早就拿着小提琴到寝室外面的草地上练习。不料,他刚把弓子搭在琴弦上拉了一下,琴弦便发出"吱吱"的怪声。这时,寝室里一位睡懒觉的同学一骨碌从床上爬起来,向室友打听:"嗳,听见没有,哪儿在宰鸡?"那位同学也正睡得迷迷糊糊,就说:"像,今天是什么日子呀?"这时,从外面进来一个同学,听他们俩议论宰鸡的事,就说:"这哪是杀鸡呀,那是冼星海在拉小提琴。"此语一出,三个人都笑得前仰后合。从此,冼星海便有了"宰鸡能手"的绰号。

他听了别人的嘲笑,羞得无地自容,但并不气馁,而是继续练习。1926年,冼星海卖掉了一些衣物,同时又得到朋友的资助,凑足了路费来到北京,考入北平艺术专门学校。学习期间,生活没有着落,他就靠在学校图书馆当兼职助理员挣微薄的薪水来维持。生活上的窘迫没有使他消沉,他师从著名音乐家萧友梅博士,刻苦学习拉小提琴。两年后,他考入上海国立音乐学院,主修小提琴和钢琴,琴艺长进很大。

1929年,冼星海漂洋过海,来到世界音乐文化名城巴黎学习音乐。刚到巴黎时,生计成问题,他不得不花费大部分时间去解决温饱。他经常在餐馆里当跑堂,在理发店做杂役。这类工作既繁重收入又少,他几次饿昏在街头。有一天晚上,冼星海在一家理发店打杂,由于这家店面的生意很好,他连续几个小时没有一点休息时间,累得直出虚汗。次日凌晨1点多,老板让他下班休息。他从店里出来就感觉头重脚轻,走起路来晃晃悠悠。途中,他见塞纳河畔的梧桐树下有几把躺椅,于是打算在那里休息片刻。冼星海太累了,一沾到椅子边就睡着了。连冻带饿,又加上身体极度虚弱,他昏了过去。清晨,巡逻的法国警察见一个衣衫褴褛的人躺在椅子上,碰碰他又没动静,以为是一个冻死的乞丐,于是打算把他送进当地的陈尸所。可是,就在他们对"尸体"的基本情况进行登记时,冼星海又醒了过来,俩警察着实吃了一惊。

冼星海的生活困难到了极点,但还是否极泰来。时过不久,他遇到了中国留学生马思聪。马思聪见他音乐方面的天赋不凡,就把他引荐给法国巴黎歌剧院的首席小提琴师奥别多菲尔和著名作曲家杜卡斯。

两位大师见他如此落魄,仍然不忘学习音乐,十分钦佩他的毅力,于是推荐他进入巴黎音乐学院高级作曲班学习,还破例免去他每月200法郎的学费。他不负众望,入学不久,就根据我国唐朝诗圣杜甫的《茅屋为秋风所破歌》创作了奏鸣曲《风》,并排进了巴黎音

> **名人逸事**
>
> 哈萨克斯坦的首都阿拉木图有一条用冼星海的名字命名的大街——冼星海大街。1998年10月7日，阿拉木图市长发布市长令，决定将市内的弗拉基米尔大街命名为冼星海大街，并在该市的东部为冼星海竖立纪念碑。翌年11月16日，冼星海大街命名和冼星海纪念碑的揭幕仪式隆重举行。冼星海大街与拜卡达莫夫（著名音乐家）街并行。

乐学院新作品演奏会的节目单。但是，由于他的衣着不够华丽，竟然被音乐厅的门卫拦在了门外，费了半天口舌，他才进入大厅。他的演奏一鸣惊人，令在场的所有音乐教授都惊呆了，并获准在电台播出。

1934年，冼星海写下了《D小调小提琴奏鸣曲》。该曲演奏完毕后，评委会主任杜卡斯宣布："我们决定给你荣誉奖，按照学院的相关规定，你可以自己提出适当的物质要求。"听说还有物质奖励，冼星海兴奋极了。

冼星海以惊人的毅力克服了常人难以想象的困难，终于于1935年夏圆满完成学业，成为一位小有名气的音乐家。

人民音乐家冼星海的骨灰盒

在他短暂的一生中，创作出了不少不朽名作，如脍炙人口的《黄河大合唱》和《生产大合唱》等作品，并写有交响曲《民族解放》、《神圣之战》，管弦乐组曲《满江红》，管弦乐《中国狂想曲》以及小提琴曲《郭治尔—比戴》等。此外还写了《论中国音乐的民族形式》、《聂耳——中国新兴音乐的创造者》等大量音乐论文。冼星海对我国的革命音乐做出了巨大的贡献，赢得了"人民音乐家"的光荣称号。

· 初中文凭打天下 ·

华罗庚

华罗庚出生在江苏省金云县，父亲以开杂货铺为生。他一生下来，父亲就把他装进箩筐，顶上又盖一只箩筐。父亲相信："进箩辟邪，同庚同岁。"不久，他还给儿子起名叫"罗庚"。

华罗庚从小就爱动脑筋，思考问题时非常专心，被同伴们戏称为"罗呆子"。上学期间，华罗庚并不是一个循规蹈矩的孩子。他常常别出心裁，我行我素，有时竟把老师布置

华罗庚像

名人档案

姓　　名　华罗庚
生卒年　　1910～1985年
籍　　贯　江苏省金坛县
职　　位　中国数学会理事长
毕业院校　江苏金坛中学
家庭背景　出身于小商人家庭

的作业乱改一通。老师问他为什么这么做，他说："你出的题目太简单了，不能考查出学生的水平。"老师大为惊讶，说："华罗庚的数学才能已经远远超过其他的同学。"华罗庚上初中二年级时，教数学课的老师是刚从法国留学归来的王维克。

王老师不爱照课本按部就班地讲课。他总是从多个角度对学生进行启发。有一次，他提出个有趣的问题："这里有一个数字，被3整除余数是2，被7整除余数也是2，被5整除余数是3，问这个数字是多少？"过了好半天，也没有一个学生回答。王老师环视全班，见大部分学生都低着头，望着题目发愣，只有华罗庚在纸上紧张地计算着。又过了一会儿，华罗庚举手要求回答，老师默许了，他大声说："是23。"王老师问："你知道韩信点兵的故事吗？"语气中带着几分欣慰和疑惑。

华罗庚说："不知道，我是这样算出来的：一个数字，能够被3和7除，且余数都是2，那么它一定是21加2，所以该数为23。23除以5余数刚好是3，完全符合题目要求。"王老师高兴地说："你说得完全正确。"接着，王老师告诉大家，这是我国古代算学著作《孙子算经》中的一道名题。楚汉之争的时候，刘邦的大将韩信还用这个方法点过兵呢。西方数家称它为"孙子定理"。从此，同学们对华罗庚更是刮目相看。

其实，当时年仅14岁的华罗庚根本没看过什么《孙子算经》。他完全是靠着自己的聪明才智算出来的。王维克觉得华罗庚是个不可多得的数学天才，决心对他进行重点培养，助其早日成才。初中毕业后，华罗庚没有辜负老师的期望，以优异的成绩考入上海中华职业学校，准备进一步研究数学。然而，由于家中过于贫困，他不得不放弃了读书的梦想。

上学的梦破灭了，但他依然顽强地自学，每天读书学习的时间几乎都在10个小时以上。华罗庚学习起来异常专注，经常达到忘我的地步。一次，他在父亲的杂货铺照顾生意。顾客问1只纱锭多少钱，此时的华罗庚正在计算一道代数题，见有人问他话，就随口答道："8499。"顾客瞠目结舌，原来他把代数题的结果告诉了人家。凭着这种异常专注的精神，华罗庚用5年的时间就学完了高中和大学的全部数学课程。

然而，不幸再次向他袭来。1928年，华罗庚染上伤寒病，在新婚妻子的悉心照料下才得以挽回性命，但最终落下左腿残疾。但这没有阻碍他在科学的道路上前进。随着学习的深入，华罗庚开始发现和研究问题，并陆续向《科学》和《学艺》等重要杂志投稿。1929年底，《科学》月刊发表了华罗庚的第一篇数学论文《Sturm氏定理的研究》。名不见经传的华罗庚，通过指出苏家驹教授一篇论文中的错误，引起了国内数学界的关注。

清华大学的熊庆来教授通过《科学》杂志知道了华罗庚的名字。后来，他又通过清华

中国名人

名人逸事

1950年，华罗庚回国。他历任清华大学教授、中国科学院数学研究所、应用数学研究所所长、名誉所长、中国数学学会理事长、名誉理事长、全国数学竞赛委员会主任、中国科学院物理学数学化学部副主任、副院长、中国科学技术大学数学系主任、副校长、中国科协副主席、国务院学位委员会委员等职。他是第一至六届全国人大常委会常务委员，第六届全国政协副主席。他还获得美国国家科学院国外院士、第三世界科学院院士、联邦德国巴伐利亚科学院院士等荣誉。

大学的教员唐培经了解到华罗庚的详情。不久，在熊庆来、杨武之教授的举荐下，华罗庚走进了清华园，开始是在数学系做助理员。他负责管理图书、收发文件等杂务。从1931年起，华罗庚在清华大学一边工作一边学习，用一年多的时间学完了数学系的全部课程。

华罗庚不负众望，他自学英、法、德文，先后在国外著名杂志上发表了3篇论文，由此被破格聘为助教。1936年夏，华罗庚被清华大学保送到英国的剑桥大学进修。两年时间里，他发表了10多篇数学论文，引起国际数学界的普遍关注。经过不懈努力，他终于成为一代著名数学家。

1974年，数学家华罗庚（左三）下乡推广优选法。

· 学习知识，贡献社会 ·

钱学森

1911年，钱学森出生在上海。他3岁时，就有着很强的记忆力，能背诵上百首唐诗和宋词，还能用心算加减乘除等。左邻右舍都说钱家生了个神童。但他的父亲钱均夫不相信有什么神童，而是一如既往地教育钱学森刻苦学习，努力读书，将来做一个有用的人。

5岁时，钱学森已经能读懂《水浒》了。36天罡，72地煞，每个人的姓名、绰号他都耳熟能详。钱学森把他们视为心目中的英雄。有一天他问父亲"这108个英雄都是天上的星星变的吗？"父亲抚摸着他的后背说："儿子，他们都是人间的英雄，怎么会是星星变的

钱学森像

名人档案

- 姓　名　钱学森
- 出生年　1911~2009年
- 籍　贯　浙江杭州
- 职　位　国防部第五研究院院长
- 毕业院校　麻省理工学院
- 家庭背景　书香门第
- 个人爱好　音乐、绘画

呢。"钱学森高兴起来,说:"英雄如果不是天上的星星变的,那我不是也可以做英雄了吗?"父亲微笑着说:"你也能做英雄。但是,必须认真读书,努力学习科学知识才行。"此后,钱均夫时常给儿子讲解"学习知识,贡献社会"的道理。久而久之,这8个字成了钱家的家训,深深地印在了钱学森的脑海中。

1923年9月,钱学森升入北京师范大学附属中学。当时的北师大附中学习环境特别好,堪称一方"培养天才的沃土"。钱学森在这里受到良好的教育。中学毕业后,他为了实现科学救国的理想毫不犹豫地选择了工科。他在上海交通大学读了4年工程机械专业,后来考取了清华大学留美预备班。

1935年,钱学森漂洋过海来到美国。他先在麻省理工学院航空工程系学习,一年后获得硕士学位。第二年,他又转入加州理工学院航空与数学系学习。留学期间,贫弱的祖国常常是外国同学耻笑的对象。钱学森心里很不是滋味。有一次,同寝室的一位美国学生闲得无聊,又在那里嘲笑中国人抽大烟、裹小脚等愚昧无知的行为。坐在旁边读书的钱学森再也按捺不住了。他忽地站起,对正在哄笑的美国同学说:"中国作为一个国家,现在是比美国落后;但作为个人,你们敢不敢与我比谁的成绩好?"

美国学生一个个像泄了气的皮球,不敢作声。他们不会忘记,上一次期末考试,全班同学都抱怨试题难,大部分人没考及格,需要补考,准备找老师理论。教授却在办公室门口贴出钱学森的那张没有任何错误、圈改和涂抹痕迹、工整清洁的试卷。他们也不会忘记,课堂上,没有一个人能解答那道极为复杂的动力学题目时,钱学森轻松给出了答案。

为国争光,成为钱学森刻苦学习、努力奋斗的不竭动力。获得航空、数学博士学位之后,钱学森在老师、世界力学大师冯·卡门的指导下,投身于高速飞机的气动力学、火箭、导弹等方面的研究。其间,他参与了大量工程实践,最终与同事设计、研制出第一代能够用于实战的导弹,从而为世界航空工业奠定了坚实的理论基础。

不久,钱学森声名鹊起,成为世界著名的科学家。

名人逸事

钱学森一生有着杰出的成就,获得了众多荣誉。1957年,他获得中国科学院自然科学一等奖,1979年获得美国加州理工学院杰出校友奖,1985年获得国家科技进步特等奖,1989年获得"小罗克韦尔奖章"和"世界级科技与工程名人奖",以及国际理工研究所名誉成员的称号。1991年10月,国务院、中央军委授予钱学森"国家杰出贡献科学家"荣誉称号和一级英雄模范奖章。1999年,中共中央、国务院、中央军委又授予他"两弹一星功勋奖章"。

外国名人

　　名人是一个国家、一个民族、一个时代的代表人物，他们用杰出的成就，在历史上留下了不可磨灭的印记。他们犹如闪烁的启明星，用耀眼的光辉指引着路人一路向前。他们之所以成名，是因为他们拥有坚强的意志、过人的胆识和超人的勇气。他们或刚毅坚忍，或拼搏进取，或乐观创新，一路上克服重重困难，披荆斩棘，最终到达成功的彼岸。

·最伟大的史诗作家·
荷 马

在古希腊,荷马被尊为民族诗人,荷马史诗更被视为是民族智慧的宝库。整个古代对荷马的普遍流行的看法是,他是一个上了年纪的盲人歌手,过着流浪的生活,是《荷马史诗》(包括《伊利亚特》和《奥德赛》两个部分)和很多其他诗歌的作者。而根据《伊利亚特》和《奥德赛》的内容判断,荷马可能生活在公元前9世纪至前8世纪。

《荷马史诗》是欧洲保存下来的最早的文学作品。《伊利亚特》共24卷,15693行,以特洛伊战争传说为题材,反映了希腊氏族社会转型时期的社会生活图景。希腊联军统帅阿伽门农抢了阿波罗神庙祭司的女儿,阿波罗为此用神箭射死了很多希腊人,并把瘟疫降临到希腊军营。勇猛善战的希腊英雄阿基里斯坚决要求阿伽门农释放祭司的女儿,后来遭到了阿伽门农的羞辱。大怒之下,阿基里斯拒绝出战,希腊人因此屡战屡败。这给了特洛伊人喘息的机会,他们的统帅赫克托尔大举反攻,把希腊人打到了海边,并要乘势烧毁希腊人的舰船。危急时刻,帕特洛克罗斯借用阿基里斯的盔甲和盾牌,动摇了特洛伊人的斗志,击溃了他们的进攻。但就在反攻到特洛伊城门的时候,赫克托尔杀死了帕特洛克罗斯,并夺走了盔甲和盾牌。

图中诗人荷马端坐在王位上,正在接受缪斯女神授予的桂冠。这表现了"荷马之神化"在当时社会的普及,也反映了希腊文化王国对文学不断增长的兴趣。

名人档案

生卒年	约公元前9~前8世纪
国　籍	古希腊
出生地	小亚细亚
性　格	睿智、博学、想象力丰富
身　份	诗人

亲密战友的死让阿基里斯非常悔恨，他重新上阵，杀死了赫克托尔，为帕特洛克罗斯举行了隆重的葬礼。

《奥德赛》共24卷，12110行，描写的是特洛伊战争结束后，希腊英雄、伊大卡国的奥德赛国王返回故乡和复仇的经历。

荷马吟咏史诗图
古希腊著名诗人荷马正在爱奥尼亚一条大路旁，一边演奏竖琴，一边吟唱歌颂特洛伊英雄的史诗。

战争结束后，奥德赛和他的同伴因遇到风暴而开始了在海上长达10年的漂流生活，他们先

奥德修斯等人在西西里岛靠岸时，出于勇敢和好奇，他来到岛上，结果被这里的霸主独目巨人波吕斐摩斯捕获，奥德修斯设计将巨人独目刺穿得以逃脱。

后遇到了食枣人、吃人的独眼巨人、风神和仙女吕普索等人,并被吕索普强留了7年。后来,在大海女神的帮助下,他们漂到了法雅西亚国王的岛上,并在国王的帮助下最后返回了家乡伊大卡岛。在奥德赛漂流的最后3年中,有一百多人聚集在他的家中,向他美丽的妻子珀涅罗珀求婚,但遭到拒绝。这些人终日在那里宴饮作乐,挥霍奥德赛的财产。奥德赛回到伊大卡岛后,先和儿子见了面,然后化装成乞丐进了自己的家,借机逐个杀死了向他妻子求婚的人,夺回了自己的财产,最后与珀涅罗珀团聚,重登伊大卡国的王位。

《荷马史诗》对古希腊的天文、地理、历史、哲学和文学艺术的发展都产生了深远的影响,后来欧洲的许多作家从这两部史诗的故事和人物形象中吸取了素材。而荷马也因此成为最伟大的史诗作家。

荷马史诗巨著《奥德赛》中的主人公形象

· 古希腊的"悲剧之父" ·

埃斯库罗斯

埃斯库罗斯是希腊最伟大的戏剧家之一。公元前499年,26岁的埃斯库罗斯完成了自己的第一个剧本,即获得了公众的好评。公元前490年,他和他的两个兄弟同时参加了著名的马拉松战役,由于他们作战英勇,雅典政府曾专门订制了一幅画,以表彰他们兄弟的功绩。公元前484年,埃斯库罗斯首次获酒神节的戏剧奖,这是他一生中获奖无数的开始。公元前456年,他因《俄瑞斯忒斯》三部曲这一出悲剧赢得最后的也是最伟大的胜利。

埃斯库罗斯是古希腊悲剧的真正创始者,他首先在酒神节的祭祀合唱中增加了一名演员,使表演从纯歌唱变为戏剧形式。他首先采用三部曲的悲剧形式,每部既能独立存在,各部之间又有紧密的联系。其中最著名的

名人档案

生卒年　公元前525~公元前456年
国　籍　古希腊
出生地　雅典
性　格　坚毅、爱国、充满正义感
身　份　剧作家
家　庭　出身于贵族家庭

有《被缚的普罗米修斯》和《俄瑞斯忒斯》三部曲。

《被缚的普罗米修斯》是一出简单而有力的悲剧，题材源于古希腊神话，埃斯库罗斯通过这部戏剧确立了希腊戏剧的主题，即人类意志对不可避免的命运的反抗，更加伟大的《俄瑞斯忒斯》三部曲，完成于公元前458年，即埃斯库罗斯去世的前两年。这部作品集多种艺术手法于一身，以神话传说为题材，描写父权制对母权制的胜利，肯定雅典的城邦民主制，赞美法治精神，其主题是一代接一代的狂傲骄横者的冤冤相报，最后终于谁都难逃报应，是世界戏剧史上最优秀的作品之一。

《俄瑞斯忒斯》三联剧

埃斯库罗斯在政治上拥护民主派，他的悲剧中处处流露出民主精神。但是，他的思想上存在着矛盾，他有时用贵族眼光来看待当时的现实。政治上的矛盾也反映到宗教方面，他一方面赞美神的公正，另一方面又对神抱敌视态度。埃斯库罗斯思想上的矛盾反映了雅典早期民主派的特点。

作为人类历史上最伟大的戏剧作家之一，埃斯库罗斯在为自己写的墓志铭中，对戏剧事业保持了奇怪的沉默，却对自己在作战中留下的疤痕感到异常的骄傲："在这一块石碑下躺着埃斯库罗斯，关于他的英勇，有马拉松的林木为证，或问长头发的波斯人，他们知道得最详细。"

这是保存最完好的古希腊剧场之一，位于埃皮达鲁斯（现在土耳其）阿斯克勒庇俄斯圣所的建于公元前4世纪剧场。

· 古希腊最伟大的政治家 ·

伯里克利

雅典政治家伯里克利在雅典民主政治中起决策作用长达30年,这尊伯里克利半身雕像是罗马人根据公元前5世纪末克雷西勒斯原作的复制品。头盔意指伯里克利的战略才能,端正的五官让人想起古典人物的理想化肖像。

伯里克利出身贵族,家庭极其富有,自幼就接受了良好的教育,包括体育训练、文艺、哲学、雄辩术、甚至伴着七弦琴的歌唱。他的青年时代是在希腊同盟抗击波斯帝国侵略者的战争年代中度过

名人档案	
生卒年	约公元前495~公元前429年
国　籍	古希腊
出生地	雅典
性　格	气度优雅、智勇双全
身　份	政治家
家　庭	父亲是雅典舰队的司令官

的。在这场战争中,雅典与盟国同心戮力,最终打败了强大的波斯帝国军队,并使希腊成为世界最强大的国家。出于对自己国家的热爱和一个雅典公民的自豪感,伯里克利开始登上雅典的政治舞台,并展露出一个优秀政治家的卓越品质。

公元前466年前后,伯里克利追随雅典民主派的首领厄菲阿尔特,成为雅典民主派的重要代表人物。厄菲阿尔特被雅典贵族派刺杀后,伯里克利成为雅典民主派和国家政权的重要领导人。从公元前443年起,他连续15年当选为雅典最重要的官职——首席将军,完全掌握了国家政权。在执政期间,伯里克利全面推进了雅典的繁荣和强盛,这段时期,在历史上被称为"伯里克利的黄金时代"。

内政方面,雅典建立了比较完备的民主政治体制。雅典的公民大会在法律上拥有最高的权力,公民大会每月举行2~4次,公民只要年满20岁,无论财产多寡,地位高低,都有选举权。在伯里克利的推动下,雅典公民大会通过了一系列法令和措施,包括强化公民大会作为国家最高权力机关的地位、向广大公民开放各级官职、向公职人员支付薪金等,从而使雅

雅典公民投票时使用的陶片

陶片上刻有将要被放逐(逐出雅典)的公民的名字。公元前5世纪,雅典为限制个人权力而滥用陶片放逐制度,很显然,阴谋限制了放逐陶片的有效性。

雅典卫城遗址
伯里克利先后兴建了帕特隆神庙、雅典卫城正门、赫维斯托斯神庙、苏尼昂海神庙、埃列赫特伊昂神殿等千古不朽的造型艺术杰作。

典的国家制度趋向比较彻底的民主化。对外政策方面,伯里克利坚持发展海上力量,扩大对外贸易,使雅典在希腊半岛的强势达到了顶点。文化上,伯里克利促进了希腊古典文化的高度繁荣。在他当政时期,希腊世界著名的学者文人和艺术大师云集雅典,授课讲学、寻求真善美、探索宇宙的奥秘和人生的真谛。

> **传世名言**
> 我们的制度之所以被称为民主政治,是因为政权在全体公民手中,而不是在少数人手中。
> ——伯里克利

公元前431年,雅典与斯巴达的战争再次爆发,斯巴达大军侵入雅典境内。战争的破坏和突然爆发的瘟疫为伯里克利的政敌提供了攻击他的借口,伯里克利在公元前430年被解除将军职务,被控滥用公款并被处以罚款。但公元前429年,伯里克利再度当选为将军,不久,他被鼠疫夺去了生命。

名人逸事

伯里克利经常到大庭广众之中和普通百姓交谈。遇到反对他的人当面辱骂他,也从不动怒。一天晚上,在他回家的路上,一个贵族跟在身后辱骂他:"你这个疯子!真无耻!你出身贵族,却忘掉了自己的朋友,竟然去结交那些下贱的百姓!"这个人一路叫骂着,尾随他到了家门口。看看天已黑了,伯里克利让仆人用火把把骂他的人送回家去。

· 以身作则的哲学家 ·

苏格拉底

苏格拉底像

名人档案

生卒年	公元前469~公元前399年
国　籍	古希腊
出生地	雅典
性　格	坚毅、好学、睿智
家　庭	出身于平民家庭

苏格拉底生于雅典一个平民家中，父亲是个铁匠，母亲是个接生婆，一家人过得十分贫困。由于家里穷，苏格拉底从懂事起便开始到铁匠铺里帮着父亲干活。父亲每次打出铁器便让苏格拉底给人家送去。村里人都非常喜欢这个踏实可靠的孩子。每当他去送铁器，人们都愿意拿出好吃的招待他。然而苏格拉底对这些美酒佳肴并不感兴趣。一次，他将一件急用铁器送到了村里一位很有学问的老人手里。老人感激得对他说："孩子，你想要我送你些什么东西呢？"苏格拉底看了看老人满屋的书："爷爷，你能教我认字吗？我想读书。"老人看这个孩子还很上进，高兴地说："当然可以，你要想学的话，每天干完活后，可以来找我。"苏格拉底高兴极了，从这回以后，每天晚上便到老人家里去学习。

他学得非常用心，每天晚上学了字，第二天他就利用干活的空暇在地上练习。很快，苏格拉底便认识了许多字，能独立阅读了。后来，老人允许他将书带回家去读。这样，苏格拉底又可以利用晚上时间来读书了。书对于苏格拉底来说有着无穷的魅力。他经常一看起书来就忘了睡觉。就这样，通过不断地学习，苏格拉底逐渐成了一个知识渊博的人。

苏格拉底生活在雅典由盛而衰的时期，雅典人在经历过一段繁荣富足的生活后，开始变得奢侈淫逸、道德败坏。雅典开始和周边城市发生战争。19岁时，苏格拉底第一次参加保卫雅典的战争。苏格拉底在战场上表现得十分英勇，他曾三次冒死救出他的战友。和他一起作战的战友都说，与苏格拉底在一起就会感到安全。从战场上回来后，苏格拉底开始对雅典城的状况进行深入的思考。苏格拉底认为要想改变雅典的衰颓现状，就必须先提高雅典人的道德水平、培养治国人才。于是苏格拉底决定研究哲学并从事教育工作。

为了提高自己的学识，苏格拉底开始潜心读书，他读遍希腊的政治、历史书籍，眼界变得十分开阔了。不过苏格拉底并不满足于书本上的知识，他觉得要想从整体上提高自己，还得不断吸取别人的思想。于是他四处去拜访当时有名的学者，还不断地请别人到自己家

苏格拉底之死

雅典当权者指责苏格拉底轻视传统神祇、鼓励年轻人怀疑传统信仰与思想而使他们道德败坏，判处他在放逐与死亡之间任选其一。苏格拉底神色安然，拒绝出逃，并坦然喝下毒酒，为自己的信念献出了生命。

中来谈天。当时的苏格拉底已经娶妻生子。由于他整天总是忙着做学问，没有时间帮妻子做家务、照看孩子，这使得整天忙碌的妻子对他十分不满。

一次，妻子在洗衣服，刚会走路的儿子因没人照看正在一边大哭。妻子便大声喊正在和两个学者交流学问的苏格拉底去看一下。结果苏格拉底谈到了兴头上，根本听不见妻子在叫他。暴躁的妻子控制不住心中的怒火，便将一盆洗衣水向苏格拉底泼去。客人感觉非常尴尬，然而浑身湿淋淋的苏格拉底却幽默地对客人说："没事，雷声过后，必有大雨嘛！"接着他抖抖身上的水，继续刚才的话题。

经过不懈的努力，苏格拉底后来终于成了一个大哲学家和大教育家，他使哲学真正在人们生活中发挥了作用，为欧洲哲学研究开创了一个新的领域。

·西方政治哲学的起点·

柏拉图

柏拉图本名阿里斯托克勒，据说因为他生得一副宽阔的肩膀（又说是阔额头），所以得了个诨号"柏拉图"。柏拉图在年轻时也受过良好的教育，并接触到各种流行的学说。20岁时，柏拉图拜年逾六旬的大哲学家苏格拉底为师，从此开始了哲学研究的漫漫长路。

苏格拉底顽强的探索精神，对平民政体尤其是对激进民主派的猛烈攻击，都深深地感染了柏拉图。但公元前399年，苏格拉底被雅典民主派处死，这使得柏拉图遭受了沉重的打击。由于是苏格拉底集团中的人物，柏拉图被迫离开雅典，大约从28岁至40岁时，柏拉图在海外漫游，与数学家、思想家和政治家们广泛接触与交流，并逐渐形成了自己的思想体系。公元前386年，柏拉图返回雅典，在雅典近郊的阿卡德米体育场开办了一所学园，开始广收门徒，教授哲学，并从事写作，教师成为他终生的职业。

柏拉图的主要著作有《理想国》、《法律篇》、《斐多篇》，在书中，他大多采取对话形式阐发自己的思想，而主角则是他的老师苏格拉底。柏拉图哲学的中心思想是：在现实世界之上，还有超经验的理性世界，理念是第一性的，而现实是第二性的，现实世界变动无常，只有理念世界才是永恒真实的客观存在。这种精神第一，物质第二的思想，正是主观唯心论。而在政治上，柏拉图拥护贵族政治，反对民主。这点特别体现在他的代表作《理想国》之中。

柏拉图认为，国家是放大的个人，个人是缩小了的国家。个人有三种品德：智慧、勇敢和节制；国家也具有不同品德的三种人：第一是贤明的治国君主，第二是勇敢的卫国武

名人档案

生卒年	公元前427~公元前347年
国　籍	古希腊
出生地	雅典
性　格	执著、坚毅、睿智
身　份	哲学家、思想家
家　庭	出生于贵族家庭

柏拉图是一个多才多艺的天才，他的对话录是有史以来最优美的希腊散文，既是艺术作品，也是哲学著作。然而，当他试图对实际的政治施加影响时，却显得有些力不从心。

这是19世纪比利时象征主义画家尚·德维的作品，柏拉图大约在公元前386年创办了著名的雅典学园，向希腊的年轻人传授有关真理和美学的课程。

名人逸事

学园创立后,柏拉图在入口处写下了"不懂几何学者勿入"的字样,以此来告诉人们,没有几何学的知识休想登上柏拉图的哲学殿堂。柏拉图肯定对这一规定有严格的执行。因为他曾经受邀请去叙拉古宫廷讲学,据说随着他的到来,叙拉古宫廷的地板上铺满了沙砾,供人们在上面研习几何学的图形。

士,第三是生来具有"节制"品德的农夫、手工艺者等生产者,他们专事劳动生产,是前面两个等级的供养者。柏拉图认为,只要三个等级各尽职守,就能实现正义。这在他看来是国家的最主要的职能,从而造成有权力者无私产,有私产者无权力的理想局面。显然,柏拉图的思想是以古斯巴达的寡头专政等政治特征为蓝本的,这在具有民主政治传统的雅典是难以实现的。尽管直到晚年,柏拉图还是不懈地宣传自己的主张,但失败的结果却不可避免。

> **传世名言**
>
> 理想的东西不一定都能够实现,纵然未能实现,总不该因此而否认它是美好的东西吧!
>
> ——柏拉图

公元前347年,柏拉图去世,享年80岁。作为西方哲学史上第一个使唯心论哲学系统化的人,柏拉图的思想成为中古时代欧洲基督教神学以及近代形形色色的唯心论、经验论及英雄史观的重要源泉。

彩陶爵

上面描绘的是人们想象中哲学大师柏拉图和他的学生亚里士多德之间的对话。

· 古代伟大的哲学家和科学家 ·

亚里士多德

亚里士多德出生、成长在一个充满着高贵而又有医药气氛的环境中。依照传统的习惯,亚里士多德本该继承父亲的衣钵,但他却在医药的熏陶中,表现出对科学的爱好。公元前367年,亚里士多德拜柏拉图为师,进入柏拉图的学园,钻研各种知识长达20年之久,成为同学中的佼佼者,被柏拉图称为"学园的精英"。柏拉图去世后,亚里士多德来到小亚细亚的阿索斯城,在城主赫尔麦阿伊斯的宫廷做客并娶了城主的侄女皮提阿斯为妻,生有一女,与自己的母亲同名。皮提阿斯死后,亚里士多德与他的侍女赫尔皮利斯同居,得一子,取名尼科马霍斯。

> **名人档案**
>
> 生卒年　公元前384~公元前322年
> 国　籍　古希腊
> 出生地　斯塔吉拉城
> 性　格　固执、智慧
> 身　份　思想家
> 家　庭　父亲是马其顿国王腓力二世的御医

作为古希腊的伟大哲学家，亚里士多德开创了以观察和经验为依据，而不是以抽象思维为依据的哲学方法。

公元前342年，亚里士多德被聘为马其顿国王腓力二世的儿子亚历山大的老师。公元前335年，亚里士多德结束了在马其顿的流亡生活，回到希腊，在雅典阿波罗圣林的吕克昂体育场开办了一所学园，并得到了已经继任马其顿国王的亚历山大的巨额经费支持。因为他经常率领弟子在校园的林荫道上散步，边讲课，所以他的学派被称为"逍遥学派"。

亚里士多德是古代世界中最博学的人。他总结了前人的研究成果，对当时已知的各个学科，如伦理学、政治学、经济学、战略学、修辞学、文学、物理学、医学等都进行了有意义的探索，并开辟了逻辑学、动物学等新领域。可以毫不夸张地说，亚里士多德的研究成果代表了古希腊科学知识的最高水平。

作为形式逻辑的创始人，亚里士多德提出了归纳和演绎的思维方法，提出并阐释了同一律、矛盾律和排中律这些思维的基本规律。他所规定或发现的原则和范畴以及所使用的某些专门词语，迄今仍为逻辑教本所采用。在哲学上，亚里士多德肯定客观世界是真实的

雅典学派

此壁画是拉斐尔绘制。图中柏拉图和亚里士多德师徒正在门厅闲谈，其他不同地域和不同学派的著名学者在自由地讨论。

名人逸事

亚里士多德虽然是一位伟人，但在知识上也有不少错误。其中之一就是他在物理学上犯的一个众所周知的错误：认为物体在同一地点下落，其速度与重量成正比。这一观点被长期奉为权威，直到1590年伽利略做了著名的比萨斜塔实验之后，才得以纠正。

存在，认为人类认识的来源产生于对外界事物的感觉。他创立了自己的"四因说"（质料因、动力因、形式因和目的因），认为一切事物的产生、运动和发展，都不外是这四种原因作用的结果。在政治学方面，亚里士多德详细地比较研究了君主、贵族、共和、僭主、寡头和平民六种政体，他主张法治，并认为"法律是不受情欲影响的理智"。文学方面，他广泛考察了美学和文艺理论的一系列问题，如文艺的产生和分类、文艺与现实的关系等，认为文艺有深刻的社会意义。

公元前323年，亚历山大大帝病死后，雅典成为当时反对马其顿运动的中心。由于是亚历山大的老师，亚里士多德逃出雅典，前往优卑亚岛的卡尔喀斯城避居，并于次年辞世，享年63岁。

《政治学》插页 亚里士多德

《政治学》中，亚里士多德讲授的内容包涵对青少年的教育，诸如史学、军事、艺术、宗教等项目。

· 古代世界最著名的征服者 ·

亚历山大大帝

从儿童时代起，亚历山大就有了称霸世界的志向，梦想着建立丰功伟业。据说，每当他获悉父亲胜利的消息时就会发愁，唯恐自己会因此而不能享受到征服世界的光荣。从16岁起，他就随父征战，在著名的喀罗尼亚战役中，他指挥马其顿的骑兵，锐不可当地击破了敌人的右翼，为战役的胜利立下了功劳。

公元前336年，腓力二世在女儿的婚礼上被刺身亡，亚历山大继位，时年20岁。当时，国内形势非常紧张，腓力二世创造的希腊联盟以及先后征服的北方属地，都纷纷叛变。亚历山大以他卓

亚历山大骑马雕像

在一次突围中，亚历山大骑着布斯法鲁斯率军粉碎了波斯军队的进攻。该图见于那位征服者的下属西顿王的石棺。

□ 中外名人全知道

名人档案

生卒年	公元前356~前323年
国　籍	马其顿
出生地	马其顿（希腊北部）
性　格	意志坚强、敏锐果断
身　份	政治家、军事家
家　庭	父亲是马其顿国王腓力二世

越的军事才能，击败各种反叛势力，巩固了马其顿在希腊的霸主地位。

平定内乱后，亚历山大立即开始了对东方的远征。公元前334年，他率领步兵3万、骑兵5000、战船160艘，发动了对亚洲战争。他的大军很快就征服了小亚细亚，于公元前333年11月，在那洛斯河，与大流士三世的60万兵马展开了著名的"伊苏之战"。战役开始后，他率领精锐的右翼重装骑兵，突然以凌厉的攻势攻击敌方左翼，然后直取大流士，使波斯军队全线溃败，还俘虏了大流士三世的母亲、妻子和两个女儿。亚历山大拒绝了大流士三世的求和，接着又打败了亚洲海军的主力推罗海军，敌方控制了地中海，进而兵不血刃地占领了埃及，最后在公元前331年春天挥师两河流域，开始进攻波斯本土，同年9月，在古亚述首都尼尼微附近的高加米拉与波斯帝国军队展开了决战。亚洲兵力号称百万，并有200多辆刀轮战车，但还是遭到惨败。大流士三世东逃，为巴克特里亚总督所杀，后者在不久又被

高加米拉大捷

在这幅画中，亚历山大指挥重骑兵重创波斯军队，并在这场攸关波斯存亡的生死大战中取得了决定性的胜利。

高加米拉大捷后，曾盛极一时的波斯帝国土崩瓦解，亚历山大大帝乘着战车，抬着从波斯缴获的战利品，回到了巴比伦城。

亚历山大擒获并处死,盛极一时的波斯帝国最终覆灭在亚历山大的铁骑之下。公元前324年,亚历山大回到巴比伦,结束了自己的远征。

亚历山大通过军事征服,建立了一个东起印度河,西抵马其顿、希腊,以巴比伦为都城的前所未有的庞大帝国,并有效地促进了帝国内的经济和文化交流。随着他的远征,不少希腊学者来到东方,研习当地的科学与文化,直接促进了东西方科学文化的互补和交流;为了鼓励马其顿人和东方人的融合,他竭力鼓励马其顿人和东方人通婚,自己首先带头娶了大流士三世的女儿。采取各种积极措施,亚历山大把希腊推向了鼎盛。

公元前323年6月13日,亚历山大在准备再次远征时,患病逝世,终年33岁。

·不朽的科学巨人·

阿基米德

公元前287年,阿基米德出生于叙拉古附近的一个小村庄,他的家庭属于贵族,但据说并不富裕。由于父亲的影响,阿基米德从小就热爱学习,善于思考和辩论,对数学、天文学、尤其古希腊几何学都有浓厚的兴趣。刚满11岁时,借助与王室的关系,他被送到埃及的亚历山大里亚城学习,在这座被世人誉为"智慧之都"的城市里,阿基米德学习和生活了许多年,他博览群书,跟很多学者建立了密切的关系,还做了欧几里得学生埃拉托塞和卡农的门生,跟随他们钻研哲学、数学、天文学和物理学。回到叙拉古后,他仍然和亚历山大里亚的学者们保持着联系,相互交流科学研究成果。

阿基米德在许多科学领域都获得了令同时代科学家高山仰止的成就。数学领域,阿基米德使用"穷竭法"求得了抛物线弓形、螺线、圆形的面积和体积,以及椭球体、抛物面体等复杂几何体的体积,被公认为微积分计算的鼻祖。他还利用此法估算出了值,得出了三次方程的解法。阿基米德还提出了一套按级计算法,并利用它解决了许多数学难题。他主要的数学著作有《论球和圆柱》、《论劈锥曲面体与球体》、《抛物线求积》和《论螺线》。力学领域,阿基米

古希腊物理学家阿基米德

这是拜占庭壁画中的一部分,描绘了罗马大军攻破叙拉古城时,阿基米德仍沉醉于数学研究之中,图中他双手保护着自己的数学工具,两眼愤怒地回望着什么。(原图中站在他身后的是一持剑的罗马士兵)

名人档案

生卒年	约公元前287~前212年
国　籍	古希腊
出生地	西西里岛的叙拉古城
性　格	智慧严谨
身　份	数学家、物理学家
家　庭	父亲是天文学家兼数学家

德的成就主要集中在静力学和流体静力学方面。在研究机械的过程中，他发现了杠杆原理。在研究浮体的过程中，他发现了浮力定律，也就是有名的阿基米德定律。他著有《论平板的平衡》、《论浮体》、《论杠杆》、《论重心》等力学著作。天文学领域，阿基米德设计了一些可以转动的圆球，用以表现日食、月食现象。他认为地球是圆球状的，并围绕着太阳旋转，这比哥白尼的"日心地动说"要早1800年。

阿基米德热衷于将科学发现应用于实践，他一生设计、制造了许多机械，除了杠杆系统外，值得一提的还有举重滑轮、灌地机、扬水机以及军事上用的投射器等。被称作"阿基米德举水螺旋"的扬水机是现代螺旋泵的前身。

阿基米德又是一个伟大的爱国者，当罗马军队入侵叙拉古时，他指导同胞制造了很多武器，如用于远距离投掷的投石机、能将敌船提起扔出的铁爪式起重机、以及利用聚光原理使敌船燃烧的大凹镜。在这些武器的帮助下，罗马人被阻达3年之久，直到公元前212年，利用守城居民的大意，罗马军队才最终进入叙拉古。城破之后，阿基米德被一名无知的罗马士兵杀死，终年75岁。他的遗体被葬在西西里岛，墓碑上刻着一个圆柱内切球的图形，以纪念他在几何学上的卓越贡献。阿基米德被后世的数学家尊称为"数学之神"，在人类有史以来最重要的3位数学家中，阿基米德占首位，另两位是牛顿和高斯。

把桃子完全浸在水中，根据它的排水量，可测算出它的体积。

传说阿基米德为了弄清赫农王的皇冠是否为纯金所铸，苦思冥想，毫无头绪。一天，他到公共浴池洗澡，当坐进浴盆，他发现池水往上升起并溢出盆外，他猛然受到了启发：如果王冠放入水中后，排出的水量不等于同等重量的金子排出的水量，那肯定是掺了别的金属。这就是有名的浮力定律，即浸在液体中的物体受到向上的浮力，其大小等于物体所排出液体的重量。

· 古罗马至高无上的统治者 ·

恺 撒

名人档案
生卒年	公元前100~公元前44年
国　籍	古罗马
出生地	罗马城外的农庄
性　格	志向远大、有勇有谋
身　份	政治家、军事家、文学家
家　庭	罗马贵族朱理亚的后裔

恺撒是古罗马历史上最有成就的伟人，有人断言，若不是他在英年时突然遇刺身亡，罗马的历史将可能改写，甚至他的成就将可能超过著名的马其顿国王亚历山大大帝。

少年时期的恺撒就已经怀有了非凡的抱负和志向，他幻想权力和荣誉，希望为风云变幻的罗马共和国建功立业。公元前84年，恺撒奉父命与珂西斯汀结婚，不久，父亲死后，他与珂西斯汀离婚，另娶了平民党的领导者金拉的女儿可妮丽娜为妻。苏拉哥尼留在取得统治权后，杀死了自己的政敌金拉，他非常赏识年轻有为的恺撒，要求恺撒和可妮丽娜离婚，被恺撒拒绝。苏拉哥尼留一气之下，没收了恺撒的世袭财产和他太太的嫁妆，并且要处死恺撒。恺撒闻讯后，逃离罗马，直到公元前78年苏拉哥尼留死后，才得以返回罗马。

绿板岩恺撒半身雕像

他在击败对手庞培后成为罗马帝国的统治者，并以征服高卢以及对其所指挥的战役的精彩描述而闻名于世。他以后所有的罗马帝国皇帝都以恺撒作为自己的正式称号，也许是希望能够因此享有前任的荣耀。

恺撒与克里奥帕特拉一起步入王宫

恺撒执克里奥帕特拉（埃及艳后）之手，在众人的拥护下缓步走上王宫的台阶。克里奥帕特拉的美貌使得不可一世的恺撒为之倾倒，甚至不惜得罪元老院，千里之遥将她带回罗马。

回到罗马后，恺撒迅速地在政坛崛起，以雄辩、慷慨、热心公务的作风和改革派的形象赢得了公众的好感，并在广大平民和部分上层人士中赢得了威望。公元前73年，他被选入最高祭司团，此后，又历任财政官、市政官、大祭司长、大法官等高级职务，

恺撒遇刺
　　表现恺撒被刺死的绘画。尽管事先受到威胁，恺撒还是没带武器便来到元老院，在凶手中，他认出布鲁图斯——他之前非常信任的人，死前他说到："你也这样，我的儿子！"

> **传世名言**
> 我来，我看见，我征服！
> ——恺撒

并于公元前60年与担任罗马执政官的庞培和克拉苏结成"三头同盟"。在后两者的支持下，恺撒于公元前59年登上了罗马执政官的宝座，任满后出任高卢总督（公元前58—前51）。就任高卢总督期间，恺撒建立起了一支能征善战、完全听命于自己的强大的军队。这支军队征服了高卢全境，越过莱茵河攻袭德意志地区，并两次渡海侵入不列颠群岛，为恺撒赢得了赫赫战功。恺撒势力的迅速增长，引起了元老院贵族的惊恐。克拉苏死后，庞培与元老院合谋，企图解除恺撒的军权。恺撒决定以兵戎相见，经过五年内战（公元前49—前45），他消灭了以庞培为首的敌对势力，征服了罗马全境，被宣布为独裁者，获得了至高无上的统治权力，成为没有君主称号的君主。凭借手中的权力，恺撒进行了包括土地制度、公民权、吏治法纪和政治体制在内的多方改革，建立起高度的中央集权，初步形成了一个以罗马为中心的庞大帝国，其中有些措施对后世影响深远。他曾让属下在墙上写出罗马发生的重大事件和元老院会议的报告书，成为现代报纸最原始的雏形；他主持制定的儒略历，有些国家到20世纪还在应用，而现行的国际通用的公历就是在此历法的基础上改革而成的。他曾为当时众多的马车制定单向通行的制度，成为现代交通管理的滥觞。他所写的《高卢战记》更是为后人留下了解当时外高卢、莱茵河东岸的山川形势、风俗人情等最早的第一手材料。

　　恺撒的独裁权力始终为元老院的贵族反对派所不满，他们勾结起来，于公元前44年将恺撒刺杀于元老院，是年恺撒56岁。

外国名人

· 罗马帝国的创建者 ·

奥古斯都

　　奥古斯都原名盖乌斯·屋大维，奥古斯都是罗马元老院授予他的尊号，是神圣、庄严、伟大的意思。屋大维4岁时，父亲去世，他的母亲改嫁给马尔库斯·腓力普斯，从此，屋大维由继父抚养。12岁时，他曾经在外祖母尤利娅的葬礼上致悼词，第一次在公众场合露面。15岁时，他被选入大祭司团。恺撒被刺时，他19岁，正在阿波罗尼亚城（今阿尔及利亚境内）接受教育，为恺撒远征做准备。恺撒在遗嘱里将自己财产的3/4赠与屋大维，并将屋大维立为自己的继承人。

　　得悉恺撒的死讯后，屋大维返回罗马，利用恺撒对自己的恩宠及恺撒的影响力开始了谋求罗马统治权的活动。他向恺撒的部将、掌握实权的执政官安东尼提出继承恺撒权力的要求，但遭到拒绝。之后，屋大维展开了一系列的政治、军事攻略行动，终于在公元前29年时肃清了自己的敌对势力，并重新统一了长期陷于内战和分裂的罗马，胜利凯旋罗马城，成为罗马唯一的统治者。

　　凯旋罗马后，屋大维接受了"元老院首席公民"（即元首）和"元帅"的称号，并于公元前28年当选为罗马执政官。与恺撒不同的是，屋大维在共和政府的形式下进行了实质上的独裁统治，这成为他在罗马执政42年的重要原因。公元前27年1月13日，他召开元老院会议，在会上宣布交出独裁权力并恢复"共和国"制度，此举使心怀感激的元老院在三天后授给他"奥古斯都"（神圣）的尊号。但是，他又装作应元老院和人民的请求，接受了完全违背共和制原则的绝对权力，创立了独裁的元首制。公元前13年，奥古斯都被选为祭司长，成了罗马宗教的首脑。这样，他总揽了行政、军事、司法和宗教等大权，实际上成为罗马帝国的第一个皇帝，时年50岁。

　　建立元首制后，奥古斯都将罗马各

这尊奥古斯都大理石雕像是公元前20年左右的奥古斯都铜像的复制品。在这里，奥古斯都不仅被描绘成一位凯旋的将军，而且被描绘成为神——他双脚赤裸显示了他的神性。奥古斯都左脚边是骑在海豚上的丘比特，象征奥古斯都出生于维纳斯。

名人档案

生卒年	公元前63~公元14年
国　籍	古罗马
出生地	罗马城
性　格	机智、果断
身　份	政治家
家　庭	父亲盖乌斯·屋大维是元老院元老

□ 中外名人全知道

名人逸事

奥古斯都演讲不下数百次，但演讲词都是事前准备好的。他从不随口发表演讲，否则就会失言。据说，为了同样的理由，他与别人甚至与妻子交谈时，都要事先写好稿子，然后照稿宣读！

古罗马元老院

行省分为由元老院任命总督管辖的元老院行省和直属元首的行省，同时继承了恺撒的制度，在行省中推行自治市制度，把公民权授予行省上层分子，又以大批退伍士兵移居行省，从而大大加强了对全国各个地区的控制力度。为了巩固新生政权，奥古斯都提倡恢复古时的纯朴风俗，颁布了一系列法律，力图健全日趋瓦解的罗马家庭，奖励生育，并竭力恢复古老的宗教崇拜和罗马的传统习俗。此外，奥古斯都在罗马城大兴土木，这些建设工作不仅使一部分平民有了工作，而且也提高了罗马城的声誉和他本人的威望。在外交方面，奥古斯都建立了一支强大的正规化的常备军，并依靠这支军队，完全征服了高卢和西班牙，占领了从莱茵河到易北河的全部地区，把地中海变成了罗马的一个内湖，极大拓展了帝国的疆域。

公元 14 年，奥古斯都巡视南意大利，在路上因病死去，享年 77 岁。而他开拓的罗马帝国，此后经历了被称为"罗马和平"的长达 200 年的稳定繁荣时期，在文化上更是出现了"黄金时代"。

罗马士兵浮雕

依靠这支作战勇敢、纪律严明的部队，奥古斯都战胜了所有的对手，最终登上了罗马皇帝的宝座。

·编纂《罗马法典》的中兴霸王·

查士丁尼

名人档案
生卒年　公元483~565年
国　籍　古罗马
出生地　马其顿的陶里西厄姆
性　格　雄心勃勃、嗜好武力
身　份　政治家
家　庭　出身农民家庭

少年时代，查士丁尼跟随叔父查士丁以及两位同村的青年朋友，离家从戎，来到君士坦丁堡。他们因为体格健硕，同时被选入近卫军，充当皇帝亚纳希泰西斯的侍卫。查士丁屡建功勋，甚得皇帝的倚重，在亚纳希泰西斯去世后，被拥立为皇帝，查士丁尼以养子身份协助查士丁制定国内外的重要政策并获得"恺撒"和"奥古斯都"的封号。527年，查士丁去世，查士丁尼成为拜占庭帝国的皇帝。

查士丁尼即位后，为自己确立了明确的政治目标：收复西部领土，恢复基督教的罗马帝国。他为此常常彻夜不眠，费尽心机，几乎到了发狂的地步。当时有人惊呼：查士丁尼不是人，而是个丝毫不需要休息的恶鬼！528年，他任命特里波尼亚等16位法律学者负责编纂《罗马法典》，历时6年，到534年告竣。法典由三部分组成：主体是《敕法汇纂》，将罗马帝国兴建以来公布的所有法律规章加以系统的整理，删除其中不合时宜的部分；其次是《学说汇纂》，将历来的有关法律著

奥古斯都加冕图
罗马皇帝查士丁尼及其高僧、朝臣的地位和神性。

查士丁尼头上的光环线代表了他无上查士丁尼手托一教堂模型，表明了他皈依基督教的身份。他统治期间，罗马尽管经济繁荣，但政治上却极其腐败。长年的战争将帝国的经济最终拖垮。

名人逸事

查士丁尼死后，帝国在西方的领地相继丧失。6世纪末叶，拜占庭在西班牙的领地被西哥特人收复，意大利和伊比利亚半岛也被日耳曼人夺去；7世纪末叶，自亚美尼亚起，经叙利亚、巴勒斯坦、埃及到非洲的广大地区，又被夺走。地中海为罗马帝国内湖的鼎盛局面，随查士丁尼时代的结束而告终结。

传世名言

法的准则是：诚实生活，不犯他人，各得其所。
——查士丁尼

作和文献，摘出其中最具代表性的部分加以整理，实际上是一部宏大的法律思想史；第三部分是《法学提要》，是专攻法律的学生的专业教材。这些法律文献，统称《罗马民法汇编》或《罗马法典》，是欧洲历史上第一部系统完备的法典。它确立了统一的无限私有制概念，并提出了公法和私法的划分，成为后来欧洲各国研究和制定法律的基础。

在查士丁尼统治时期，拜占庭在经济上相对稳定，城市繁荣，工商业兴旺，但帝国政治却极其腐败，巨大的官僚机构和数量庞大的军队耗费了大量的财富，也引起了平民百姓的不满。532年，拜占庭发生暴动，查士丁尼惊慌失措，竟要弃城逃跑，在皇后特娥多拉的鼓励下，他才坐镇指挥，并最终镇压了叛乱。查士丁尼长期的对外战争大大削弱了帝国的军事和财政力量，由于查士丁尼全力收复西方失地，导致帝国不能有效地抵御斯拉夫人和匈奴人的进攻，尤其是548年，斯拉夫人大举侵入君士坦丁堡，劫去大量黄金，匈奴人也在558年逼近首都，满载而归。到560年后，前任皇帝查士丁留下来的32万磅黄金被消耗殆尽，国库空虚，经济处于崩溃的边缘；查士丁尼面对内忧外患，一筹莫展，只好以研究神学来排遣烦恼，在565年去世，时年83岁。

·理想让他不老·

马可·波罗

名人档案

生卒年　1254～1324年
出生地　意大利威尼斯

1254年，马可·波罗生于意大利著名的水上城市——威尼斯。他的父亲是威尼斯巨商，常年航海在外。在马可·波罗还没出生的时候，父亲和叔叔就出海了。孩提时代，母亲经常给他讲父亲出海的故事。这些充满传奇色彩的故事，给他留下了很深的印象，使小马可·波罗对外面的世界充满了强烈的好奇。

由于父亲一直没有回来，家里的日子渐渐不景气了。马可·波罗12岁的时候，便做了一名小搬运工，每天划着凤尾船，把附近商店的货物送到顾客家里。每当遇到出海的大船归来，他都要向船上的人打听父亲的消息。日子一天天过去了，父亲依然没有消息，母亲在思念中病倒了，不久后便离开了人世。他一个人过着艰苦的生活，他每天拼命干活挣钱，计划着如果父亲再不回来便出海去寻找他，顺便也去看看外面的世界。

外国名人

马可·波罗 15 岁那一年，父亲和叔叔终于回来了。父亲看儿子都这么大了，非常高兴，他整天给马可·波罗讲自己旅行中有趣的见闻故事。那个关于中国皇帝忽必烈的故事，使马可·波罗对中国产生了强烈的好奇，他告诉父亲自己也想到这个神秘的国度去看一看。1271 年夏天，父亲和叔叔又要启程到中国去了。这一次，他们带上了马可·波罗。马可·波罗高兴极了，他暗暗下决心，一定不虚此行。

他们一起乘坐大商船离开了威尼斯，取道耶路撒冷，踏上了向中国出发的旅程。马可·波罗十分好学，他对沿途各地都热心地进行了研究和考察。每到一处，马可·波罗都虚心向当地人请教那里的风土人情。每当看到寺院、古塔等名胜古迹，他就会停下来询问有关它们的故事和来历。晚上的时候，他喜欢到父亲的商队里，听他们讲到各地旅行时的见闻。马可·波罗的口袋里总放着一个本子，随时记录别人讲过的东西。这样一路下来，马可·波罗也成了一个见多识广的人。他脑子里有许多有趣的故事，比如，会移动的城市和山岳、王爷偏爱肥胖且大嘴巴的王妃、暴风雪中豺狼、沙漠里骆驼群的故事；马可·波罗还喜欢将自己的所见所闻讲给别人听。他的周围总是围着一大群听众。

马可·波罗像

1275 年，马可·波罗一行终于来到了中国，见到了忽必烈。经过几年的磨炼，马可·波罗已经是一个彬彬有礼、有见识的年轻人了。忽必烈非常喜欢他，就让他留在宫廷里做自己的侍从。一开始由于语言不通，马可·波罗听不懂周围的人讲话。为了尽快学会汉语，他总是积极地向别人请教。很快，聪明好学的马可·波罗学会了汉语、蒙古语等多种语言文字，并逐渐熟悉了中国的风俗礼仪。后来，忽必烈派马可·波罗到南方各地调查民俗。马可·波罗深入了解了南方各地的风土人情，回来后便详细地向忽必烈讲述自己一路上有趣的见闻。他的故事总能让政务繁忙的忽必烈轻松一笑。后来，忽必烈还让马可·波罗做了三年的扬州总管。

马可·波罗在中国住了 17 年，他走遍了中国的南北各地，写了大量的考察笔记。后来，马可·波罗十分想念故乡，再加上父亲得了重病，希望落叶归根，他便向忽必烈辞行。对于马可·波罗的离去，忽必烈十分惋惜，但最后还是同意了，

马可·波罗向忽必烈呈递罗马教皇格雷古瓦十世的文书。

223

马可·波罗到达霍尔木兹海峡,那里的港口是印度洋贸易重要市场。

临走时还送了他一大堆金银玉帛。1291年初马可·波罗与父亲及叔叔从福建泉州出发,走海路回国。

回到威尼斯后,马可·波罗成了意大利的传奇人物,人们喜欢听他讲神奇的东方故事。1295年,威尼斯和另一个城市发生了战争,马可·波罗不幸被俘入狱。这段时间,他和一个叫鲁斯齐开罗的人在同一间牢房中,鲁斯齐开罗喜欢写作。马可·波罗早就想把自己去中国的经历和见闻写成书,留给后世。但在狱中,他经常生病,没办法写作。于是他就与鲁斯齐开罗商量,由自己口述,鲁斯齐开罗记录,两人一起完成一本书,鲁斯齐开罗同意了。这本书写得十分艰难,马可·波罗经常讲得口干舌燥,有时他们写书,被监狱中的差役发现了,还会受到斥责。监牢里的环境十分恶劣,不过马可·波罗从没有放弃过。

半年后,马可·波罗出狱了,举世闻名的《马可·波罗游记》也完成了。这本书对后世产生了深远的影响,马可·波罗后来也成了东西方闻名的人物。

· 神圣罗马帝国的缔造者 ·

查理曼大帝

名人档案
生卒年　742~814年
国　籍　法兰克王国
出生地　罗马的西几省
性　格　宽容待人
身　份　政治家
家　庭　父亲是加罗林王朝的国王丕平

查理曼,又被称为查理,他从小在宗教环境下长大,对基督教极为虔诚,但没有受过良好的文化教育。他的父亲矮子丕平在751年创建加罗林王国时,他才9岁。768年,他的父亲患水肿病死于巴黎,留下了查理曼和卡洛曼两个儿子,法兰克人召开民众大会,选举这两兄弟为国王,平分全部国土。但卡洛曼放弃了对王国的监管,进修道院当了僧侣,三年后去世。771年,经全体法兰克人同意,查理曼被拥戴为唯一的国王。

查理曼统治法兰克王国时期,开始了大规模的领土扩张行动。他一生共发动了50多

查理曼加冕图
公元 800 年加冕为皇帝的查理曼凭借其强大的武力征服,迅速成为加洛林王朝家族中最伟大的国王。

次远征,并亲自参加了 30 次远征。其中最长的一次战争,是对北方撒克逊人的征服。他以传播基督教为借口,从公元 772 年起,先后发动 8 次进攻,时间长达 33 年,最终征服了撒克逊人,使他们成为法兰克国的臣民。通过几十年的征战,法兰克王国扩大到了相当于今天的法国、瑞士、荷兰、比利时、奥地利以及德国、意大利的大部分地区,成为当时西欧空前强大的国家。800 年,查理曼进军罗马,援救被罗马贵族驱逐的教皇利奥三世,并被教皇加冕为"罗马皇帝"。从此,法兰克王国成为"查理曼帝国",查理国王则成为"查理大帝"。他把自己的帝国当作了古代罗马帝国的继续,查理曼的加冕被一些历史学家认为它标志着神圣罗马帝国的诞生。

查理曼对基督教极为热诚和虔信,在他统治时期,下令教会和寺院办学,在宫中成立学院,广泛招聘僧侣学者前来讲学。他还从中等人家和低微门第人家中挑选子弟,与富贵子弟共同接受教育。甚至任命出身贫穷,学习优异的青年教士为主教。在定都阿亨后,他大兴土木,修建了许多金碧辉煌的宫殿和教堂。随着建筑的兴盛,绘画、

查理曼时期描绘基督主题的绘画

查理曼大帝
查理曼大帝是欧洲历史上最伟大的政治人物之一,他不仅通过征战来维系中央集团的组织,还颁布了一系列加强中央集权的法规,这一切使他的王国成为当时的大帝国。

雕刻等艺术也有所发展。查理曼还派人搜集和抄写了许多拉丁文和希腊文手稿,虽然他对抄本内容一无所知,但却为后代保留了许多古典作家的著作。

814年,查理曼因病逝世。843年,他的三个孙子各自为王,帝国一分为三:东法兰克王国成了以后的德国,西法兰克成了以后的法国。东、西部之间的地区成了以后的意大利。

· 文艺复兴的旗手,划时代的诗人·

但 丁

但丁幼年时由姐姐照管,早年师从于著名学者布鲁内托·拉蒂尼,他后来十分感激拉蒂尼对自己的教导,称拉蒂尼是"伟大的老师""有父亲般的形象"。10岁时,他就攻读完了古代罗马作家维吉尔、奥维德和贺拉斯等人的作品,对维吉尔推崇备至,视之为理性的象征和引导自己走出人生迷途的第一位导师。但丁的青年时代是在饱览群书中度过的,他勤奋好学,求知欲十分强烈,曾经到帕多瓦、波伦那和巴黎等地的大学深造,对美术、音乐、诗学、修辞学、古典文学、哲学、神学、伦理学、历史、天文、地理和政治都有很深的研究,成为了一个多才多艺、学识渊博的学者。

但丁少年时曾经历了一场刻骨铭心的爱情。那是一位名叫贝娅特丽齐的少女,她的端庄、贞淑与优雅的气质令但丁一见钟情,再也不能忘记。遗憾的是贝

手持《神曲》的但丁像

名人档案

生卒年	1265~1321年
国　籍	意大利
出生地	佛罗伦萨
性　格	激情似火、矢志不渝
身　份	诗人
家　庭	出身于佛罗伦萨一个没落的骑士家庭,父亲经商

名人逸事

在遇到贝娅特丽齐的当晚,但丁就做了一个梦,梦见一位面貌庄严的神,抱着裹在一条深红色被单里的贝娅特丽齐。神的手里拿着一颗燃烧的心,这颗心象征着但丁的爱情。转瞬之间,神带着悲哀的贝娅特丽齐升天而去。这个梦象征着但丁对贝娅特丽齐的强烈爱情和两人的悲剧结局。

但丁的小舟

此图描绘了《神曲·地狱篇》中的一节，表现了但丁（戴红头巾的男子）同维吉尔乘小舟渡过地狱之湖时，受到永久惩罚的死亡者企图爬到小舟上的情景。

娅特丽齐后来遵从父命嫁给一位银行家，婚后数年竟因病夭亡。悲伤不已的但丁将自己几年来陆续写给贝娅特丽齐的31首抒情诗以散文相连缀，取名《新生》结集出版。诗中抒发了诗人对少女深挚的感情，纯真的爱恋和绵绵无尽的思念，风格清新自然，细腻委婉，是西欧文学史上第一部剖露心迹、公开隐秘情感的自传性诗作。1291年，在亲友的撮合下，但丁与少女盖玛结婚，生有两男一女。

早在青年时期，但丁就以激昂的热情投身政治运动，反对封建贵族的统治和罗马教皇对佛罗伦萨的干涉。后来，教皇重新控制了佛罗伦萨政权，1302年，但丁被没收全部家产，并被判处终身流放，他从此再未回过故乡。在流放初期，但丁写了《飨宴》、《论俗语》和《帝制论》三部作品。《飨宴》是意大利第一部用俗语写成的学术著作，向读者介绍古今科学文化知识并赞颂人的伟大；《论俗语》以拉丁文写成，为意大利民族语言和文学

但丁在世时，一直希望能够重回故乡佛罗伦萨，但未能如愿。几世纪后，佛罗伦萨人想把但丁的遗骸迁回故乡，市政府甚至在圣克洛斯教堂为他修筑了一座高大的墓冢。但迁葬一事遭到了拉文那人民的坚决反对，他们认为但丁是他们的光荣。结果直到现在，佛罗伦萨的但丁墓仍然是一座空穴。

语言的发展奠定了理论基础;《帝制论》则从理论上阐述了政教分离、反对教皇干涉政治的观点,向居于统治地位的神权提出了挑战。

从1307至1321年,但丁历时14年之久,完成了伟大的史诗《神曲》。《神曲》分为《地狱》、《炼狱》、《天堂》三部,通过对但丁幻游地狱、炼狱、天堂中遇到的上百个各种类型人物的描写,以广阔的画面,反映出意大利时代转折时期的现实生活和社会变革,透露出了人文主义的新思想,为文艺复兴运动的兴起开辟了道路。此外,这部长诗对中古的政治、哲学、科学、神学、诗歌、绘画和文化作了艺术性的阐述和总结,不仅在思想性、艺术性方面攀越了时代高峰,而且成为一部传授知识的百科全书式的鸿篇巨制。

但丁晚年时,与妻子盖玛和已经长大成人的三个孩子在拉文那团圆,得享天伦之乐。1321年,因患疟疾不治身亡,享年56岁。

· 欧洲活版印刷术的发明者 ·

谷登堡

美茵兹,古代德意志的一个小王国,莱茵河水从那里缓缓流过。500多年前,在那里诞生了欧洲的活版印刷术。其发明者约翰·谷登堡一生头40年的大部分时间是在斯特拉斯堡度过的,从事金银匠工作,有相当丰富的切割与铸造金属模的经验,同时致力于活字印刷术的研究。1448年前后,他取得了美茵兹城的公民资格。

1450年,他与富有的金匠浮士特订立合同,把他的印刷厂以800个基尔特币的贷款抵押给了浮士特,以后押金又提高到了1600个基尔特,以从事于铅字和印刷机的制作与完善工作。1455年,浮士特控告谷登堡并要求赔偿,谷登堡败诉,被迫放弃了自己的印刷厂。后来,他与曾经被雇用为印刷厂排字员的一个名叫斯荷夫的人合作,并在1456年用借款制造了另一台印刷机。在那一年前后,他用自己发明的铅字、油墨和印刷机印刷成了《圣经》,宣告了欧洲活版印刷术的诞生。这部《圣经》使用拉丁文,每页42行,共3卷,史称《四十二行圣经》,也就是大名鼎鼎的《谷登堡圣经》——欧洲历史上

名人档案

生卒年　1398~1468年
国　籍　德国
出生地　德国的的美茵兹城
性　格　意志坚强、精明睿智
身　份　发明家
家　庭　出身于富豪家庭。父亲叫耿富尔契,谷登堡以母姓为名

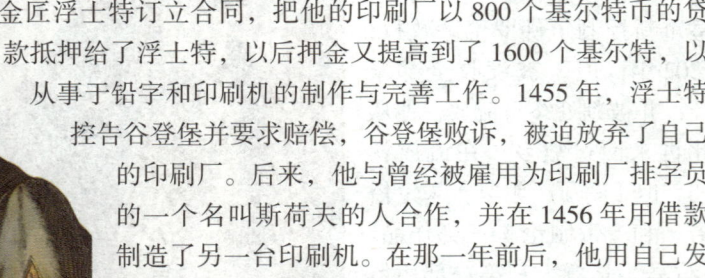

谷登堡像

谷登堡的印刷工作室

该情景即使对于今天的许多印刷工人来说乃非常熟悉，在左前方，排字工人正从字盘中取出一个个字母进行排版，而图的后面，辅助印刷工则用皮印在铅字上面涂油墨，印刷工人正在用力转动螺旋杆，使其下移进行压印。尽管整个过程显得有些笨重，但对于手抄书来说，无疑是一场革命。

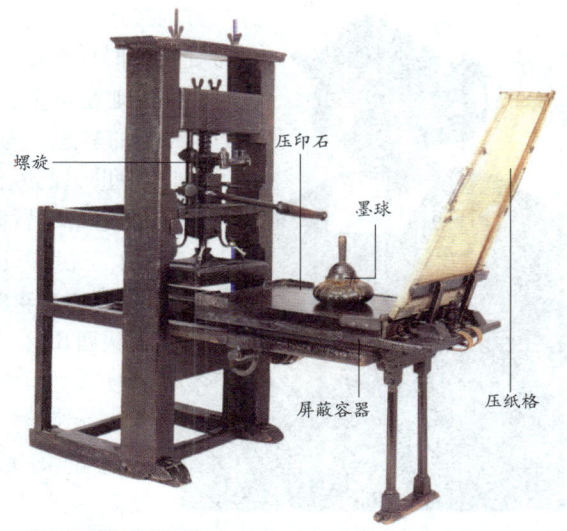

谷登堡时期的印刷机

第一部用活版印刷术印制出的印本图书。谷登堡的发明在欧洲产生了划时代的影响。在此之前，书籍多半是靠修道院的僧侣手抄，数量极少，价格昂贵，一般人只能是望"书"兴叹，这极其不利于文明的传播与发展，而铅活字印刷术的发明，使书籍得以在欧洲大量印行，再配合文艺复兴的热潮，终于使欧洲摆脱了中世纪的愚昧和黑暗。

1462年，美茵兹城被拿索的阿道尔夫部队所劫掠，谷登堡印刷厂的印刷员工也逃亡各地，这些人把谷登堡发明的印刷术传播到了日耳曼各地。谷登堡最后定居于爱蒂勒，于1468年逝世。

·美洲大陆的发现者·

哥伦布

哥伦布诞生于1451年8月25日至10月末之间的某一天，他有三个弟弟、一个妹妹，二弟夭折。他的家庭具有典型的中世纪手工业者家庭的特点，具有劳动能力的家庭成员都要参加劳动。

哥伦布自幼酷爱航海冒险，15岁就跟随货船在地中海上航行。《马可·波罗游记》中对富

名人档案	
生卒年	1451~1506年
国　籍	意大利
出生地	意大利的热那亚市
性　格	意志坚强，富于冒险精神
身　份	航海家
家　庭	出身于经营毛纺织业的手工业者家庭

庶东方的描述，对他产生了很大的吸引力。年轻的时候，哥伦布就接受了当时比较流行的地圆学说，认为从欧洲向西航行可以直达传说中遍地是黄金、白银和香料的中国和印度，在那里发掘财富是他终身的梦想。为实现这个梦想，哥伦布制定了自己的航海计划。中世纪的欧洲，不具备完备的远洋航海知识和物质条件，哥伦布的冒险计划遭到了葡萄牙国王的拒绝，但是西班牙女王伊莎贝拉最终支持了他。

1492年8月3日，哥伦布率领由三艘船组成的舰队从西班牙的巴罗斯港出发，开始了人类历史上首次横渡大西洋的壮举，探险队员共87人（一说90人）。进入大西洋无人熟悉的海域后，舰队一直向西航行，30多天后到达现在美洲的巴哈马群岛，哥伦布以为自己到达

哥伦布是意大利著名的航海家，自幼喜欢冒险，为寻找传说中金银遍地的中国和印度，他四次横渡大西洋，并首次发现了美洲大陆，为以后的殖民掠夺打下了基础。

了印度，就把发现的岛屿称为西印度群岛，并把当地的居民叫作印第安人，意即印度人。12月25日圣诞节那天，旗舰圣玛丽号在海地岛北岸触礁沉没，除39人自愿留在岛上建立纳维达德据点外，哥伦布率领其他人分乘两只小船回国。1493年3月15日，号称"大西洋海军元帅"的哥伦布，在经过240天的远航探险后，回到了巴罗斯港，消息轰动了西班牙以至整个欧洲。庆祝凯旋的游行队伍威风凛凛，10名赤体文身的印第安人走在最前列，哥伦布本人

哥伦布用来航海的船只复原模型

15世纪90年代哥伦布向西航行时，就乘坐这种航船，用直角索具把多桅帆船进行改造。船体中部竖立主桅，并在前桅挂一直角帆。必要时，主桅时向右重新挂起直角帆。

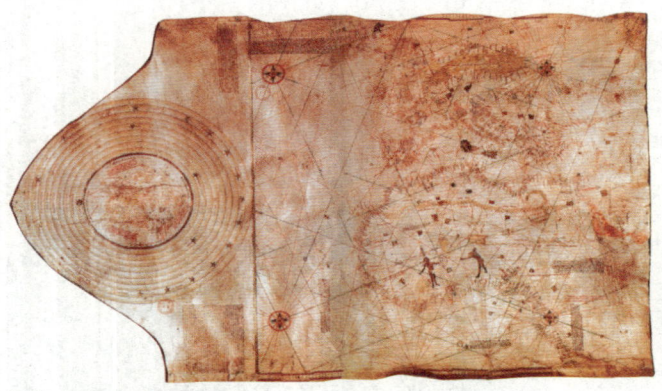

哥伦布绘制的地图

这张地图直到19世纪才为人所知，据说是哥伦布绘制的，但仍有许多疑点，因为图中的冰岛和法罗群岛位置颠倒，而哥伦布是不至于犯这种错误的。因此，究竟作者是不是哥伦布，还不能妄下断言。

15世纪欧洲航海星盘

则骑马殿后,展示了从美洲带回来的金饰珠宝、珍禽异兽。三室像接待上宾一样接待了哥伦布,女王几次向他致意,赐给他一件崭新的海军元帅战袍,听完哥伦布对探险经过的描述后,在场全体成员齐齐跪下,同唱赞美诗。1493 年 5 月 29 日,西班牙国王颁布命令授予哥伦布以新发现的岛屿和陆地的海军司令、钦差和总督的头衔,并且颁发了授衔证书。

此后,哥伦布又分别于 1493 年、1498 年、1502 年进行了三次远航,其中以第二次远航规模最大,但后三次航行都只是不断地扩大了对美洲大陆的探索范围,而始终没能找到印度和中国。在完成第四次航行回到西班牙之后不久,哥伦布身染重病,卧床不起,于 1506 年 5 月 20 日病逝于法拉多利城。一直到死,哥伦布都认为他到达的是印度。后来,一个名叫亚美利哥的意大利人发现哥伦布到达的这些地方不是印度,而是一个原来不为人知的新大陆,这块新大陆就以亚美利哥的名字命名为亚美利加洲(America)。

·文艺复兴的艺术巨匠·

达·芬奇

名人档案

生卒年	1452~1519年
国　籍	意大利
出生地	芬奇镇安基亚诺村
性　格	认真、求知欲强
身　份	多才多艺的超级大师
家　庭	父亲是一位公证人,母亲卡德琳娜是一位农家女子

莱昂纳多·达·芬奇是意大利文艺复兴时期的第一位画家,也是整个欧洲文艺复兴时期最杰出的代表人物之一,他思想深邃、学识渊博、多才多艺,兼艺术大师、科学巨匠、文艺理论家、哲学家、诗人、音乐家、工程师和发明家于一身,被后世的学者称为"文艺复兴时代最完美的代表"、"第一流的学者"和"旷世奇才"。

达·芬奇是非婚生子,他出生不久,母亲被父亲遗弃,母亲把他带到 5 岁后,交给祖父抚养,在祖父的田庄里,他度过了幸福的童年。孩提时代的达·芬奇聪明伶俐,勤奋好学,兴趣广泛,尤其喜爱绘画,常为邻里们作画,有"绘画神童"的美称。14 岁时,他被送往佛罗伦萨,师从著名的艺术家委罗基奥,开始系统地学习造型艺术。达·芬奇在这里结识了一大批知名的人文主义者、艺术家和科学家,开始接受人文主义的熏陶。到 20 岁时,

蒙娜丽莎 达·芬奇

最后的晚餐 达·芬奇

他已有很高的艺术造诣，成为社会上公认的画家。他的壁画《最后的晚餐》、祭坛画《岩间圣母》和肖像画《蒙娜丽莎》是世界艺术宝库留下的珍品中的珍品，是欧洲艺术的拱顶之石。

作为哲学家，达·芬奇认为知识起源于实践，必须从实践出发，通过实践去探索科学的奥秘。他的这一方法，后来得到了伽利略的发展，并由英国哲学家培根从理论上加以总结，成为近代自然科学的最基本方法。在天文学上，达·芬奇对传统

图中的这位老人在助手的帮助下正聚精会神地做着实验，左手飞快地记录着实验结果。若不是身后墙壁上的人体速描和《蒙娜丽莎》表明了他的真实身份，可能不会有人想到他就是"科学家"达·芬奇。

达·芬奇，文艺复兴时期大师中的大师，虽然他完成的作品不足十件，但这也足以证明他的天才，他的思想远远领先于当时技术所能达到的范围，为了创造令人满意的形象，他又向实验性技法挑战——结局却是天才独有的悲剧。

的"地球中心说"持否定的观点,他甚至想到过利用太阳能。在物理学方面,他重新发现了液体压力的概念,提出了连通器原理,发现了惯性原理,发展了杠杆原理,还预示了原子原理,并形象生动地描述了原子能的威力。他在解剖学和生理学上也取得了巨大的成就,被认为是近代生理解剖学的始祖。他的研究和发明还涉及军事和机械方面,并在数学领域和水利工程等方面做出了重大的贡献。可以说,达·芬奇的研究涉及自然科学的每一部门,他是世界上少有的全面发展而且成就突出的学者。

达·芬奇的晚年是在漂泊中度过的。1517年,65岁的他离开意大利移居法国,1519年5月2日,这位文艺复兴的巨匠,人类智慧的象征,在法国与世长辞。

· 政治学之父 ·

马基雅维利

名人档案

生卒年　1469~1527年
国　籍　意大利
出生地　佛罗伦萨
性　格　敏锐、激进、崇尚自由
身　份　政治家、文学家、军事家
家　庭　出身于破落的贵族家庭

马基雅维利的家族是佛罗伦萨的名门望族,早在13世纪时,这个家族中就有许多人担任政府要职,马基雅维利的家庭属于这个家族中最贫寒的一支,他的父亲也曾担任政府公职,但因无力偿还债务而被免职。由于家境清寒,他从小就没有受过多少正规教育,但在父母的严格教育和家庭的熏陶下,他从少年时代起就阅读了大量的书籍,并养成了独立思考的习惯,早年时就因才识过人而备受称赞。

成年以后,他投身政治,在29岁时被任命为佛罗伦萨共和国最高行政机关"自由安全十人委员会"的国务秘书,主管外交和军事,以及负责起草政府文件等工作,并曾多次出使意大利各邦和法、德等国。1501年,马基雅维利与玛丽特·考尔西尼结婚,生育了5个孩子。1512年,共和国遭到颠覆,君主制复辟,他遭到逮捕和监禁,从此结束了他的政治生命。恢复自由后,他长期隐居乡间,过着清贫艰苦的生活,著书立说,取得了显著的学术成就。

意大利政治家和作家马基雅维利曾一度是佛罗伦萨势力强大的美第奇家族统治者的顾问,他被认为是实用的无情的政治信条——"只要目的正当,就可以不择手段"的创始人。

塞萨尔·博尔吉亚是一位狡猾、野心勃勃、沉迷于政治权力的肆无忌惮的机会主义者。不过他也是一位有能力的统治者,马基雅维利把他看作是理想君主的师表。在这幅画中,博尔吉亚在看望了自己的父亲,备受争议的教皇亚历山大六世之后离开梵蒂冈。

1512~1513年,他完成了《论提图斯·李维的〈罗马史〉前十卷》,该书不仅是一部历史著作,而且是一部政论著作,书中明显反映了他的共和主义思想,分析了历史上的著名战役,并提出了自己的军事学观点。他编纂的《佛罗伦萨史》,保留了意大利的许多珍贵史料,并创立了一种受到普遍称赞的简洁明确、生动优雅的意大利语的散文风格。当然,他最著名的著作是完成于1513年的《君王论》。该书是马基雅维利对意大利数百年政治实践与激烈革命的总结,也是作者从政10多年经验教训的理论结晶。他认为共和政体是最好的国家形式,但又认为共和制度无力消除意大利四分五裂的局面,而只有建立拥有无限权力的君主政体才能使臣民服从,抵御强敌入侵。他强调为达目的可以不择手段,诸如权术政治、残暴、欺诈、伪善、背信弃义等等,只要是有助于君主统治的就都是正当的。这一思想被后人称为"马基雅维利主义"。

《君主论》无疑是政治学领域中最有影响力的著作之一。作为第一部政治禁书,《君主论》在人类思想史上一方面受着无情的诋毁,另一面却又备受称道,在问世的400多年来,一直是政治家、谋略家、野心家们关注的焦点。直到20世纪后期,人们才开始以科学的态度对待它,并认为它是人类有史以来对政治斗争技巧的最独到、最精辟、最诚实的"验尸报告",而马基雅维利也被称为是第一位将政治学和伦理学分家的政治思想家。

1527年,佛罗伦萨发生起义,君主统治被推翻,马基雅维利又向共和国新政府谋求职位,希望能贡献余生,但遭到拒绝。他为此忧郁成疾,不久就在极度失望与痛苦中逝世。

名人逸事

1502年,马基雅维利以特使身份见到了瓦伦丁公爵恺撒·博贾。此人精通权术,他用十分谦恭的礼节对待政敌,深藏自己的用意,一旦取得对方的信任,就无情地绞杀他们。当人民起来造反时,他派酷吏血腥镇压,而和平到来时,又把他派去镇压起义的官吏将其处死,以平民愤。而马基雅维利认为只有这样的君主才能实现意大利的统一,并把塞萨尔·博尔吉亚作为《君主论》中完美的君主的典型。

·"日心说"的创立者·

哥白尼

哥白尼10岁丧父,由舅父瓦兹洛德大主教抚养,受到了良好的教育。他少年时代就对天文学有浓厚兴趣。中学时,在老师指导下,制造了一具按照日影确定时刻的日晷。18岁时,哥白尼进入克拉科夫大学。学校的人文主义者、数学家和天文学家布鲁楚斯基给予他很大的影响,哥白尼经常向这位学者请教天文学和数学方面的问题,还学会了用天文仪器观测天象。

大学毕业返回故乡后,瓦兹洛德派他去意大利学习教会法规。1497~1500年,他在波洛尼亚大学读书,除教会法规外,还同时研究多种学科,尤其是数学和天文学,并与该校的天文学教授、意大利文艺复兴运动的领导人之一诺法拉交往甚密,他们时常一起遥测宇宙,记录数据,研讨前人有关天文学的著作。哥白尼了解到,早在公元前3世纪,古希腊天文学家阿里斯塔恰斯就曾提出过地球绕太阳运行的概念,并首先测定了太阳和月亮对地球距离的近似比值,但后来遭到宗教势力的反对。为了直接阅读这类著作,哥白尼学会了希腊文。在实际的天文测量和对前人著述的钻研后,哥白尼对地球中心说产生了怀疑。地球中心说是古希腊哲学家亚里士多德提出来的,公元2世纪罗马天文学家托勒密又加以推演论证,使它进一步系统化。地

哥白尼是波兰天文学家,他在经过多年的观察和论证后,提出了爆炸性的革命观点——"日心说"——推翻了长期以来居于统治地位的"地心说"。

名人档案

生卒年	1473~1543年
国　籍	波兰
出生地	维斯瓦河畔的托伦城
性　格	勤奋踏实、矢志不渝
身　份	天文学家
家　庭	出身于商人家庭。父亲是托伦市的市长

有关"地心说"描述的天体仪器

从图中可以看出。地球位于宇宙的中心,而日月星辰则围绕在地球的周围,欧洲教会维持着这个错误的理论长达1400多年。

名人逸事

1524年5月24日,哥白尼的《天体运行论》出版后,遭到了罗马教廷的激烈反对,被列为禁书,就连德国宗教改革家马丁·路德也辱骂哥白尼是个傻子,居然想推翻《圣经》的权威论证。300多年以后的1882年,罗马教皇才最终承认了哥白尼学说是正确的。

表现哥白尼《天体运行论》理论的图绘

心说认为地球静止不动地居于有限的宇宙中心,日月星辰都围绕地球运转,这一学说被基督教会奉为真理,成为神权统治的重要理论基础。

1506年,哥白尼回到波兰,在弗罗恩堡大教堂担任教士,这使得他有了一定的社会地位和物质保障,得以继续从事天文学研究和科学实验活动。为了研究方便,他特意选择了教堂围墙上的箭楼作宿舍兼工作室,他在里面设置了一个小小的天文台,用自制的简陋仪器,开始了长达30年的天体观测。正是在这里,他写下了巨著《天体运行论》,而其中选用的27个观测事例,就有25个是他在这个箭楼上观测记录的。《天体运行论》共6卷,哥白尼在书中完整地提出了太阳中心说,并批判了托勒密地球是静止的理论。

哥白尼的太阳中心说,科学地阐明了天体运行的现象,推翻了长期以来居于统治地位的地球中心说,并从根本上否定了基督教关于上帝创造一切的谬论。尽管他的学说仍然坚持宇宙中心和宇宙有限论,但却把天文学从宗教神学的束缚中解放出来,实现了天文学中的根本变革,在近代科学的发展史上具有划时代的意义。

1543年,哥白尼因病逝世,享年70岁。后人进一步发展了哥白尼的学说。

· 文艺复兴时代伟大的艺术家 ·

米开朗琪罗

米开朗琪罗出生后,因母亲体弱多病,被送往奶妈家抚养,奶妈的丈夫是石匠,米开朗琪罗从小受到了雕刻的熏陶。14岁时,他被送入佛罗伦萨银行家"无冕之王"罗梭索·美第奇的"雕刻园",在那里受到了严格的技艺训练和先进的人文主义思想的熏陶,为以后的艺术创作奠定了坚实的基础。同时,他也开始了自己的创作生涯。

他早期的雕刻作品《哀悼基督》就已表现出很高的艺术造诣。在这幅作品中，死去的基督安卧在母亲的膝上，圣母俯视着儿子，充满了忧思与爱怜。整个作品给人以既悲哀又优美的感觉，展出后便立即在罗马全城引起了轰动，人们怎么也不相信，这是一位不足25岁的年轻人雕刻的作品，米开朗琪罗为消除疑惑，就在塑像圣母的肩头上刻上了"作者：米开朗琪罗·邦内罗提"的字样，这是他唯一有落款的作品。米开朗琪罗最有成就的雕塑有《大卫》、《摩西》、《垂死的奴隶》等。《大卫》是他的成名作，塑造的是古代以色列的大卫王，表现了一位正义战士的无畏、勇气与力量。他为这座雕像花去了大约3年的时间，使它几乎达到了完美无缺的境界，也使自己成为当时最伟大的雕塑家。

米开朗琪罗的绘画也像他的雕塑一样，达到了很高的艺术境界。他为西斯廷教堂所作的壁画《创世纪》，历时4年零5个月，在画成后，轰动了整个意大利，被一致公认为是世界历史上最伟大的美术作品，甚至达·芬奇在它面前也沉思不语并感到了自己已经衰老。

米开朗琪罗不仅是位成绩斐然的艺术家，还是一位奋战终生的爱国志士，他曾和佛罗伦萨人民一起投入到抵御外国侵略者和教皇军队的战斗中，并担任了城防工程建筑的总指挥，他坚守岗位，直到城市沦陷而成为敌人的阶下囚。

1564年2月，米开朗琪罗在自己的工作室里与世长辞了，享年89岁。在生命的最后

哀悼基督

这是米开朗琪罗最著名的作品之一，表现的是圣母怀抱耶稣遗体的情景。耶稣仰面躺在圣母膝上，瘦弱的四肢无力地垂落下来，圣母右手抚在耶稣腋下，撒开的左手透露出一种无奈的悲怆，微垂的头部和悲戚的面容更显示出内心强抑的巨大苦痛，这种克制令整座雕像弥漫着一种崇高的庄严气氛。

名人档案

生卒年	1475~1564年
国　籍	意大利
出生地	佛罗伦萨的卡普勒斯镇
性　格	执著勤奋、崇尚自由
身　份	画家、雕塑家、工程师
家　庭	父亲是卡普勒斯镇的行政长官

最后的审判 米开朗琪罗

巴黎国立美术学校半圆形讲堂壁画《大艺术家的集会》（1836–1841年），多拉洛许绘制。米开朗琪罗戴红帽坐在左边，正向周围的人们说着什么。

20年里，他以极大的热情投入到建筑事业中，设计并主持了圣彼得大教堂的建筑工程，他设计的举世闻名的大教堂的圆穹顶，成为世界建筑史上的一座丰碑。米开朗琪罗终生独身，为艺术奋斗，他的作品奔放豪迈，气魄雄伟，以杰出的艺术成就与达·芬奇、拉斐尔并称为"文艺复兴三杰"。

· 第一个环球航行的人 ·

麦哲伦

麦哲伦10岁左右被父亲送入王宫服役，1492年成为王后的侍从。16岁时，他进入葡萄牙国家航海事务厅，因而熟悉了航海事务的各项工作。那时哥伦布已经发现了美洲新大陆，达·伽马也从印度返航并带回了传说中的东方财富。东方的财富和远洋探险的荣誉极大地吸引了麦哲伦，他积极要求参加远征队，终于在1505年获得了参加海外远征队的机会，从此开始了毕生的远洋探航事业。

此后，麦哲伦在印度和东南亚一带进行探索和游历，实地了解到在东南亚的摩鹿加群岛的东面是一片汪洋大海。他坚信地球是圆形的，并猜测在这片大海的东面，肯定

名人档案

生卒年　1480~1521年
国　籍　葡萄牙
出生地　葡萄牙
性　格　沉着、坚定、百折不挠
身　份　航海家
家　庭　出身于没落的骑士家庭

是哥伦布发现的美洲大陆。而要绕过美洲驶向摩鹿加群岛，关键是要找到一条沟通大西洋和"大南海"的通道——海峡。为此，他下决心要做一次环球探航。1518年，西班牙国王查理一世与麦哲伦签署了远洋探航协定。1519年9月，麦哲伦率领一支由265人和5艘船只组成的船队，从西班牙塞维利亚城的港口出发，开始了环球远洋探航。

经过两个多月的海洋漂泊，船队越过大西洋来到巴西海岸，稍事休整后，又沿海岸向南继续航行，但是到1520年10月，船队一直没有找到海峡。几次探索海峡的失败，多数海员都感到灰心丧气，有三个船长也反对麦哲伦，麦哲伦设法平定了纷乱情绪，避免了探航半途而废的结局。1520年10月21日，船队在南纬52度处又发现了一个海峡口，经过一系列摸索前进，终于在11月28日走出海峡西口，见到了浩瀚无边的"大南海"。欧洲人花了20多年所要寻找的地方终于被麦哲伦找到了，后人把他发现的海峡命名为"麦哲伦海峡"。

航行途中的麦哲伦

麦哲伦生于葡萄牙的小贵族家庭，不到20岁就成了水手，他在他的《美洲的历史》中向人们提供了有关印第安人的第一手可信资料。他凭借着沉着、坚定的性格和丰富的经验完成了人类历史上首次环球航行。

地理大发现大大促进了欧洲与美洲乃至世界各地的贸易往来。

马里纳里群岛的土著居民,他们围攻并洗劫了麦哲伦的船队,麦哲伦本人也不幸在战斗中阵亡。此图描绘的是麦哲伦船队与当地的土著居民交火时的情景。

> **传世名言**
>
> 就是把包船桅的牛皮统统吃光了,我们还是要前进!
>
> ——麦哲伦

1521年3月,船队来到了菲律宾群岛。麦哲伦以征服者的姿态参与了当地的部族冲突,在一次战斗中战败被杀。之后,他的助手烧掉一条破烂不堪的船,带领仅存的两条载满香料的船越过马六甲海峡,经印度洋、过好望角,辗转一年多,终于在1522年9月回到西班牙,完成了人类的第一次环球航行。

· 英国黄金时代的著名女王 ·

伊丽莎白一世

伊丽莎白一世肖像

亨利八世废黜了信奉天主教的王后凯瑟琳后,另娶安娜·波琳,伊丽莎白是他们唯一的孩子。1534年,她被宣布为继承人,但时间不长,她的母亲因为不贞罪被处死,她因此失去了王位继承权。亨利八世后来再娶,生子爱德华,立为太子。直到11岁时,因为太子身体虚弱,伊丽莎白被父亲恢复了公主身份。她父亲在遗嘱中规定:爱德华如无嗣,就由凯瑟琳生的玛丽继位,玛丽若无嗣则由伊丽莎白继位。伊丽莎白自幼受到很好的教育,掌握了六种语言:英语、法语、意大利语、西班牙语、拉丁语和希腊语。在老师的影响下,她成为了一名新教徒。

1558年,在爱德华、玛丽相继辞世后,伊丽莎白继位。伊丽莎白上台后,采用种种措施强化自己的专制权力。她宣称国王是上帝在人间的全权代表,是人间的上帝,要求臣民对她绝对服从;她限制国会的权力,甚至将敢于顶撞她的议员赶出国会。在宗教政策上,她继续推行亨利八世的宗教改革,获得了新教徒的支持,并把教会置于国王、而不是罗马教皇的领导之下,这些措施赢得了资产阶级、新贵族以及广大平民的支持。在经济政策上,伊丽莎白鼓励并支持英国的海盗活动,把这种活动看作是充实国库和打击西班牙的重要手段。她还鼓励英国商人建立各种类型的贸易公司,其中1600年成立的东印度公司为英国向东方的扩张打下了基础。

1588年,英国的海军战胜了西班牙的"无敌舰队"。这成为英国走向强盛的转折点,英国开始获得大西洋的海上霸权,为大规模的海外扩张开辟了道路。此后,英国的经济继续

名人档案

生卒年	1533~1603年
国 籍	英国
出生地	伦敦的普雷森希宫
性 格	勤奋好学,处事稳重
身 份	政治家
家 庭	出身王族,父亲是英王亨利八世

列队出行的伊丽莎白女王,陪同的尽是达官贵族。

格拉沃利纳海战

这是1600年左右由荷兰人创作的一幅画,画中描绘了1588年夏入侵英国的西班牙"无敌舰队"在英国军舰炮火的轰击下仓皇撤退的情形。这场在法国海岸附近进行的战役称为"格立沃利纳战役"。西班牙舰船的队列被英国的舰船赶向北方,而其中的大部分又在苏格兰和爱尔兰沿岸触礁沉没。

名人逸事

对伊丽莎白最大的批评来自于她没有自己的继承人。别人一直以为她会结婚生子,因此有许多人追求她,包括她姐姐的前夫、西班牙的菲利普国王,以及她的宠臣莱斯特伯爵,但伊丽莎白明智地拒绝了他们。当国会和英国的臣民们请求她结婚时,她说:"我已经与我的国家结婚了。"对于她终生独身的秘密有很多猜测,其中之一就是她害怕婚姻及生子会导致激烈的宫廷斗争。

发展,伦敦也成为欧洲工商业和金融业的重要中心。伊丽莎白终身未婚,把自己的爱全部献给了祖国。她逝世后,弗朗西斯·培根撰文赞美她是一位伟大的女王:"这位淑女在女性中独赋才学,即使在男性君王中也很少见……如果考虑到君王的博爱多才与人民幸福的双重结合,我认为我无法找到另一位比她更优秀的人物。"

· 英国杰出的哲学家 ·

培 根

培根是英国著名的哲学家,曾先后担任过副检察长、首席检察官、枢密院官员、掌玺大臣和大法官等职,1621年受封为男爵,然而由于接受朝臣贿赂而遭免职。不过他的哲学思想却大大超越了他的政治能力,他强调的归纳方法对科学研究起到了重大的促进作用。

名人档案

生卒年　1561~1626年
国　籍　英国
出生地　伦敦
性　格　睿智、反叛、言行并重
身　份　哲学家
家　庭　出身于英国新贵族家庭。父亲是伊丽莎白女王的掌玺大臣

培根从小接受了良好的家庭教育,在少年时期就表现出异乎寻常的才智。12岁时,进剑桥大学三一学院深造。在校期间,他就对传统的亚里士多德哲学产生了怀疑,开始独自思考社会和人生的真谛。

1567年,培根作为英国驻法大使的随员来到法国,在旅居巴黎两年半的时间里,他几乎走遍了整个法国,接触到不少新鲜事物,汲取了许多新思想,这对他的世界观的形成起了很大的作用。1579年,培根的父亲病逝,他奔丧回国。之后他做过律师和国会议员。1589年,他被许诺为民事法院出缺后的书记,然而,他为此空缺等了20年。此时,培根决心要把脱离实际、脱离自然的一切知识加以改革,把经验观察、事实依据、实践效果引入认识论,这成为他奋斗一生的目标。

在詹姆士一世统治时期,培根平步青云,扶摇直上,历任宫廷要职。1602年受封为爵士,1604年被任命为詹姆士的顾问,1607年被任命为副检察长,1613年被委任为首席检察官,1616年被任命为枢密院顾问,1617年被提升为掌玺大臣,1618年晋升为英格兰的大陆官,授封为维鲁兰男爵,1620年又授封为奥尔本斯子爵。培根一生的大部分时间都在官场中度过,他晚年颇有感慨地

说,他"把才能误用在了自己最不擅长的工作之上"。1621年,培根被国会指控贪污受贿,被高级法庭判处罚金4万镑,监禁于伦敦塔内,并终生逐出宫廷,不得担任公职。罚金以及监禁都被詹姆士一世豁免了,此后,培根脱离政坛,开始专心从事著述。

培根一生著作颇丰,取得了多方面的成就。其中1620年出版的《新工具》是培根最重要的哲学著作,它提出了培根在近代所开创的经验认识原则和经验认识方法,在近代哲学史和逻辑史上具有重要的意义和广泛的影响。培根认为经院哲学阻碍了当代科学的发展,因此极力批判经院哲学和神学权威,他主张科学理论与科学技术相辅相成,主张打破"偶像"、铲除各种偏见和幻想,提出"真理是时间的女儿而不是权威的女儿",对经院哲学进行了有力的批判。在研究方法上,他强调把观察、实验、分析和归纳相结合的方法,是公认的归纳法的创始人。他从唯物论立场出发,重视感觉经验和归纳逻辑在认识过程中的作用,开创了以经验为手段,研究感性自然的经验哲学的新时代,对近代科学的建立和发展起了积极的推动作用。他被罗素尊称为"给科学研究程序进行逻辑组织化的先驱"。

培根一生著作颇丰,取得了很大的成就。在这幅寓意画中,大文豪莎士比亚正将象征着文学成就的桂冠戴在了培根的头上。

> **传世名言**
>
> 知识就是力量。
> 要命令自然,就要服从自然。
> ——培根

1626年,培根在一次冷冻防腐的科学实验中遭受风寒去世,终年65岁。培根死后,人们为怀念他,为他修建了一座纪念碑,亨利·沃登爵士为他题写了如下的墓志铭:

圣奥尔本斯子爵

如用更煊赫的头衔应称之为"科学之光"、"法律之舌"

名人逸事

1626年2月的某一天,培根坐车前往伦敦北郊。当时他正在思索冷热理论及其实践应用问题。在路过一户农民家时,他买了一只鸡,将鸡宰杀后,把雪填进鸡腹,以观察冷冻在防腐上的作用。由于天气严寒,他受了风寒,最后竟然一病不起,两个月后,与世长辞。

· 英国最伟大的诗人和剧作家 ·

莎士比亚

莎士比亚，英国戏剧家和诗人。无论古今和以任何语言创作的作家，一般都认为莎士比亚是最伟大的作家。

莎士比亚的父亲早年是自耕农，1551年迁居到斯特拉福镇，开经销皮革制品兼营农产品的店铺，1557年同当地的富家女儿玛丽·阿登结婚，生了8个子女，存活5个，莎士比亚排行老大。莎士比亚4岁时，父亲当选为镇长。7岁时，他进入当地圣十字文法学校，学习拉丁语、文学和修辞学。14岁时，他父亲经商失利，莎士比亚离开学校，给父亲当助手。1582年，18岁的他与大自己8岁的邻乡富裕农民的女儿安·哈瑟维结婚，育有一男二女，儿子在11岁时夭亡。

1586年，莎士比亚来到伦敦，在一家剧院门口当马夫，侍候骑马前来看戏的富人。他头脑灵活，口齿伶俐，工作之余，还悄悄地看舞台上的演出，并坚持自学文学、历史、哲学等课程，还自修了希腊文

名人档案
- 生卒年　1564~1616年
- 国　籍　英国
- 出生地　英国中部的斯特拉福镇
- 性　格　情感丰富、敏锐执著
- 身　份　戏剧家、诗人
- 家　庭　出身农民家庭

"环球剧场"为八角形木结构建筑，正厅上空露天，被三层包厢环绕，舞台上有楼台，既可作为《哈姆雷特》剧中的塔使用，也可当做《罗密欧与朱丽叶》剧中的阳台。在剧场的顶楼上竖着一面旗帜，画着古希腊的大力士赫拉克勒斯背负着地球，边上有拉丁文的题词"——世界是一个舞台"。或许这是世界上最早的剧院广告之一。莎士比亚是该剧院的股东。

和拉丁文。当剧团需要临时演员时,他就去演一些配角,不久就被剧团吸收为正式演员。那时候,伦敦的剧团对剧本的需要非常迫切。莎士比亚在学习演技的同时,也开始编写一些剧本。27岁那年,他写的历史剧《亨利六世》三部曲被改编上演后,大受观众欢迎,莎士比亚逐渐在伦敦戏剧界站稳了脚跟。

莎士比亚一生创作出两部长篇叙事诗,37个剧本,154首十四

"在小溪之旁,斜生着一株杨柳……她一个人到那去,用毛茛、荨麻、雏菊和紫罗兰编成了一个个花圈,替她自己作成了奇异的装饰。她爬上根横垂的树枝,想要把她的花冠挂在上面,就在这时候,树枝折断了,连人带花一起落到溪水里。她的衣服四散裳开,使她暂时像人鱼一样漂浮水上;她嘴里还断断续续唱着古老的谣曲,好像一点不感觉到什么痛苦,又好像她本来就是生长在水中的一般。"这是王后形容哈姆雷特的情人奥菲莉娅死时的情景,即如本图所绘。

行诗和一些杂诗,代表作品众多,例如有《威尼斯商人》、《无事生非》、《皆大欢喜》、《第十二夜》四大喜剧,以及《奥赛罗》、《李尔王》、《麦克白》、《哈姆雷特》四大悲剧等。他的作品,深刻地描绘了英国当时的社会生活状况,暴露现实,批判现实,塑造了哈姆雷特、李尔王、奥赛罗、麦克佩斯、夏洛克、理查三世、福斯塔夫等等不朽的艺术典型;包含着丰富的思想内容和哲理,熔现实主义和浪漫主义于一炉,既继承了古希腊、罗马和英国的优秀文化传统,又吸收了欧洲各国的新文化、新思想和创作技巧;打破了传统戏剧的创作模式,打破了悲、喜剧的界限;把民间口语、谚语、俗语、格言等汇集在作品之中,具有强烈的感染力与表现力,极大地丰富了英国语言。

大约在1610年,莎士比亚回到故乡,同女儿苏珊娜和裘迪丝住在一起,仍然给剧团编写剧本。1616年,他因病逝世,被葬于镇上的圣三一教堂。他的墓碑上刻着这样的碑文:"看在上帝的面上,请不要动我的坟墓,妄动者将遭到诅咒,保护者将受到祝福。"

名人逸事

莎士比亚成名时所受到的尊重远不如今天,当时的剧作家都是受过高等教育的大学精英分子,他们对来自农村、学历浅薄的莎士比亚突然成为剧坛的明星,深感不安,羞与为伍。名噪一时的戏剧作家格林在写给同行的信中公开攻击莎士比亚是一只"青云直上的乌鸦、利用我们的羽毛美化自己,用演员外衣掩盖起虎狼之心",还辱骂莎士比亚"自以为写了几句虚夸的无韵诗就能同你们中最优秀的人媲美,他是地地道道的打杂工,却自以为在英国只有他才能'震撼舞台'"。

·意大利伟大的科学家·

伽利略

伽利略是世界上最伟大的科学家之一,他的成果从力学到运动学到光学以及整个宇宙体系。他一生以其科学天赋、机敏和领袖气质努力与教条的教会保持一致,直到晚年才由于支持哥白尼的观点以及同亚里士多德的信徒们的公开对抗而与教会发生冲突。

伽利略读的是教会小学,喜爱音乐和绘画,喜欢玩具和研究各种机械的构造。稍大后,他又沉湎于拉丁文、希腊文和哲学。1581年,17岁的伽利略进入比萨大学学医。他注重实践,爱好独立思考,深爱数学。1586年,他把阿基米德的浮力原理和杠杆原理结合起来,发明了用以测定合金成分的"液体静力天平"。两年后,他又完成了"固体内的重心"的论文。由于数学上的成就,他在1589年被比萨大学聘为数学讲师。次年,他就以著名的比萨斜塔实验向居于统治地位的亚里士多德的物理学原理提出了挑战。

在比萨斜塔实验后,伽利略受到了教授们的攻击和排挤,他被迫离开比萨大学,之后在威尼斯学术空气自由的帕多瓦大学谋得了数学教授的职位。伽利略在帕多瓦大学生活了18年,这期间他研究了斜面运动、力的合成和抛物体运动等,对液体、热学等也进行了探索,并发明了空气温度计。1609年,伽利略听到一个消息:荷兰光学家李帕西无意中把两块镜片叠在一起,结果透过它看到的远处景物比用肉眼观察的大。受此启发,伽利略在半年后成功地制成了世界上第一架放大倍数为33倍的天文望远镜。在这架天文望远镜的帮助下,伽利略探索了深邃神秘的太空,得出了一系列重大的发现:月球表面并不像亚里士多德所说的那样平滑,而是呈现不规则的凹凸起伏;木星旁边有四颗运转着的卫星;地球并不是

伽利略的书房
在这间有些简陋的书房内,伽利略完成了他一生中的许多重要发现。室内的诸多摆设显示了他知识的多元化。

外国名人

伽利略的比萨斜塔实验证明了亚里士多德关于落体方面的理论是错误的。但只是在伽利略想利用一个斜面来测量一个球落下的时间间隔这个主意,他才获得了定量的结果。图中伽利略正在讲解他的实验,背景里的斜塔则说明地点在比萨。

各个天体旋转的唯一中心;太阳上面有黑子;土星周围有光环……所有这些结果,都有力地支持了哥白尼的太阳中心说——地球和所有行星都围绕太阳运行。1610年,伽利略出版了他的《星际使者》,向全世界宣布了他的上述发现。人们惊呼:"哥伦布发现了新大陆,伽利略发现了新宇宙。"

1613年,伽利略出版了《关于太阳黑子的通信》,维护哥白尼的"日心说",他也因此受到了罗马教廷的不准讲授"日心说"的禁令。1632年,伽利略最有名的著作《关于两种世界体系之间的对话》出版,年近70的他因此而被教皇召去罗马教廷受审,饱尝折磨。他被迫宣誓放弃哥白尼的学说,便被判处终身监禁,监外执行。但他没有放弃科学研究,3年后,他完成了最后一部名著《关于力学和位置运动的两种新科学的对话和数学证明》,这部书总结了他在力学方面的研究成果,其中的许多原理,后来被牛顿发展成为牛顿三大定律。这部书被偷运到荷兰出版时,伽利略已经双目失明。

1642年,伽利略患热病与世长辞,享年78岁。

名人档案

生卒年	1564~1642年
国　籍	意大利
出生地	比萨城
性　格	谨慎、活泼、富有思想
身　份	天文学家、物理学家
家　庭	出身没落的贵族家庭。父亲新尼塞是一位不得志的音乐家

名人逸事

在比萨大学读书的一天傍晚,伽利略在教堂里看到悬挂在空中的大灯被风吹得左右摆动,便按照脉搏测量它的摆动时间。结果发现,不论灯摆动的幅度多大,每次来回的时间总是一样的。受此启发,伽利略发现了钟摆的等时性原理,他据此制定了一个钟锤吊摆,用来测量时间。

·揭开人体血液循环之谜的医生·

哈 维

威廉·哈维曾是国王查理一世的御用医生。图为他正向国王阐述关于血液循环的理论。

名人档案
生卒年	1578~1657年
国　籍	英国
出生地	肯特郡福克斯通镇
性　格	认真、执著
身　份	生理学家、医生
家　庭	出身农民家庭，父亲经商

哈维天资聪颖，从小好学。读小学时，他就以优异的成绩名列前茅，尤以英语和拉丁语最为突出。他10岁进入坎特伯雷王家学校，16岁进入剑桥大学，并在3年后获得文学学士学位。1600年，哈维进入意大利的帕多瓦大学学习医学，在两年后以优异的成绩获得医学博士学位。学成归国后不久，哈维和伊丽莎白女王的御医朗斯托洛·白劳恩的女儿结为伉俪。母校剑桥大学为表彰他在留学中所取得的卓越成绩，也授予他博士学位。两年后，英国皇家医学院选举他为委员，又过了几年，哈维被委任为圣巴托罗缪医院的医师。

早在公元前2世纪，古罗马的神医盖伦提出了一种血液循环理论，他认为血液在人体内像潮水一样流动之后，便消失在人体四周，并把血液运动解释为是上帝的安排。他的这一理论被教会当作不可侵犯的真理，一直到16世纪时，才受到怀疑和挑战。享有"解剖学之父"美誉的比利时医生维萨里和发现血液小循环系统的西班牙医生塞尔维特相继批判了盖伦的学说，但他们也为此付出了生命的代价。维萨里受到宗教裁判所的迫害，被判处死刑；塞尔维特在日内瓦被活

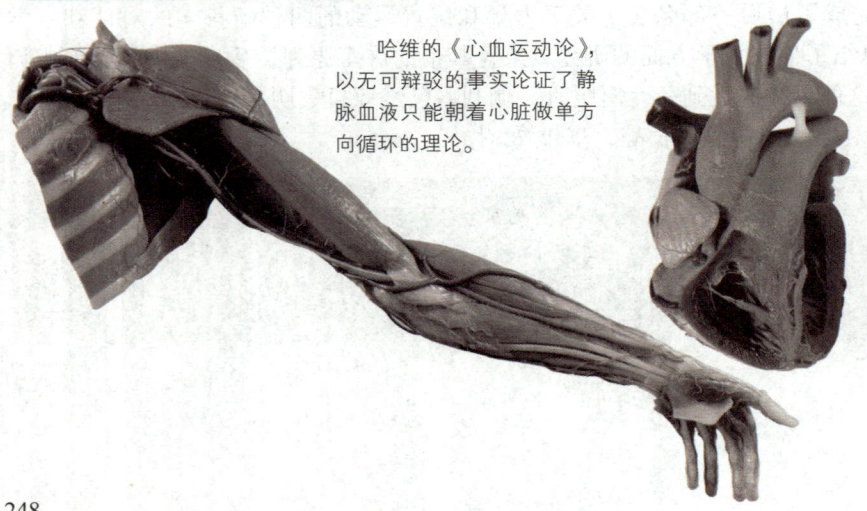

哈维的《心血运动论》，以无可辩驳的事实论证了静脉血液只能朝着心脏做单方向循环的理论。

心脏结构示意图
哈维经过不懈的研究发现，人体中的血液由心脏始，最终又流回心脏，从而形成循环。

活烧死。半个世纪之后,哈维决心弄清人体血液的奥秘,他在自己家中建立了实验室,开始艰苦的探索。

哈维解剖了80多种动物,终于发现了血液运动的规律:静脉血从右心房进入右心室,然后流入肺中,在那里接触空气,暗红的静脉血变成鲜红的血液,流回左心房,再从左心房进入动脉血管中,流遍全身;血液逐渐变成暗红色,再通过静脉流回右心房,一个循环完成。心脏的不断搏动,推动着血液循环不止地流动,心脏的四个瓣膜和血管的瓣膜起着单向阀的作用,

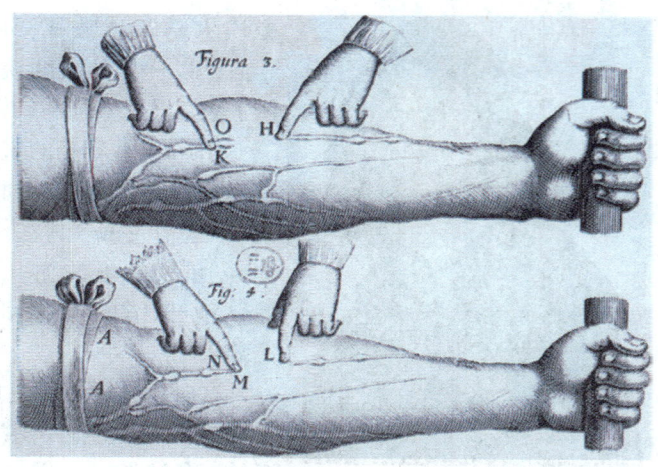

在《心血运动论》的一幅图解中,哈维通过显示瓣膜如何阻止静脉中的血除了流向心脏之外还流向其他的方向,确立了血液循环理论的一个组成部分。胳膊被捆绑着。因此静脉显示了出来,极小的隆起就是瓣膜。

所以血液不能倒流。1628年,他的《心血运动论》在德国的法兰克福出版,这部只有72页和两幅插图的惊世之作,成为生理学由蒙昧走向科学的转折点。晚年的哈维刻苦钻研动物生殖和发育问题,在1651年又出版了《动物生殖》一书,提出了生物器官的"渐成论",否定了器官同时形成的"预成论"。英国皇家科学院为表彰他的功绩,为他建造了一座铜像。

1657年6月3日,哈维因脑血栓突发病逝于伦敦,享年80岁。皇家医学院为他举行了隆重的葬礼。他的墓碑上写着:"发现血液循环,造福人类,永垂不朽!

名人逸事

《心血运动论》出版后,哈维曾长期担任皇家御医。英国内战打响后,哈维站在王家一边,被任命为两个王子的保护人。即使在炮火纷飞的战场上,他也一刻没有忘记自己的事业。无论走到哪里,他都不顾个人安危。有一次,一枚炮弹在他不远处爆炸,他手了抖书上的灰尘,调换一下位置,又继续埋头读书。

· 著名的哲学家、数学家、科学家 ·

笛卡尔

小时候的笛卡尔身体非常虚弱,却喜欢究根问底。父亲很早就注意到了他的才华,常常称他为"我的小哲学家"。他8岁时进入一所教会学校。在校期间,他对所学的东西颇感失望。因为在他看来教科书中那些微妙的论证,其实不过是模棱两可甚至前后矛盾的理论。他习惯晚起,躺在床上读了许多哲学、数学、文学、历史等珍贵的书籍。1612年,他去普瓦

□ 中外名人全知道

笛卡尔于1596年生于法国，他天资聪颖，先是学习法律，后又赴荷兰专攻数学，并开始对科学产生了浓厚的兴趣。从1619年到1628年间，笛卡尔在欧洲四处游历以及吸收科学的观念。最终成一位伟大的哲学家。

提埃大学攻读法律，4年后，以优异的成绩获得了法学博士学位。

1616年，年轻的笛卡尔决心走向社会，向"世界这本大书"讨教。在经历了多年的游历后，他于1625年返回巴黎。

名人档案

生卒年	1596~1650年
国　籍	法国
出生地	土伦省莱耳市
性　格	谨小慎微
身　份	哲学家、数学家、科学家
家　庭	出身贵族。父亲是布列塔尼地方议会议员和法院法官

这时他在学术界已颇负盛名，络绎不绝的来访者使喜欢安静和沉思的他不胜烦恼，1628年，他从巴黎移居荷兰，开始了长达20年的潜心研究和写作生涯，先后发表了许多在数学和哲学上有重大影响的论著。

笛卡尔雄心立业，终身未娶，他的著作几乎全部是在荷兰完成的。他在1634年写了《论世界》，总结了他在哲学、数学和许多自然科学问题上的看法。在1637年发表了《几何学》，1641年出版《形而上学的沉思》，1644年出版《哲学原理》等。他的著作在生前就遭到教会指责，死后又被列为禁书，但这并没有阻止他的思想的传播。笛卡尔不仅在哲学领域里开辟了一条新的道路，同时又在物理学、生理学等领域提出许多创见，特别是在数学上创立了解析几何，从而打开了近代数学的大门，在科学史上具有划时代的意义，被誉为"近代科学的始祖"。

笛卡尔在数学上的主要贡献是把几何学的问题归结成代数形式的问题，用代数学的方法进行计算、证明，从而达到最终解决几何问题的目的。依照这种思想他创立了"解析几何学"，为微积分的创立奠定了基础。他在其他科学领域的成

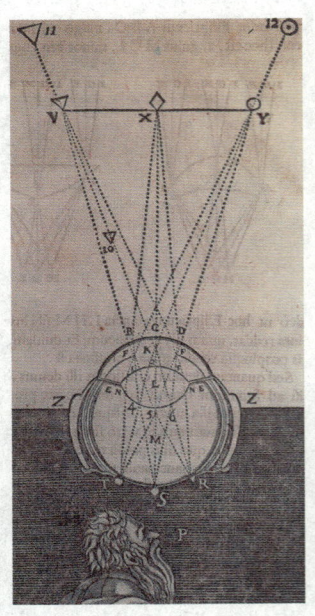

笛卡尔的《论人》被看作是第一部生理学著作，该图显示了对图像的感官认知过程与肌肉反应之间的假想关系。

此图描绘了笛卡尔的故乡莱耳市的建筑群一景。

外国名人

此图描绘的是笛卡尔给瑞典女王克里斯蒂娜上哲学课的情形。

就也同样硕果累累：他从理论上推导了折射定律，与荷兰的斯涅耳共同分享发现光的折射定律的荣誉；他对人眼进行了光学分析，设计了矫正视力的透镜；他提出了宇宙间动量总和是常数的观点，创造了动量守恒定律，为能量守恒定律奠定了基础。他也是欧洲近代哲学的奠基人之一，自成体系，熔唯物主义与唯心主义于一炉，在哲学史上产生了深远的影响。

1649年，笛卡尔应邀去斯德哥尔摩为瑞典女王教授哲学。1659年，他因感冒患上肺炎，不幸病逝。1819年，他的遗骸被移入圣日耳曼大教堂，墓碑上写着："笛卡尔，欧洲文艺复兴以来，第一个为人类争取并保证理性权利的人。"

· 热衷戏剧表演的"滑稽小子" ·

莫里哀

1622年，莫里哀出生于巴黎，父亲是一个皇家室内陈设商，在巴黎很有名气。莫里哀的外祖父家在巴黎也十分有地位。莫里哀在10岁的时候母亲就去世了，因此他的外祖父十分疼爱他，走到哪儿都要带上小莫里哀。外祖父十分喜欢看戏，莫里哀从小就和他一起出入巴黎各个剧院。时间长了，莫里哀对戏剧产生了浓厚的兴趣。他总是津津有味地看台上演员表演，看得入了迷便模仿演员的动作，手舞足蹈起来。莫里哀的记忆力和理解能力特别强，每看完一部戏，回家后他便能将剧情讲给别

名人档案
姓　名　莫里哀
生卒年　1622～1673年
出生地　法国巴黎

人听。有时候，他还组织一帮小朋友在家里表演，自己扮演剧中的滑稽角色。他表演得非常滑稽幽默，总是引得人们哈哈大笑。时间长了，人们就亲切地喊他"滑稽小子"。莫里哀在这时就暗下决心，长大后要做戏剧演员。

莫里哀13岁时进入巴黎一所著名的贵族学校读书。他十分喜欢文科，课下阅读了大量的文学、哲学著作。看的书多了，感想也多了，他喜欢将自己读书的感受写下来。时间一长他的写作水平有了很大提高，文学课上他写出的东西都是受到老师的表扬。读书期间，莫里哀并没有放弃对戏剧的喜爱。每个周末，他都会去看戏剧演出。他还在学校组织了一个小剧团，一到有庆典活动时，莫里哀便自己编戏登台演出。他的小剧团擅长表演喜剧，他们的演出总能逗得人们捧腹大笑，十分受人欢迎。后来同学们便称莫里哀为"小戏剧家"。

19岁时，莫里哀中学毕业了，按照父亲的意愿，他做了宫廷陈设商。但莫里哀对做生意一点也不感兴趣，他总是闷闷不乐。父亲见他不擅长商场上的应酬，便通过关系让他去宫廷当侍从。莫里哀也不喜欢这个差使，宫廷里勾心斗角的生活让他很厌倦。他只喜欢演戏和看戏，每天只有和朋友一起看戏的时候他才快乐。经过再三考虑，莫里哀决定要做自己喜欢的事。

莫里哀像

有一天吃饭的时候，他对父亲说："爸爸，我对现在的工作一点也不感兴趣，请您别让我再继续做下去了。""那你喜欢干什么呢？"父亲显然有些不高兴。"我想去演戏。"莫里哀终于大胆地向父亲说出了自己的想法。"什么？"父亲以为自己听错了。"我想当演员，组织自己的剧团。"莫里哀重复道。那个年代演员的社会地位很低，演员是穷人家的孩子为了混饭吃才做的工作。在巴黎一直很体面的父亲气坏了，"你真是不求上进，给你找了那么好的差使不做，你偏要当演员。如果你执迷不悟，今后就给我滚出家门，别说是我的儿子！"

莫里哀作品《吝啬鬼》剧照

莫里哀在《吝啬鬼》中塑造了一个守财奴的形象——阿巴贡，后来这个人物几乎成了吝啬鬼的代名词。

父子两个闹翻了，为了自己的追求，莫里哀真的从

名人逸事

《伪君子》是莫里哀的代表作。故事梗概是:巴黎一位虔诚的天主教信士奥尔恭,在一次偶然的机会中,结识了教徒达尔杜弗。达尔杜弗正人君子式表现,让奥尔恭十分佩服。后来奥尔恭还将达尔杜弗请到家中供养。但达尔杜弗实际上是个宗教骗子,他满嘴仁义道德,背后却要尽卑鄙手段。他一面要娶奥尔恭的女儿,一面又向奥尔恭的妻子调情,还挤走奥尔恭的儿子,侵占了奥尔恭的财产。幸而达尔杜弗的阴谋后来败露,才使奥尔恭认清了他的嘴脸,家里才重新恢复平静。故事反映了17世纪中期在教会统治下的法国上层社会的愚昧无知。作者大胆地将批判的矛头指向了当时在法国的天主教会,揭露了宗教道德的伪善以及僧侣教徒们的卑鄙无耻。剧中人物达尔杜弗是著名的艺术典型,"达尔杜弗"这个名词,后来成了"伪君子"的代名词。

家里出来了。他找到以前在学校和自己志趣相投的同学,经过一番准备,成立了自己的剧团,莫里哀为它取名为"盛名剧团"。剧团在巴黎生存十分艰难,他们没有经营经验,又受到巴黎各大剧团的排挤。莫里哀虽然想了许多办法,但剧团还是支撑不下去了,最后不得不宣布解散。为了学习经验,剧团解散后不久莫里哀就加入了一个由老演员查理·杜非朗领导的流浪喜剧团。从此开始了流浪演出的生涯。他不断向有经验的演员学习,一有时间便自己思考剧情安排和演出技巧,经过多年的努力,莫里哀的演技成熟了,他成了剧团中的顶梁柱。

在四处演出的过程中,莫里哀广泛接触了社会现实,了解法国各阶层的真实生活状况,并搜集了许多民间传说、谚语、民歌等,这些对他后来的戏剧创作有很大帮助。1650年,28岁的莫里哀做了流浪喜剧剧团的团长。这之后他开始一面演戏,一面写剧本。他阅读了大量的文学作品,并虚心向当时巴黎有成就的文学大师学习。先后创作了《伪君子》《恨世者》《吝啬鬼》等优秀喜剧作品。莫里哀对欧洲戏剧的发展做出了重大贡献,他被人们称为"欧洲古典主义戏剧的奠基人"。

· 英国议会民主制的奠基人 ·

克伦威尔

克伦威尔回忆自己的家庭时曾说:"我生来就是个绅士,地位既非煊赫,也非默默无闻。"他小时候任性乖张,非常淘气。17岁时进入剑桥大学学习,受到了清教徒思想的影响。由于父亲去世,他被迫弃学,回家照顾家庭。两年后,他又在伦敦学习法律。21岁时,他与伊丽莎白·波琪结婚,后者是商人的女儿,为克伦威尔带来了一笔可观的嫁妆,而且是位能干的

名人档案

生卒年	1599~1658年
国 籍	英国
出生地	亨丁顿郡
性 格	野心勃勃、粗犷
身 份	政治家
家 庭	出身乡绅世家。父亲曾是市议会议员

克伦威尔是英国最伟大的军人和政治家之一。1642年以前，他一直是议会里一位具有清教信仰的乡绅。内战爆发后，他成为议会军中最优秀的骑兵指挥官。他指挥的军队作战勇敢，纪律严明，有"铁军"之称。这支铁军在赢得内战的胜利中起了中流砥柱的作用。

主妇。克伦威尔在当地逐渐建立了自己的声望，28岁时，被选为亨丁顿郡的代表出席国会。

1642年，英国的首次内战爆发，克伦威尔参加反对国王查理一世的战斗。他从剑桥、亨丁顿等郡招募了一支主要由自耕农组成的千人骑兵队，这支军队英勇善战，常常以少胜多，获得了"铁骑军"的美誉。1644年7月，克伦威尔率领"铁骑军"获得了马斯顿草原战役的胜利，扭转了国会军队在战争初期屡屡失利的被动局面。后来，国会授权他建立一支二万多人组成的"新模范军"，正是这支军队在纳斯比战役中摧毁了王军的主力，为国会军取得首次内战的胜利奠定了基础。1646年6月，他攻克了国王的大本营牛津。不久，国王查理一世就成了国会的阶下囚。国会为了表彰他的功勋，授予他年收入2500英镑的庄园，他的家也迁到了伦敦。

1649年1月30日，查理一世被送上了断头台。克伦威尔也开始掌握了英国的统治权。

在稳定了国内形势后，他于该年9月率军侵入爱尔兰，两年后又侵入苏格兰。1653年12月16日在伦敦的盛大典礼中，克伦威尔就任英格兰、苏格兰、爱尔兰的护国主，兼任陆海军总司令，成为实际上的军事独裁者。在统治英国期间，克伦威尔凭借强大的军事力量，打败了海上霸主荷兰，迫使荷兰接受了《航海条例》；取得同葡萄牙的殖民地通商的特权；

刻有克伦威尔护国主形象的宝石工艺品

纳斯比战役

迫使丹麦允许英国船只自由进出波罗的海；又在加勒比海上从西班牙手中夺取了奴隶贸易中心牙买加。凡此种种，为英国取代荷兰成为海上霸主奠定了坚实的基础。

1657年，英国国会呈递《恭顺的请愿建议书》，请克伦威尔就任英国国王。克伦威尔虽然婉言谢绝了这一请求，但却把护国主制改为世袭，成了英国实际上的无冕之王。1658年，克伦威尔在白金汉宫病逝，被葬于威斯敏斯特大教堂。两年后，新选举产生的国会决定欢迎查理一世的儿子回国继承王位，克伦威尔殚精竭虑推翻的斯图亚特王朝复辟。

威廉在英国西海岸登陆

1660年英国斯图亚特王朝复辟。1688年英王詹姆士二世的女婿威廉以保护"新教、自由、财产和国会"的名义，领兵入英。1689年，詹姆士二世被迫退位，资产阶级史学家把这次政变渲染为"光荣革命"。"光荣革命"确立了资产阶级的统治地位，巩固了英国革命成果，成为英国历史的转折点。

·民主立宪思想集大成者·

洛 克

洛克在14岁以前没有进过学校，父亲对他进行了严格的启蒙教育。1646年，洛克在威斯敏斯特学校接受了传统的古典文学基础训练。1652年，他进入牛津大学学习，于1656年、1658年分别获得学士和硕士学位。在牛津期间洛克对盛行于校园的经院哲学不感兴趣，而比较喜欢笛卡尔的哲学以及自然科学。

1666年洛克遇到了莎夫茨伯里伯爵，并成为伯爵的好友兼助手。在此期间洛克开始了其一生最重要的哲学

约翰·洛克

作为英国最杰出的自由主义者，洛克的主要贡献是：他清楚阐明了17世纪英国动荡时代的社会政治原理，并分析了人类的知识。

名人档案

生卒年	1632~1704年
国　籍	英国
出生地	惠灵顿
性　格	崇尚自由、言行并重
身　份	哲学家、政治思想家
家　庭	出身于绅士阶级的富裕家庭

英国国会大厦

1688年"光荣革命"使英国中央权力结构发生变化,原有君主制形式继承下来,国王继续享有决策权、行政权、大臣任免权等权力,但要在议会广泛限制的范围内行使,国家主权重心已倒向议会一边。此后国王逐渐退出内阁。从18世纪20年代到18世纪末,内阁制的各种基本原则渐渐确立,而国王则有名无实,英国君主立宪制得到完善。

著作《人类理智论》的创作。1675年,洛克因为繁重的工作损害了健康,到法国休养了三年,于1679年返回伦敦,继续在伯爵身边担任秘书。1682年莎夫茨伯里伯爵因卷入一次失败的叛乱而逃往荷兰,洛克也随行。伯爵在翌年去世,而洛克直到1689年才返回英国。在荷兰期间洛克隐姓埋名,完成了包括《人类理智论》在内的多部重要著作。回到英国后,健康不佳迫使洛克到乡下休养,这时他娶了一位年轻的太太。他连续发表了《论宽容异教的通讯》(1689)、《政府论两篇》(1689)和《人类理智论》(1690),形成了一个关于哲学、政治、宗教和伦理思想的完整体系。

洛克是自培根和霍布斯以来英国唯物主义经验论发展的集大成者。他抛弃了笛卡尔等人的天赋观念说,认为人的心灵开始时就像一张白纸,而向它提供精神内容的是经验(即他所谓的观念)。观念分为两种:感觉的观念和反思的观念,前者来源于感官对外部世界的感受,后者则来自于心灵观察本身。在政治思想理论上,洛克驳斥了君权神授的主张,主张政府的权威只能建立在被统治者拥护的基础之上;他支持社会契约论,提倡个人财产的

洛克认为,人出生时,大脑就像一张白纸,未来的发展全系于受教育的程度。这些激进思想带来了这样一个信念,即每个人都可以通过教育获得解放。让·斯藤的画作《学校里的男生女生》描绘了具有讽刺意义的教室情景。

合理性，认为个人有权拥有通过劳动获得的合法财产；他第一个倡导权力的分配思想，认为行政与立法应当分开，而且立法机关应当高于行政机关，这在以后被孟德斯鸠发展成了三权分立学说。洛克的自由主义被美国奉为神圣，成为民族理想。他的思想深深影响了托马斯·杰斐逊等美国政治家，并且在美洲引发了革命浪潮。洛克的影响在法国则更为激烈。伏尔泰是第一个将洛克等人的思想传到法国去的人，法国后来的启蒙运动乃至法国大革命都与洛克的思想不无关系。

洛克晚年曾经带病接受公职，从1696年起任英王政府的商业监督官。他于1700年退休，1704年逝世，享年72岁。

· 最伟大、最有影响力的科学家 ·

牛 顿

牛顿自幼沉默寡言，性格倔强，少年时代就喜欢摆弄小机械。12岁时，牛顿来到格兰山镇上的金格斯中学，寄宿在克拉克的药店楼上。他用木箱和玻璃瓶做成水钟，控制时间，每天黎明时水钟按时滴水到他的脸上，把他叫醒。

牛顿在中学时代学习成绩并不出众，只是爱好读书，对自然现象有好奇心，他分门别类地记读书心得笔记，又喜欢做些小工具、小发明、小试验。1661年，牛顿以减费生的身份进入剑桥大学三一学院，1664年成为奖学金获得者，1665年获学士学位。一位叫做巴罗的学者发现牛顿是个人才，举荐他为研究生，把牛顿引向了自然科学的王国。1665年，伦敦瘟疫流行，剑桥停课，牛顿回到了故乡。

名人档案

生卒年　1642~1727年
国　籍　英国
出生地　林肯郡的乌尔索普村
性　格　腼腆、顽强、喜好思考
身　份　科学家
家　庭　出身农民家庭。牛顿跟着年迈的外祖母过活

艾萨克·牛顿是世界杰出的自然科学家，17世纪自然科学革命的头等人物。他在物理学、天文学、数学等领域都做出了卓越的贡献。他也因此而成为第一位被女王授予爵士头衔的自然科学家。

257

尽管牛顿在世时已被认作是一个划时代的科学先驱，但他的研究工作仍引来了许多人的诽谤与非议，这幅充满寓意的光实验绘画表现了牛顿在科学上的胜利。

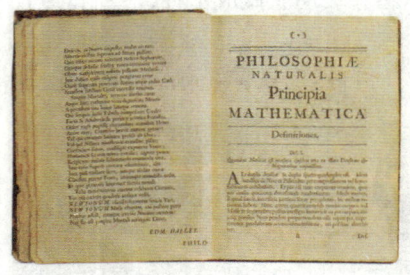

《自然哲学的数学原理》书影

此书被评价为科学史上最伟大的著作，在这本书中，牛顿为以后300多年的力学研究打下了基础。

传世名言

没有大胆的猜测就做不出伟大的发现。
——牛顿

1665~1666年，牛顿认真总结了巨人们的科学研究方法并加以运用，很快就产生了二项式定理、制定出微积分、用三棱镜把白光分解成七色光并确定了每种颜色光的折射率，他还继承了笛卡尔把地上的力学应用于天体现象的想法来探索行星椭圆轨道问题，试图把苹果落地与月亮绕地联系起来。1667年牛顿重返剑桥大学，在巴罗教授指导下继续从事科学研究。1669年，巴罗教授推荐他担任"卢卡斯数学讲座"教授，26岁的牛顿担任此职一直到53岁。1672年，他被接纳为伦敦皇家学会会员。1687年，《自然哲学的数学原理》这一划时代的著作问世，该书以牛顿的三大运动定律和万有引力定律为基础，建立了完美的力学理论体系，说明了当时人们所能理解的一切力学现象，解决了行星运动、落体运动、振子运动、微粒运动、声音和波、潮涨潮落以及地球的扁圆形状等各式各样的问题。在以后的200多年中，再也没有人补充任何本质上的东西，直到20世纪量子论和相对论的出现，才使力学的范畴扩大。1696年，牛顿的同学、财政大臣蒙格特请牛顿担任造币局副局长，牛顿经过两三年努力，很快解决了英国的币制混乱问题，并在1699年升任造币局局长。1703年，牛顿被选为皇家学会主席。之后，他又发表了《光学》、《三次曲线枚举》、《流数法》、《使用级数、流数等等的分析》等著作。

1727年3月，84岁的牛顿出席皇家学会例会后，突然发病，回到家中后，于3月20日拂晓前与世长辞。他的临终遗言是："我不知道世上的人对我怎样评价。我却这样认为，我好像是在海滨上玩耍的孩子，时而拾到几块莹洁的石子，时而拾到几块美丽的贝壳并为之欢欣。那浩瀚的真理的海洋仍展现在面前。"

名人逸事

14岁时的牛顿充满理想，不停地思考各种问题，他在自家的石墙上雕刻了太阳钟，争分夺秒地学习。有一次，他在暴风雨中跑来跑去测验风力，浇得浑身湿透。他的母亲怕他真的疯了，只好放弃了让他成为农民的念头，叫他继续读书。

外国名人

· 威震欧洲的法国"太阳王" ·

路易十四

由于父亲早逝,路易十四5岁就继承了王位。当时表面上由寡后安娜执政,但实权却掌握在首相马萨林手中。年幼的路易十四曾经历了由法院贵族和资产阶级领导的反抗政府的"投石党运动",跟随朝廷逃离巴黎,并遭到追捕。这个事件对他亲政后采取加强王权、削弱高等法院的权力和钳制贵族的政策有深刻的影响。

1661年马萨林死后,路易十四开始亲政。他事必躬亲,称自己为从事"国王的职业"。刚一上台,他就判处不可一世的财政总监福凯终身监禁,然后打击高等法院的权威,又把一切介于君主和庶民之间的承上启下的权力机构撇在一边,加强了中央专制王权。他亲政的这一时期后来被伏尔泰称为"路易十四的世纪"。

在国内经济领域,路易十四推行柯尔培尔的重商主义政策,大力修建基础设施,降低税率,奖励工业生产,积极从事对外贸易,造就了法国的经济繁荣。路易十四拥有一支自罗马帝国统治以来的欧洲人数最多、最强大的常备军,1672年,陆军人数达到12万,1690年超过30万,几乎相当于欧洲其他国家军队人数的总和。依靠这支军队,他打败了法国

名人档案

生卒年	1638~1715年
国 籍	法国
出生地	巴黎
性 格	果断专制、好大喜功
身 份	政治家
家 庭	出身皇室,父亲是国王路易十三,母亲是皇后安娜

这是汉森斯·瑞根德所作的肖像画。画中路易十四穿着加冕服,凝视前方,外表优雅且引人注目。他曾学习芭蕾舞长达20年之久,是卓有成就的宫廷舞蹈家。用圣·西蒙的话来说,"他的微小的手势,他的步伐,他的举止都显得高贵……此外,也很自然"。

名人逸事

据说法国人最早没有洗澡的习惯,认为多洗澡不好,宁愿一天多换几套衣服,这样身体气味非常难闻,为了遮盖身体的臭味,路易十四每天早晨用混合了葡萄酒的水洗手和漱口,并且用洒了香水的干布擦脸。他大量地使用香水,而且每天都配制出一种他喜欢的香水。不仅如此,他还要求臣民更换不同的香水,不擦香水不许出入公共场合,这样法国的香水制造便迅速地发展起来。

一长队骑马的侍从涌入凡尔赛宫界域内前部庭院，国王和王后分乘四轮马车抵达宫殿。由皮埃尔帕特尔绘制的场景展示了1668年落成之初的凡尔赛宫。

1692年围攻那慕尔，奥斯布尔神圣联盟反对其他国家而引起的战争。尽管路易十四取得了最终的胜利，但这场战争却大大消耗了法国的国库存银，使得他在吕斯卫克签订了一个精疲力竭的和平条约，放弃了他从1678年以来获得的许多权利。

的传统敌人德意志和西班牙，与诸多的欧洲国家结成同盟关系，使法国处于优势地位。他大力推行"君权神授"思想，宣称"朕即国家"，树立起无上的权威，在宫廷里被称为"太阳王"。他对文学艺术和科学给予资助，先后成立了法兰西科学院、法兰西建筑科学院和法兰西喜剧院，兴建华丽堂皇的凡尔赛宫。在他统治时期，古典主义的戏剧、美学、建筑艺术、雕塑和绘画都大放异彩。

路易十四的强权统治也造成了深刻的社会危机。他在位55年中打了32年仗，频繁的对外战争和豪华无度的宫廷开支，使法国的人力和财力日趋枯竭，在他统治的后期，法国相继爆发了规模巨大的起义。1715年，称雄一时的路易大帝在民众的一片怨声中死去。

· 使俄罗斯走上强国之路的沙皇 ·

彼得大帝

彼得从小酷爱军事游戏，和伙伴们一起建立了两个童子军团，到他执政后，这两个军团成为了他的嫡系部队。小彼得经常和外国侨民来往，向他们学习数学、航海等知识，受到了西欧文化的影响。1689年，彼得同贵族女儿叶多夫金·洛普辛娜结婚，1696年离婚，并把妻子送进修道院。

名人档案

生卒年	1672~1725年
国　籍	俄国
出生地	莫斯科
性　格	坚强、勤奋、野心勃勃
身　份	政治家
家　庭	出身王室。父亲是阿列克谢沙皇，母亲是娜塔丽娅皇后

1689年，彼得夺取政权，他把国事交给母亲和舅舅等亲信管理，自己仍然操练童子军团，1694年母亲逝世后，才开始亲政。1695年，他率领3万俄军，进攻土耳其，企图占领亚速海，为俄国争夺黑海出海口铺平道路，但遭到失败。之后，他迅速地建立了一支由30艘战船和很多运输船及快艇组成的海军舰队，于同年5月从陆、海两路包围并最终占领了亚速。

1697~1698年间，彼得派大使团到西欧考察，以加强和扩大同西欧各国的反土耳其联盟，同时学习西欧各国先进的科学技术、聘请技师和专家，引进新式的机器设备。1698年，在平息了国内的军事叛乱后，彼得开始在国内推行欧化政策，进行了经济、军事、文化、政治等一系列改革。

在经济方面，彼得大力发展工业，积极建造基础设施，建设通商口岸，发展国内贸易，并实行保护关税政策，奖励输出，限制输入。军事方面，他建立了一支由步、骑、炮、工组成的20万人的正规陆军和一支由48艘战舰、大批快艇和近3万名水兵组成的海军舰队。文化教育方面，他建立了众多学校，并派遣留学生到西欧学习，规定贵族子弟必须接受教育，必须学会算术和一门外语。他还建立了俄国的第一个印刷所、博物馆、图书馆以及剧院，

彼得大帝是18世纪初期俄罗斯的统治者，俄国历史上称帝的第一人。他全力以赴地将封闭保守的俄罗斯转变成一个真正的帝国。

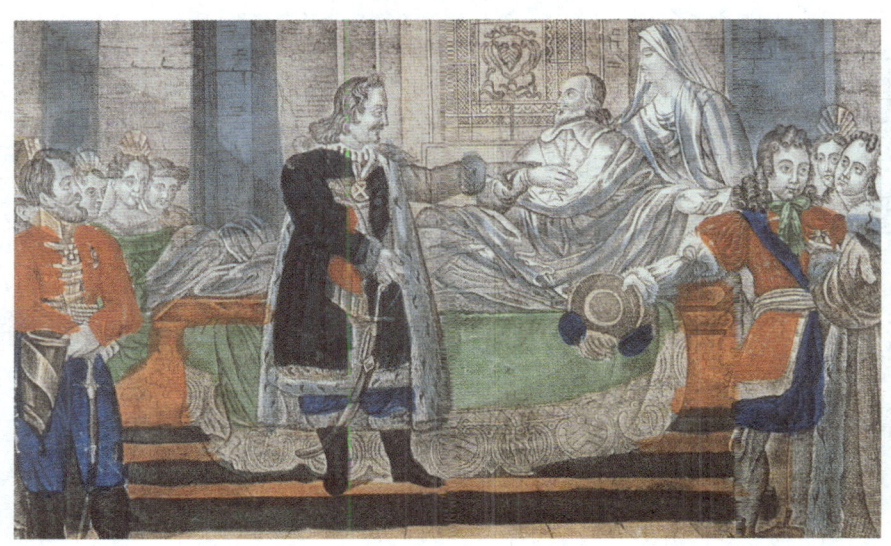

彼得大帝参拜红衣主教的陵墓，充分说明了彼得对待宗教的宽容态度。

名人逸事

彼得建立了一套完整的考核官员的制度，使一批不称职的贵族丢了官，又使一批出身卑贱却精明能干的人受到重用。彼得政府的第一任总检察长童年时曾放过猪，一个任副外交大臣的犹太人曾作过店员，而一个在莫斯科街头卖肉饼、当过马夫的人后来成了陆军元帅。

传世名言

只拥有陆军的统治者只能算有一只手，同时拥有海军的统治者才算是双手俱全。

——彼得大帝

创建了第一份全俄报纸《新闻报》，并亲任主编。于1724年开始筹建俄罗斯科学院。政治上，他把宗教权控制在国家和自己手中，改革了行政管理制度，加强了中央集权。

这些改革改变了俄国生产力水平低、工商业和文化不发达的局面，为俄国跻身于欧洲强国之列奠定了基础。

在国内改革的同时，彼得又发动了连绵不断的战争，从东南西北各个方向拓展了俄国的领土，他在具有战略意义的涅瓦河口修建了彼得堡要塞，建造木屋城堡，并在1713年把首都由莫斯科迁往彼得堡，在不到20年的时间里，把彼得堡由几个小村庄变成了拥有7万人的大城市。

1721年10月，彼得受封为"大帝"和"祖国之父"。俄国国号改为俄罗斯帝国。

彼得大帝的理想是建立一个西至波罗的海、东至太平洋、北至北冰洋、南达印度洋的庞大帝国，但这一野心未能实现。1725年1月28日，彼得在彼得堡逝世，享年53岁。

· 法国启蒙运动的先驱和巨擘 ·

伏尔泰

伏尔泰生性聪颖，3岁就能背诵法国诗人拉封丹的《寓言诗》。他10岁进入中学读书，12岁时已会做诗，并爱读反对宗教、宣扬自由的书。16岁中学毕业后，他父亲希望他攻读法律，但他却爱好文学，时常作诗，出入于豪贵门第。

名人档案

生卒年　1694~1778年
国　籍　法国
出生地　巴黎
性　格　睿智、敏锐、崇尚自由
身　份　作家、哲学家、启蒙思想家
家　庭　出身于富裕家庭。父亲是法院公证人

1717年，年轻的伏尔泰因为写了一些讽刺和攻击法国宫廷淫乱生活的作品，被关进巴士底狱近一年时间，他在狱中写成了《哀狄普斯》悲剧，出狱后，剧本在巴黎上演，大受欢迎，伏尔泰由此一举成名。1725年，伏尔泰侨居英国，研究了哲学家洛克和科学家牛顿的作品。1734年，他发表了《英国通讯》（又名《哲学通讯》），这部著作以书信体裁介

绍英国的政治、哲学、科学和宗教等情况，抨击君主专制制度和法国的教派斗争，宣传唯物论思想，引起了极大的轰动。法院将这本书判为禁书，全部焚毁，而伏尔泰也被迫隐居洛林边境的一座小城堡里。

在避居期间，伏尔泰又匿名发表了《论形而上学》、《牛顿哲学的基础》等著作，同样猛烈地攻击封建制度和教会的统治。1745年他被路易十五任命为编纂法兰西王国历史的史官，次年被选为法兰西语文学院院士。但他因触犯了权贵大臣，不久被迫离开巴黎，回到洛林城堡。1750年，他接受普鲁士国王腓特烈的邀请，以贵客的身份前往普鲁士，后来因在思想观点上与腓特烈发生冲突，两人关系破裂。伏尔泰于1753年离开了普鲁士。从此，他决心再也不同任何君主来往，1755年，他在瑞士边境的佛尔纳购置了一座城堡，在这里度过了后半生。定居佛尔纳后，伏尔泰积极投身于启蒙运动，继续宣传民主思想，抨击封建统治者和教会的罪恶，评论法国社会发生的各种事件。当时启蒙运动的代表人物如卢梭、狄德罗、爱尔维修等人，都公认伏尔泰是他们的老师，对他推崇备至。伏尔泰的文学作品数量最多，成就也最高，各种

伏尔泰是反对专制、盲从和残暴的勇士，如今仍然被看作是法国最伟大的作家之一，以及18世纪启蒙运动的化身。

体例几乎无所不包。在戏剧方面，他最著称的有悲剧《哀狄普斯》、《布鲁杜斯》、《伊兰纳》等和喜剧《放荡的儿子》、《一个苏格兰的女人》等；在诗篇方面，他最著称的诗有史诗

在费尔尼，伏尔泰与众多的贵族及思想家保持着密切的来往，他也因此而获得"欧洲旅店的主人"的称号。

名人逸事

伏尔泰死后仍受到教会的迫害,以至他的尸体不得不秘密地运往香槟省,安葬在一个小礼堂内。1791年法国大革命期间,他的遗骸才被运回巴黎,葬在先贤祠内。在柩车上写着:"他教导我们走向自由。"

传世名言

我没有王权有什么关系,我有一支笔。
——伏尔泰

《亨利亚特》《奥尔良的处女》等;在小说方面最著称的有《老实人》《天真汉》等。他才思敏捷、妙语连珠、文笔锋利、词句精练,善于以机智的讽刺打击敌人,字里行间充满着嬉笑怒骂的哲言。

1774年,路易十五死去,伏尔泰的思想在法国受到广泛的颂扬。1778年,84岁的伏尔泰回到巴黎,受到热烈欢迎。巴黎剧院上演了他的新作悲剧《伊兰纳》,演员们在舞台上抬出他的大理石半身像,为石像举行加冠仪式。同年5月30日,伏尔泰因病逝世。

· 一生只为能读书 ·

罗蒙诺索夫

1711年,罗蒙诺索夫出生于俄国北部阿尔汉格尔斯克省的一个小渔村里。一家人以打鱼为生,日子过得非常艰难。

罗蒙诺索夫从小就对周围的事物充满强烈的好奇心。他总爱问各种各样的问题。

"海水为什么会发亮?"

"为什么海水要涨潮呢?"

"天上为什么会下雨呢?"

"为什么同样有翅膀,海鸥飞得远,公鸡却飞不高?"

……

小罗蒙诺索夫总有问不完的问题,他的好多问题让大人们都回答不上来。

然而家里穷,父亲没钱送罗蒙诺索夫去学校读书。10岁的时候,他便开始和父亲一起出海捕鱼。罗蒙诺索夫非常羡慕村里上学的孩子,每当他们捧着课本念书的时候,他都站着看好半天。邻居舒布诺伊大叔读过一些书,小罗蒙诺索夫便跑去请他教自己识字。舒布诺伊非常喜欢聪明好学的罗蒙诺索夫,就教他认起了字母,还告诉他把一个一个字母拼起

名人档案

姓　名　米·华·罗蒙诺索夫
生卒年　1711~1765年
出生地　意大利威尼斯

来,就能读出字音。小罗蒙诺索夫高兴极了,一有空就躲到安静的地方去读,他还到沙滩上去练习写字。就这样,后来他终于能一整页一整页地读了。然而罗蒙诺索夫还是没有书看。为了阅读,小罗蒙诺索夫经常到镇上的小火车站去捡别人丢弃的废报纸看。

不过，后来小罗蒙诺索夫有了一个读书机会。一天，他和父亲出海捕了好多鱼。为了尽快卖出去，父子两个便分头拿着鱼挨家挨户去问。后来，罗蒙诺索夫来到一个商人家里，他看到两个七八岁的孩子正在看书。

"你们看的是什么书啊，能让我看一眼吗？"

"那你用鱼换吧。"

"好啊，把这些鱼都给你们也行。"

"不用了，你看完了书，把书中的内容告诉我们就行了。"

"你们不是在看书吗？怎么连书上说的是什么都不知道呢？"

"这些书太难了，我们根本就读不懂，可爸爸还总要检查我们，我们每次都挨骂。"

"那好吧，以后我看完之后就教你们吧。"

罗蒙诺索夫像

从那以后，罗蒙诺索夫就从商人孩子那里拿到书看了。每当他遇到不认识的字，便去问舒布诺伊大叔。为了争取时间，他晚上总是到很晚才睡。罗蒙诺索夫很快就将书看完了。当他拿着书到商人家，将书的内容清楚地讲给两个孩子听时，他们高兴极了。从那以后，他们更愿意将书借给罗蒙诺索夫了。

然而书读得越多，罗蒙诺索夫越不满足，他想到学校里去学习。1730年，19岁的罗蒙诺索夫告别了父母来到莫斯科求学。

刚到莫斯科的时候，罗蒙诺索夫四处打听学校。可是他所问的几所学校，都以他不是贵族为由拒绝了他。眼看着兜里的钱都花光了，上学的事却没有一点眉目。正在这时，一个老乡告诉他莫斯科的杜季科夫书记官正在给儿子找家庭教师。罗蒙诺索夫便去应聘，没想到却成功了。就这样，罗蒙诺索夫到了杜季科夫书记官家，开始给他14岁的儿子特洛夫斯基补习功课。一年后，特洛夫斯基要到莫斯科神学院去上学。为了让儿子有陪读的人，杜季科夫便开了一个假的身份证明，证明罗蒙诺索夫也是贵族。就这样，罗蒙诺索夫同特洛夫斯基一起走进了大学校门。

莫斯科神学院里的新入学的学生年龄都很小，通常只有十三四岁。20岁的罗蒙诺索夫总是被同学们戏称为"傻大哥"。然而，罗蒙诺索夫却一点也不在乎。他没日没夜地拼命学习。学校附近很热闹，街面上有各种店铺，叫卖声不时地从窗户飞进教室。每当这个时候，学生们就会把脑袋转向窗口。可是，罗蒙诺索夫对这些却无动于衷，他完全沉浸在学习的乐趣中。

凭着不懈的努力，罗蒙诺索夫只用半年多的时间就学完了三年的课程，由于成绩优异，

名人逸事

罗蒙诺索夫的最大贡献是创立了物质不灭定律。他在密闭的容器中加热金属时，产生了氧化反应，在精确的化学天平上称出实验前后整个容器的重量不变。这个实验否定了英国化学家R.波义耳的结论，波义耳的错误在于实验终止时，打开了密闭的容器，进入了空气，使前后的重量不一致。17年后，法国化学家A.L.拉瓦锡也重做了此实验，得出了与罗蒙诺索夫相同的结论。从而引起了化学史上谁是第一个创立物质不灭定律的争论。

学校允许他跳级学习。等他升到高年级的时候，已经和同班同学的年龄差不多了。

1735年，罗蒙诺索夫被学校保送到彼得堡科学院学习化学。第二年，他又因成绩优异，被保送到德国马尔堡大学留学。在马尔堡大学，罗蒙诺索夫遇到了德国著名化学家沃尔夫教授。沃尔夫非常欣赏勤奋好学的罗蒙诺索夫，对他格外用心培养。从马尔堡大学毕业的时候，罗蒙诺索夫已经是一个青年化学家了。

1741年，罗蒙诺索夫回到俄国，进入了圣彼得堡科学院工作。从此，他便将自己全部的精力献给了祖国的科学研究事业，并取得了一个又一个的成果。他发现质量守恒定律，创立了原子—分子物质结构学说、热的动力学说、气体分子运动论，被誉为俄罗斯"科学的始祖"。

· 集科学家与政治家于一身的巨星 ·

富兰克林

富兰克林半身塑像

名人档案

生卒年　1706~1790年
国　籍　美国
出生地　马萨诸塞州的波士顿城
性　格　好学、勤奋、谦虚、勇于实践
身　份　科学家、政治家
家　庭　出身于平民家庭。父亲以制造蜡烛和肥皂为业

富兰克林一生只在学校读了近两年书。12岁时，他到哥哥詹姆士经营的小印刷所，当了五六年的印刷工人。他利用工作之便，结识了几家书店的学徒，将书店的书在晚间借来，通宵达旦地阅读，第二天清晨归还。14岁起，他开始练习写作。1721年，他开始经常给《新英格兰》报投稿，得到好评。

1723年，富兰克林离开了波士顿，先后在费城和伦敦的印刷厂当工人。1726年回到费城后，他已经掌握了精湛的印刷技术，开始独立经营印刷所，在1730年创办《宾夕法尼亚报》，亲自撰写文章，内容以艺术、科学为主，每周一期，一直延续了18年之久。他还在费城和几个青年创办了"共读社"进行自学。经过一年的努力，在1731年创办了北美的第一个图书馆。这个会社在1743年改称"美洲哲学会"，1749年发展成为费拉德尔菲尔学院，以后又改称为宾夕法尼亚大学。他还在费城办过不少公益事业，如创办消防队、医院和警察机构，修筑道路等。

富兰克林时时关注大自然，从事科学研究。他的突出贡献之一是在电学方面。通过著名的电风筝实

外国名人

1787年美国宪法制定时的情景。中间手执拐杖坐着的便是富兰克林。

验,富兰克林证实了自然雷电的存在和性质,发明了避雷针,并因此被英国皇家学会聘请为会员。他和剑桥大学的哈特莱共同利用醚的蒸发得到 $-25℃$ 的低温,创立了蒸发致冷的理论。他对气象、地质、声学及海洋航行等方面都有研究,并取得了不少成就。

富兰克林也是美国历史上杰出的政治家。从1757年到1775年,他几次作为北美殖民地代表到英国谈判。独立战争爆发后,他参加了第二届大陆会议和《独立宣言》的起草工作。1776年,已经70岁的富兰克林出使法国,赢得了法国和欧洲人民对北美独立战争的支援。在他于1785年从法国回国前夕,路易十六把自己的四周嵌满珍珠的肖像赠给他,以表彰他在外交上的杰出成就。回国后,他被选为宾夕法尼亚州州长。1787年,81岁高龄的他作为最重要的委员之一,积极参加制

《独立宣言》的发表为北美殖民地的斗争指明了方向,彻底与英国宗主划清了界线。此图描绘了本杰明·富兰克林正在阅读刚起草的《独立宣言》,旁边坐着的是大陆会议主席约翰·汉考克,对面站立着的是托马斯·杰斐逊。地上扔满了已经废弃的《宣言》草纸。

> **传世名言**
>
> 你热爱生命吗?那么别浪费时间,因为时间是组成生命的材料。
>
> ——富兰克林

定美国宪法的工作，并组织了反对奴役黑人的运动。

1790年4月17日夜里11点，富兰克林溘然逝去，享年84岁。他生前威名赫赫，死后的墓碑上只刻着这样几个字："印刷工富兰克林。"

·杰出的民主主义者·

卢 梭

让·雅克·卢梭

卢梭是18世纪欧洲最伟大的思想家之一，他的著作鼓舞了法国大革命的领袖们，并对浪漫派产生了影响。

卢梭小时候和姑妈生活在一起，在姑妈的指导下，他从小就阅读了很多古希腊和古罗马的名人传记和抒情小说，获得了丰富的知识。10岁时，他被送到朗贝尔西埃的牧师家里住了两年，学会了拉丁文。12岁时，在一个公证人那里做仆人。1725年至1728年间，他在一个性格暴戾的雕刻匠店里做学徒兼杂役，生活艰辛，不时受到主人的鞭笞，最后不堪忍受，弃职逃走，从此过起了颠沛流离的生活。

1728年，16岁的卢梭流浪到萨瓦，1740年到里昂，两年后又来到巴黎。直到1750年7月，第戎科学院宣布他的论文《论科学和艺术是否败坏或增进道德》获得第一名，卢梭才开始在社会上享有声誉，成为哲学界的著名人物。成名之后，卢梭改变了生活方向，放弃对财产和声誉的追求，永远保持贫困和独立。1752年，他创作的歌剧《乡村魔术师》上演后获得巨大成功，演出的第二天，法国国王路易十五赐予他一笔年金，但他拒绝接受。

1755年，卢梭发表《论人类不平等的起源和

名人档案

生卒年	1712~1778年
国　籍	法国
出生地	日内瓦
性　格	偏激、反叛
身　份	哲学家、启蒙思想家
家　庭	出身于平民家庭。父亲是钟表匠，母亲是牧师的女儿

外国名人

1762年，巴黎最高法院指责卢梭的《爱弥儿》和《社会契约论》与政府和宗教相对抗，卢梭不得不逃往瑞士，在那里，他的著作仍是个禁忌。他在《山上的来信》中作了自我辩护。直到1770年，法国政府宣布赦免，他才得以返回巴黎。

基础》，抨击私有制，提出暴力支持暴君，暴力也推翻暴君的辩证思想。这以后，他患了一种受迫害的妄想症，遭受了严重的病痛折磨。在1761~1762年间，他完成了自己最重要的三部著作：《新爱洛绮丝》、《爱弥儿》和《社会契约论》。《新爱洛绮丝》通过叙述平民出身的少年圣·普洛和贵族女儿朱丽叶的悲剧爱情，揭示了社会伦理道德的冲突。《爱弥儿》认为一个人生下来就是完美的，教育者的职责是保持孩子的这种完美本性，促进受教育者自然发展。《社会契约论》集中体现了卢梭的民主主义思想，后来成为了反映西方传统政治思想的最有影响力的著作之一。卢梭认为国家是由于订立契约而产生的，而人民是订立契约的主体。所以人民有权利废除对自己不利的契约，建立符合自己权利的契约，这就是著名的"人民主权论"。

《爱弥儿》和《社会契约论》的出版，给卢梭带来了巨大灾难。他的书被焚毁，他本人也受到法院的通缉和教会的声讨，他只能隐姓埋名，隐居度日。1770年，法国政府宣布对他赦免，卢梭才返回巴黎。他恢复了自己的真名，在沙龙里朗读叙述自己生活史的著作《忏悔录》。这部世界文学史上别具一格的名著，不仅以坦率的态度叙述了卢梭的生活史，而且用美妙的文笔和卓越的才能维护他的学说，回击他的论敌。

卢梭的晚年郁郁寡欢，极度贫困。1778年7月2日，他因中风与世长辞，享年66岁。

---名人逸事---

卢梭遭到通缉而过流亡生活后，在1766年1月受到英国哲学家休谟的邀请来到伦敦。那时，他已经患了非常严重的怀疑自己受迫害的妄想症，他总是怀疑休谟企图谋害他的性命，于是开始了同休谟的激烈争吵。1767年，他惊慌地从英国逃回了法国。

·现代经济学理论之父·

亚当·斯密

名人档案
生卒年　1723~1790年
国　籍　英国
出生地　苏格兰的克科第城
性　格　睿智、严谨、平易近人
身　份　经济学家、哲学家
家　庭　出身于平民家庭。父亲为海关职员

据说亚当·斯密4岁时，曾被一个卖艺的女人拐走，多亏被母亲从森林中及时追回。他14岁时考入了格拉斯哥大学，攻读数学和自然哲学，因为成绩优良，在1740年被学校免费保送到牛津大学继续深造。他在牛津大学期间结识了英国当时著名的哲学家、历史学家和经济学家大卫·休谟，并与休谟建立了深厚的友谊。1746年，斯密毕业，但因为没有找到工作，就回到了家乡。

1751年，斯密任格拉斯哥大学教授，讲授逻辑学和道德哲学。在这一时期，他的经济思想开始发展。1759年，他的《道德情操论》出版，该书试图证明道德裁判的原因，或者说证明人们的某些行为在道德上被允许或不允许的原因。斯密把人比作一个利己的动物，

18世纪的英国一家纺织厂，女工们正在夜以继日地工作。亚当·斯密在《国富论》中指出，在分工已经进展得很远的社会里，工人智力下降，与农民敏捷的智力相比，专业化的工人"一般变得愚蠢和无知，就像人类可能变成的那样"。

外国名人

18世纪60年代，工业革命开始于英国，这场空前规模的技术革命，使英国先后建成了纺织、钢铁、煤炭、机器制造和交通运输五大工业部门，到19世纪50年代取得了世界工业和贸易的垄断地位。

然而他们似乎并非基于自私自利的考虑来评判道德。该书使斯密名噪一时。1764年，斯密辞去了格拉斯哥大学的教授职务，改任一位青年贵族贝克莱公爵的私人教师，他陪同贝克莱公爵在欧洲旅行，结识了许多著名的学者，如法国启蒙学派的著名思想家伏尔泰、重农学派的领袖人物魁奈等，在这一时期，斯密的代表作《国民财富的性质和原因的研究》（《国富论》）的体系逐渐形成。

1767年，斯密返回故乡，闭门钻研，终于在1776年出版了当代经济学的开山之作《国富论》，该书以利己主义为出发点，研究经济增长的源泉和动力问题，并系统地阐述了经济自由的思想，也正是在这本书里，斯密论述了他著名的"看不见的手"思想。这本著作共分为五篇，第一篇强调分工的发展是国民财富增长的重要途径，以及分工后产生的工资、利润、地租问题；第二篇论述资本的性质、构成、积累及使用。前两篇构成了斯密经济学原理的基本部分，后三篇考察了促进国民财富增长的间接途径，他从历史的角度出发，分别论述了不同的经济政策、经济学说和财政制度对增进国民财富的关系。《国富论》出版后，引起了极大的轰动，并迅速传遍了欧洲大陆。

1778年，斯密被任命为苏格兰海关税务司司长，1787年，任母校格拉斯哥大学校长。他一生未娶，于1790年病逝，享年67岁。

亚当·斯密是18世纪英国著名的经济学家和哲学家，以《国富论》著称于世。从1748年起，他成了爱丁堡文人圈中的一员，其他的成员包括大卫·休谟，日记作家詹姆斯·鲍斯韦尔以及工程师詹姆斯·瓦特。

传世名言

劳动是衡量一切商品的真实尺度。

——亚当·斯密

·纵览宇宙和人生的先哲·

康 德

伊马努埃尔·康德

德国哲学家康德是历史上最伟大的哲学家之一,他提出"人的认识既依赖于经验,也依赖于理智"的观点,是欧洲理性主义与经验主义的集大成者。

康德由于身体孱弱,一生几乎没有离开过他的故乡。8岁时,康德进入本城的腓特烈公学,学校提倡的是人文主义教育,反对宗教带给人的思想上的僵化,这对年幼的康德产生了很大影响。1740年,16岁的康德进入哥尼斯堡大学攻读哲学,得到了老师克努岑的有益教诲,克努岑不仅在哲学思想上引导康德,而且指引康德学习自然科学,特别是学习牛顿的科学思想。1745年大学毕业后,康德当了近7年的家庭教师,1755年取得了哥尼斯堡大学的编外讲师资格。他任职15年,学生的听课费成了他主要的生活来源。从这一时期起,康德陆续发表了不少重要著作,声望日隆。

康德的学术生涯以1770年为界划分为前期和后期两个阶段,前期主要是研究自然科学,后期主要是研究哲学。1755年发表的《自然通史和天体论》和《宇宙发展史概论》,提出了太阳系起源的星云假说。假说认为星云由大小不等的固体微粒组成,"天体在吸引力最强的地方开始形成",引力使微粒相互接近,大微粒吸引小微粒形成较大的团块,团块越来越大,引力最强的中心部分吸引的微粒最多,首先形成太阳。外面微粒的运动在太阳吸引下向中心体下落

充足论据

威斯敏斯特宫上议院的这一场景显示,上议院议员们为自己的论据在辩论。我们说某种特殊的理由是充足的,这恰恰意味着这一充足的理由能够得到普遍认可。一个理由一旦成立,他就是普遍有效的。

名人档案

生卒年	1724~1804年
国　籍	德国
出生地	德国东普鲁士的哥尼斯堡
性　格	开朗、诚实、质朴
身　份	哲学家、自然科学家
家　庭	出身于手工业者家庭。父亲是马鞍匠,母亲是家庭妇女

是与其他微粒碰撞而改变方向，成为绕太阳的圆周运动，这些绕太阳运转的微粒逐渐形成几个引力中心，最后凝聚成绕太阳运转的行星。他的原则思想是坚持了牛顿的唯物主义思想，把天体的演变看成是一个有规律的过程。

在后期从1781年开始的9年里，康德出版了一系列涉及领域广阔、有独创性的伟大著作，包括《纯粹理性批判》（1781年）、《实践理性批判》（1788年）和《判断力批判》（1790年）。"三大批判"的出版标志着康德哲学体系的完成。康德建立起了一套完整的哲学理论，发动了一场哲学领域内的哥白尼革命。他提出了认知的二元论、三段论，在因果律、宗教问题和伦理学等方面都取得了突出成就，成为费希特、谢林、黑格尔哲学思想的先驱。

1770年，康德被任命为哥尼斯堡大学的逻辑和形而上学教授。1786年，升任哥尼斯堡大学校长。此外，他先后当选为柏林科学院、彼得堡科学院、科恩科学院和意大利托斯卡那科学院院士。他于1804年2月12日病逝，享年80岁，全城的人排着长队为他送葬，与这个城市的最伟大的儿子告别。

康德认为，事物如果不能为我们的身体器官所把握，也就不可能成为我们的经验。在约翰·埃夫雷特·密莱司的画作《盲女》中，盲女可以欣赏协奏曲的乐声，"可以触摸女儿的手，闻到女儿的头发，却永远不能感受身后天空的彩虹"。

·沙俄历史上最有野心的女皇·

叶卡捷琳娜二世

叶卡捷琳娜二世原名索菲亚·弗里德克里克·奥古斯特，是德意志王室的后代。15岁时偕同母亲来到俄国，改名为叶卡捷琳娜·阿列克谢耶芙娜，并在第二年同后来的彼得三世结婚。

1762年，叶卡捷琳娜发动政变，囚禁了继位仅半年时间的丈夫彼得三世，三天后又将其杀害，登上了俄国皇帝的宝座。叶卡捷琳娜即位后的国内形势很不稳定，反对她篡位的贵族大有人在,她采取了一系列的维护贵族特权、加强贵族专政、巩固农奴制度的措施,巩固了自己的政权基础。同时,她改革了中央和地方的政权机关,建立起高度集中的专制制度,采取一系列措施鼓励工商业的发展,使俄罗斯帝国的国力在彼得一世后第一次获得了迅速的发展,进入了鼎盛时期。

由于她的卓越才能和成就,她成为继彼得一世后被俄国贵族授予"大帝"称号的第二个沙皇。

叶卡捷琳娜二世无疑是俄国历史上最野心勃勃的皇帝之一。她在统治期间一共发动了六次战争(三次对波兰、两次对土耳其、一次对瑞典),伙同普鲁士与奥地利瓜分了波兰,两次打败了土耳其,一个来到俄罗斯的德国公主,为俄罗斯赢得了克里木和波兰,打通了黑海出海口,使俄国的版图增加了63万平方公里,从1642万平方公里扩大到了1705万平方公里。叶卡捷琳娜二世也是最残暴的沙皇之一。她的丰功伟绩是以俄国农民和农奴的生存状况进一步恶化为代价的,她血腥镇压了俄国历史上最大规模的农民起义——普加乔夫起义,迫害过进步知识分子,而她对弱

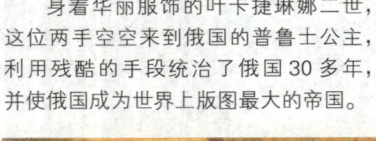

身着华丽服饰的叶卡捷琳娜二世,这位两手空空来到俄国的普鲁士公主,利用残酷的手段统治了俄国30多年,并使俄国成为世界上版图最大的帝国。

名人档案

生卒年	1729~1796年
国　籍	俄国
出生地	德意志奥得河畔的什切青市
性　格	冷酷、风流、野心勃勃
身　份	政治家
家　庭	出身于贵族家庭

1762年9月22日举行的加冕礼上,叶卡捷琳娜像俄罗斯所有君主一样,大胆地将王冠戴在了自己的头上,这象征着帝王遵从了上帝的旨意。然后她右手拿着象征王权的手杖,左手拿着小球,向聚集在圣母升天大教堂的大臣们致意。

小民族和国家的征服也显示了她残酷的一面。

叶卡捷琳娜二世晚年时还念念不忘建立俄国的世界霸权，企图建立一个包括六个都城（彼得堡、莫斯科、柏林、维也纳、君士坦丁堡、阿斯特拉罕）的俄罗斯帝国，而且要入侵中国和印度等地。1796年11月6日，她因为中风逝世，享年67岁。

> **传世名言**
>
> 如果我能活上两百岁，整个欧洲必将置于俄国的统治之下。
>
> ——叶卡捷琳娜二世

· 美国的国父 ·

华盛顿

华盛顿出生望族，从小就接受了良好的礼仪训练和道德熏陶。1752年，哥哥劳伦斯去世，华盛顿继承了他的8000英亩土地和数百名农奴。同年，他受英国的弗吉尼亚总督丁维第之命，要求法军停止"蚕食"英国在俄亥俄的土地，从此开始了自己的政治生涯。23岁时，他已经是负责边境安全的弗吉尼亚民兵总司令。1759年1月，他娶了一位富有的寡妇马撒·丹特里奇。

1773年，著名的波士顿倾茶叶事件爆发，英国和北美大陆之间的矛盾冲突激化。华盛顿意识到，除了完全独立，北美大陆别无出路。1774年9月5日，在费城召开第一届大陆会议。华盛顿作为弗吉尼亚议会的代表，身着戎装出席了会议，在他的大力敦促下，大会通过了不惜以武装抵抗作为最后手段的决议。当时的北美大陆没有海军，没有像样的陆军，却要面对号称"日不落帝国"的世界霸主英国，做出这样的决定显示出相当的勇气。1775年4月18日，莱克星顿响起了枪声，美国独立战争开始了。同年5月10日，第二届大陆会议在费城举行，大会决定成立由华盛顿任总司令的大陆军。

名人档案

生卒年	1732~1799年
国　籍	美国
出生地	弗吉尼亚东部威斯特摩兰郡
性　格	坚忍不拔、崇尚民主
身　份	政治家、军事家
家　庭	出身贵族。父亲是大庄园主

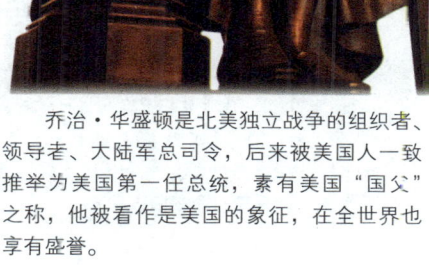

乔治·华盛顿是北美独立战争的组织者、领导者、大陆军总司令，后来被美国人一致推举为美国第一任总统，素有美国"国父"之称，他被看作是美国的象征，在全世界也享有盛誉。

约克镇受降

华盛顿在普林斯顿战役中挥剑越过英军的头顶指向胜利。随着局势的不断发展,美军正一步步走向胜利。

尽管大陆军在初期取得了一些胜利,但与英国军队相比,敌强我弱的形势是显而易见的。在保卫纽约的战役中,大陆军差点全军覆没。1776年冬天,大陆军陷入了异常艰难的局面。在危急时刻,华盛顿孤注一掷,率兵偷袭了特伦敦镇的普鲁士雇佣军,以2死3伤的代价歼敌千余,大振军威。1777年的秋天,萨拉托加战役打响。在哈得孙河西岸高地,英国名将柏高英的8000余人部队受到了大陆军的两翼夹击,被迫投降。这次大捷促成了1778年2月的美法同盟,美国开始逐渐掌握了战争主动权。1781年10月9日,美国独立战争以美国的胜利而告终。

战争结束后,华盛顿拒绝了任何奖赏,离开部队,回到了维农山庄。1787年,华盛顿再入政坛,主持召开了制宪会议,制定了沿用至今的美国宪法。1789年,华盛顿当选为美国第一任总统。在两届任期(1789～1797年)结束后,他坚决拒绝了再次连任,回到了维农山庄。

1799年,华盛顿因患喉头炎去世,享年67岁。

名人逸事

1797年,法国革命家康斯坦丁·沃尔涅拜访乔治·华盛顿。沃尔涅为了获准周游美国各地,请求总统开一张介绍信。华盛顿想:不开吧,让沃尔涅碰个钉子,开吧,又叫我为难。于是他在纸上写道:"康·沃尔涅不需要乔·华盛顿的介绍信。"

外国名人

·蒸汽机的改良者·

瓦 特

瓦特从小体弱多病,到了上学年龄,父母也没有送他去读书。母亲教给了瓦特语文和数学知识,鼓励他玩各种玩具和小机械,培养他观察思考问题和动手实践的能力。后来瓦特进了格林诺克的文法学校,由于身体不好,没有毕业就退学了。18岁那年,瓦特到格拉斯哥城学习手艺,后来又去伦敦学习机械制造。1757年,在朋友们的帮助下,瓦特到格拉斯哥大学当修造教学仪器的工人,这给他提供了良好的学习与实践的机会。他在那里与化学家约瑟夫·布莱克和以后成为物理学教授的约翰·鲁滨逊成为好友,他们三人经常聚在一起,讨论研究改进蒸汽机的问题,瓦特也学到了不少科学理论知识。

1764年,瓦特与表妹玛格丽特·米勒结婚。同年,瓦特受委托修理一台纽可门蒸汽机,机器很快就修好了,但瓦特并不满足,他决心进一步改进它。瓦特发现纽可门蒸汽机有许多缺陷,主要是燃料耗费太大,而且应用的范围有限,只能用于矿井抽水和灌溉。瓦特决心造一台比它更好的蒸汽机。他与一个叫约翰·巴罗克的工厂主合伙,经过3年多的反复试验,终于在1768年制造出真正能够运转的蒸汽机。第二年,他获得了发明的专利权。瓦

瓦特出身于平民家庭,从小养成了勤动脑与多动手的习惯。经过几十年的不懈努力,成功地完善了他的蒸汽机,从而使整个欧洲进入了轰轰烈烈的"蒸汽时代"。

名人档案

生卒年	1736~1819年
国　籍	英国
出生地	苏格兰的格林诺克城
性　格	执著、冷静、谦和
身　份	科学家
家　庭	出身平民家庭。父亲是船厂的装配工,母亲是瓦特的启蒙老师

当火车在铁轨慢慢启动时,瓦特的蒸汽机逐渐引领了一个时代。

277

名人逸事

研制蒸汽机需要大量的钱,瓦特的家境本来就不富裕,他白手起家,四处借债,实验室是租来的地下室,用的是旧器材。他曾经对人说:"一个人想发明一件东西,是最愚蠢不过的事!"借助于与企业家的合作,瓦特才最终完成了他的发明。

蒸汽时代的到来,使英国工业获得前所未有的发展,煤作为机械工业所必需的原材料正被大规模开采。

特发明的新型蒸汽机,除了采用分离式冷凝器外,还采用了如机油润滑、填料函、气缸绝热套等一系列改进和发明,它的耗煤量仅为纽可门蒸汽机的1/4,工作效率却大大提高。

1781年,瓦特提出5种将往复运动转变成旋转运动的方法,其中最有名的"行星齿轮结构"在后来的工业生产中得到广泛应用;1782年,瓦特获得了"双动作蒸汽机"的专利;1784年,瓦特在他的新专利中又提出了"平行连杆结构"的说法,这使蒸汽机具有了更广泛的实用性;1788年,他又发明了离心调速器和节气阀;1790年,又完成了汽缸示功器的发明。至此,瓦特完成了对新型蒸汽机发明的全过程。

瓦特对新型蒸汽机的发明是第一次工业革命中划时代的重大事件。蒸汽机的广泛应用,使人类获得了空前强劲的、可被人类控制的动力资源,对社会经济的跨越性发展起了关键性作用。1807年,美国人富尔敦把瓦特的蒸汽机装在轮船上,宣告了航运帆船时代的终结。1814年,英国人史蒂芬把瓦特的蒸汽机装在火车上,开始了陆路运输的新时代。1785年,瓦特被选为伦敦皇家学会会员。1806年,被授予格拉斯哥大学法学博士头衔;1814年,他被推荐为法兰西国家学会的会员。1819年8月25日,瓦特在家中安然去世,享年85岁。后人为了纪念他的伟大发明,把功率计算单位称为"瓦特"。

· 《独立宣言》的起草者 ·

杰斐逊

名人档案

生卒年　1743~1826年
国　籍　美国
出生地　弗吉尼亚州沙德威尔的乡村
性　格　勤奋、好学、崇尚民主
身　份　政治家、思想家
家　庭　出身于贵族家庭。父亲是种植主

杰斐逊从小继承了父母的双重性格，既有温文尔雅、爱美的天性，又有诚实果敢勇于负责的习惯。父亲对他有三点希望：一是健康的身体，二是接受良好的教育，三是具有仁爱之心。他5岁开始上学，9岁进入一位苏格兰牧师道格拉斯所办的学校，学习拉丁语、希腊语和文法。14岁时，父亲逝世。17岁时，杰斐逊进入一所贵族学校即威廉斯堡的威廉玛丽学院读书，他在这里循规蹈矩地学习，课余时间喜欢一个人骑马到乡村去访问农民或者是拉小提琴。年轻的杰斐逊热爱苏格兰歌曲，懂得六国文学，通晓数学、测量学、建筑学、政治学、法律和音乐，而与自然和人的广泛接触，又使他愈发博学。1762~1765年的4年间，他又研究了4年法律，这为他日后投身政界奠定了良好的基础。

杰斐逊是一位来自上流社会的绅士，学识渊博，卓而不群，他先是倡议并起草了《独立宣言》，后两度当选为美国总统，期间通过外交手段以500万美元购得了路易斯安那，为美国以后的崛起奠定了坚实的基础。

1767年，杰斐逊取得律师执照，以后当了7年律师。1769年，他当选为弗吉尼亚议会议员。同年，他提出了一个允许奴隶主释放奴隶的提案，虽然没有获得通过，但他倾向于民主自由的政治思想已经初露端倪。1772年，他与一个叫史克尔登的23岁的年轻寡妇结婚。1782年，夫人去世后，他再也没有结婚。

杰斐逊生于英国与其北美殖民地矛盾日深的时期，他对欧洲的"天赋权利说"和"社会契约论"深信不疑，在自己草拟的《英属美洲权力综论》中鲜明地提出了北美人民民族自决的思想，这个文件在第一次大陆会议上广泛传播，有力地激发了北美人民的民族意识。1775年，杰斐逊作为弗吉尼亚的代表参加了第二次大陆会议，当选为"独立宣言起草委员会"的首席委员。年方33岁的杰斐逊主笔起草了大气磅礴的《独立宣言》，宣告"人人是生而平等的，他们都被造物主赋予某些不可让渡的权利，其中包括生存权、自由权和追求幸福等的权利。当任何形式的政体妨碍了这种目的时，人民有权利去改变它，或废除它。"《独立宣言》成为美国独立战争的思想武器，因为它的划时代性，故被称为"第一个人权宣言。"

1784年，杰斐逊被派往美国，协助富兰克林和约翰·亚当斯签订商约，翌年担任全权

名人逸事

1803年,杰斐逊运用外交手段,以1500万美元购买了同当时的美国一样大的路易斯安那,为美国赢得了从墨西哥湾到加拿大、从密西西比河西岸到落基山的100万平方英里的土地。这块单价只有15美元/平方英里的土地的获得,不仅消除了美国家门口的一个敌人,而且为美国今后的经济发展奠定了坚实的资源基础。

起草《独立宣言》的委员会成员们站在主席约翰·汉考克面前,站立者中左数第四人为杰斐逊。

驻法公使。1796年,他被民主共和党提名为该党的总统候选人,当选为美国副总统。1800年,当选为美国第三任总统,并在1805年获得连任。在两届总统任内,他采取积极措施促进美国经济的发展,并使民主的空气和作风迅速弥漫美国全境。

1826年7月4日,杰斐逊逝世,终年83岁。人们在他的遗物中发现了他生前为自己写的墓碑铭文:"美国独立宣言的起草人、弗吉尼亚宗教自由法令的作者和弗吉尼亚大学的创始人。"

· 德国文学的旗帜 ·

歌 德

幼年的歌德接受了良好的教育,父亲希望他将来成为一名律师,就让他学习英、法两国文字和一些实用知识;他又深受母亲的影响,学习德国和意大利的文学。1770年进斯特拉斯堡大学攻读法学,次年获得学士学位。在斯特拉斯堡大学期间,歌德接触了莎士比亚、荷马等人的作品,深受他们创作风格的影响。1774年,他发表了《少年维特之

名人档案

生卒年　1749~1832年
国　籍　德国
出生地　法兰克福
性　格　多情、好学
身　份　文学家、思想家
家　庭　出身于贵族家庭。父亲是皇家参议，母亲是市长的女儿

烦恼》，使他声名大噪。

1775年他应邀到魏玛，次年被任命为魏玛公国的枢密顾问。在1786年以前，他成了魏玛公国的重臣，曾一度主持公国大政，力图进行一些改革。然而随着各方面阻力的增强，加上他对科学研究与文学创作的爱好，他陷入一种矛盾的痛苦之中，他在1786年秋天不辞而别，化名潜往意大利，直到1788年6月才返回魏玛。

歌德是世界上公认的巨人之一，这位多产而作品多样的欧洲人，曾是戏剧、绘画、政治、哲学等方面卓有成就的行家，他拥有像奥林匹斯诸神般的智慧，却一生都在内心深处保持着爱情和烦恼的相互震撼。此图描绘的是歌德手持夏绿蒂的剪影，眼中充满无限深情。

在意大利的旅行是歌德一生的重要转折时期，他重新认识了自己的过去，并在罗马结识了很多艺术家，使自己文思大进，而意大利如诗如画的风景，也更加丰富了他作为诗人的想象力。回到魏玛后，歌德专心于文学艺术创作，先后完成了戏剧《哀格蒙特》、《托夸多·塔索》。1796年，歌德结识了著名诗人席勒，两人合作无间，共同将德国文学

在玛丽安娜家中的晚宴上，歌德与女主人的朋友们一同读书谈论。

名人逸事

歌德和贝多芬两人早已互相仰慕,当他们终于见面时,歌德63岁,贝多芬42岁。可两人大概都没有料到,会面的结果是不欢而散,原因是对待贵族的态度不同。歌德毕恭毕敬,而豪放不羁的贝多芬非但不以为然,还当面狠狠地批评了歌德的做法。歌德呢,在他后来给朋友的信中说:"我们应当原谅他(贝多芬),替他惋惜,因为他是个聋子。"

推向了一个前所未有的新高度,并使魏玛这座小小的公国都城一跃成为当时德国与欧洲的文化中心。

也正是在席勒的鼓励下,歌德再次提笔创作青年时期就开始构思的巨著《浮士德》,并在1808年出版了第一卷。此后的时间里歌德一直在撰写《浮士德》的第二卷,并在1831年出版。1807年,歌德与和他同居了18年的克里斯汀结婚,那时,他们两人所生的孩子已经17岁了。

歌德写作《浮士德》,前后共花去了58年的时间,差不多可以说是以毕生之力完成的。歌德于1831年最终完成此书时,他曾在日记中写道:"主要的事业已经完成","以后的生命我可以当作是纯粹的赐予了。我是否做什么或将做什么现在已经完全无所谓了"。《浮士德》塑造了一个不断探索人生真谛、不断进取的形象。

主人公浮士德年届百岁、双目失明,仍然认为人生应当"每日每夜去开拓生活和自由,然后才能享受自由和生活",这体现了资产阶级上升时期追求真理、自强不息的精神,也是德意志民族优秀传统的反映。所以,这部著作被德国铁血宰相俾斯麦称为是德国"世俗的圣经"。

1832年3月22日,在《浮士德》第二卷出版的第二年,歌德在魏玛逝世,享年83岁。

·维也纳音乐之神·

莫扎特

名人档案

生卒年	1756~1791年
国　籍	奥地利
出生地	萨尔斯堡
性　格	自由、浪漫、单纯、追求完美
身　份	音乐家
家　庭	父亲列奥波尔德是宫廷乐师

莫扎特的父亲原籍德国,他先是在萨尔斯堡的大主教乐队担任小提琴手,后来晋升为宫廷作曲家和副乐长。老莫扎特和妻子共生有7个孩子,其中5个出生不到一年就夭折了,剩下的一男一女,都是天才型的孩子:姐姐玛丽安娜和比她小五岁的弟弟莫扎特。这两个孩子从小跟着父亲学习音乐,处处表现出过人的天资。莫扎特三岁时就能在钢琴上弹奏他所听到过的乐曲片段,五岁学作曲,六岁时就能即席演奏。

列奥波尔德对儿子的成长费尽了心血。除了对莫扎特进行复杂的音乐理论与演奏技能的训练外,还让他学习多种外国语以及文学和历史等。从1762年起,在父亲的带领下,6岁的莫扎特和11岁的姐姐玛丽安妮开始了长达10年的漫游欧洲大陆的音乐之旅。他们到过慕尼黑、维也纳、巴黎、伦敦、罗马等许多地方。莫扎特的音乐才能令人震惊,他们所到之处无不引起巨大的轰动。

1772年,16岁的莫扎特结束漫游生活,回到了家乡萨尔斯堡,在大主教的宫廷乐队里担任首席乐师。尽管莫扎特是个音乐奇才,但在大主教眼中,莫扎特只不过是一个普通的奴仆。由于难以忍受种种奴仆的待遇和无理的限制,莫扎特在1777年辞去了乐长职务,再次开始外出旅行,希望获得改变命运的机会。但是,现实社会冷落了他,不得已,莫扎特再次回到家乡,呆在大主教的宫廷里,大主教更加刻薄地对待他。这段时间莫扎特的生活充满艰辛,唯一的收获是他写了许多交响乐、协奏曲和歌剧。1781年,莫扎特终于在忍无可忍之中辞职离去。1782年,莫扎特与康斯坦斯在维也纳结婚,他们一共生了六个孩子,四个夭折,剩下的两个孩子也没有继承父亲的音乐天分。莫扎特虽然越来越出名,却越来越穷,有时甚至连吃饭都成问题,经常要向

莫扎特是西方音乐史中公认的最伟大的音乐家之一,与海顿和贝多芬共同将维也纳古典主义乐派的成就推向巅峰。他以不朽的歌剧和恢宏的乐章令世人倾倒,35年的短暂生涯共创作出600多部音乐作品。他的一生,经历了辉煌、失意和沉沦,也给世人留下了不解之谜。

歌剧《费加罗婚礼》的场景
　　这是莫扎特最伟大的歌剧作品,于1786年完成,在此剧中,莫扎特将固定的角色转化为活生生的人。

1763年，只有7岁的莫扎特身处巴黎，与父亲和姐姐一起演奏乐曲。莫扎特天才的乐感为他以后缔造音乐神话提供了有利的前提。

人借钱。有一年冬天的一人傍晚，朋友们到他家做客，从窗外看到夫妻俩在屋里愉快地翩翩起舞，纷纷赞叹不已。待到进屋后才弄明白，他们因无钱买煤，不得不以跳舞来取暖。

1791年12月6日凌晨1点，莫扎特带着泪水离开人世，年仅35岁。他在短短的一生中，创造出数量惊人的音乐瑰宝：歌剧22部，交响曲41部，钢琴协奏曲27部，小提琴协奏曲6部。

· 《人口原理》的作者 ·

马尔萨斯

马尔萨斯的父亲在牛津大学学习过，知识比较渊博，但在事业上没有什么成就，靠着祖先留下来的资产过着绅士生活。因为家庭条件优越，马尔萨斯从小就过着舒适的生活，并受到了良好的教育。在父亲的关怀下，他顺利完成了小学和中学教育，1784年进入剑桥大学学习哲学和神学。1788年，大学毕业后，他在家里呆了一段时间后，再次到剑桥大学从事研究，并于1791年获得博士学位。

1798年，马尔萨斯在家乡的奥尔堡担任教堂的牧师和教长，同年匿名出版了他的《人口原理》一书，这本书被广泛传阅，使马尔萨斯一下子出了名。从1799年起，他花了5年时间，游历了德意志、瑞典、芬兰等欧洲国家，继续研究人口问题，并开始对其他社会经济问题的研究。1803年，他用真名发表了篇幅更大的《人口原理》第二版。该书此后一再修订和补充，到1826年已经出到第6版。

作为著名的经济学家，马尔萨斯在《人口原理》中的悲观理论引起了激烈的争论，他本人也因此成为各国经济学家们关注的焦点。

马尔萨斯人口论的基本思想是人口的增长快于食品供应的增长。他以非常严峻的方式指出，人口是以几何级数增长的，即1，2，4，8，16……而食品的增长却是线性状态的，即1，2，3，4，5……由此导致的结果是，人口将无限制地增长，直到达到食品供应的极限，所以人类将生活在贫穷、甚至接近饥饿之中。那么，该怎样抑制人口的

马尔萨斯认为,任何幻想的平等,任何大规模的农业条例,不可能解决人口问题。要社会上全体人的生活都安逸、幸福,不顾虑生活资料的供给是不可能实现的。

增长呢?马尔萨斯指出,战争、瘟疫和疾病都能迅速地减少人口,缓解人口过分膨胀所带来的压力,但这并不是一种好的解决方式。他建议应该用"道德制约"的方法来抑制人口膨胀,这包括晚婚、自愿节制性接触等等。马尔萨斯的人口理论对经济理论以及生物学研究等都产生了重要影响。

1811年,他与著名经济学家李嘉图相识并结为好友,两人经常就学术问题展开辩论。他在1820年出版了《政治经济学原理》,以与李嘉图的《政治经济学原理》相抗衡。在这本书中,马尔萨斯提出了反对过分的节约观点,主张国家要达到高度富强,必须做到"生产能力和消费愿望的均衡"。马尔萨斯的学术思想在晚年时受到了尊重,1819年,他被选为英国皇家学会会员,1833年当选为法国伦理与政治科学院和柏林皇家学院的院士。

1834年,马尔萨斯在别人家做客时,因为心脏病突发逝世,享年68岁。

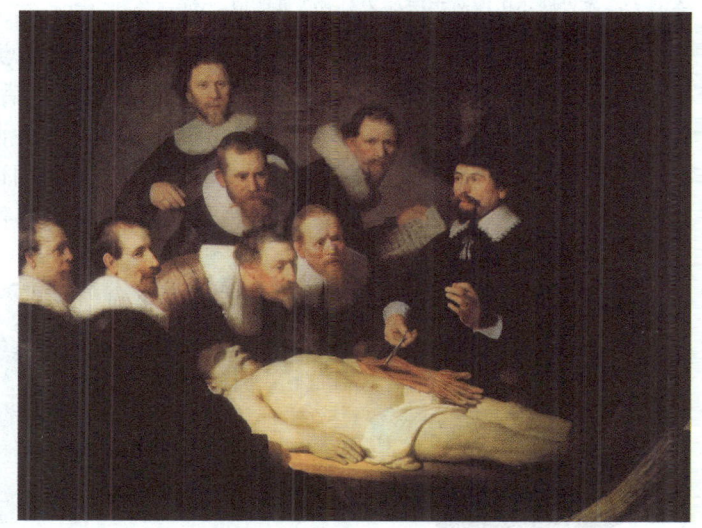

杜普教授的解剖课 伦勃朗 荷兰

马尔萨斯认为医学的发展最大可能地挽救了人的生命,并且保证越来越多的人健康生活,这也是人口数量有增无减的重要原因。

名人档案

生卒年	1766~1834年
国　籍	英国
出生地	英格兰萨里郡多基城
性　格	敬业、好辩、睿智
身　份	经济学家
家　庭	出身于土地贵族家庭

· 横扫欧洲的法兰西传奇皇帝 ·

拿破仑

正在查阅地图的拿破仑,手支在埃及式样的家具上。充分展示出他对于埃及文明的欣赏之情以及征服埃及的战功。

儿时拿破仑是一个不讨人喜欢的孩子,身材矮小、体格瘦弱、一开口就显得非常蠢气。但他的权威令孩子们折服,连哥哥也对他俯首帖耳。1779年,拿破仑进入布里埃纳军校学习,成绩突出。15岁进入巴黎陆军学校学习,虽然只有两年,但他却深受法国启蒙思想的影响。

从巴黎陆军学校毕业后,拿破仑当上一名炮兵少尉,1791年晋升为中尉,次年被提升为上尉。1793年,法国保王党人在英国和西班牙的大力支持下,占领了法国南部重镇土伦,共和军久攻不克。拿破仑奉命参加土伦战役,任炮兵指挥,并晋级为上校。依靠拿破仑指挥的炮兵部队,共和军终于攻占了土伦。此役使拿破仑声名大振,不久便被破格提升为准将。1795年,他的炮兵部队在巴黎再建奇功,以5000人之力击溃了2万多名叛乱分子。之后,拿破仑被任命为法国"国防军"副司令。1796年,他与年轻寡妇约瑟芬结婚。后来,他又被派往意大利和埃及战场作战。1799年,拿破仑从战场上悄然返回法国,发动了"雾月政变",此后,他一直处在法国权力的顶峰,终于在1804年加冕称帝,即拿破仑一世,法国进入了法兰西第一帝国时期。

拿破仑执政时期,通过内政外交方面的努力,使法国迅速走向强盛。他着力打击教会势力,镇压反叛势力,采取各种政策推动经济发展,并主持制定了《拿破仑法典》。将法国大革命的成果以法律形式确定下来,对法国及其他资本主义国家的立法产生了深远影响。在对外战争中,拿破仑领导的军队几乎击败了

"拿破仑"币

名人档案

生卒年	1769~1821年
国　籍	法国
出生地	科西嘉岛阿雅克肖城
性　格	处事果断、野心勃勃
身　份	军事家、政治家
家　庭	出身于贵族家庭。父亲是律师,母亲出身望族,对拿破仑一生有很大影响

拿破仑的军队在五月广场向皇帝宣誓效忠。"雾月政变"的胜利将拿破仑推到了政治的最前沿，同时也使法国的资产阶级革命得以在欧洲广泛传播。

所有的欧洲大国，推动了法国大革命的思想在欧洲的传播。

但是侵略俄国的惨败使法国元气大伤，并给其他敌对国家造成了可乘之机。1814年的莱比锡战役是拿破仑军事史上的一个转折点——他第一次败给了反法联盟。之后，反法联军占领巴黎，拿破仑被流放到意大利海边的厄尔巴岛。1815年，拿破仑成功逃出流放地，返回法国，受到了热烈欢迎并迅速恢复了权力。但此时的法国已经雄风不再，经历了滑铁卢战役的惨败后，拿破仑永远退出了历史舞台。他被流放到大西洋中的圣赫勒拿岛，于1821年去世，终年51岁。

· 最伟大的作曲家 ·

贝多芬

贝多芬的童年并不幸福，他常常从警察手里接过烂醉如泥的父亲，从未享受过家庭的温情。当父亲发现贝多芬有音乐天赋时，就企图把他变成摇钱树，强迫幼小的贝多芬练习繁重的琴艺，而且常常在三更半夜醉酒回家后把贝多芬从床上拖起来练琴。8岁时，贝多芬被父亲拉着沿莱茵河卖艺，11岁时，就开始在剧院的乐队里工作。

他的母亲在1787年逝世后,父亲几乎每晚都烂醉归来,身为长子的贝多芬,只好挑起了养家的重担,抚养两个弟弟。不久后,他受聘为宫廷的古钢琴与风琴乐师,兼作钢琴家庭教师。

1792年,贝多芬前往维也纳,先后受教于音乐家海顿、作曲家申克、音乐理论大师布列希贝克以及作曲家萨里耶等名师。1795年,他在维也纳举行了第一次音乐会,弹奏了自己创作的"第二号钢琴协奏曲",迅速折服了维也纳的贵族和市民。此后的五年间,他又创作了第一号到第十一号钢琴奏鸣曲,以及第一号到第三号钢琴协奏曲,在1799年又完成了"第一号交响曲"。这些震惊乐坛的名作,弥漫着生命的欢愉与热情,而且表现出空前的自由意境。贝多芬的面前展现出了光明的前程,而他也对自己的未来充满了乐观与欢悦的情绪。但是,不幸却在此时降临到年轻的贝多芬身上——他患了严重的耳病,开始是经常性的耳鸣,到后来发展为高音受不了,低音又听不到。为了不让别人发觉自己耳聋,贝多芬逐渐离群索居,性格也变得越来越孤僻。1801年,他与一个17岁的少女朱丽叶塔·古奇阿帝相恋,著名的十四号钢琴奏鸣曲"月光"就是他们相恋的作品。但古奇阿帝在两年后离开了他,嫁给了一位伯爵。

名人档案

生卒年	1770~1827年
国　籍	德国
出生地	莱茵河畔的波恩城
性　格	暴躁、坚毅、粗犷
身　份	音乐家
家　庭	父亲曾任宫廷乐长

贝多芬是西方音乐史上最伟大的作曲家,同时也是西方音乐最主要的破坏者。他早期在古典音乐中取得了成功。而后由于受到法国革命思潮的激励和日益侵入的耳聋与感情挫折的痛苦折磨,他把传统的奏鸣曲、四重奏、协奏曲和交响乐扩展演变成气势磅礴、意蕴深刻的个人表达。

贝多芬剧作《菲岱里奥》中弗罗列斯坦被处死前的情景。

名人逸事

青年贝多芬初抵维也纳时,穿着相当时髦,衣服剪裁合身,全是高级的呢绒或毛料,腰间还配着一把短剑。而晚年的贝多芬的衣着经常成为维也纳居民谈论的话题,因为他老是头发散乱,披着一件旧大衣,大衣袋子里塞满发臭的手巾、眼镜等用具。

1802年,贝多芬迁到离维也纳不远的一个宁静的村庄作曲,在那里完成了第二号交响曲。但耳病的恶化使他痛苦万分。他甚至写下了遗书,陈述自己的悲惨遭遇与不幸。

传世名言

扼住命运之神的咽喉,决不屈服。

——贝多芬

后来,贝多芬重建信心,并在1803年写出了雷霆万钧的第三号"英雄"交响曲。此后的几年里,他又完成了第九号小提琴奏鸣曲"克罗采"、第二十一号钢琴奏鸣曲"华德斯坦"、第二十三号钢琴奏鸣曲"热情"、歌剧"费黛里欧"第四号钢琴协奏曲"、"D大调小提琴协奏曲"、第五号交响曲"命运"、第六号交响曲"田园"、第五钢琴协奏曲"皇帝"等不朽名作。1806年,贝多芬再次恋爱,对方是丹兰斯,古奇阿帝的表妹,两人在那一年订了婚。但这场爱情也只维持了四年,丹兰斯也离开了贝多芬。

再次遭受失恋打击的贝多芬变得更加落魄,行为举止也更加放肆。1809年,拿破仑攻占维也纳,贝多芬的保护人和朋友纷纷逃难,他陷入孤独与经济拮据的双重困境之中。但他还是完成了"庄严弥撒曲"和"第九交响曲"。尤其是后者的演出成功,为他带来了一生最大的荣耀与欢欣。

1827年3月26日,在维也纳的春雷骤雨中,贝多芬辞别了人世,享年57岁。约有两万多的维也纳市民参加了他的葬礼。

· 德国古典哲学集大成者 ·

黑格尔

黑格尔自小就跟随母亲学习拉丁文,7岁时进入斯图加特城的学校接受正规教育。

1788年,黑格尔进入图宾根神学院,学习了两年哲学、三年神学,于1793年获得哲学学士学位。在大学期间,他与另一位哲学家谢林成为挚友,两人经常去郊外散步,一起讨论哲学问题。

大学毕业后,黑格尔先后在瑞士、德国的法兰克福等地做过家庭教师,业余时间研究希腊文化和康德哲学。1798年,

名人档案

生卒年　1770~1831年
国　籍　德国
出生地　斯图加特城
性　格　执著、固执
身　份　哲学家
家　庭　出身于官僚世家。父亲做过财政局的官吏

1803年的圣诞夜，普鲁士国王腓特烈·威廉三世把制服作为礼物送给他的儿子们。黑格尔思想在诸多领域产生了重大影响，不仅包括哲学，而且包括历史和政治学领域。黑格尔去世后，保守的黑格尔右派继承了他的政治哲学，认为君主立宪的普鲁士式国家是最理想的国家，毫无必要实行进一步的变革。

他的第一部著作《伦理学》出版。1801年，在谢林的推荐下，黑格尔任耶拿大学的哲学讲师，1805年升为教授。1806年，他写完了《精神现象学》一书，论述了自己的哲学观点。在书稿写完的第二天，拿破仑的军队攻入了耶拿，黑格尔被迫离开。1808年他得到了纽伦堡专科学校校长的职位，他在那里兼教哲学、希腊文化和微积分，并进一步完善了自己的哲学体系。1811年，他与纽伦堡元老院一个议员的女儿玛丽结婚，此时的黑格尔已经41岁，而新娘才19岁。1812~1816年间，黑格尔完成了《逻辑学》（即《大逻辑》）一书。1816年秋天，他受聘为海德尔堡大学哲学教授。1818年，他又完成了大作《百科全书》，这本书极大地提高了他的声誉，他在同年被聘为柏林大学的哲学教授。黑格尔一生的最后13年是在柏林大学度过的，他在那里发表了《小逻辑》、《自然哲学》、《精神哲学》、《法哲学原理》等著作，并在1830年就任柏林大学校长。

黑格尔把绝对精神看作世界的本原，自然、人类社会和人的精神现象都是绝对精神在不同发展阶段上的表现形式。因此，事物的更替、发展、永恒的生命过程，就是绝对精神本身。黑格尔哲学的任务和目的，就是要展示通过自然、社会和思维体现出来的绝对精神，揭示它的发展过程及其规律，实际上是在探讨思维与存在的辩证关系，在唯心主义基础上揭示二者的辩证统一。围绕这个基本命题，黑格尔建立起令人叹为观止的客观

黑格尔是德国著名的哲学家，绝对精神的布道者，在他看来，世界上的万事万物及其发展过程都是非物质性的，他的哲学所提出的自我意识成了这些历史发展过程的顶峰。

> **传世名言**
>
> 只有经过长时间完成其发展的艰苦工作,并长期埋头沉浸于其中的任务,方可望有所成就。
>
> ——黑格尔

唯心主义体系,主要讲述绝对精神自我发展的三个阶段:逻辑学、自然哲学、精神哲学。黑格尔在论述每一个概念、事物和整个体系的发展中自始至终都贯彻了这种辩证法的原则。这是人类思想史上最惊人的大胆思考之一。恩格斯后来给予高度的评价:"近代德国哲学在黑格尔的体系中达到了顶峰,在这个体系中,黑格尔第一次——这是他的巨大功绩——把整个自然的、历史的和精神的世界描写为处于不断运动、变化、转化和发展中,并企图揭示这种运动和发展的内在联系。"

1831年,黑格尔因病逝世,享年61岁。

1806年,拿破仑在德法战争中取胜,耶拿大学关闭,黑格尔的学术生涯被迫中断,此后他做上了报社编辑和中学校长,直到1816年才到海德尔堡大学任教。

·天才的小提琴家·

帕格尼尼

1782年,帕格尼尼出生于意大利港口城市热那亚一个贫穷的家庭。帕格尼尼的父亲酷爱音乐,能演奏各种乐器。一家人靠父亲在热那亚各大酒店唱歌、拉小提琴挣钱维持生活。帕格尼尼还有一个哥哥,兄弟两个很小的时候,父亲便开始教他们拉一些小提琴曲。帕格尼尼有很好的乐感。5岁的时候,他便能正确地指出哥哥拉小提琴曲中的错误。父亲发现了帕格尼尼在音乐方面的天赋,希望他能挣钱帮自己减轻一些负担,于是便开始有意培养他。

小帕格尼尼学琴也十分用心,他一拿起小提琴便不想放下,他可以不吃饭、不出去玩,一把小提琴便是他全部的世界。6岁的时候,帕格尼尼便可以认乐谱了,父亲开始教他作曲。这时的帕格尼尼已经成为了一名出色小提琴手。无论什么

帕格尼尼像

中外名人全知道

帕格尼尼——《魔鬼的颤音》CD 封面

　　帕格尼尼被誉为 19 世纪"小提琴之王"和浪漫主义音乐的创始人。他革新了小提琴的演奏技巧，对后来的音乐家有着深刻的启发和影响。

名人档案

姓　名　尼科罗·帕格尼尼
生卒年　1782～1840年
出生地　意大利港口城市热那亚

曲子，只要他听上一遍，便可以轻轻松松地演奏出来，听过他拉小提琴的人都喊他"小神童"。

　　7 岁的时候，父亲决定让哥哥陪着帕格尼尼到街上卖艺挣钱，帕格尼尼开始了他的卖艺生涯。小帕格尼尼平常是一个害羞的孩子，但他只要一拿起心爱的小提琴便显得特别自然。每次站在街头卖艺的时候，面对围观的听众，小帕格尼尼总能落落大方地演奏。他演奏的音乐悠扬动听，常使四周的听众听得入了迷。街头演奏的生活十分艰难，父亲规定他们必须每天都要出门。有时候他们还会遇到一些无赖，兄弟俩辛辛苦苦挣来的钱被全部抢走，帕格尼尼小小年纪便尝尽了人间的艰辛。三年过去了，在长期街头演出中，帕格尼尼的技艺日渐成熟起来。

　　一天，帕格尼尼正在街头演奏的时候，热那亚音乐厅的老板恰好路过。他驻足听了一会，感到十分震惊，他想不到这么美妙的音乐竟是出自一个十来岁的孩子之手。于是他走到帕格尼尼跟前说："你敢跟我到热那亚音乐厅去演出吗？""我想我可以试试，先生。"

　　这天，帕格尼尼被安排和当时热那亚两个著名的歌唱家同台演出。音乐会开幕了，热那亚音乐厅坐满了观众，这些观众大多是衣着华丽的有钱人。帕格尼尼站在幕后，看着台下的众多观众不免有些紧张。但当他看了两个歌唱家的精彩演出后，很受鼓舞，心想：我以后也会是一个大音乐家，我今天也要像他们一样表演。该他出场了，身穿黑丝绒礼服和白丝绸衬衣的帕格尼尼，拿着自己的小提琴从从容容登上舞台，他向观众深深鞠了一躬，开始投入地演奏。琴弓在琴弦上欢快的跳跃着，如水的音乐从琴弦上倾泻而下，一曲完了，掌声如雷鸣般响起。人们高声欢呼"再来一曲！"，帕格尼尼谢幕达十几次。音乐厅老板看帕格尼尼很受欢迎，便让他做了音乐厅的专职小提琴手。

　　帕格尼尼有了不错的工作，也给家里挣到了一些钱。然而帕格尼尼并不满足于此，他想去学习，想当世界一流的音乐家。于是他把这个想法告诉了父亲，父亲虽然想让他继续

名人逸事

　　帕格尼尼成名后，有了很高的收入。但可惜的是，他却学会了过放荡不羁的生活。他每天花天酒地，挥金如土，还染上了赌博等不良习气。他把挣来的钱都挥霍了出去，还欠了许多债。有一次，他为了还债，不得不变卖自己的小提琴，连音乐会都没办法开。长期放荡的生活，使他的健康受到了严重的损害。这位天才的音乐家只活到58岁就离开了人世。

挣钱，但考虑到他的未来，便答应了。12岁的帕格尼尼来到意大利文化名城帕尔马，向当时意大利著名的小提琴家亚历山德鲁·罗拉学习。帕格尼尼十分珍惜这来之不易的学习机会，学习十分用心，他经常一练就是几个小时。亚历山德鲁·罗拉十分喜欢这个才华出众而又虚心好学的学生。

一次，法国著名小提琴家鲁珀尔夫·克鲁采尔来拜访亚历山德鲁·罗拉，他听了帕格尼尼的演奏被惊呆了，"这孩子以后一定会是个了不起的音乐家！"鲁珀尔夫·克鲁采尔断言。然而要做个世界一流的音乐家，并不能单靠一流的演奏水平。为了从整体上提高自己，三年后，帕格尼尼开始跟随当时意大利著名作曲家费尔蒂南德·帕耶尔学习作曲。他学习非常投入，经常半夜三更爬起来写曲子。这段时间他创作了《军队奏鸣曲》、《魔女》、《拿破仑奏鸣曲》等经典名曲。

1798年，帕格格尼尼已是一位出色的音乐家了。他来到奥地利音乐之都维也纳寻求发展，并很快用琴声征服了维也纳的听众，成为意大利家喻户晓的人物。1831年，他开始到世界各地演出，赢得了世界观众的赞誉。

凭着不懈的努力，帕格尼尼终于实现了自己的愿望，他用琴声征服了世界，成为了世界一流的音乐家。

·出身贫寒的"数学王子"·

高 斯

1777年4月30日，高斯出生于德国不伦瑞克州一个贫苦家庭，父亲是个小杂货店的账房先生。

高斯从小就非常聪明，一次父亲结算几个工人的工资，算了半天终于算出来了。高斯却在一旁说："爸爸，你算得不对！"父亲奇怪地问："你怎么知道的？"高斯说："我帮你算了。"父亲一核对，果然是错了，从此就经常让小高斯帮他算账，这使高斯对数学很感兴趣。从此他每天都帮他的爸爸算账，锻炼自己的算术能力。

8岁的时候，高斯开始在村中的小学读书。当时教他们算术的老师是从城里调来的，他总认为自己在小乡村教书是大材小用，因此总是满腹牢骚，经常对班里的学生发脾气。不

名人档案
姓　名　卡尔·高斯
生卒年　1777～1855年
出生地　德国不伦瑞克州

高斯像

过高斯倒是很喜欢听这位老师的课,因为他经常会给他们讲一些书本中没有的数学知识。一天,老师又心情不好了,他拉着脸走进教室,对学生说:"今天不上课了,你们给我算 1+2+3+……+100,算不出来的不许回家。"同学们很害怕,都乖乖地低下头来从头开始算,生怕做不出来被老师批评。"老师,我算出来了。"两分钟之后,高斯站起来说。老师很生气,以为这个个头矮小的孩子是在故意捣乱,"好,那你给我说说怎么做的!"高斯大声说:"我发现这 100 个数,一头一尾的两个数加起来都是 101,如 1+100、2+99,而这样的数共有 50 组,所以用 101 乘以 50 就是最后答案 5050。"听了高斯的回答,

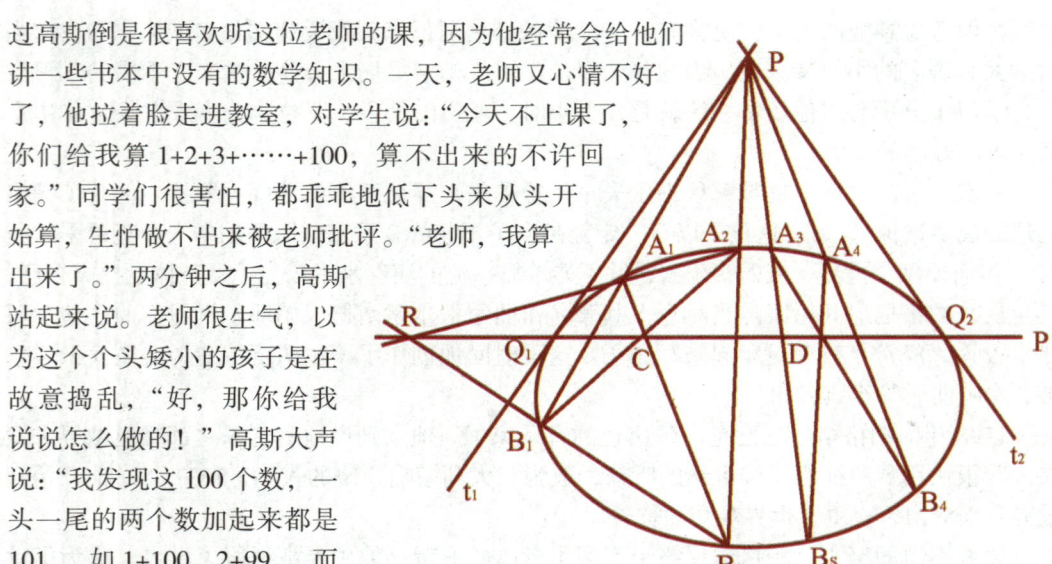

高斯椭圆函数
高斯的数学成就遍及各个领域,在数论、代数学、椭圆函数论等方面均有一系列开创性贡献。但关于椭圆函数,他生前未发表任何文章。

老师一下愣住了,他想不到这个孩子竟能运用数学家们经过长期研究才发现的"等级数求和"法来算题。从此,这位年轻的老师改变了对乡下孩子的看法,教学也认真了。他对高斯格外照顾。

老师经常给高斯一些数学方面的书,让他晚上回家看。然而高斯家里穷,灯油钱也算是一笔不小的开销。为了看书,高斯想了一个办法。他从野外采来一种叫芜菁的植物,在这种植物的块状根中间挖去芯,把油蜡化开当油浇在里边,做成小油灯。这样,他每天晚上便可以借着微弱的灯光看书了。

1788 年,高斯以优异的成绩考进了中学,后又升到当时中学最好的班——哲学班学习。高斯每个学期的成绩都名列前茅,这使他的父母在欣慰之余,又有了烦恼,因为升入大学需要很高的学费,而家里的经济条件根本支付不起昂贵的学费。

1791 年暑假的一天,高斯拿着课本去安静的野外看书,他一边走一边看,不小心闯进了不伦瑞克公爵费迪南公爵的庄园。当时正在散步的公爵对这个穿着普通的孩子,进行了细致地盘问,发现这个孩子反应机敏、对答如流。最让公爵感到奇怪的是,这个孩子年龄不大,却在看十分深奥的数学专著。公爵很喜欢高斯,认为这个孩子日后定能成大器,于是,决定资助这个孩子进入大学深造。就这样,在费迪南公爵的资助下,高斯进入了著名的卡罗琳学院读书。高斯很珍惜来之不易的学习机会,他学习非常刻苦。在这里,高斯学

名人逸事

高斯是个非常谨慎的人。每一个新的数学结论,他总要等到自己认为完美无瑕时才公布出来。他信奉的格言是"宁肯少些,也要好些"。他去世后,人们整理他的日记和书信手稿时了解到,他早在 1800 年就发现了椭圆函数,在 1816 年时已经发现了非欧几何学。只是由于他过于慎重,才使得这些重大的数学成果没能及时公布于世。

会了好几种语言,并精心研读了牛顿、欧勒、拉格朗日等科学家的原著。

四年后,18岁的高斯以优异的成绩考入了格丁根大学深造。在这段时间中高斯发现了正十七边形尺规作图法;发现了数据拟合中最为有用的最小二乘法;提出了概率论中的正态分布公式,并用高斯曲线形象地予以说明。高斯刻苦钻研,利用所掌握的函数和几何知识,解决了数学界自欧里几得以来许多悬而未解的问题。1798年,高斯进入黑尔姆施泰特大学学习,三年后拿下了博士学位。

毕业后,高斯将自己的全部身心都投入到了数学研究中。他一生共发表理论著作300多篇,提出400多条科学创见,为人类科学事业做出了重大贡献,成为世界科学史上能与阿基米德、牛顿、欧拉相提并论的大数学家。他被人们誉为"数学王子"。

·沉迷于机器的童年·

史蒂芬逊

1781年7月9日,史蒂芬逊出生在英国北部产煤区诺森伯兰省的一个小村庄里。父亲是一个普通工人,在村中煤矿的蒸汽机房里烧锅炉。一家人靠着父亲微薄的工资生活,日子过得非常艰苦。

由于家境贫寒,史蒂芬逊到了上学年龄没有进学校读书。8岁的时候,他开始帮别人放牛。每天中午,史蒂芬逊要负责给父亲送饭。对于小史蒂芬逊来说,这应该是一天中最让他感到快乐的事情了。他喜欢听矿上机器的隆隆叫声,喜欢看蒸汽房中不停转动的蒸汽机。每天给父亲送饭时,小史蒂芬逊都要在蒸汽房中停留一段时间。他总爱围着那台庞大的蒸汽机左看右看,他非常想弄明白:为什么它可以自动地转起来,而且力量会那么大?

放牛的时候,小史蒂芬逊也总是在琢磨着煤矿里的蒸汽机。他用田里的泥巴捏成各种机器模型。有一次晚上回家后,他把捏成的蒸汽机模型拿给父亲看。小史蒂芬逊用泥巴做成的这个"小机器"还真像模像样的:有活塞、有气筒、还有飞轮,父亲看了高兴地说:"孩子,你做的真好,快赶上咱们矿上的工程师了。"小史蒂芬逊听后,认真地想了一会,对父亲说:"爸爸,我想长大做个工程师,制造出真正能转的机器。"父亲听

史蒂芬逊像

名人档案
姓　名　乔治·史蒂芬逊
生卒年　1781～1848年
出生地　英国诺森伯兰省

后沉默了,他知道儿子很聪明,可是要想做工程师不识字怎么能行呢?但家里没钱拿什么供孩子上学啊?

14岁的时候,史蒂芬逊在父亲所在的煤矿做了一名学徒,负责给蒸汽机添煤、擦拭零件。这下能有机会整天看着机器了,史蒂芬逊非常高兴。他每天都守在蒸汽机旁边,仔细观察着它的构造;每当师傅们拆卸机器的时候,他都在一边认真地看;一有机会,他就向师傅们请教有关机械的知识。就这样,聪明好学的史蒂芬逊学到了许多知识。

史蒂芬逊的机车"火箭"号复原图

1829年,当利物浦－曼彻斯特铁路线即将建成时,举行了一次机车比赛,"火箭"号以58千米/小时的速度获胜。

史蒂芬逊希望自己也有机会安装一台机器。一天,下午下班后,厂长让史蒂芬逊留下来将蒸汽机的零件擦拭一下。蒸汽房里只有他一个人了,史蒂芬逊决定将蒸汽机拆开来看看。开始的时候,他非常激动,两只沾满油污的手不断地颤抖。不过很快,史蒂芬逊便被蒸汽机内精美的构造吸引住了,他忘了周围的一切,专注地研究着机器。看过内部构造后,史蒂芬逊又很快顺利地将蒸汽机安装好了。

从这之后,史蒂芬逊的胆子渐渐大了起来,他对什么机器都要研究一下。有些机器出现问题了,他便动手修理、改进。经过他改进的机器,工作效率都有了很大的提高。

随着技术水平的提高,史蒂芬逊渐渐发现,由于自己没上过学,欠缺必要的科学文化知识,机械运转的好多原理他很难弄清楚。史蒂芬逊下决心学习科学文化知识,于是,他进了一所夜校去读书。当时,斯蒂芬逊已经18岁了,每天晚上和七八岁的孩子一起学习基础课程。有人讥笑他是"孩子王",有人戏称他是"爸爸学生",但是史蒂芬逊一点也不介意。他白天上班,晚上上课,日子过得很辛苦。凭着不懈努力,史蒂芬逊很快就能独立阅读了。他读了许多机械方面的书籍,整体知识水平有了很大提高。

1803年,史蒂芬逊凭着自己的努力,做了煤矿机械修理工。几年后,因为表现出色,他被提拔为机械师。然而当上工程师后的史蒂芬逊,并没有停留在已取得的成绩上。他总是利用一切学习机会提高自己。

那时候,交通工具还很落后。史蒂芬逊看到运煤工人工作起来那么辛苦,便萌发了一个念头:制造一辆既可以运很多煤又能跑得很快的蒸汽机。他日夜钻研,在前人创造的机

名人逸事

自瓦特改进蒸汽机后,到19世纪初,蒸汽机已经广泛应用于工业了。后来又有人想将蒸汽机装上轮子,代替马来拉车,制造"能行走的蒸汽机"。史蒂芬逊成功研制出第一辆蒸汽机车后,蒸汽机便可以拉上好多节车厢载运货物和乘客了。由于蒸汽机是烧煤的,要点火后才能产生蒸汽带动车轮滚动,而且蒸汽机车的烟囱里有时还会冒出火来,所以人们便给了蒸汽机车另外一个名字"火车"。这个名字在今天已经流传到全世界。

车模型的基础上,经过多次试验,终于在1814年制造出了第一台能够实用的蒸汽机车。然而这辆机车并没有得到人们的认可:它只能拖30吨货物,每小时只能走六七公里,走起路来还发出巨大的噪声。许多人都嘲笑这辆机车是一只笨鸭子。但史蒂芬逊并不气馁,他不断地总结经验,不断地改进。

经过11年的艰苦研究,1825年,史蒂芬逊终于研制成了世界上第一台客货运蒸汽机车"旅行号"。1825年9月27日清晨,史蒂芬逊亲自驾驶"旅行号"在世界上第一条铁路——英国的达林敦铁路上举行试车表演。机车牵引着20节满载乘客的车厢和12节装着煤、面粉的车厢从伊库拉因开出,安全到运达林敦车站。当时列车载重共90吨,车上的乘客有450人,机车最高时速达到20至24公里。"旅行号"的试车成功,开辟了陆上运输的新纪元。史蒂芬逊也因此赢得了"火车之父"的美誉。

·在民间文学中锻造出来的童话大王·

格林兄弟

格林兄弟出生于德国的维尔贺尔姆市。哥哥叫雅科布·格林,弟弟名叫威廉·格林,哥哥比弟弟大一岁。格林兄弟的父亲是当地的行政司法官,母亲出身于一个中等家庭,早年读过一些书。格林兄弟是由保姆葛丽莎带大的,葛丽莎是一个乐观开朗乡下妇女,她喜欢给孩子们讲各种各样的民间故事。格林兄弟就是听着美丽的民间故事长大的。

然而格林兄弟的童年并不幸福。在他们不到10岁的时候,父亲就得重病去世了,一家人只好靠并不富裕的外祖父接济来生活,日子过得十分艰难。不过,格林兄弟两人却十分友爱,他们总是形影不离。

格林兄弟10岁以前没有进学校上学,母亲在家里教他们读书认字。在母亲的指导下,兄弟两个读了许多书。在雅科布11岁的时候,母亲送兄弟两个进了当地的一所公费中学读书。格林兄弟知道家里穷学习机会来之不易,学习非常刻苦。为了减轻家里的负担,兄弟两人主动提出共

格林兄弟象

名人档案	
姓　名	雅科布·格林 威廉·格林
生卒年	1785~1863年(雅科布·格林) 1786~1859年(威廉·格林)
出生地	德国维尔贺尔姆市

用一套书。两人用一本书，学习起来很不方便，但他们却并没有因此而影响学习。他们每天放学后总是一起回家，一起复习功课。

格林兄弟都非常喜欢读课外书，每天做完老师布置的作业后，他们便开始读书。兄弟二人比赛谁看书快，每当他们都阅读了同一本书后，便会展开激烈的讨论。他们讨论问题时经常会争得面红耳赤，不过这并不影响兄弟之间的感情。就这样，格林兄弟很快阅读完了家里的藏书。

为了能有书看，兄弟决定到书店租书。然而家里实在太穷了，哪里有钱给他们去租书啊。后来，兄弟两个便商量去给人送报纸挣钱。于是，他们自己找到了当地的一家印刷厂，向印刷厂负责人说明来意。厂长见是两个孩子，就心不在焉地说："你们每天必须七点以前将报纸送到顾客手里，要是觉得可以的话，明天早晨五点钟便可以来领报纸。"谁知第二天早晨五点这两个孩子真的来了。从那天开始，兄弟两个便做起了报童。他们必须每天赶在上学之前将手里的报纸送出去，有时为了赶时间，连早饭都顾不得吃。就这样，他们每天上学前都能拿到一份微薄的工资，放学后他们便可以到离学校几公里远的书店去租书了。格林兄弟最喜欢租的是文学作品。就这样，他们阅读了大量的世界名著，这使他们有了非常扎实的文学功底。

《巨人和裁缝》插图

《巨人和裁缝》是《儿童与家庭童话集》中的一篇，这幅图表现的是爱吹牛的小裁缝遇到了山一样高的巨人。

后来，格林兄弟以优异的成绩同时考上了德国名校马尔堡大学，毕业后二人分别任教于哥廷根大学和柏林大学。

格林兄弟生活的年代，德国正处于四分五裂之中，而邻近的法国却在拿破仑的统治下，国家实力日益强大，并积极对外扩张。而法国对外侵略的重要目标，就是当时国势衰微的德国。面对这样的形势，格林兄弟内心非常焦急。他们想通过自己的努力，为祖国的发展做出贡献。格林兄弟认为德国之所以强大不起来，是因为国内众多城邦无法团结，而德意志民族要想统一，就必须先从语言文化的统一开始。于是，格林兄弟决定从整理德意志民族的民间文学开始，来发扬本民族的文化。

从 1806 年开始，格林兄弟开始把精力集中到民间文学的搜集整理上。为此，他们翻阅了大量的相关资料。书本上的资料搜集完了，他们还打起行装，深入到德国各地，搜集散

名人逸事

《儿童与家庭童话集》包括200多篇童话和600多篇故事。其中较为著名的有《白雪公主》、《青蛙王子》、《灰姑娘》、《小红帽》等。由于这些童话源自民间故事，作为学者的格林兄弟又力图保持民间文学的原貌，因此其中有些故事大多显得比较粗俗，有许多不适合儿童阅读的内容。因此，这本书在1812年首次出版后，在德国文学界曾产生很大争议。后来，格林兄弟听取多方面的意见，再版这部童话集时做了不少删改，使得这本书成为一本极富浪漫色彩的童话集。

落在民间的童话故事和古老传说。经过不懈的努力,他们搜集了大量的民间故事。为了尽快将自己手中的材料整理成书,格林兄弟进行了艰苦工作。白天上班,他们便利用晚上的时间,为了整理资料他们经常整夜不睡。因为晚上加班,他们房间里的灯常常整夜不熄,为此邻居们都戏称他们的灯是"长明灯"。

经过几年的努力,格林兄弟终于整理出了《儿童与家庭童话集》(即我们现在所说的"格林童话"),这本书对于德国古老文化的保存和传播起了重要作用。格林兄弟也因此被称为"童话大王"。

· 敢于面对任何风暴 ·

拜 伦

1788年,拜伦出生于伦敦一个没落贵族家庭。拜伦生下来就长得特别漂亮,但美中不足的是他右脚有一点畸形,母亲也因此不喜欢他。更不幸的是,在拜伦两岁的时候,父母就离婚了。后来,父亲逃债去了法国,第二年便死在国外。小拜伦此后便跟着母亲生活。母亲性情暴躁,常常无缘无故的发脾气。她不仅不关心拜伦的教育,还经常拿拜伦当出气筒。母亲发脾气时,随时都有可能把手里的东西向拜伦扔过来。在家里拜伦唯一的心理寄托是姐姐奥古斯塔,每当小拜伦受了委屈,便向姐姐倾诉。姐姐总是鼓励他要做一个勇敢的小男子汉,不要因为一点小事就垂头丧气。姐姐很爱读诗,她经常给小拜伦读一些优美的诗句。拜伦对诗很感兴趣,在姐姐的指导下他小小年纪就背过了许多诗。

7岁时拜伦上学了。由于从小受家庭的影响,拜伦性格孤僻,很少和同学们一起玩耍,一些同学还经常嘲笑他身上的残疾,拜伦常和同学打架。拜伦也不喜欢老师课堂上讲的内容,因此成绩比较差。但拜伦非常喜欢看课外书,他常常捧着《一千零一夜》、《堂·吉诃德》等书籍,一看就是半天。他还一直保持着对诗歌的喜爱,一有感想便写成诗拿给姐姐看。10岁那一年,拜伦的叔父去世了,因为他没有亲生儿子,拜伦便继承了他的爵位和庄园。这样拜伦成了名副其实的贵族,原先看不起他的人都争先恐后的巴结他,连老师也改变了以前对他不闻不问的态度,亲热地喊他"拜伦男爵"。拜伦对此很反感,他讨厌这些人的

拜伦像

名人档案

姓　名　乔治·戈登·拜伦
生卒年　1788~1824年
出生地　英国伦敦

拜伦在达达尼尔海峡渔民家歇息

拜伦是横渡海峡活动的创始人。1810年，他为缅怀一对传说中的恋人，用1小时10分钟横渡了1008米宽的赫勒斯滂海峡（今达达尼尔海峡）。

世故和欺软怕硬。

1805年，17岁的拜伦进入了剑桥大学，学习历史和文学。拜伦非常喜欢这两门功课，学习特别用功。他除了上课就是在图书馆里看书，这期间他读了大量文学、历史、哲学方面的书籍。在大学期间，他出版了第一本诗集《懒散的时刻》。拜伦这段时间的诗主要反映了他对当时现实的不满和对上流社会的蔑视，表达了他对普通劳动人民的同情。不过这本诗集并没有引起当时人们的注意。1808年，拜伦毕业了。他先是到欧洲南部进行了一次长途旅行。这期间，他看到了西班牙人民反抗拿破仑入侵的战争场面；看到了希腊人民在土耳其的奴役下的悲惨生活。这些对拜伦的触动很大，在旅途中他开始创作长诗《恰尔德·哈罗德游记》。

1809年3月，拜伦作为世袭贵族进入了英国贵族院，当了一名议员。拜伦为人正直，不愿巴结权贵。那一天，拜伦就职宣誓仪式结束以后，议长过来和他握手表示祝贺。拜伦没有和他握手，只是用指尖点了他的手掌一下，然后就坐到了反对派的席位上。拜伦十分同情受压迫的工人群众，他在议会中总是为劳动者和进步者说话。1811年，英国工人掀起了反压迫反剥削的斗争，有些工人还捣毁了工厂里的机器。议会决定对工人进行严厉的制裁，许多议员还主张将捣毁机器的工人施以绞刑。拜伦坚决反对，而议会最后还是通过了严惩工人的法案。拜伦对此十分愤慨，他发表了诗歌《"反对破坏机器法案"制度者颂》，对议会保守派的行为进行声讨。拜伦成了当权者的眼中钉，他们处处打压拜伦。面对压力拜伦没有屈服，他始终坚持自己的立场。

但国内的气氛很让拜伦感到压抑，1816年，拜伦离开了祖国迁到瑞士居住。在瑞士期间，他继续创作了长诗《恰尔德·哈罗德游记》的后几章，歌颂西班牙和希腊人民的反侵略反压迫斗争。《恰尔德·哈罗德游记》发表后，在欧洲引起了很大反响，拜伦一夜之间

名人逸事

诗体小说《唐·璜》作于1818年至1823年，是拜伦政治思想和艺术技巧成熟期的作品，也是他一生最重要的作品之一。《唐·璜》以主人公唐·璜的冒险和爱情遭遇为线索，反映了18世纪末到19世纪初欧洲的一部分社会现实。《唐·璜》充满浪漫主义色彩，整部作品对欧洲现存制度进行了强烈的讽刺和批判，被歌德称为"天才作品"。

声名鹊起。1817年，拜伦迁到了意大利，这期间他创作了长诗《青铜世纪》和诗体小说《唐·璜》。这两部作品反映了当时欧洲的社会现实，歌颂了欧洲人民勇于斗争的精神，是拜伦的重要作品。

拜伦是19世纪英国重要的诗人，他一生以诗歌颂正义、抨击黑暗势力，他本人也因此受到了世人的敬仰。

·大器早成的音乐家·

舒伯特

1797年，舒伯特出生于音乐之都维也纳近郊的一个小镇。父亲是个小学教员，收入微薄，家里的日子过得很清贫。舒伯特的父亲喜欢音乐，会拉小提琴。在他的熏陶下，孩子们都爱上了音乐。一家人每到黄昏，就坐在一起唱歌、跳舞、演奏乐器，日子虽苦但却很快乐。

小舒伯特是孩子中最有音乐天赋的一个。他记忆力和乐感非常好，父亲教的歌曲他总是学得最快。6岁的时候舒伯特就能识谱了，10岁的时候他已经是一位十分出色的小提琴手了。父亲见小舒伯特这么有天赋，便有意培养他。在父亲的指导下，每天舒伯特都要练上好长时间的小提琴。父亲还试着教舒伯特作曲，舒伯特学得很快，他作的曲子总是让父亲夸奖好半天。不过父亲也很发愁，因为当时大多数音乐学校的学费都很高，家里没钱怎么送舒伯特去学音乐呢？

舒伯特11岁的时候，当时维也纳教堂合唱团寄宿学校在小镇上招收学员。父亲听说寄宿学校为录取的学生免费提供食宿，忙给舒伯特报了名。在上千名报名者中，舒伯特以优异的成绩被录取了。但学校里为学生只是提供定量的三餐，舒伯特正是长身体的时候，他总是不到吃饭时间就饿了。可是家里没钱，舒伯特只能挺着。在这样的情况下，舒伯特学习从来没有懈怠过。他十分珍惜这来之不易的学习机会，学习十分刻苦。他听课特别认真，遇到不懂的总

舒伯特像

名人档案

姓　名　弗朗兹·舒伯特
生卒年　1797～1828年
出生地　奥地利维也纳

舒伯特生活于维也纳，他在此有很多朋友，定期举办音乐会。这幅19世纪的绘画描述的正是这种音乐会的情景，坐在钢琴旁的就是舒伯特。

是虚心向老师和同学请教。非凡的音乐天赋再加上不懈的努力，舒伯特很快便成了众多学生中的佼佼者。他在学校的乐队中担任首席小提琴手，还是乐队的代理指挥。这期间，他创作了第一首交响曲以及许多歌曲和器乐曲。他做的曲子经常被老师夸奖。但他却常常没钱买五线笔，每当这时，他总是惋惜地说："要是有钱买纸，我就可以天天作曲了！"

1811年，14岁的舒伯特毕业了。他一开始找不到合适的工作，只能靠作曲谋生。他和一个穷朋友一起租了一间破旧的屋子，冬天这间屋子四处漏风，舒伯特只能蜷缩在寒冷的小屋里作曲。在这样艰苦的条件下，舒伯特没有消沉。他把创作当作自己最大的生活乐趣，这段时间里他作了《魔王》、《野蔷薇》等著名乐曲。为了维持生活，舒伯特后来做过文书、舞厅乐队的演奏员。白天工作忙，只能到晚上回家后才有一点自己的时间，舒伯特十分珍惜一天中这仅有的一点自由时间。他常常是啃着面包进行创作，他写曲子特别投入，经常整夜不睡。

1816年，舒伯特辞去所做的工作，专门从事作曲。日子过得十分艰难，他却从没有向生活低头。他没有钢琴，为了创作他经常借琴。舒伯特的一个画家朋友住在附近，家里有一架破旧的钢琴，画家看舒伯特没有钢琴很影响创作，便答应他可以来家里用。但画家画画需要一个安静的环境，舒伯特不能总在这里。于是他们约定，只要画家把窗帘挂起来便表示舒伯特可以进屋弹琴。但有时画家的灵感来时，从早画到晚，常常忘了休息，这让在外面等着的舒伯特很着急。有一次，一连五六天都不见画家挂窗帘，这可急坏了一直在街头张望的舒伯特。这天狂风大作，画家的窗帘被风吹了起来。舒伯特欣喜若狂，马上冲了进去，连不小心扭了脚都没顾得。这样艰苦的生活却阻挡不住舒伯特创作的热情，他把全部身心都投入到了音乐创作中，用音乐来抒写自己对生命的感悟。

名人逸事

舒伯特才思敏捷，创作速度惊人。他的朋友回忆他写名曲《魔王》的情形："我们走到门口，见他捧着书，高声朗读歌德的诗《魔王》。他读得十分出神，全没注意到我们的来访。他拿着书册在室内反复徘徊，突然把身子靠在桌子上，拿起笔在纸上飞速地写着，然后拿着记下的曲谱跑到空维柯德学校去弹奏改谱……当天晚上整个学校已经在唱《魔王》了。"因为创作速度快，舒伯特短暂的一生中留下了大量的作品。他创作的歌曲数量，至今没人能超过。

外国名人

舒伯特只活到31岁就病逝了，但在短暂的一生中，他创作了1000多首曲子，这些曲子包括钢琴曲、管弦乐、交响曲、室内乐、合唱曲和歌曲等，其中以歌曲最为著名，在音乐史上舒伯特有"歌曲王子"之称。他的作品旋律优美、诗意盎然，具有强烈的艺术感染力，在世界上广为流传。

· 南美洲的"华盛顿" ·

玻利瓦尔

玻利瓦尔的家里不仅拥有大片种植园和上千名奴隶，还有金矿、糖厂、房产以及呢绒商店等，幼年时父母双亡，他继承了大笔遗产。1797年1月参加了委内瑞拉民卫部队充当士官生，次年7月晋升为少尉。1799—1806年，玻利瓦尔先后在西班牙、法国、意大利等国家留学，当时法国大革命正风起云涌，大革命的思想对年轻的玻利瓦尔产生了很大的影响。他在1806年回到祖国后，立刻投身于反抗殖民统治、争取民族独立的斗争。1810—1812年，委内瑞拉第一共和国成立，玻利瓦尔因积极参与革命而成为领导人之一。第一共和国失败后，他重新组织力量，继续斗争。1813年，他率领革命军解放了加拉加斯等地区，打败了殖民军，建立了委内瑞拉第二共和国。他号召人民起来战斗，"向可恨的奴役者宣布一场决死战！"不久之后，第二共和国又失败了，玻利瓦尔流亡国外。

他认真总结经验，宣布了废除奴隶制的法令，号召全体黑人起来为争取自由而斗争，赢得了众多黑人的支持。他还采取了没收西班牙王室和反动派的财产、许诺分给革命军战士土地、取消印第安人的人头税并保证分土地给他们等措施，从而赢得了社会各阶层的拥护，大大加强了革命队伍的实力。军事上，玻利瓦尔也采取了更为有效的战略战术原则，他们不再去攻击大城市、与殖民者硬拼，而是把部队引向殖民者力量薄弱的东部地区。

1819年5月，玻利瓦尔率领2000名革命军经过长

被群众称为南美解放者的玻利瓦尔，怀有一个把西班牙所有殖民地国家结成一个政治联盟的梦想，并为之奋斗，为南美的独立作出了杰出的贡献。

名人档案

生卒年	1783~1830年
国　籍	委内瑞拉
出生地	委内瑞拉的首都加拉加斯
性　格	坚强、专制、铁腕
身　份	政治家
家　庭	出身于土生白人地主家庭

发生在1819年6月的波亚卡战争成了玻利瓦尔将哥伦比亚从西班牙统治中解放出来的决定性战役。衣衫褴褛的爱国军与装备精良的殖民者展开了激烈的交战并最终获得胜利。

途跋涉，翻越了南美洲西部的安第斯山，突然出现在了新格拉纳达。同年6月，他率领军队在波亚卡同西班牙军队进行了决定性的一战，大获全胜。之后，他领军占领了波哥大，解放了哥伦比亚地区，不久被委任为新格拉纳达与委内瑞拉联邦大总统。随后，玻利瓦尔率军回师委内瑞拉，以强大的攻势横扫委内瑞拉全境，占领了首都加拉加斯，随即解放了全国。委内瑞拉解放后，革命军南下厄瓜多尔，与西班牙军队展开激战，又大败殖民军，占领了首府基多城，厄瓜多尔宣布解放。至此，南美洲西北部地区获得了解放。1819年12月，新格拉纳达、委内瑞拉、厄瓜多尔共同成立了"大哥伦比亚共和国"，玻利瓦尔被选为总统和最高统帅。秘鲁当时是西班牙势力最为顽固的地区，玻利瓦尔经过艰苦的战斗，付出了巨大的代价才取得了胜利。秘鲁东部（又叫上秘鲁）被玻利瓦尔解放以后，就改名为玻利维亚，以此纪念玻利瓦尔的杰出功勋。

玻利瓦尔一生参加过大小472次战役，为南美洲人民脱离殖民统治、赢得独立作出了杰出贡献，被人民称为"南美洲的华盛顿"。1830年5月，他辞去了大共和国总统职务，同年12月17日，在哥伦比亚因病逝世，享年47岁。

1824年6月24日玻利瓦尔将自由旗帜交给西班牙殖民者。标志着西班牙在当地殖民统治的结束。

·现代电气工业的奠基人·

法拉第

法拉第幼时家贫,父亲所赚的钱还不够维持一家人的生活,家里经常要靠社会慈善机构的救助。法拉第一生中,仅仅在 11 岁时上过一年小学。13 岁时,他到一家文具店打杂,因为做事认真,成为订书学徒。与众不同的是,他对读书有着浓厚的兴趣。在工作之余,阅读了大量图书,得到了老板的鼓励。法拉第在这家店里做了 7 年工,对化学的兴趣渐渐浓厚起来。

1812 年的一天,店里的一位顾客送给法拉第一张皇家学术演讲会的门票,主讲人是当时著名的科学家、伦敦皇家学院的化学教授戴维。在听完了戴维的演讲后,法拉第带着听演讲时做的笔记拜见了戴维,请求他给自己一份实验室的工作。不久,他被聘为戴维的助手。1813 年,戴维夫妇去欧洲大陆游历,法拉第作为秘书随行。这次旅游持续了 18 个月,法拉第遇见了许多著名的科学家,如安培、伏特等,深受他们的影响。返回伦敦后,法拉第开始了自己的研究工作,他只要听完教授们的演讲,就马上实地试验,并分门别类地做了详细的实验笔记,到 1860 年前后,法拉第的研究活动结束时,他的实验笔记已达到 16000 多条,他仔细地依次编号,分订成许多卷,这些笔记以及其他在装订成书前后的几百条笔记已编成书分卷出版,其中最著名的就是《电学实验研究》。

法拉第是英国著名的科学家,经过十多年的研究实验,提出了著名的电磁感应定律,从而奠定了现代电力工业的基础。

1821 年,法拉第与令自己一见倾心的沙娜结婚。在 1830 年以前,法拉第主要是一位化学家,那时他已成为很有成就的专业分析化学和实验顾问,他把自己的丰富经验总结为一本六百多页的巨著《化学操作》,于 1827 年出版。法拉第成就最大的时期是 1830 年至 1839 年,对现代

此图描绘了法拉第在实验室工作时的情形,此时的他已略显苍老而手中的实验和专注的神情显示出他的严谨。架子上的玻璃器皿和地上的器材表明了法拉第研究领域的多样性。

名人逸事

在法拉第不断取得重大科学成果的日子里,他经常得到各种诱人的荣誉:各种显赫的职务如皇家学院的院长,甚至英国贵族院的贵族封号等等。但是他都一概拒绝了。他曾对妻子说:"我父亲是个铁匠,兄弟是个手艺人。曾几何时,为了学会读书,我当了书店的学徒。我的名字叫迈克尔·法拉第,将来刻在我的墓碑上的,也唯有这个名字而已。"

名人档案

生卒年	1791~1867年
国　籍	英国
出生地	萨里郡纽因顿
性　格	耐心、热情、睿智、质朴
身　份	化学家、物理学家
家　庭	出身于手工工人家庭。父亲是一个铁匠

电学的发现做出了杰出贡献。1831年年底,经过十年的苦思冥想,法拉第正确阐释了电的本质,提出了电磁感应定律,并发明了一种电磁电流发生器,也就是最原始的发电机,从而奠定了未来电力工业的基础。法拉第也是电磁场理论的奠基人,爱因斯坦曾指出,场的思想是法拉第最富有创造性的思想,是自牛顿以来最重要的发现,麦克斯韦正是继承和发展了法拉第的场的思想,为之找到了完美的数学表达形式从而建立了电磁场理论。在电与磁的统一性被证实之后,法拉第决心寻找光与电磁现象的联系。1846年他发表了《关于光振动的想法》一文,最早提出了光的电磁本质的思想。他曾设计并做过许多实验,试图发现重力和电的关系,寻找磁场对光源所发射光谱线的影响,寻找电对光的作用等等,但他的思想和观点完全正确,均为后人的实验所验证。由于实验条件所限,未获成功。1867年,法拉第平静地离开人世,享年76岁。

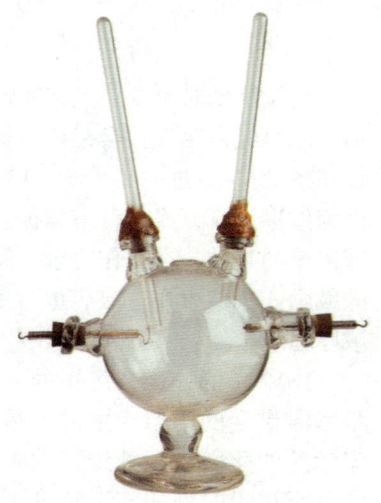

电压器

法拉第用这种电压器来研究怎样利用电将水分解。两根管子则用来收集氧气与氢气。

· 法国现实主义文学的里程碑 ·

巴尔扎克

巴尔扎克从小就不讨父母的欢心,刚生下来便被送到乡下的奶妈家寄养。8岁时,又被送到当地的一所教会学校寄读。学校的管理非常严格,他因为顽皮又懒于做功课,学习成绩很差,有一次拉丁文考试,全班35名学生,他名列第32名。父母和老师都觉得他将来不会有什么出息。

名人档案

生卒年	1799~1850年
国籍	法国
出生地	都兰纳省的图尔城
性格	执著、坚强、追求完美
身份	文学家
家庭	出身于中产阶级家庭。父亲是金融实业家

1816年，巴尔扎克进入大学学习法律，先后在律师事务所和公证人事务所当书记员。这段生活使巴尔扎克熟悉了复杂繁琐的诉讼业务，也观察到了千奇百怪的巴黎社会，丰富了生活的经验。1819年，巴尔扎克从学校毕业，原本应该顺从父意进律师事务所，但他却突然对家里人宣布，他要当作家。为此，父子之间的关系越来越紧张，父亲甚至决定要中断对他的经济支持，以使他回心转意。最后，父亲答应给他两年的试验期，如果在此期间巴尔扎克没有表现出足够的才能，取得令人信服的成绩，他就必须回到律师事务所。此后，巴尔扎克搬进郊区的一间小阁楼，开始了文学创作生涯。1820年4月底，经过半年的努力后，他写出了一部诗体悲剧《克伦威尔》，但是，当他在家里花了4个小时向家人和朋友朗读自己的作品时，听的人说他的作品索然无味，巴尔扎克的第一次创作失败了。他又决定转而写小说，但同样失败了。

1821年，两年试验期已过，巴尔扎克没有写出像样的作品来，但他仍然坚持自己的想法，生气的父亲断绝了他的经济来源。

失去了家里经济支持的巴尔扎克立即陷入贫困的境地。为生计所迫，他写过一些庸俗作品，与出版商合作出过书，还经营过铸字厂和印刷厂，但这些都无一例外的失败了。他还欠下了6万法郎的债务。这段经历使巴尔扎克对法国社会的下级阶层，以及

巴尔扎克是法国著名的批判现实主义作家，一生创作颇丰，作品多集中反映19世纪的法国社会人生百态，虽然作品集名为《人间喜剧》，而贫疾交加的巴尔扎克却最终以悲剧收场。

这是《欧也妮·葛朗台》的情景绘画，表现了老葛朗台用女儿来作诱饵，诱惑那些求婚者，以便从中渔利。

人与人之间冷酷的金钱关系有了深刻认识,这些成为他后来文学创作中最重要的主题。巴尔扎克重新回到了严肃的文学创作道路上。1829年3月,他出版了长篇小说《朱安党人》,开始成为引人注目的作家。在此后的三四年里,他又接连写出了《驴皮记》、《夏倍上校》、《钱袋》、《欧也妮·葛朗台》等二十几部小说。1841年,巴尔扎克制定了一个宏伟的创作计划,决定写137部小说,分风俗研究、哲理研究、分析研究三大部分,总名字叫《人间喜剧》,以求全面反映19世纪法国的社会生活,写出一部法国的社会风俗史。到巴尔扎克逝世时,《人间喜剧》一共完成了91部小说,其中最有名的就有《欧也妮·葛朗台》和《高老头》。

巴尔扎克虽然创作了数量惊人的小说,但到晚年时还是囊空如洗。1850年,他到乌克兰去和一个有18年交往的寡妇结婚,以摆脱自己经济拮据的窘境。但由于长年劳累,他的生命已经走到了尽头,回到巴黎后,就一病不起,在当年的8月18日逝世,享年51岁。

此图是巴尔扎克笔下的著名人物形象——高老头,一个在物欲横流的资本主义社会中被金钱毁灭了的父爱的典型形象。

·法国浪漫主义文学领袖·

雨 果

雨果在幼年时代便因为父亲的职务经常调动而随着父亲东奔西走,到过欧洲的不少地方。直到拿破仑战败后,他才回到巴黎,跟着一位老牧师念书。雨果很小的时候就醉心文学,在少年时就能写出脍炙人口的诗。15岁时,他以一首三百行的长诗《读书乐》受到法兰西学士院的奖励。17岁时,他已成为一家杂志社的重要撰稿人。20岁时,他的诗集《颂歌与杂诗》出版,获得了法王路易十八的赏识,路易十八自掏腰包给雨果每年1000法郎的年金。

1824年,雨果的处女作小说集《汉·伊斯兰特》获得了小说家诺蒂埃的赞赏,与诺蒂埃的结缘,使雨果开始转向浪漫主义并逐渐成为浪漫派的首领。1827年雨果为自己的剧本《克伦威尔》写了长篇序言,被视为是浪漫派文艺宣言的标志。他在序言中提出了坚持不要公式化地而是具体地表现情节的浪漫主义的文学主张,还特别宣扬了真善美与假恶丑对照的原则。从这时起,雨果成为了青年浪

名人档案

生卒年	1802~1885年
国　籍	法国
出生地	法国贝桑松
性　格	勤奋、敏锐、乐观
身　份	文学家、诗人
家　庭	出身于中产阶级家庭。父亲是拿破仑麾下的得力战将

外国名人

在浪漫主义时期，雨果（右二）成为少数进入法兰西学院的人士之一。阿尔弗烈德·维尼伯爵曾被拒绝了5次，而大仲马（左举手者）则从未进入。

雨果两手交叉置于胸前，眼睛注视前方，一派王者风范。从文学创作上来说，他的作品内容曲折离奇，富有强烈的人道主义思想和丰富的想象力，这为雨果赢得了浪漫主义文学家的美誉。

漫文艺家的核心人物。1830年，雨果的浪漫戏剧代表作《欧那尼》公开上演，此剧的演出成功，是法国浪漫主义对古典主义的决定性胜利的标志，从此，浪漫派在法国逐渐抬头。1832年，雨果的长篇名著《巴黎圣母院》（又名《钟楼怪人》）出版，这部作品具备了浪漫主义的各种要素，结构曲折离奇，人物富有戏剧性，将人生百态刻画得淋漓尽致，为雨果赢得了著名小说家的声誉。

在文学创作取得成功的同时，雨果的政治思想也日趋民主共和，在1841年他当选为上议院议员。1851年，在反抗拿破仑三世称帝的斗争失败后，他开始了长达19年的流亡生活。在流亡期间，雨果完成了《时代的神话》以及《悲惨世界》。《悲惨世界》是最能代表雨果的思想艺术风格的作品，小说还没有出版，就已经被译成了9国文字，震动了欧洲和美国。雨果的文风雄健，富有强烈的人道主义思想和对人生的渊博知识。1870年，拿破仑三世垮台后，雨果返回法国。1874年，他又完成了自己的另外一部名著《九三年》，这本是他计划中的"三部曲"的首部，讲述的是法国大革命前后的战争故事，但以后再没有写下去。

1881年2月26日，60万巴黎人在雨果的窗前游行，庆贺他的80寿辰。他在1883

名人逸事

雨果为了争取时间写作，尽量不去参加各种社交活动，但有些社交活动实在难以推托，而且过分推辞会让人产生误解。于是他想出了一个办法：把自己的半边头发和胡须统统剪去，破坏自己的外在形象。以此为借口，留在家里安心写作。

> **传世名言**
> 生活中最大的幸福是坚信有人爱我们。
> ——雨果

年的遗嘱里宣布给穷人 5 万法郎，并希望用穷人的送葬马车把他的灵柩送到墓地。雨果在 1885 年 5 月 18 日去世，法国政府和人民为他举行了隆重的国葬，由来自法国和世界各地的 200 万人排成的行列，把他的遗体送进了先贤祠。他为后人留下了数量丰富的文学珍品，除了小说《巴黎圣母院》《悲惨世界》《九三年》以及歌剧《欧那尼》外，还有诗歌《秋叶》《静观》《光与影》《街头丛林之歌》等。他与英国的华兹华斯、德国的歌德并誉为 19 世纪三大浪漫诗人。

· 童话世界的国王 ·

安徒生

安徒生的父亲虽然是个鞋匠，却充满了对生活的热情。他常在睡前朗诵《天方夜谭》，这给幼小的安徒生带来了很大的影响。安徒生早年在慈善学校读过书，当过学徒工，受父亲和民间口头文学影响，他自幼酷爱文学。11 岁时，父亲病逝，母亲改嫁，继父是一个冷酷无情的人，安徒生因此离开了家庭，在 14 岁时只身来到首都哥本哈根。到哥本哈根后，他以给人表演为生，几乎摁遍了达官贵人家的门铃。经过 8 年奋斗，他在诗剧《阿尔芙索尔》的剧作中崭露才华而被皇家艺术剧院送进斯拉格尔塞文法学校和赫尔辛基学校免费就读。1828 年，安徒生进入哥本哈根大学。毕业后始终找不到工作，主要靠稿费维持生活。1838 年获得作家奖金——国家每年拨给他 200 元非公职津贴。

这是位于美国纽约中央公园的安徒生塑像，是专为儿童树立的地标。

安徒生的文学生涯始于 1822 年，早期主要撰写诗歌和剧本，但这些作品并不很成功。直到 1833 年，在出版了长篇小说《即兴诗人》后，安徒生才为自己赢得了声誉。也就是从这一年起，他开始写童话，出版了《讲给孩子们听的故事》，立刻得到了孩子们的广泛欢迎，人们争相阅读安徒生的童话故事，并渴望他发表新的作品，从此童话成为了安徒生的主要创作形式。他一生共计写了童话 168 篇。

安徒生的童话具有独特的艺术风格，即诗意的美和喜剧性的幽默。前者为主导风格，

名人档案

生卒年　1805~1875年
国　籍　丹麦
出生地　丹麦的欧登塞
性　格　敏感、宽厚、热爱生活
身　份　作家、童话之王
家　庭　出身贫穷家庭，父亲是一个鞋匠

本图描绘灰姑娘受到继母虐待的情形。

多体现在歌颂性的童话中，后者多体现在讽刺性的童话中。他的童话并不仅仅是一些新奇有趣的事情，更多的是大量地反映现实生活中的人与事，下到平凡的、受屈的、穷苦的老百姓，上到富贵的国王，都是他童话世界中的主人。安徒生的创作可分早、中、晚三个时期。早期童话多充满绮丽的幻想、乐观的精神，体现现实主义和浪漫主义相结合的特点。代表作有《打火匣》、《小意达的花儿》、《拇指姑娘》、《海的女儿》、《野天鹅》、《丑小鸭》等。中期童话中幻想的成分减弱，现实成分相对增强，在鞭挞丑恶、歌颂善良中，表现了对美好生活的执著追求。代表作有《卖火柴的小女孩》、《白雪皇后》、《影子》、《一滴水》、《母亲的故事》、《演木偶戏的人》等。晚期童话比中期更加面对现实，着力描写底层民众的悲苦命运，揭露社会生活的阴冷、黑暗和人间的不平，作品基调低沉。代表作有《柳树下的梦》、《她是一个废物》、《单身汉的睡帽》等。

成名后的安徒生，不仅成为了孩子们的朋友，也成了欧洲各国君王们的座上客，他们纷纷召见他，授给他最光荣的勋章。1872年的某一天，安徒生从床上跌了下来，身受重伤，从此再未复原，于1875年8月4日辞世，享年70岁。

· 维护美国国家统一的黑奴解放者 ·

林　肯

林肯小的时候，家里很穷，因此他没有接受过多少正式教育。但他从小勤奋好学，一有机会就向别人请教，靠自学获得了丰富的知识。19岁时，林肯第一次见识了外面的世界，他乘船顺着俄亥俄河进入密西西比河到了新奥尔良。旅行中见到的黑奴的悲惨生活，深深地刺痛了林肯，他暗下决心：只要有机会，就要推翻蓄奴制度。

1830年，林肯随父母迁居伊利诺斯州后，开始了自力更生的生活，他做事认真，获得

中外名人全知道

亚伯拉罕·林肯是美国历史上第16任总统，是19世纪中期美国北方资产阶级民主派的代表人物。他以旗帜鲜明的废奴主张赢得美国民众的普遍称赞，并领导美国人民取得了南北战争的伟大胜利。他被人们称赞为"新时代国家统治者的楷模"。

名人档案

生卒年	1809~1865年
国　籍	美国
出生地	肯基塔州西部霍奇亨维尔
性　格	勤奋、顽强、幽默
身　份	政治家
家　庭	出身于农民家庭

了"诚实的亚当"的美名。他在1834年当选为伊利诺斯州议员，两年后，又通过考试获得了律师资格。做律师不久，他和美丽的玛丽结婚并有了三个孩子。

1854年，共和党成立，林肯旋即加入了这个主张废除奴隶制的党派，两年后，他在该党的第一次全国代表大会上被提名为副总统候选人。当时，美国南北两派围绕蓄奴制度的存废问题展开了激烈斗争，双方的矛盾冲突已经到了非常尖锐的地步。1858年，林肯在参加伊利诺斯州参议员竞选时，发表了一篇题为《裂开了的房子》的著名演说，他把美国南北两种制度（奴隶制度和资本主义制度）并存的局面比喻为"一幢裂开了的房子"，并明确表达了希望维护国家统一的愿望。尽管林肯的这次竞选失败了，但这次极富魅力的演讲使他的大名传遍了全国。

1860年，林肯当选为美国总统。

林肯的当选，对南方种植园主的利益构成了严重威胁。1860年12月，南方的南卡罗来纳州首先宣布脱离联邦而独立，接着密西西比、佛罗里达等蓄奴州也相继宣布脱离联邦。南方叛乱诸州还建立了自己的政权，并在

攻克新奥尔良

在经受了战争初期的失败和阵痛之后，北方军孤开始了有力的反扑，随着战争形势的不断发展，北方慢慢地掌握了主动权。

名人逸事

有一次出庭辩论时,对方律师把一个简单的论据翻来覆去地陈述了两个多小时,讲得听众都不耐烦了。好不容易才轮到林肯上台替被告辩护,他走上讲台,先把外衣脱下放在桌上,然后拿起玻璃杯喝了两口水,接着重新穿上外衣,然后再脱下外衣放在桌上,又再喝水,再穿衣,这样反反复复了五六次,法庭上的听众笑得前俯后仰,林肯却一言不发,在笑声过后开始了他的辩护演说。

1861年4月12日不宣而战,攻占了联邦政府军驻守的萨姆特要塞,美国内战开始了。战争初期,北方军队屡战屡败,引起了人民的强烈不满。林肯认识到,是到废除奴隶制的时候了。

1862年9月,林肯起草了《解放宣言》,并在次年的1月1日正式颁布,宣布废除叛乱各州的奴隶制,黑人奴隶获得人身自由。这个法案大大激发了人民的革命热情,成为北方军逆转战场形势的重要转折。1864年11月,林肯竞选连任成功。1865年4月,美国内战以林肯领导的联邦政府的获胜告终。

但是战争的胜利并没有消除蓄奴势力对林肯的仇视。在南军宣布投降的第五天晚上,林肯在华盛顿的福特剧院里看戏时,被南方奴隶主收买的一个枪手蒲斯刺杀,享年56岁。

·生物进化论的开创者·

达尔文

达尔文8岁时进入教会学校读书。他从小就喜欢收集邮票、画片、矿石、钱币等,对动植物和普通机器也有很大的兴趣。9岁时,他进入文法学校读书,学习成绩平平,但更专注于以前的兴趣。16岁时,他被父亲送到爱丁堡大学学医,但他对于受课内容没有什么兴趣,两年后转往剑桥大学学习神学。父亲希望他将来成为一个"尊贵的牧师"。

在剑桥的三年里,达尔文与地质学教授塞奇威克和植物学教授亨斯罗结识,更加喜欢对自然界的观察和研究,而对神学的学习却没什么进展。当读了洪堡的《南美洲旅行记》和赫胥黎的《自然哲学导言》之后,他已经立志要投身于自然科学研究了。

1831年,达尔文大学毕业,经亨斯罗的推荐,以博物学家的身份参加了英国政府组织的"贝格尔"号军

达尔文的妻子爱玛·达尔文是一位天才的演奏家,暮年的达尔文便经常在家里倾听妻子用钢琴弹奏的音乐。

名人档案

生卒年	1809~1882年
国　籍	英国
出生地	英格兰的施鲁斯伯里镇
性　格	好奇、勤奋、严谨
身　份	博物学家
家　庭	出身于医生世家。父亲是很有名望的医生

舰的环球考察，开始了漫长而又艰苦的环球考察活动。达尔文每到一地总要进行认真的考察研究，采访当地的居民，采集矿物和动植物标本，挖掘生物化石，收集没有记载的新物种，积累了大量资料。在考察过程中，达尔文敏锐地觉察到了物种在不同地区的变化状况，逐渐对《圣经》中"创世纪"的人类起源说产生了怀疑，并萌生了生物进化论的思想。这次环球考察在1836年10月结束，回到英国后，达尔文开始为他的生物进化理论寻找根据。1839年，他和表妹爱玛结婚。

1859年11月，达尔文经过20多年苦心研究写成的科学巨著《物种起源》正式出版。在这部书里，他提出了"进化论"的思想，说明物种是在不断的变化之中，是由低级到高级、由简单到复杂的演变过程。达尔文列举了大量事实，以自然选择的理论阐释了生物进化观点。这部著作第一次把生物学建立在完全科学的基础上，推翻了神创论和物种不变的理论，标志着进化论的正式确立。紧接着，达尔文又开始了他的第二部巨著《动物和植物在家养下的变异》的写作，进一步阐述他的进化论观点，提出物种的变异和遗传、生物的生存斗争和自然选择的重要论点，并很快出版了这部巨著。

《物种起源》在学术界和社会上引起了巨大轰动，达尔文的声誉也迅速传遍全球。剑桥大学授予他法学博士的称号，为此举行了隆重的会议，在会上用拉丁语向达尔文致以贺词。1878年，他被选为法国科学院植物学部通讯院士，同年又被选为柏林科学院的通讯院士。

达尔文的《航海旅行日记》

传世名言

我从来不认为半小时是我微不足道的很小的一段时间。

——达尔文

航行途中的"贝格尔"号

> **名人逸事**
>
> "贝格尔"号到达巴西后,达尔文攀登安第斯山进行科学考察。当爬到海拔4000多米的高度时,他意外地在山顶上发现了贝壳化石。达尔文非常吃惊:"海底的贝壳怎么会跑到高山上了呢?"经过反复思索,他终于明白了地壳升降的道理。进而,他又有了更深的认识:"物种不是一成不变的,而是随着客观条件的不同而发生相应的变异。"

1882年4月19日,达尔文在家中逝世,享年73岁。他被安葬在威斯敏斯特大教堂,与牛顿等名人长眠在一起。

·波兰人民的灵魂和骄傲·

肖 邦

名人档案
姓　名　弗雷德里克·弗朗西斯克·肖邦
生卒年　1810~1849年
出生地　波兰华沙市郊

1810年,肖邦出生于波兰华沙西部市郊的一个名为热拉左瓦沃拉的小村庄。肖邦的父亲是法国人,受过良好的教育,因做生意到了波兰,后来破产便在一个伯爵庄园里做起了家庭教师。肖邦的母亲是波兰人,喜欢弹琴、唱歌。肖邦还有三个姐姐,与姐姐们比起来,肖邦的性格更显得文静一些。肖邦是听着母亲的波兰民歌长大的,他生下来就对音乐特别敏感。当他哭闹的时候,只要听到母亲的歌声,小肖邦便会立刻安静下来。

肖邦几个月大的时候,父亲被华沙一所大学聘为教授,全家人搬到了城里。家里的条件慢慢的好了起来,后来父亲便买了一架钢琴放在家里。母亲一有空便给孩子们弹琴。小肖邦总爱不声不响地看母亲弹琴。在母亲的影响下,小肖邦逐渐对弹琴产生了浓厚的兴趣。肖邦5岁时,一天,父母正在聊天,

肖邦像

他们突然听到隔壁屋里传来断断续续的钢琴声,琴声虽然不太连贯,但却十分动听,父母惊呆了。他们快步走到琴房发现小肖邦正站在凳子上用小手找琴键呢。他弹得特别用心,父母进来他都不知道。小肖邦一曲弹完了,父亲激动地将他抱下来,说:"孩子,你真是个

图为描绘肖邦在拉吉威尔公爵家中弹奏钢琴的画作。

小天才!"

父母决定好好地培养肖邦,于是就给他请了一位钢琴老师。这位老师对肖邦影响很大,他不仅琴弹得好,而且教育学生也十分有经验。他经常给肖邦讲莫扎特、贝多芬等大音乐家苦练成才的故事。在他的启迪下,肖邦小小年纪便有了长大要当音乐家的想法。肖邦练琴非常刻苦,他每天除了吃饭、睡觉就是在钢琴前。有时候姐姐们见肖邦练得这么辛苦,便喊他出去玩,但他太投入了,根本就听不到旁边有人喊他。

凭着不懈的努力,再加上非凡的天赋,肖邦进步非常快。7岁的时候,肖邦便学会了作曲,这年他创作了《波兰舞曲》。8岁的时候,肖邦已经开始在公众面前演奏了。人们惊讶于他小小的年纪,竟然能弹奏出如流水般美妙的音乐,称他为"小莫扎特"。然而小肖邦从来不骄傲,他不喜欢别人的赞美声,只愿意一个人默默地弹琴、作曲。

每年夏天,父母都带孩子们到热拉左瓦沃拉村度假。肖邦总爱和姐姐们漫步在家乡田间的小径上听这里好听的民歌。这些歌曲使肖邦陶醉了,他深深地爱上了纯真、自然的波兰民间的歌谣。肖邦决定把这些民间歌谣都记录下来。于是,每天太阳刚刚出来,他就到山坡上听牧民们唱歌,然后到田间地头听干活的农民的歌声。他总是随身带着笔和纸,听到的民歌他都记了下来。

19岁的时候,肖邦以优异的成绩从华沙音乐学院毕业。这时的肖邦已经是一位出色的音乐家了,但当时的波兰处在沙俄的统治之下,这使肖邦十分痛苦。1830年,20岁的肖邦被迫离开祖国到国外去寻找艺术前程。他先是到维也纳,第二年到了巴黎。在巴黎肖邦遇上了许多有才华的作家和艺术家,如缪塞、雨果、巴尔扎克、希勒、海涅、李斯特等,他们十分欣赏肖邦的艺术才华。在他们的帮助下,肖邦在巴黎很快取得了惊人的成绩。

成名之后的肖邦没有忘记自己的祖国波兰,在国外他经常为同胞募捐演出。遇到有困难的同胞他总是解囊相助。一次,他去参加一个重要的音乐会,在路上遇见了一个流亡国外的波兰青年,肖邦毫不犹豫地将用来买音乐会门票的钱给了那个青年,结果兜里没有一分钱的他只好走回家。1837年,沙俄授予肖邦"俄国皇帝陛下首席钢琴家"的职位,并用

名人逸事

肖邦的作品热情而忧郁、富于诗意,故肖邦又有"钢琴诗人"的美称。如肖邦的夜曲,将大自然的描绘与细腻的心理刻划有机地融合在一起,充满着诗情画意;他钢琴前奏曲结构短小、形式精致,好比是文学中的散文,往往采用单一的音乐形象,表现作者内心瞬间的体验和印象。肖邦这样的创作风格与他的创作方式有很大关系。据说,他作曲离不开钢琴键盘,他喜欢在钢琴上即兴创作,一气呵成。

高薪聘请他回华沙为沙俄贵族演出，肖邦严词拒绝。

肖邦只活到 39 岁，但在他短暂的一生中，创作了许多抒发自己爱国深情的歌曲，如有与波兰民族解放斗争相联系的《第一叙事曲》《降 A 大调波兰舞曲》等；有充满战斗热情《革命练习曲》《b 小调谐谑曲》等；有哀恸祖国命运的《降 b 小调奏鸣曲》等；还有不少怀念祖国思念亲人的夜曲和幻想曲。他以伟大的爱国精神和非凡的音乐才华赢得到了世界人民的尊重。

·在磨砺中成长起来的大文学家·

狄更斯

狄更斯出生于英国南部的朴次茅斯特市一个富有的家庭。狄更斯童年过得十分快乐。母亲是一个温和善良的人，很小的时候，母亲就教他读书写字。5 岁时，狄更斯就能够独立阅读较为浅显的书籍了。他经常一个人在房间里翻阅有插图的文学作品。大人们对小狄更斯的强烈的读书兴趣感到很吃惊，便提问他看过的书的内容，小狄更斯总能按自己的理解说出来，而且回答得很准确。这样，狄更斯从小便有"小神童"的绰号。6 岁的时候，狄更斯开始上学。小狄更斯学习特别用心，放学后他从来不出去玩，总是用最快的速度将老师留下的作业做完，然后便看自己喜欢的书。他利用课余时间读了菲尔丁的《汤姆·琼斯》、塞万提斯的《堂·吉诃德》、笛福的《鲁滨逊漂流记》等大量的文学作品。

狄更斯 11 岁的时候，家里的经济条件开始不好了。父亲由于不善理财借了许多债，后来又因久拖不还，而被抓进了监狱。狄更斯不得不离开了学校，和母亲一起挣钱养家。他到了一家鞋油工场当学徒。工场设在一个阴暗潮湿的地下室里，狄更斯每天吃不饱，一天还要工作十几小时，而且干活慢了还要挨打。狄更斯小小年纪就受到了非人的虐待，有一次，老板居然将狄更斯放在橱窗里当众为顾客表演生产操作过程。狄更斯被当成了活广告受人围观，这件事深深地伤害了狄更斯幼小的心灵，他多么希望自己能回到以前快乐的读书生活。在压抑的生活中，读书成了狄更斯唯一的乐趣。他每天从工场里回家后，便躲在屋里看书，有时候他

狄更斯像

名人档案

姓　名　查尔斯·狄更斯
生卒年　1812～1870年
出生地　英国朴次茅斯特市

名人逸事

《匹克威克外传》是狄更斯的长篇小说之一，也是他最有代表性的作品之一。本书的故事梗概是：匹克威克社创始人匹克威克先生带着几个"匹克威克派"出去游历。他们原本是为了增长见识，但由于他们天真幼稚、善良轻信，途中遇到了许多麻烦，陷入到种种不愉快的境地。作品以喜剧的手法写严肃的社会现实，真实地反映了19世纪上半期英国的社会状况。

《雾都孤儿》剧照

《雾都孤儿》是狄更斯的第一部社会批判小说。狄更斯笔下描绘的主人公所遇到的艰难和困苦，都是他个人亲身经历的写照。

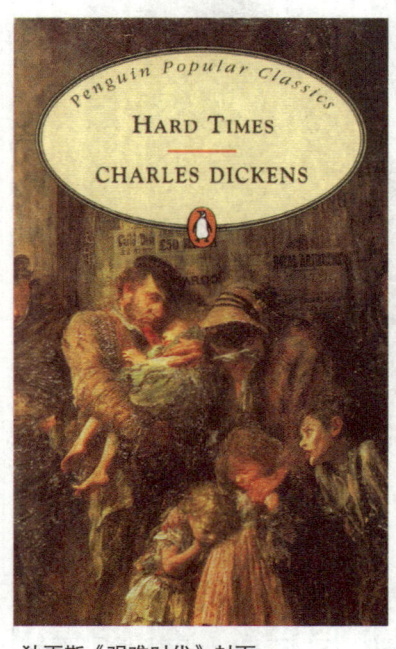

狄更斯《艰难时代》封面

还将自己的读书感受记下来，时间长了便对写作产生了浓厚的兴趣。

12岁时，祖母去世了，父亲继承了一笔财产，家里还清了以前的借债，父亲被释放了。狄更斯又可以进学校读书了，做学徒时的痛苦生活使狄更斯更懂事了，他十分珍惜这来之不易的学习机会，学习很用功，每门功课成绩都很优异。在学校中，他的文学天赋逐渐展现出来，文学课上老师经常拿狄更斯的文章做范文让同学们欣赏。然而好景不长，16岁时家里的生活又陷入了窘境。本来很有希望入大学读书的狄更斯，只能告别了学生生活开始工作。他开始是在一家律师事务所做小职员，这段时间里他接触了形形色色的人。后来他又在一个报社做新闻记者，每天都出去采访，他接触的人和事多了，见识也广了，对于社会也逐渐有了深刻的认识。这些都为狄更斯后来的创作积累了大量的材料。

工作期间，狄更斯从来没有放弃过读书。每天下班不论多晚他都要看书学习，他坚持着做读书笔记的习惯，一有感想就写下来。渐渐地，狄更斯发现自己离不开写作了。他每天晚上都要写一些东西，将自己一天的见闻、喜怒哀乐诉诸笔端。后来狄更斯开始以"博兹"的笔名在报刊上发表文章，这些文章因写得深刻很受读者欢迎，这使狄更斯很受鼓舞。1836年，狄更斯又出版了《博兹写集》。这本书使得狄更斯在文学界崭露头角，许多报社开始向他约稿。

狄更斯并没有因此而满足，他知道只有不断地充实自己，提高自己的水平才能使自己不被淘汰。这期间，狄更斯又读了许多文学大师的书。他认真读每一本文学巨著，学习作者的写作方法。通过读别人的作品，狄更斯察觉到自己在写作上的不足。渐渐地，在汲取别人经验的基础上，狄更斯的写作技巧成熟了，并且形成了自己的写作风格。1837年，他完成了《匹克威克外传》，这本书一出版，便引起了轰动。一时间狄更斯成为英国文学界备受关注的人物。此后狄更斯又创作了《老古玩店》、《雾都孤儿》、《大卫·科波菲尔》、《双城记》等优秀作品。这些作品为狄更斯在世界文学史上赢得了很高的声誉。

·德意志的"铁血宰相"·

俾斯麦

名人档案
生卒年　1815~1898年
国　籍　德国
出生地　普鲁士勃兰登堡
性　格　坚毅、冷酷
身　份　政治家
家　庭　出身于贵族家庭。
父亲是政府官员

俾斯麦天资聪颖，学习成绩不错，但蛮横的性格从小就暴露了出来，他常常喜欢和别人打架。他在1832年进入哥廷根大学，一年半后转入柏林大学，主攻法律，对历史和外语尤其感兴趣。大学期间，与同学发生过28次决斗。1835年大学毕业后，他在柏林的法院当过见习书记官，但那种琐碎的工作根本不适合他的性格，他经常在工作时间骑马出去散心。1847年，俾斯麦结婚，夫人是一位虔诚的教徒，在夫人的影响下，俾斯麦逐渐改掉了过去的一些陋习，也成为一名忠实的宗教信徒。

婚后不久，俾斯麦步入政坛，当选了普鲁士联邦议会议员。以后，他逐渐形成了自己的政治信念：最好的政府形式莫过于君主专制；德意志必须在普鲁士的领导下完成统一。1859年，俾斯麦任驻俄公使，1861年改任驻法公使。1862年，他出任普鲁士宰相兼外交大臣，几天后，他发表了著名的"铁血演说"，宣称"当代的重大问题不是用说空话和多数派的表决所能解决的，而必须用铁和血来解决"。俾斯麦"铁血宰相"的称号就是来源于这里。他决心用武力作为解决政治问题的最主要手段，在当时，这主要就是排除奥地利，由普鲁士领导完成德意志的统一。

奥托·冯·俾斯麦于1862年–1890年出任普鲁士首相，由于他始终坚定不移的信念，德国最终由一个分裂、落后的国家变成全欧洲最强大的国家。俾斯麦还是一个机会主义者，他运用战争和外交双重手段，最终实现了统一德国的目标。

1878年柏林,俄、奥、英、德、法等国的元首签订《柏林条约》。图为身材高大的俾斯麦正与俄国代表舒凡洛夫伯爵握手,以庆祝条约的签订。

俾斯麦通过三次王朝战争实现了统一德国的目标。第一步,在1864年初挑起对丹麦的战争,把属于丹麦的石勒苏益格和荷尔施泰因两公国(居民多数为德意志人)并入德国;第二步,在1866年挑起对奥地利的普奥战争,迫使奥地利退出德意志联邦,并建立起在普鲁士领导下的北德意志联邦,统一了德意志北部和中部;第三步,在1870年挑起普法战争,清除统一南德的障碍。这次战争是德国在欧洲崛起的重大转折,强大的法国在色当战役中被彻底击败,法皇拿破仑三世被俘,巴黎被普军占领。1871年1月18日,俾斯麦在法国的凡尔赛宫宣布统一的德意志帝国成立,普鲁士国王成了德意志帝国的皇帝,俾斯麦出任帝国宰相,并被授予公爵封号,成为19世纪下半叶欧洲政治舞台上的风云人物。

> **传世名言**
>
> 政治是量力而行的艺术。
>
> ——俾斯麦

1871年普法战争后期,胜利的德国军队群集在巴黎城墙外的废墟上。

俾斯麦统一德国后,对内推动经济发展,对外为德国争取有利的国际环境并推行审慎的海外扩张政策。1888年,威廉二世即位为德国皇帝。威廉二世不同于他的父亲,他野心勃勃、刚愎自用,与俾斯麦在"政策谁作主"的问题上产生了摩擦。1890年3月,威廉二世命令俾斯麦递交辞呈书,俾斯麦在当政28年后下台。1898年3月18日,俾斯麦去世,享年83岁。

·震撼世界的无产阶级革命导师·

马克思

马克思从小勤奋好学，善于独立思考。他在中学时代时，受到法国启蒙思想的影响立下了为人类谋幸福的崇高理想。1835年中学毕业后，他进入波恩大学攻读法学，一年后转入柏林大学法律系。在大学期间，他除研究法学外，还研究历史、哲学和艺术理论，并开始钻研黑格尔哲学。1841年，马克思获得哲学博士学位。

1842年初，马克思写了第一篇政论文章《评普鲁士的书报检查令》，通过对书报检查制度的抨击，揭露了普鲁士的专制制度。同年，他开始为《莱茵报》撰稿，随后又担任了该报的主编，并使这份报纸越来越鲜明地倾向于革命民主主义。1843年，马克思与童年时代的女友燕妮·冯·威斯特华伦结婚。同年秋天，他迁居巴黎，在那里与众多的工人运动领袖结识，并开始形成了自己的科学社会主义思想。1844年8月，恩格斯从英国来到巴黎，拜访了马克思，两人终身的友谊与合作从此开始。

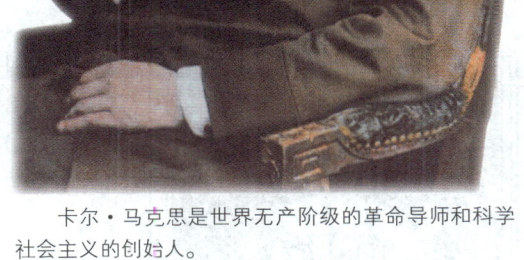

卡尔·马克思是世界无产阶级的革命导师和科学社会主义的创始人。

1845年1月，马克思被法国政府驱逐出境，来到布鲁塞尔。他在那里写了《关于费尔巴哈的提纲》，提出实践是检验真理性的唯一标准。他还与恩格斯合写了《德意志意识形态》，第一次系统地阐明了唯物主义历史观，即物质资料的生产是社会存在和发展的基础，社会存在决定社会意识，生产关系必须适合生产力的发展等等，同时提出了无产阶级必须夺取政权的历史任务。马克思还投身于创立无产阶级政党的活动。1847年11月，马克思出席了共产主义者同盟第二次代表大会，并受大会委托与恩格斯共同起草同盟的纲领。1848年2月，《共产党宣言》正式发表，成为无产阶级革命的思想指南和行动纲领。

马克思的革命性思想不能被当时的欧洲专制国家容忍，他因此先后被比利时、普鲁

名人档案

生卒年	1818~1883年
国　籍	德国
出生地	莱茵省特里尔城
性　格	坚强、执著
身　份	思想家、哲学家、经济学家
家　庭	出身于犹太人律师家庭

马克思和恩格斯正在审阅新印的报纸。在马克思的领导和帮助下,《莱茵报》发行量增加了两倍,成为普鲁士的一家大报。

德国第一国际支部绘制的宣扬社会主义的宣传画

士和法国政府驱逐出境。1849年,马克思流亡至伦敦。马克思在伦敦经历了他一生中最困难的时期:贫困的生活、反对势力的攻击,甚至报纸也对他关上了大门。但马克思在恩格斯的帮助下,顽强地宣传共产主义的学说,积极参加工人阶级的革命运动,并在1867年出版了经济学巨著《资本论》的第一卷。该著作中深刻地剖析了资本主义社会经济的运行规律、方式、特征和本质,和马克思的科学社会主义学说构成了体系庞大、逻辑严密的理论体系。

长期的贫困生活和紧张繁重的工作严重损害了马克思的健康,1883年3月14日,在夫人燕妮去世一年多时间后,马克思也在伦敦与世长辞。他被安葬在伦敦的海格特公墓,恩格斯发表悼词,指出作为科学共产主义创始人的马克思的理论遗产和实际革命活动具有伟大的世界历史意义。

> **传世名言**
>
> 人只有为自己同时代人的完善、为他们的幸福而工作,他才能达到自身的完善。
>
> ——马克思

勇敢前行的"美国现代诗歌之父"

惠特曼

惠特曼像

1819年5月31日,惠特曼出生于美国长岛的一个海滨小村。父亲是个农民,早年经营农场。惠特曼5岁那年,父亲破产,全家人迁到了布鲁克林。在那里父亲做起了木工,后来经营起了一个小手工作坊。父母共生了九个孩子,惠特曼排行第二。这样一个大家庭,日子过得很艰难。惠特曼从小就很懂事,他很小就成为父母的帮手。

6岁的时候,惠特曼上了小学。小惠特曼懂得父母供自己读书的艰辛,学习非常用心。他听老师讲课特别认真。每天放学后,小惠特曼从不和小伙伴们出去玩,总是早早地回家帮父母干完活,然后便一个人复习功课。上学期间,小惠特曼的成绩总是特别突出。然而家里穷,小惠特曼只读了几年书便退学了。不过惠特曼并没有因此放弃学习,他总是想方设法找书看。

后来,惠特曼到当地一个有名望的律师家做杂工。律师非常喜欢聪明朴实的惠特曼,就把自己的藏书借给他看。惠特曼高兴极了。他每天做完工回家后,便认真读书。他一读起书来就忘了时间,经常很晚才睡。惠特曼真希望自己也能有许多书,这样他便能随时翻看了。后来他便想了一个办法——抄书。每当遇到自己特别喜欢的书,他便全部抄下来。时间长了,惠特曼便有了自己的"藏书",他的小房间里摆满了一册册自己手抄的书。

名人档案
姓 名　瓦尔特·惠特曼
生卒年　1819～1892年
出生地　美国长岛

13岁的时候,惠特曼到一个印刷厂当学徒,由于他踏实好学,很快便成了一名正式的排版工人。印刷厂的工作使惠特曼接触了大量的书。这段时间里,他接触了但丁、莎士比亚、拜伦、歌德等人的诗作,对诗歌产生了很大的兴趣,并开始尝试自己写诗。惠特曼对周围的一切都充满好奇。他喜欢观察、善于发现,对于他来说,每一天都有让他感动和惊喜的事情。他兜里总是放着一个本子,一有感想便写成诗。时间长了,周围的同事都知道自己身边有一个小诗人惠特曼。

17岁那年,惠特曼回到家乡长岛,在那里做了一所工农子弟小学的教师。这期间,他和一个朋友共同创办了一份叫做《长岛人》的报纸。报纸从排版、印刷到发行都是由他们自己做的。惠特曼开始在报纸上发表自己的诗作、散文,不过由于报纸的发行量比较小,他的作品并没有引起人们的注意。

四年之后，惠特曼离开长岛来到纽约谋求发展。惠特曼先是在一家报社做记者。惠特曼很喜欢这份工作，工作起来十分卖力。为了采访到最新的消息，他每天四处奔波，晚上回到家还要整理采访到的信息。不过在忙碌的生活中，惠特曼并没有放弃自己的写作。每天忙完工作睡觉前的一段时间是他一天中最快乐的时光，因为这时他便可以用文字自由表达心声了。这期间，惠特曼发表了许多小诗，还出版了小说《富兰克林·埃文斯》。惠特曼的诗作很受年轻读者的喜爱，他在美国的文学界逐渐有了一些名气。

　　1846年，纽约市比较有影响力的报纸《鹰鹰报》聘请惠特曼担任主编。这时的惠特曼对政治充满热情，他加入了"自由土地党"，反对美国的蓄奴制，主张土地改革。他不断在报纸上发表反对奴隶制、反对雇主剥削的论文和短评，这引起了报社中许多保守派人士的极大不满，他们总是想法设法阻止惠特曼发表这方面的文章。惠特曼并没有因此而放弃自己的立场，1848年，他毅然辞去了《鹰鹰报》主编的职务。

　　之后，惠特曼开始了他的漫游生活。他在新奥尔良考察了黑奴生活状况，又沿密西西比河直上，游览了圣路易斯、芝加哥等工业名城，观赏了尼亚加拉大瀑布的壮丽风光，最后回到了自己成长的地方布鲁克林。这段时间，惠特曼接触了大量的美国下层劳动人民，与这些勇敢善良的人们的接触，使惠特曼的心态逐渐平和起来。

　　漫游生活开阔了惠特曼的眼界、激发了他的创作热情，他将自己的所见、所感都写成了诗歌，1855年出版了诗歌集《草叶集》，从此成为了美国诗歌界备受关注的人物。惠特曼的诗以优美的语言、昂扬的激情，歌颂了美国的劳动人民，赞美了美国的山山水水。他的诗深受美国人民的喜爱，他本人也被誉为"美国现代诗歌之父"。

林肯遇刺
　　1865年4月14日晚上，林肯及夫人玛丽在华盛顿福特剧院观看演出《我们的美国兄弟》时，被一个名叫约翰·布思的悲剧演员刺杀。这位伟大的总统死后，惠特曼写下了《哦，船长，我的船长！》，沉痛表达了美国人民对林肯的哀思和悼念。

名人逸事

惠特曼代表诗作《哦,船长,我的船长!》

哦,船长,我的船长!我们险恶的航程已经告终,
我们的船安渡过惊涛骇浪,我们寻求的奖赏已赢得手中。
港口已经不远,钟声我已听见,万千人众在欢呼呐喊,
目迎着我们的船从容返航,我们的船威严而且勇敢。
可是,心啊!心啊!心啊!
哦,殷红的血滴流泻,
在甲板上,那里躺着我的船长,
他已倒下,已死去,已冷却。

哦,船长,我的船长!起来吧,请听听这钟声,
起来,——旌旗,为你招展——号角,为你长鸣。
为你,岸上挤满了人群——为你,无数花束、彩带、花环。
为你,熙攘的群众在呼唤,转动着多少殷切的脸。
这里,船长!亲爱的父亲!
你头颅下边是我的手臂!
这是甲板上的一场梦啊,
你已倒下,已死去,已冷却。

我们的船长不作回答,他的双唇惨白、寂静,
我的父亲不能感觉我的手臂,他已没有脉搏、没有生命,
我们的船已安全抛锚碇泊,航行已完成,已告终,
胜利的船从险恶的旅途归来,我们寻求的已赢得手中。
欢呼,哦,海岸!轰鸣,哦,洪钟!
可是,我却轻移悲伤的步履,
在甲板上,那里躺着我的船长,
他已倒下,已死去,已冷却。

· 拥有天使般的心灵 ·

南丁格尔

南丁格尔是英国人,她的故乡是英国的汉普郡,父母是旅意英国商人。1820年,南丁格尔出生于意大利的佛罗伦萨城,父母以这座美丽城市的名字为她取名。南丁格尔的父亲是一个博学有教养的人,家里有许多书。南丁格尔从小博览群书,她通晓历史、医学、哲学,擅长音乐和绘画,精通英、法、德、意四国语言。

南丁格尔从小心地就很善良。邻居间有许多家里条件不好的孩子,她经常将自己喜欢

南丁格尔像

名人档案
姓　　名　佛罗伦萨·南丁格尔
生卒年　　1820～1910年
出生地　　意大利佛罗伦萨

的玩具和吃的东西送给他们。看到大街上小动物受伤，她总是抱回家细心照料。

父亲有一个精通医道的牧师朋友。村民们都爱找他看病，南丁格尔也喜欢向他请教医术。牧师和南丁格尔都喜欢骑马，他们经常一起出游。在路途中，牧师经常救助一些病残的穷人，南丁格尔就在旁边做一些护理工作。看到许多人在自己的照料下病情有所好转，南丁格尔十分高兴。时间长了，南丁格尔便对护理产生了浓烈的兴趣。她觉得护理工作在医疗过程中实在是太重要了。但当时护理工作在人们眼里还是个很卑贱的职业。做护士的都是一些普通的女佣，甚至还有一些是刑满释放的女囚，做护理工作的人一般都没有什么知识。南丁格尔想应当建立一支有素养的护理队伍，并下决心学习专业的护理。

南丁格尔21岁的时候，父亲想让她进大学读书。但南丁格尔只想学习护理，父亲看女儿这样坚定，就没有再强迫她去上大学。

1850年，30岁的南丁格尔通过父亲的关系去了德国学护理。3年以后，她又去法国巴黎学习了半年护理组织工作。1853年，南丁格尔回了英国，她在伦敦一家医院担任护理主任。同年8月，在英国慈善委员会的资助下，南丁格尔在伦敦办起了一个看护所，看护所中收容了许多穷苦的病人。南丁格尔在这里带出了一支素养很高的护理队伍。

也是在这一年，克里米亚战争爆发了，战争进行到第二年，英国对俄国宣战。一天南丁格尔在报纸上看到一则这样的消息："英国在前线的军队中紧缺医生、包扎员和护士，受伤的战士得不到最起码的医疗护理。"看完后，南丁格尔心中十分难过，经过几天的思考，南丁格尔最后决定去前线为伤病员服务。她把这个想法告诉了母亲，母亲和兄妹们一致反对她这样做。因为在19世纪中期的英国，妇女担任公职抛头露面都会遭到人们的嘲笑，并且前线炮火连天也十分危险。但南丁格尔决心已定，她很快向政府做了申请。1854年10月21日，南丁格尔经政府批准，带领她培训过的38名护理人员离开了伦敦，前往克里米亚前线承担护理工作。在克里米亚前线，南丁格尔和她的护理队为伤员付出了很多心血。她带领护士冒着随时被疾病传染的危险，没日没夜的进行抢救工作。除了为伤员进行医疗护理外，她们还为伤病员倒屎端尿、洗衣服、烹调食物。南丁格尔关心每一个伤病员，在她的努力下，伤员的死亡率达到了最小。南丁格尔还深深的理解病人的心理，为了能让那些精神空虚的伤病员安定情绪，她还自己出钱在前线医院附近建立了阅览室、咖啡馆。她成了病人的知心人，很多伤病员在写给家里的信中都一直称赞南丁格尔这个热情善良的

名人逸事

学校在圣·托马斯医院开办,开始创建时只有15名学生。学生年龄在25~35岁之间,上学时间为一年。学生在校期间的学费和制服、食宿费用全部由学校承担。学校每年还给学生10英镑的助学金。学校托给圣·托马斯医院护理主任管理。南丁格尔生前只去过学校两次,但她却一直关注着学校的发展。学校的管理者定期向南丁格尔汇报情况,南丁格尔总是适时地对学校的发展进行指导。

护理专家。

很快南丁格尔的故事传开了,英国人民都想亲眼见一下这位善良的南丁格尔小姐。1856年克里米亚战争结束了,11月,南丁格尔作为最后的撤离人员离开克里米亚,返回英国。英国人民为了欢迎她,特意为她组织了隆重的欢迎仪式。但淡泊名利的南丁格尔却化名为"史密斯小姐"悄悄地回到了英国。

1860年,南丁格尔用公众捐助的南丁格尔基金在伦敦正式创办了"南丁格尔护士学校",这是世界上第一所正式的护士学校。此后,世界各地的护理学校也纷纷创办起来,护理学也真正作为一门学科受到人们的关注。

南丁格尔一生为护理事业做出了重大的贡献。为了护理事业,她献出了毕生的精力,终身未嫁。后来为了纪念这位伟大的女性,人们将南丁格尔的生日——5月12日,定为"国际护士节"。

晚年的南丁格尔
1908年3月17日,87岁的南丁格尔被授予伦敦城自由奖。

· 微生物学之父 ·

巴斯德

因为家里的经济条件不好,巴斯德9岁时才进入小学读书。巴斯德学习非常努力,他喜欢画画,家里的人都是他描绘的对象。当时法国的每个学生都希望能进入师范学校或者工科学校读书,特别是进入巴黎大学。但是,一个穷人家的孩子,想要进入这些学校是相当困难的。巴斯德的父母对孩

名人档案

姓　名　路易斯·巴斯德
生卒年　1822~1895年
出生地　法国米拉省多尔城

正在做实验的巴斯德

子抱有很大的期望,他们靠日积月累的积蓄,把巴斯德送入了巴黎师范学院。

1847年,巴斯德从巴黎师范学院毕业后,被派往一所乡下中学教初级物理学,一年后,被聘为斯特拉斯堡大学的代理化学教授。1849年,巴斯德与斯特拉斯堡大学校长的女儿玛丽·劳伦特结婚。从这一时期起,巴斯德开始了化学和微生物学研究,并取得了卓越的成就。法国政府特别颁给他荣誉奖章。1851年,他被聘为里尔大学的工学院教授兼教务长。

巴斯德最主要的贡献是在微生物学领域,像牛顿开辟出经典力学一样,巴斯德开辟了微生物领域。他一生主要证明了三大问题:(1)最早受啤酒生产厂的委托,巴斯德通过研究发现,每一种发酵作用都是由于一种细菌的发展而产生的,他使用加热的方法杀灭了那些让啤酒变苦的恼人的微生物,这就是"巴氏杀菌法",现在被广泛应用于各种食物和饮料上。也正是由于巴斯德的长期研究,人们才最终知道伤口的腐烂和疾病的传染都是由于细菌在作祟,从此,消毒和预防的方法就在医学界流行了起来;(2)每一种传染病都是一种细菌在生物体内的发展。由于发现并根除了一种侵害蚕卵的细菌,巴斯德拯救了法国的丝绸工业;(3)传染病的微菌,在特殊的培养之下可以减轻毒力,使他们从病菌变成防病的药苗。他意识到许多疾病均由微生物引起,于是建立起了细菌理论。他成功地研制出鸡霍乱疫苗、狂犬病疫苗等多种疫苗,其理论和免疫法引起了医学实践的重大变革。

法国微生物学家路易斯·巴斯德正在对狗进行免疫试验。

巴斯德一生以他的理论创见和实践发现挽救了无数人的生命,因此后来法国人在选举19世纪的伟人时,巴斯德名列第一。1892年12月17日是巴斯德的70岁诞辰,法国政府为他举行了盛大的庆祝会,包括法国总统在内的政府要员、各界名流纷纷到场,法国总统挽着巴斯德的手臂步入礼堂。巴斯德接受了大会主席颁发给他的一枚纪念章,上面刻着:"纪念

名人逸事

1849年，27岁的巴斯德到斯特拉斯堡大学任化学教授，这期间他与斯特拉斯堡大学校长的女儿玛丽相爱了。他写了一封求婚信给玛丽的父亲。这是一封别具一格的信："我应该先把下面的事实告诉您，让您好决定是允许或拒绝。我的父亲是一个阿尔波亚地方的鞣皮工人，我的三个妹妹帮他做作坊的工作和家务，以代替去年五月不幸去世的母亲。我的家庭小康，当然谈不上富裕，我估计，我们的家财不过五万法郎。至于我，我老早就决定将日后归我所有的全部家业让给妹妹们，因此，我是没有财产的，我所有的只是身体健康、工作勇敢以及我在大学的职位，然而，我并不是为了地位而研究科学的人。我计划把一生献给化学研究，并希望能有某种程度的成功，我以这些微薄的聘礼，请求您允许我和您的女儿结婚。"校长看完信后，从内心里佩服这个年轻人纯朴而高尚的品德，毫不犹豫地答应了这桩婚事。

巴斯德70岁诞辰。感谢你的法兰西，感谢你的人类。"1895年9月28日，巴斯德与世长辞，享年73岁。

· 视昆虫如挚友 ·

法布尔

名人档案

姓　名　亨利·法布尔
生卒年　1823～1915年
出生地　法国弗赞镇

1823年9月，法布尔出生于法国南部山区的一个古老村落。父母是普通的农民，法布尔从小就跟着他们在田地里跑来跑去。他每天面对的都是广阔的大自然，他喜欢看蜜蜂和蝴蝶在菜地里飞来飞去，喜欢赶着鸭和鹅到池塘看它们游泳。

小法布尔对于小昆虫十分感兴趣。他每天都从田野中带回许多小昆虫，但从来都不伤害它们。他总是将它们放在盒子里，给它们放好菜叶和水，然后就津津有味地看它们在里边活动。一天早晨，小法布尔看到一棵松树上有好多条松树毛虫在列队前行。他们沿树干而下，行动的队伍十分整齐。小法布尔很感兴趣，他便仔细盯着毛虫看。不一会儿，小法布尔发现了这些毛虫中为首的吐一种很细的丝，后边的队伍就是沿着这条"丝路"前进的。如果将它们的丝弄断了会怎样呢？小法布尔想。于是他捉了好几条毛虫回家，将这些虫子放在一个花盆中。结果发现没有了领头的虫子再也排不成队伍了。小法布尔对于这个发现很兴奋，他想看看这些毛虫

正在考察植物的法布尔

名人逸事

《昆虫记》是一部严谨的科学著作,作者通过翔实的第一手资料,记录了大自然中各种昆虫的本能、习性、劳动、婚恋、繁衍和死亡情况,真实地呈现给读者一个纷繁复杂的昆虫世界。但《昆虫记》并不仅仅局限于真实地记录昆虫的生活,它更糅进了作者自己的情感。

整部作品充满着作者对生命的关爱和对自然万物的赞美之情。正是法布尔对生命的尊重与热爱之情,给这部普通的科学著作注入了灵魂,使它成为人类获得知识、趣味、美感和思想的鸿篇巨制。

晚年的法布尔

法国文学界曾以"昆虫世界的维吉尔"为称号,推荐他为诺贝尔文学奖候选人。遗憾的是还没来得及做最后决议,1915年11月便传来法布尔已经在法国逝世的消息。

接下来的行动。于是他摘了一些松树叶放在盆里,然后就守着花盆一动不动地看。中午太阳出来了他也感觉不到热,直到母亲发现了才将他拉回屋里。

法布尔7岁的时候,父母将他送进了村中的小学。学校条件特别差,里边既有课堂,又有鸡窝和猪圈。然而小法布尔却十分乐意在这样的环境中学习。他回家便对妈妈说:"有趣极了,学校里既有粉红的小猪,又有扑扑棱棱的小鸡,什么时候我也捉了小虫去学校养。"

10岁的时候,法布尔一家搬到了城里,父母将他送进了一所公费学校读书。这下可把小法布尔闷坏了,因为他不能再像以前那样接近大自然,亲近他的小昆虫了。后来他每天放学后便和小伙伴们一起到市郊的野地里去玩,这样便可以继续看到各种各样的小虫子了。小法布尔对昆虫到了一种痴迷的程度。有一次,他在野外看到树上有一个马蜂窝,他特别想知道蜂窝里的秘密,便要走近去看。同学们及时制止了他,但他总不甘心,于是,他把衣服领子紧了紧,将头包好,毅然闯进了蜂群。这一天,法布尔终于窥探到蜂窝的秘密,但手也因此被蜇得肿了老高。但过几天伤好之后,他依然去田野里看他亲爱的小虫子。

通过细心观察,法布尔懂得了许多有关昆虫的知识。后来他在课本中也学了一些动植物知识。为了了解更多的知识,法布尔开始用自己节省下来的钱买一些有关昆虫研究的书籍。他读书不忘结合实际,每当在书中看到一些新知识,他便要亲自到大自然中观察一番。对于昆虫研究他总是乐在其中,经常忘了吃饭和睡觉。

17岁时,法布尔考进了一所公费的师范学校。在学校里,他几乎全部的课余时间都花在昆虫身上。他课桌的抽屉里存放了各种各样的昆虫标本,一有时间便拿出来钻研。在这段时间中,法布尔积累了大量有关昆虫的知识。

19岁时,法布尔从师范学校毕业后进了一所中学教博物课。从这之后他便把自己全部的精力都致力于昆虫研究。他在自己的家里建立了实验场地——"荒石园",在园子里,法布尔精心照料着他的昆虫朋友们。这里的每只昆虫在法布尔眼中都是一个迷人的小宇宙,值得让他花费宝贵的时间去研究。因为总是四处观察昆虫,法布尔的衣服被树枝、荆棘撕了许多洞。有时新换上的衣服,不到一个小时就被刮破,但他却一点也不介意。他经常穿着满是洞的衣服四处转,妻子对此感到很无奈。

经过多年的实验和研究,法布尔在昆虫学方面有了很大发现。他创立了动物心理学说和动物本能学说。法布尔完成了长达200万字的《昆虫记》,向人们展示了多姿多彩的昆虫世界。他将自己的一生都奉献给了昆虫学研究,为世界生物学做出了卓越的贡献。

·不屈不挠的"圆舞曲之王"·
小斯特劳斯

1825年10月25日,小斯特劳斯出生于音乐之都维也纳。父亲是奥地利著名音乐家老斯特劳斯。小斯特劳斯是家里的长子,他出生时父亲的音乐作品已风靡全国。父亲觉得自己一直很幸运,便给儿子起了一个和自己一模一样的名字——约翰·斯特劳斯。人们为了区别父子两个,于是便在儿子的名字前加了一个"小"字。

小斯特劳斯很小的时候就表现出很高的音乐天赋,他5岁的时候,便能演奏小提琴曲,7岁时就创作了第一首圆舞曲。他也希望长大后能像父亲一样站在舞台上神气的表演。但父亲却不想让小斯特劳斯学音乐,他觉得做个有成就的音乐家实在太难,这不单纯需要杰出的艺术才能,还得有各种机遇。他希望儿子好好读书,以后能有安稳的生活。因此他给小斯特劳斯买了好多书籍,让他好好学习文化知识。但在家庭环境的影响下,小斯特劳斯却早已对音乐产生了浓厚的兴趣,他总是趁父亲不在偷偷练琴。一天,他练琴的时候,父亲回来了。父亲气得暴跳如雷:"不好好学习,偷着练琴,说了多少次你都不听!"暴躁的父亲竟然找来一根皮鞭,他让小斯特劳斯保证以后再也不学音

约翰·斯特劳斯像

名人档案

姓　名　约翰·斯特劳斯
生卒年　1825~1899年
出生地　奥地利维也纳

小斯特劳斯在一年一度的哈布斯堡宫廷舞会上指挥乐队演奏。像往常一样,他用琴弓当指挥棒,一位观众以欣赏的口吻评价说:"他就像天使一样指挥着一个纯粹的提琴乐队,观众们随着这神奇的琴弓沉思、旋转、摇摆。"

乐了。然而倔强的小斯特劳斯却一声不吭。母亲回来后才在皮鞭下救出了儿子。

父亲的专制没有扼制小斯特劳斯对音乐的热情,反而更坚定了他学习的决心。他暗暗下决心一定要学出个样子来。家里不能练琴,他便到同学家去,有时候甚至到僻静的市郊野外去练。没有老师指导他便到音乐俱乐部去学。母亲见他对音乐那么痴迷,学得这么辛苦,便把自己的私房钱拿出来暗中为他请了老师。父亲发现后,狠狠地训斥了儿子,还对母亲大发雷霆。父亲的不讲道理没有阻止小斯特劳斯的进步。他的音乐才华一天天展现出来。他是学校乐队中的核心成员,他的小提琴演奏水平总是让同学和老师们惊叹。

中学毕业后,小斯特劳斯按照父亲的意愿进了工业学校学习。毕业后在父亲的安排下,他又到一家银行做了职员。然而这期间小斯特劳斯从未放弃过对于音乐的执著追求。他几乎把所有的精力都倾注到了音乐学习和创作中,随着岁月的流逝,他对音乐的感情日益加深,小斯特劳斯觉得自己再也离不开音乐了。1844年,19岁的小斯特劳斯在朋友的资助下,向维也纳市政当局提出申请后,组建了自己的管弦乐队,他当上了乐队的指挥。经过精心的准备,小斯特劳斯要在当年的4月20日晚上举行首次公演。父亲得知这个消息后,对儿子不服从自己的意志感到十分气愤。为了打消小斯特劳斯的念头,他立即宣布在同一时间举办盛大音乐会。面对父亲的百般阻挠,小斯特劳斯没有退缩,他如

名人逸事

《蓝色多瑙河》作于1866年,是小斯特劳斯最重要的圆舞曲代表作之一。该曲最初是小斯特劳斯为维也纳男声合唱协会写的合唱曲。半年后小斯特劳斯将其改编成管弦乐,在巴黎国际博览会上演奏后,轰动巴黎。《蓝色多瑙河》是按典型的维也纳圆舞曲的结构写成,渗透了维也纳人热爱故乡的深情厚意。乐曲旋律优美欢快,至今常演不衰,是世界经典名曲。

期举办了自己的音乐会。

首场演出在维也纳金色音乐厅举行，这一天小斯特劳斯身穿崭新的礼服，镇定自若的站在指挥席上。人们看到这支乐队都是一些年轻人，而且指挥还是一个稚气未脱的孩子，都抱有一种怀疑态度，有的人甚至在下面开始窃窃私语。但随着小斯特劳斯慢慢抬起双手，美妙的音乐在演播厅里响起的时候，人们渐渐安静下来。乐队在演奏小斯特劳斯自己创作的圆舞曲《母亲的心》，人们仿佛看到如水的音乐在小斯特劳斯挥舞的手指尖间倾泻而出，听众陶醉在美妙的音乐中，一曲结束了，演播厅里一片沉默，之后又响起了雷鸣般的掌声。接下来，乐队又演奏了他创作的《理性诗篇》，这首曲子曲调清新、节奏明快，将音乐会推向了高潮。台下的观众挥舞着帽子和手帕高声喝彩，在听众的要求下小斯特劳斯的作品被一遍遍的演奏……演出结束了，激动的人们久久不能平静，小斯特劳斯谢幕达19次。

小斯特劳斯的乐队和作品一炮打响，父亲再也没什么可说的了。从此，这位天才的音乐家便一发不可收拾。四年后父亲不幸去世了，斯特劳斯将自己的乐队与父亲的合并起来，到世界各地旅行演出，赢得了巨大的声誉。

小斯特劳斯一生创作了400多首圆舞曲，为世界现代音乐做出了巨大贡献，被誉为"圆舞曲之王"。

· 学徒出身的戏剧大师 ·

易卜生

1828年3月20日，易卜生出生于挪威东海岸的斯基恩城一个富裕的家庭。他的父亲是一个大商人，母亲出身于书香世家。家里有很多书，易卜生4岁时，母亲就开始教他认字。小易卜生很聪明也很爱学习。他总是一个人翻看母亲给他买的有插图的书，而且还能根据自己的理解把书中的故事讲给别人听。易卜生6岁的时候，父亲送他到当地最好的学校读书。在学校里易卜生学习认真，成绩非常好，他的文科成绩尤为突出。易卜生8岁的时候，父亲突然破产了，家里欠下很多债。家里原来的大房子给人抵了债，易卜生一家只得搬到了乡下住。小易卜生再也进不起正规的学校接受教育了，只好跟着母亲在家读书。母亲很喜欢文学，她指导易卜生读了许多文学作品。这些书给易卜生的童年带来了许多乐趣。

易卜生像

□ 中外名人全知道

名人档案

姓　名　亨利克·易卜生
生卒年　1828～1906年
出生地　挪威东海岸的斯基恩城

家里的情况再也没有好起来。15岁的时候，易卜生只得离开了家，到离家70多公里的格利姆斯达镇当药店学徒。学徒的生活枯燥而艰苦，易卜生每天要干很多活，老板还动不动就骂人。易卜生多么希望自己能有机会再去上学啊。

一天，一位牧师来店里抓药，牧师见给自己拿药的易卜生年龄不大干活却很麻利，就和他攀谈了起来。易卜生就将自己的经历和渴望读书的想法跟这位慈祥的牧师说了。牧师被小易卜生的上进心感动了。"那你有空来教堂找我吧。"牧师说，"我那里除了神学书外，还有一些文学著作，你可以都拿去看。"从此，易卜生在做完一天的繁重工作后，便去教堂里借书看。在这里他读了许多以前在家没有读过的书。他看完了莎士比亚的全部作品，对戏剧产生了浓厚的兴趣，他希望自己有一天也能成为一个大戏剧家。

后来在牧师的鼓励下，易卜生开始写剧本。周围的人都嘲笑易卜生说："还是省省力气吧，写剧本可不是那么容易！""别异想天开了，不看看自己是不是那块料！"然而这些话并没有动摇易卜生的决心，他抓紧一切时间进行写作。由于白天要做工，他总是利用晚上的时间写到很晚。经过不懈努力，他的第一个剧本《凯特莱恩》终于诞生了。但当他拿着剧本到当地的剧院去给剧院的负责人看时，并没有受到重视，因为在人们看来易卜生不过是个没文化的小学徒而已。易卜生没有灰心，他接下来又创作了一部独幕剧《诺尔曼人》。

1850年，易卜生离开了格利姆斯达镇到当时挪威的首都奥斯陆来寻求发展。经人介绍易卜生到克里斯坦尼亚大学的学生报刊做编辑。他一边工作，一边进行剧本创作。为了提高自己的文化水平，易卜生经常在克里斯坦尼亚大学旁听。为了不耽误工作，易卜生总是带几个干面包去听课，生活过得十分

爱德华·蒙克所绘的1906年上演的易卜生戏剧《群鬼》的背景。《群鬼》讲的是阿尔文太太的丈夫是一个放荡、自私的花心中年男人。她选择了忍受被欺骗的伤害，继续留在他身边，并尽力伪装给外界一个和睦高尚家庭的假相。然而，十多年来的忍辱负重却换来了丈夫的变本加厉。该剧往往被视为《玩偶之家》的续篇。

───── 名人逸事 ─────

《玩偶之家》，易卜生的著名社会剧，作于1879年。女主人公娜拉出身中等家庭，美丽活泼，天真善良。她真诚地爱着自己的丈夫海尔茂。为替丈夫治病，她曾冒名举债，又熬夜抄写文件，偷偷攒钱还债。但后来升为银行经理的丈夫，却是个自私虚伪的资产阶级市侩。他平时表现得很爱娜拉，可一旦知道娜拉曾冒名向银行借债，危及自己的社会名声时，便一反常态，大骂她是"犯罪女人"，还扬言要剥夺她教育子女的权利，对她进行法律、宗教制裁。后来，当债主被娜拉感化，退回了冒名借据时，他又转变态度，表示要永远爱她和保护她。经过这件事，娜拉终于看清了自己在家中的地位，发现自己不过是丈夫的"玩偶"。她还对保护家庭关系的资产阶级法律和宗教，提出了严重的质疑和激烈批判，并毅然离开了这个"玩偶之家"。娜拉是个具有资产阶级个性解放思想的叛逆女性。她觉醒后的离家出走，被誉为妇女解放的"独立宣言"。

艰苦。后来易卜生结识了当时挪威著名的音乐家奥尔·布尔。奥尔·布尔很欣赏他的才华，便推荐他到卑尔根剧院作编剧和舞台顾问。易卜生终于有了施展才华的机会，他在这段时间创作了《圣约翰之夜》、《奈尔豪格的宴会》、《渥拉夫·克列克朗》等很受欢迎的作品。

但生活又出现了波折。1862年，34岁的易卜生创作了《恋爱喜剧》，这是一部讽刺剧，揭露了当时挪威上流社会一些人的丑恶嘴脸。易卜生因此受到了当时社会上顽固势力的大肆攻击。当时奥斯陆的大小剧院也不敢再上演易卜生的剧作。作品被封杀使易卜生十分痛苦。1864年，易卜生离开了祖国，来到意大利的罗马，开始了他27年的侨居生活。在罗马，易卜生坚持创作，他坚信自己的作品终有一天会得到社会的承认。易卜生不分昼夜的进行创作，为了写作他常常忘记了吃饭。有时为了完成一个剧情地创作，他经常整夜的不休息。在这段时间里他创作了剧本《布朗德》。后来在国内朋友的帮助下，这本书在挪威出版了。《布朗德》一出版就引起了轰动，以前在挪威被拒绝上演的作品也纷纷登上舞台。易卜生很受鼓舞，后来他又创作了《社会支柱》、《玩偶之家》等脍炙人口的名作。他的作品在世界戏剧史上有着重要的影响，这位把毕生精力都献给戏剧创作的文学大师也受到了世人的尊重。

·俄国文学的不朽丰碑·

托尔斯泰

名人档案
姓　名　列夫·托尔斯泰
生卒年　1828～1910年
出生地　俄罗斯莫斯科

托尔斯泰父母早亡，在姑妈和家庭教师的教育下长大。他的处年生活很有规律，早上学习德文和法文，下午做游戏和绘画。托尔斯泰家的庄园里有一所规模很大的图书馆，那是他的祖父和父亲建立起来的，藏书涵盖了文学、历史、哲学和自然科学等方面，托尔斯泰喜欢读的书是俄罗斯的英雄叙事诗和《一千零一夜》，而普希金是他最喜爱的诗人。

1844年，托尔斯泰进入喀山大学学习，在那里受到了法国启蒙思想家的影响，开始了对沙皇专制和农奴制的不满，于1847年退学回家。回家后，他和平民们生活在一起，帮助农民耕种，最后因为厌恶贵族的生活，在1851年自愿去高加

列夫·托尔斯泰像

托尔斯泰墓

托尔斯泰的墓地十分简朴，看上去只是一个两米长、半米宽、高出地面四五十厘米的土丘，没有墓碑，没有文字，甚至没有任何标志。

索服兵役。这是他一生中的一个重要转折点，他的艺术天才开始显露出来。他根据亲身经历写了《塞瓦斯托波尔故事》，又完成了《童年》、《少年》、《青年》三部曲以及《一个地主的早晨》和反映克里米亚战争的小说《高加索》。克里米亚战争结束后，托尔斯泰以陆军中尉的头衔退伍，来到了首都圣彼得堡。25岁的他在那里受到了广泛的欢迎，被公认为是果戈理的继承人，俄国文学的希望。后来，托尔斯泰去国外旅行，到过波兰、法国、瑞士、意大利、德国，最后回到了故乡。1863年，他与医生波尔斯之女索菲娅结婚，从此开始了一种互相热爱又互相折磨的婚姻生活，一直维持了48年之久。

　　1869年，托尔斯泰完成了长篇小说《战争与和平》，小说以俄法战争为背景，以四

反映托尔斯泰晚年亲自耕种的油画

对沙皇专制和农奴制不满的托尔斯泰，曾和平民们一起生活，帮助农民耕种。最后因厌恶贵族生活，在1851年自愿去高加索服兵役。

名人逸事

《战争与和平》创作于1863~1869年，是一部长篇历史小说。小说展现了1805~1820年之间俄国发生的一系列重大历史事件，尤其详细地介绍了1812年库图佐夫领导的反对拿破仑的卫国战争。作品中主要探讨了19世纪下半期俄国的前途和命运问题，特别关注当时俄国封建贵族的社会地位和出路问题，同时歌颂了俄国人民的爱国热忱和英勇斗争精神。小说塑造了形形色色的人物，结构宏大，是一部具有编年史特色的文学巨著。

个贵族家庭成员的生活作为主要线索，反映出了1805年至1820年间俄国社会的重大变迁。绘声绘色、波澜壮阔的战争场面，以及和时代大局绞在一起的形形色色的生动人物，使这本花费了6年时间的巨著一经出版，就轰动了文坛，以后被翻译成了多国文字。1877年，托尔斯泰又写成第二部长篇小说《安娜·卡列尼娜》，以乡村生活为背景，反映出俄国农奴制改革后的复杂社会关系。1899年，他完成了第三部长篇小说《复活》，通过对两个主人公卡秋莎和聂赫留朵夫爱情经历的描写，深刻揭示了专制和压迫的俄罗斯社会制度。

晚年的托尔斯泰生活在极端苦闷之中，成年的孩子纷纷离开了家庭，妻子不理解他的迥异于常人的思想和行为，他所钟爱的一个儿子和一个女儿也先后亡故……1910年10月，82岁高龄的托尔斯泰离家出走，在又慢又冷的火车上不幸得了肺炎，在中途的阿斯达浦沃车站被人抬下了车。妻子索菲娅赶到他身边时，他已进入了昏迷状态。在弥留之际，他喃喃自语："真理……我爱许多人。" 1910年11月7日，这位兼超群才艺与高尚人格于一身的文学家与世长辞。

电影《战争与和平》的宣传海报

· 设立诺贝尔奖的炸药大王 ·

诺贝尔

诺贝尔4岁的时候，他的父亲决定去芬兰发展，先到芬兰，后又到俄国彼得堡。8岁时，诺贝尔全家迁到了彼得堡。由于那儿没有瑞典语学校，父亲就为诺贝尔兄弟三人聘请了一位瑞典籍的家庭教师。这个家庭教师学识不凡，教给了他们英、法、俄、德诸国的语言，还经常给他们讲授科学技术方面的知识。1850年，父亲送诺贝尔到美国学习机械，两年后，诺贝尔回到俄国，在父亲的工厂里任职。父亲希望他将来做个机械师，因为多年帮父亲研究水雷、炸药，诺贝尔的兴趣却在炸药研究上。

诺贝尔奖章

为了奖励那些在科学、文学以及世界和平领域中有突出贡献的人士，诺贝尔在逝世前将他的大部分遗产捐献出来，成立了诺贝尔基金会，用每年的利息作为奖金。

诺贝尔的实验室

名人档案

生卒年	1833~1896年
国　籍	瑞典
出生地	斯德哥尔摩
性　格	坚强、好思
身　份	科学家
家　庭	出身于平民家庭，父亲是工程师

在实验室工作的诺贝尔

他所发明的先进炸药既为人类带来了福音，也给人类带来了灾难。

　　1847年，意大利化学家索布雷罗发明了硝化甘油，这种甘油除了可用于医疗外，还具有爆炸性。由于无法控制硝化甘油的爆炸性，索布雷罗中断了研究。诺贝尔从中得到了启发：如果把硝化甘油和中国发明的火药混在一起，就可以制成威力强大的炸药。经过反复试验，他终于发明了硝化甘油炸药，但发现用火药引爆硝化甘油不理想。他继续埋头试验，想找到一种替代火药的引爆物。1864年9月3日，一声巨响，他的实验室爆炸了，他的5名助手，其中一个是他的弟弟，被当场炸死。诺贝尔由于当时不在现场，才得以幸免。他的父亲受此打击，悲伤过度而患病导致半身不遂。

　　灾难没有动摇诺贝尔攀登科学高峰的决心，他把实验室搬到了斯德哥尔摩郊区的马拉伦湖的一艘平底船上继续工作。他发现硫酸汞对震动非常敏感，受到摩擦或撞击，能立刻引起爆炸。经过上百次的试验，他成功地研制出了理想的引爆装置——雷管。雷管发明在炸药制造中是一项重大突破，与炸药本身的发明具有同等重要的意义。1865年，诺贝尔正式建立了第一座硝化甘油工厂，并在德国汉堡等地建立了炸药公司。当时正是欧洲工业大发展的时期，开山、筑路、开矿等都需要炸药，于是订单雪片般地向诺贝尔的公司飞来。但是硝化甘油很不稳定，一受震动就容易爆炸，所以发生了多起因运输炸药而引起的爆炸事故。一次，满载硝化甘油

名人逸事

诺贝尔虽然是一个自然科学家,但他从小喜欢文学,尤其崇拜英国的浪漫主义诗人雪莱。他的不少诗文,在语言运用和艺术风格上,大都与雪莱的风格相仿。他还写过一些小说和剧本,如《兄弟与姊妹》、《专利细菌》等。正因如此,诺贝尔设立了文学奖。

的"欧罗巴"号轮船在大西洋航行时,因为遭遇大风浪,颠簸得很厉害,引起了硝化甘油的爆炸,船上的一切都葬身大海。最后,各国政府严令禁止运输诺贝尔炸药。

诺贝尔再一次面临严峻考验,他继续攀登,决心解决炸药的安全运输问题。经过数不清的挫折和失败,他终于先后发明了黄色炸药、胶质炸药、无烟炸药,一种比一种先进。

诺贝尔一生共获得255项专利权,其中129项和炸药有关。他把工厂开到了英、美、法、俄、意、德等十几个国家,成为当时世界上的大富翁之一。他终生未婚,没有子女。1895年11月27日,他留下遗嘱,将920万美元的遗产作为基金存入银行,每年将基金的利息奖给世界上对和平、文学、物理、化学、生理和医学作出贡献的人,这就是闻名世界的诺贝尔奖(1968年设立了诺贝尔经济学奖)。

1896年12月10日,诺贝尔与世长辞,享年63岁。

· 以气魄创造财富神话 ·

洛克菲勒

约翰·D·洛克菲勒,美国人民心目中有史以来第一位亿万富翁。他1839年出生于纽约州。1855年9月,洛克菲勒高中毕业,之后就在俄亥俄州的一家干货店当职员,每星期赚5美元。这份工作薪水微薄,且对年仅16岁的洛克菲勒意义重大。此后他一生都把9月26日当做"就业日"来庆祝,其热情胜过自己的生日。

洛克菲勒从19岁时开始下海经商,倒卖谷物和肉类。他把每一笔收支都记录在册,甚至不漏掉一个便士的慈善捐款。不久,洛克菲勒从父亲那里贷款1000美元,同好友克拉克合伙开办了克拉克—洛克菲勒公司,主要经营农产品。南北战争期间,由于战争的需求,农产品贸易获利丰厚。1862年,公司的年利润达到1.7万美元。内战结束初期,百废待兴,给洛克菲勒带来了无限机遇。1863年,洛克菲勒动员克拉克出资4000美元与炼油专家塞谬尔·安德鲁斯合作成立安德鲁斯—克拉克石油公司。

该公司很快发展成为当地最大的炼油厂。1865年2月,洛克菲勒以7.25万美元买下合伙

名人档案

生卒年　1839~1937年
国　籍　美国
出生地　美国的纽约州
性　格　才华卓越、性格坚强、敢作敢为、慷慨大方
家　庭　出身于平民家庭。父亲是一位药品商人

约翰·D·洛克菲勒像

用所积累的巨额财富造福人类,我视这一点为己任。

——约翰·D·洛克菲勒

在美国商业空前发展的 20 年里,约翰·D·洛克菲勒和他的标准石油公司曾一度控制了国内石油贸易的 85% 和美国全部出口的 90%。漫画家将标准石油公司画成一只多触角的章鱼,形象地说明了这一点。

人克拉克的股份,将公司更名为"洛克菲勒—安德鲁斯公司"。后来该公司又经历了散伙、新合伙人加入,以及与铁路公司的秘密运费折扣等风波。洛克菲勒在 1870 年成立了标准石油公司,资产 100 万美元。洛克菲勒放言:"总有一天,所有的炼油和制桶业务都要归标准石油公司。"该公司果然进展神速,他曾在一个多月的时间里就吞并了 26 个竞争对手中的 22 个,之后大肆收购费城和匹兹堡的炼油厂。1875 年,他在巴尔的摩收购战中大获全胜,如愿以偿成为全美炼油业唯一的主人,垄断全球煤油市场。

此时,洛克菲勒已不满足储蓄式的创富速度。1882 年,他开创了史无前例的联合事业——托拉斯。这个结构使标准石油公司很快成为全世界最大的石油集团企业。洛克菲勒成了蜚声海内外的"石油大王"。1890 年,洛克菲勒吞并了联合石油公司及其他 3 家大型石油生产公司,控制了宾州和西弗吉尼亚州 30 万英亩的土地。数年之后,标准石油公司在美国原油产量中的份额达到 33%。

随着财富的增加,洛克菲勒开始考虑财富的分配。他通过创立芝加哥大学确定了今后作为慈善家的工作方式,但他并不喜欢招摇过市。1897 年,芝大校长哈伯说服洛克菲勒参加该校 5 周年校庆。第二天,洛克菲勒骑自行车参观校园。每到一处,学生们都向他齐声唱道:"约翰·D·洛克菲勒,他是一个了不起的人/把余财全部献给了芝加哥大学。"学生们的爱戴使这个年近花甲的老人心满意足。此后,洛克菲勒专注于慈善事业。他旗下的洛克菲勒基金会在海内外大规模投资。

然而,随着标准石油公司垄断的加剧,不断遭遇外界的批评和诉讼。1892 年 3 月,俄亥俄州高级法院裁定标准石油公司必须放弃托拉斯协议,洛克菲勒主持重组大会,宣布解散托拉斯。5 年后,洛克菲勒离开了这个耗费他 30 年心血的石油帝国,只在名义上保留着新泽西石油公司总裁的头衔。1911 年,美国最高法院作出解散标准石油公司的裁决,要求它在 6 个月内与子公司脱钩,并永远禁止公司领导人重组垄断组织。

1937 年 5 月 23 日,约翰·D·洛克菲勒因心脏病突然发作,与世长辞,享年 98 岁。

·射线的发现者·

伦 琴

  伦琴很小就随父母从莱茵河畔来到荷兰的大城市乌得勒支,他在那里接受了小学和中学教育。伦琴小时候喜欢运动,动手能力强,有点淘气,在学校学习成绩中等。有一次,他为了袒护朋友,引起老师的误解,被勒令退学。因而他并没有拿到中学毕业证书。1865年,伦琴考上瑞士苏黎世工业学院,在那里结识了别鲁塔。1869年,伦琴大学毕业后,做了老师孔特教授的助手。1871年,伦琴和别鲁塔结婚。

  伦琴很快就取得了研究成果。他在1874年任斯特拉斯堡大学的讲师,以后又当上了教授,在那里和孔特教授用自制的测定装置进行研究,明确了"光"和"磁"的关系。1879年,他受聘为德国吉森大学的物理学教授并主持物理实验室工作。这时的伦琴已经成为了德国物理学界的权威人士,他在法立第之前证明了被后人称道的"伦琴电流"。

  1894年,伦琴出任符兹堡大学校长,并开始研究阴极射线。在此过程中,他发现了X射线。早在1861年,英国科学家威廉·克鲁克斯就发现通电的阴极射线管有放电产生的光

伦琴发现了x射线,从而开创了影像学,使医生不必开刀便可看到身体内部的病变,从而为现代医学带来了新的革命。

利用x射线,人们可以发现肌体内部隐藏的病患,及时得到医护。此图反映的是伦琴正利用x射线为儿童检查身体。

名人档案

生卒年	1845~1923年
国 籍	德国
出生地	卢内堡
性 格	倔强、谦虚
身 份	科学家
家 庭	出身于中产阶级家庭。父亲是商人

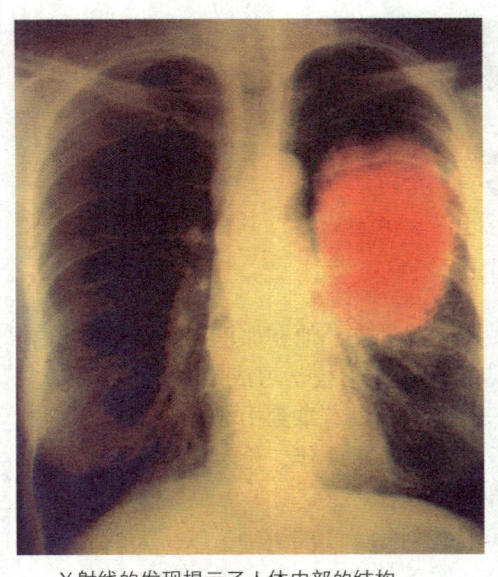

X射线的发现揭示了人体内部的结构。

线,于是就把它拍下来。可是显影后发现整张干版上什么也没照上,一片模糊。他又重复几次,依然如故,最终与一个伟大的发现失之交臂。1395年,伦琴也发现这个现象,在连续7天的试验后,他用黑纸把阴极射线管严密地包起来,屋子里漆黑一片,他发现电流通过时,两米外的荧光板上发着光。在断电之后,荧光随即消失。伦琴预感到这是一种看不见的射线,它能穿过纸和铝等密度小的物质,但不能穿过像铅那样密度大的物质。而当他把手伸到电极管和荧光板之间时,竟然在荧光板上看到了骨骼的影像。伦琴把这种新发现的射线叫做X射线,在12月28日向德国维尔茨堡物理学医学学会递交了他的《论一种新的射线——X射线的初步报告》一文,并出示了X射线的相片。伦琴的这一发现立即轰动了整个世界。德皇威廉二世随即接见了伦琴,并授予他二等普鲁士王冠勋章。伦琴品德高尚,对荣誉和金钱极为淡漠。1901年,他被授予首届诺贝尔物理学奖,在去瑞典首都斯德哥尔摩领取诺贝尔奖时,他不仅拒绝在授奖典礼上发表演讲,而且谢绝了各种盛情邀请,迅速回到德国,将奖金全部捐献给符兹堡大学作为科研费用。许多商人想用高价购买X射线的专利权以牟取暴利,被他一概拒绝。

伦琴的伟大发现使人们掌握了一把透视物质内部奥秘的钥匙,给科学家提供了有关原子及分子结构的大量知识,包括DNA的结构等重大发现都与X射线的应用密不可分,它在医学上的应用更是挽救了无数人的生命。1923年2月10日,伦琴与世长辞,享年78岁。人们在他发现X射线的屋子里建立伦琴纪念室,纪念他为人类做出的伟大贡献。

· 法国雕塑大师 ·

罗 丹

罗丹从小喜爱美术,其他功课都很糟糕。9岁时,由于对画画着迷,开始逃学。姐姐玛丽靠自己挣得的工钱来供给罗丹食宿费,使他进了一所免费的美术学校——巴黎美术工艺学校,开始了他的艺术生涯。罗丹在那里遇到了令他终生敬仰的启蒙老师荷拉斯·勒考克。勒考克是一个普通的美术教员,但他一开始就鼓励罗丹忠实于真正的艺术感觉,而不要按照学院派的教条去循规蹈矩,这种教导影响了罗丹的一生。在此期间,他常去

外国名人

名人档案

生卒年　1840~1917年
国　籍　法国
出生地　巴黎
性　格　执著、反叛、追求完美
身　份　艺术家
家　庭　出身于平民家庭。父亲是警察局雇员，母亲是家庭妇女

卢浮宫临摹大师的名画，由于买不起油画颜料，他转到了雕塑班，并从此爱上雕塑。1857年，罗丹报考巴黎美术学院，但接连三次都没有考中。此后，他心爱的姐姐因为失恋进了修道院，于1862年因病逝世。在事业无成和亲人离去的双重打击下，罗丹悲痛欲绝，也走了姐姐的路，当一名修道士。善良而明达的修道院院长埃玛尔神甫看到罗丹颇具艺术才华，就劝他离开修道院，继续其雕塑事业，"用艺术为上帝服务"。

离开修道院后，罗丹在剧院做装饰雕刻，为卢浮宫的长廊做装饰浮雕。在此期间，他结识了年轻的缝纫女工贝莉，不久结为夫妻。1864年，罗丹做了一尊《塌鼻男人》的雕像，以一个塌鼻子的乞丐为原型。他的创作特别注意作品的表现力，将自己所要展现的思想内涵融入到作品中去，使雕塑艺术成为一种强有力的语言。这一艺术思想正是大师米开朗琪罗在晚年所苦苦追求的，在三百多年后第一次被罗丹成熟运用，并贯穿在创作中。但是，这尊雕像在当时并没有得到认可。1875年，罗丹到意大利旅行，深受米开朗琪罗作品的启发，确立了现实主义的创作手法。1876年，罗丹完成了一具大型人体石膏像《觉醒的人》（后改名为《青铜时代》）和另外一尊《施洗者约翰》，于1880年同在巴黎的沙龙上展出，并同时进入了卢森堡博物馆。

罗丹一生攀登，登上米开朗琪罗之

奥古斯特·罗丹曾三次报考艺术学院，却三次失败，在遭到多次拒绝后，他更在欧洲广泛游历，以研究前辈大师和古希腊人的作品。他的作品大多蕴含了浪漫主义运动的东西。在这件《永远的偶像》中，恋人卡蜜尔清丽可人的模样依稀可辨。

传世名言

生活不是缺少美，而是缺少发现。
　　　　　　　　——罗丹

永恒的春天

343

□ 中外名人全知道

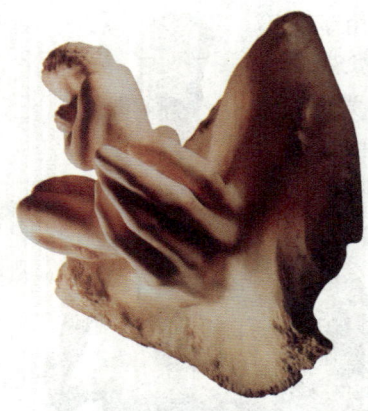

撒旦之手。罗丹以娴熟的技巧塑造了一只关节粗大、手指修长的巨手，在那蕴含着机敏与力量的指掌中，一个从混沌中脱胎而出，具有血肉与灵魂的生命正在诞生。

后的又一艺术高峰，成为杰出的浪漫主义雕刻大师。罗丹的伟大还在于他的深刻思想，他的作品没有浪漫派中容易见到的那些弊病，如肤浅、空洞、虚假等，他的作品既动人之情，又启人之思。罗丹不仅是一位雕塑大师，同时又是一位伟大的老师。他的学生或者助手都在艺术上深受罗丹的影响。但罗丹从不在艺术观点上束缚学生，因此他的学生都能以自己的独特风格而脱颖而出。但是罗丹在世时，他的作品总是受到学院派的攻击和嘲讽，他的《青铜时代》、《思想者》、《雨果》、《加莱义民》和《巴尔扎克》等作品都因为新的创作手法，而受到抨击，不被重视。

1917年2月，罗丹的妻子贝莉逝世。病体衰弱的罗丹承受不了这一打击，在当年的11月17日与世长辞，享年77岁。他和他的两个学生马约尔、布德尔，被誉为欧洲雕刻的"三大支柱"。

· 发明大王 ·

爱迪生

加拿大多伦多市中心的万家灯火，显示人们对电的依赖性有多大，而灯泡的发明和演变，更是将夜变得沸腾起来。

爱迪生从小就有好奇心，对生活中的每一件事情，都喜欢寻根究底。如果大人们不能给他满意的答案，他就自己想办法解决。8岁时，爱迪生开始上学，只读了三个月的书，就被老师以"低能儿"的理由撵出了校门。据说，爱迪生经常问一些令老师很为难的问题，比如，2加2为什么会等于4。他的问题难倒了老师，可老师教的功课，他也是一点儿不理解，只好被母亲领回了家里。

回到家以后，母亲成了爱迪生的老师。在母亲的引导下，爱迪生迷上了读书，8岁时，他已经读了莎士比亚、狄更斯的著作和许多重要的历史书籍。9岁时，他能迅速读懂难度较大的书，如帕克的《自然与实

外国名人

留声机的发明大大丰富了人们的精神生活。

爱迪生发明的留声机

验哲学》。12岁那年,他开始在列车上卖报。他不满足于仅仅做一个报童,而是在慢车上租了一个小房间,买了一台简单的印刷机,自己编写、印刷报纸然后出售。他因此而发了一点儿小财,购买化学用品,在他火车上的工作室里做实验。有一次化学药品着了火,他的设备被列车员全部扔出了窗外,而他本人也因为挨了列车员的耳光,一只耳朵被打聋。15岁那年,爱迪生在火车道旁救了一个站长的小孩,为表示感谢,那个站长把铁路电报技术教给了他,并推荐他在铁路公司当电报生。爱迪生从此走上了新的人生旅途。

1869年,爱迪生来到纽约,靠自己娴熟的技术在一家通讯所找到了管理电报机的工作。不久,他就发明了一种新式电报机。他的这一发明极大促进了现代电报业的发展,"青年发明家爱迪生"的美名也迅速传遍全国。这时,他才26岁。1876年,爱迪生在纽约附近的门罗公园创立了一所大规模的实验工厂。他改进了贝尔发明的电话,使之投入实际使

名人档案

生卒年　1847~1931年
国　籍　美国
出生地　俄亥俄州的米兰镇
性　格　好奇、诚实、谦和
身　份　科学家
家　庭　出身于平民家庭。父亲经商；母亲是小学老师

手执电灯泡的爱迪生斜靠在实验室的工作台旁,这个实验室位于新泽西的乡间,是为他自己建造的,当他需要为自己的冒险事业寻找支持者时,他对自己及发明的信心远远抵消了学历的不足,除了惊人的精力外,他那从未消失的热情也是他成功的主要因素。

> **名人逸事**
>
> 爱迪生小时候从书上看到了气球升空的原理，以为有了气就能飞到空中去。于是他找来一包泡腾片，鼓动邻居的孩子喝了下去，企图让他飞起来，结果这个孩子差点昏厥过去，父母不得不向邻居道歉。

用；他先后发明了留声机、电灯、电影放映机等，他的公司在1903年摄制了第一部故事片《列车抢劫》。以后，爱迪生创办了许多商业性公司，这些公司后来合并为爱迪生通用电气公司，后又称为通用电气公司。他又发明了碱性电池、有声电影，找到了化工新材料橡胶。从1896年到1910年的41年间，爱迪生一共获得了1328种发明专利，平均每10天就有一项新发明问世。

1931年10月18日，爱迪生因病逝世，享年84岁。

· 世界生理学无冕之王 ·

巴甫洛夫

巴甫洛夫像

名人档案

姓　名　巴甫洛夫·伊凡·彼得洛维奇
生卒年　1849～1936年
出生地　俄国中部梁赞市

1849年，巴甫洛夫生于俄国中部的梁赞城郊一个贫穷的农民家庭。父亲是一名教士，母亲靠给别人打杂工挣些零用钱。巴甫洛夫兄弟姐妹共10个，他是家中的老大，一家人生活得十分艰辛。但父亲却是一个十分乐观的人，他经常带领孩子们在田地里除草施肥，一边劳动一边给他们讲故事、教他们唱歌。这样的童年养成了巴甫洛夫勤劳朴实的品质，对他以后的人生起到十分重要的作用。

巴甫洛夫家里有一个破旧的大书架，里面装满了书。这些书都是父亲省吃俭用，挤出钱买来的。父亲虽然是一名教士，却非常喜欢非宗教方面的书刊。他的书内容十分丰富，包括自然、文学、历史、哲学各方面的书。巴甫洛夫从小就聪明好学，父亲看书的时候，他总是缠着父亲给他讲书上的内容。于是，父亲便开始教他认字，小巴甫洛夫记忆力超群，几乎不费什么劲儿就能学会。渐渐地他认得字多了，便开始自己翻书看。小巴甫洛夫对自然科学的书特别感兴趣，在父亲这个破书架前，他接触了大量的自然科学知识。

7岁的时候,巴甫洛夫上了小学。他的成绩特别突出,他总能以最快的速度掌握老师讲的知识。随着年龄的增长,巴甫洛夫的求知欲越来越强,他开始向老师借书看。巴甫洛夫的数学老师有许多自然科学方面的书籍,他很乐意将自己的书借给勤奋好学的巴甫洛夫。巴甫洛夫读的书多了,慢慢的便有了自己的思想。大自然实在是太神奇了,那么上帝又是怎么回事呢?巴甫洛夫总是在思考这样的问题。

图为巴甫洛夫和他的同事,还有他的一条狗。巴甫洛夫的一生可以说与狗结下了不解之缘,通过对狗的观察和实验,提出了著名的条件反射生理学说。

一次,巴甫洛夫随爸爸到一个农民家,替一个危重病人做临终祈祷。回家后,巴甫洛夫想起那个病人痛苦绝望的样子,便担心地问:"爸爸,那个人会好起来吗?""那个人得病很难治好,但我的祈祷能挽救他的灵魂。""那灵魂在哪里?"巴甫洛夫一本正经地问。"在上帝手里。""爸爸,那人就是上帝创造的了。"巴甫洛夫若有所思地问父亲。"对,孩子,《圣经》上都是这样说的。""可是,爸爸,那么上帝为什么总爱让人生病,不让大家身体健康一些呢?"父亲被小巴甫洛夫问愣了,笑着说:"孩子,那你好好读书,长大后把这些事情弄清楚吧。""嗯,我在老师那里看过许多生理学方面的书,爸爸,我长大了要当个生理学家,让人们变得更健康!"从此以后,巴甫洛夫对生理学知识产生了强烈兴趣,他总是想方设法借这方面的书看。

中学的时候,巴甫洛夫上的是教会中学。教会中学有很多神学课程,巴甫洛夫对这些一点也不感兴趣。每当上神学课的时候,他都会偷偷地跑出去,到学校附近的图书馆去看书。在这里他看了大量生理学书籍,弄懂得了许多生理知识,比如动物的睡眠规律、人心脏跳动情况等等。他对这些书太痴迷了,为了能随时翻看,他经常将一些书一字不落地抄下来。他学的知识越多,当生理学家的想法越坚定。还未从教会中学毕业,巴甫洛夫就考入了圣彼得堡大学数理系的生物学部。由于家里穷,巴甫洛夫的大学生活过得十分清苦。但他学习十分勤奋,每个学期都能拿到学校的最高奖学金,而这些奖学金他全都用来买了书。

从圣彼得堡大学毕业后,巴甫洛夫又以优异的成绩考入俄国军事医学院继续深造。1883年,巴甫洛夫获得了博士学位。后他又去德国留学两年。这期间他对生理学已经有了很深入的研究,他发表的论文,常得到国内外专家的好评。1885年巴甫洛夫回国后,受聘在俄国著名临床医师波特金教授的实验室工作。从此他便将全部的心血都用在了生理学研

名人逸事

巴甫洛夫将自己的一生都献给祖国的科学事业。"十月革命"后的最初几年,俄国经济处于相当困难的境地。巴甫洛夫的实验研究受到很大影响,他的实验室经常断水断电,实验用的动物也因缺少饲料而不断死去。一些外国人动员他去国外发展,许多国家都花高薪聘请他。巴甫洛夫总是拒绝,他说:"我过去是,现在是,将来也是一名俄国公民,我是祖国的儿子,我会永远忠于她。"

究上。他常常用自己有限的收入买一些实验用的动物和设备。有一段时间为了节省开支，他不得不将新婚妻子送到乡下姐姐家居住，自己就借住在实验室。这样倒方便了他搞研究，他一天除了睡觉的时间，全都用在了实验上。实验室领导见他这么辛苦，便特批给他一些补助资金，但他第二天就用这笔钱买了实验器材。正是这种忘我的精神，使巴甫洛夫在科学研究上取得了许多惊人的成就。

巴甫洛夫一生为世界生理学做出了许多重大贡献，他创立了震惊世界的条件反射学说，发明了许多生理学研究的实验方法，为现代生理学奠定了重要基础，被人们称为"世界生理学的无冕之王"。

·痴迷文学始于少年时·

莫泊桑

莫泊桑像

名人档案
姓　　名　盖·伊德·莫泊桑
生卒年　1850～1893年
出生地　法国诺曼底省狄埃卜市

1850年，莫泊桑出生于法国诺曼底省狄埃卜市一个没落贵族的家中。从莫泊桑记事起，父母的关系就很不好，后来两人分居了，小莫泊桑便跟随母亲到了海边的一个乡村生活。莫泊桑的母亲读过很多书，十分爱好文学，她总是给小莫泊桑讲好听的童话故事、神话传说。在母亲的启发下，莫泊桑从小就对文学产生了浓厚的兴趣。莫泊桑稍大一些时，母亲便开始教他认字。莫泊桑记忆力非常好，母亲教过的东西他总是很快就能学会。6岁的时候，莫泊桑便掌握了大量的字，可以通读很长的文章，这让大人们感到很吃惊。莫泊桑总爱到母亲的书房找书看。他非常喜欢看文学著作，挺厚的一本书他都能耐心地读完。开始时，母亲以为他只是翻翻而已，并不一定能读懂。但当他读完一本书，母亲提问他时，他却能说出书的大概内容。

10岁的时候，莫泊桑进了一所修道院读书。莫泊桑不喜欢修道院里枯燥的课程，便把大部分时间都用在读课外书上。他什么书都看，尤其喜欢文学作品。这段时间，他读了莎士比亚、雨果、狄更斯等大文学家的著作。这些书让他爱不释手，他不管走到哪儿都要在兜里放上一本书，一有时间便拿出来看。不过修道院学校制度很严格，学校不允许学生做规定以外的事，莫泊桑总是因为看课外书被老师批评。有一次，老师在课堂上讲《圣经》，莫泊桑

名人逸事

《羊脂球》写于1880年,讲的是普法战争时期,法国一群贵族、政客、商人、修女等"高贵者",和一个叫羊脂球的妓女,同乘一辆马车逃离普军占区过程中发生的一件事。小说通过这些"高贵者"在不同时期对羊脂球表现出来的悬殊态度,讽刺了资产阶级上层人物的自私、虚伪和无耻,同时也歌颂了社会底层人民的爱国精神和牺牲精神。小说对比鲜明,悬念迭生,引人入胜,具有很高的艺术水平。

偷偷拿出一本莎士比亚作品来读。他读书太投入了,以致老师走到身边都没有察觉。严厉的老师没收了他的书,还罚他从那以后站着听一个月的课。还有一次,莫泊桑禁不住书的诱惑,在教父做弥撒的时候看了起来。老师发现了,将他叫出来狠狠地揍了一顿。不过,学校严格的制度非但没有扼制莫泊桑读书的兴趣,反而使他产生了很强的叛逆心理,他暗下决心以后一定要做一个出色作家。

法文版《羊脂球》插图
《羊脂球》是以一真实事件为素材而创作的,整篇小说构成了一幅战争时期的法国社会画面。

后来,莫泊桑进了在法国颇有名气的卢昂中学读书。在这里他遇到了卢昂著名诗人路易·步耶老师。路易·步耶老师在莫泊桑的习作中看出了他的写作天赋,便格外注意对他进行培养。他总是单独给莫泊桑出一些作文题目让他练习写作,还在写作方法上给了他很多指导。有了老师的悉心指导,莫泊桑学习写作十分用心,他一有感想便写下来,灵感来了经常半夜三更爬起来写东西。他的写作水平提高很快,中学期间就在报刊上发表了好多小文章。

莫泊桑中学毕业的时候,正赶上普法战争爆发。战争使莫泊桑的学业没有办法继续下去,他参了军。退伍后,他在卢昂市海军部和教育部当过职员。工作之余,莫泊桑读了大量的世界名著,并坚持练习写作。这时,莫泊桑有幸遇到了当时法国的文学大师福楼拜。福楼拜是莫泊桑母亲的朋友,正好他也住在卢昂市。莫泊桑一有时间便去福楼拜家里,他每次去都带上自己的习作让福楼拜看。福楼拜很欣赏才华出众的莫泊桑,就收他做学生。莫泊桑高兴极了,他下决心要走文学创作的道路,做一个像老师一样的大文学家。

福楼拜是一位很好的老师,他告诉莫泊桑要想写出好的文章,必须学会细致入微地观察事物。有一段时间,他要求莫泊桑每天都要写一篇有关马车的文章,他对莫泊桑说:"你要把整个马车行进的画面细致描绘出来,并且要像画家一样,刻画出赶车人和坐车人的行为动作,传神地表达出他们的内心世界,使别人看了你的文章不至于把他们和任何其他的赶车人和坐车人混同起来。能达到这种程度,你的写作便能过关了。"于是,每天一下班莫泊桑便按老师的要求,站在路边观察来往的马车,他记下了各种各样的马车行进场面。他观察得特别投入,经常在马路上一站就是几个小时。为了扎实自己的写作功底,莫泊桑还读了许多文学大师的作品,细致揣摩他们的写作技巧。白天没时间,他就利用晚上的时间来读,经常很晚才睡。

经过长期不懈的努力,莫泊桑的文学创作有了很大提高,后来他写下了《羊脂球》、《一家人》、《我的叔叔于勒》、《两个朋友》、《项链》等一大批思想性和艺术性完美结合的短篇佳作,这些作品为他赢得了很高的声誉。莫泊桑只活了43岁,但他一生创作颇丰。他共创作了300多篇短篇小说、6部长篇小说、3部游记和大量的文艺随笔。他的短篇小说艺术成就很高,在世界范围内广泛流传,他也因此被人们称为"世界短篇小说巨匠"。

· 天才画家 ·

梵·高

梵·高是19世纪卓越的绘画艺术大师之一,而绝非狂妄的天才,他的热情中隐藏着强烈的自制,他对于美术有着深刻的涵养及广博的学识,人们可以从他遗留的几百封信中感到一代巨匠高深的艺术修养。此图是梵·高的自画像《包着绷带抽烟斗的自画像》。

名人档案

生卒年　1853~1890年
国　籍　荷兰
出生地　赞德特镇
性　格　多情、脆弱、固执
身　份　艺术家
家　庭　出身于乡村牧师家庭。父亲是牧师

梵·高长着一头红发,从小被人们称为漂亮的男孩子。他在家乡的乡村学校读完小学,1866年进入蒂尔堡的一所中学读书,仅读了两年就中途辍学。1869年,他开始在荷兰海牙市的一家工艺美术品商店当学徒,四年后,被调到伦敦的一个分店工作。1878年,他作为牧师去比利时的南部煤矿区博里纳日。在那里,他把自己的衣服送给矿工,脸上沾满了煤灰,希望和矿工们打成一片,而且还想努力改善矿工的待遇和工作环境。由于工作"过分地努力",上司强迫他放弃了牧师职务。从那时起,梵·高开始系统地学画画,决心成为一名画家。在世界艺术史中,梵·高的创作时间是最短暂的。但是他创作的绘画作品却相当多,如今保留下来的有1700多幅,包括近900幅素描和800多幅油画。

1882年7月6日,在写给他的兄弟特奥的信中,梵·高第一次试图描述自己偶尔出现的一些心理变化,令人感到震惊的是,梵·高清清楚楚地分析了自己的精神病病征。尽管不清楚梵·高为什么会患上精神病,但两次恋爱失败给了他巨大的打击却是无疑的。1885年,梵·高离开荷兰,翌年到达巴黎,在那里结识了许多画家,并开始尝试采用印象派画家和点彩派画家的艺术风格来创作自己的绘画作品。1887年,梵·高和几个画家共同在巴黎的一家饭店举行了画展。梵·高的作品具有独特的风格,他摆脱了传统的绘画模型色调,并用自己想象出来的独特颜色取而代之,从而使这些颜色增添了象征性的价值和启发性的力量,其中日本的艺术给他留下了很深的印象。

珂尔的吊桥

1888年2月,梵·高前往阿尔城,并计划在那里成立一个艺术家协会。他在那里忘我工作,但精神病的症状也开始加深。1888年12月23日,在和朋友高更经过激烈的争吵之后,梵·高用剃须刀把自己的右耳割了下来。此后,他的精神病发作得愈来愈频繁。1889年5月,他自愿住进了圣雷米的精神病院,继续以火一般的热情画画。1890年5月,他离

麦田上的鸦群
    这是梵·高最后的作品,低沉的天空、惊慌的鸦群以及具有强烈动势的麦田,真实反映出梵·高自杀前极度迷惘、绝望的心境。值得注意的是,梵·高的绝大部分绘画都用了鲜艳的黄色。

名人逸事

    梵·高的艺术地位在那时被大大地低估了,他虽然拥有大量作品,但却囊中羞涩,一直依靠他的弟弟特奥给予经济上的资助。他生前只卖出去一幅画。而现在,他的画最昂贵。1987年11月11日,名作《鸢尾》在纽约以5390万美元卖出,1990年5月15日,他的《加谢医生画像》在3分钟内以8250万美元被日本人拍走,曾创下艺术品拍卖价格的世界最高纪录。

开了圣雷米的精神病院,前往巴黎,在一家咖啡馆里租了一间房间,由加谢大夫照料他。1890年7月27日,星期日,他走进了一个农民的田庄,用左轮手枪朝自己的下腹部开了一枪,然后拖着沉重的脚步回到了自己的房间。两天以后的早晨,他永远离开了人世,年仅37岁。

· 精神分析学的奠基人 ·

弗洛伊德

弗洛伊德是20世纪最有影响、最有才智的心理学家、精神分析学说的奠基人。他以毕生的精力研究了从前人们所不曾关注的"潜意识",开拓了心理学研究的新领域,在医学、文学、哲学、艺术等多方面都产生了相当大的影响。

弗洛伊德4岁时,举家迁往奥地利首都维也纳。他在那里接受了小学和中学教育,并以优异的成绩毕业。1873年,弗洛伊德进入维也纳大学医学院,从1876年起在著名的生理学家艾内斯特·布吕克的指导下从事研究工作,并在1881年获得医学博士学位。1885年,他前往巴黎,受教于当时非常著名的神经学家沙柯特。弗洛伊德读到了沙柯特有关"歇斯底里"症状的论著,并了解到沙柯特提出的催眠疗法。1886年,弗洛伊德和贝尔纳斯结婚,生育了6个孩子。

弗洛伊德在求学时就看到过布罗伊尔医生用催眠法治疗癔病,这使他感觉到了身心关系的微妙。后来,弗洛伊德也开始尝试使用催眠疗法治疗精神病,但他逐渐发现催眠的疗效不能持久,于是就改用了"自由联想法",该理论和以后的"自我分析法"成为弗洛伊德一生的两大杰出成就。1900年,弗洛伊德的杰作《梦的解析》出版,他声称自己发现了三大真理:梦是无意识欲望和儿时欲望的伪装的满足;俄狄浦斯情结(仇父恋母的情绪)是人类普遍的心理情结;儿童具有性爱意识和动机。这些发现为精神分析学奠定了基础。但在当时,弗洛伊德这本书并没有得到重视,初版的600册书在8年以后才

名人档案

生卒年　1856~1939年
国　籍　奥地利
出生地　摩拉维亚的弗瑞堡
性　格　幽默、反叛、坚强
身　份　科学家、思想家
家　庭　出身于犹太人平民家庭,父亲是商人

传世名言

正常人比他自己所想象的要不道德得多,但他比自我估计的要道德得多。
——弗洛伊德

1876年全家照。父亲雅可布时年61岁，母亲玛丽娅41岁，弗洛伊德20岁，站在后面，介于妹妹安娜与异母兄长伊曼纽尔之间，手放在母亲座椅背上。

售完。直到1905年，他发表了《性欲理论三讲》，探讨儿童性心理的发展与精神变态机制的联系，这时他的学说才真正开始引起了世人的重视。但因为他的学说的反传统性，而受到了众多人的攻击，一度成为了德国科学界最不受欢迎的人。

弗洛伊德不改初衷，在不到20年的时间里，他写下了约80篇论文和9本著作，继续阐述、发挥和宣传他的精神分析理论。他的理论不仅对于心理学来说是一种必备的知识，对于其他人文领域、艺术创作以至于日常知识来说，也具有重要的启迪作用。1931年，他的故乡为庆祝他75岁寿辰，以他的名字命名他出生的那条街道。1936年，他被接纳为英国皇家学会的通讯会员。弗洛伊德毕生都以极大的热情创立和

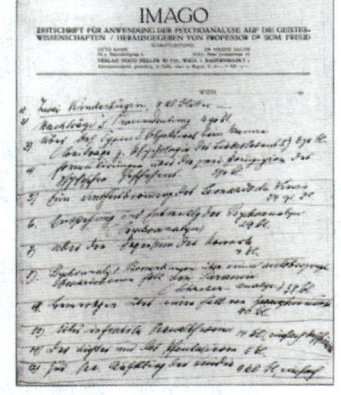

弗洛伊德的笔记手稿

发展精神分析学说。培养了一批学术继承者，如后来也具有世界性影响的荣格、阿德勒等，使精神分析运动成为世界性的潮流。

1938年，纳粹德国占领维也纳后，弗洛伊德移居英国。1939年9月23日，他因口腔癌复发在伦敦逝世，享年83岁。

名人逸事

弗洛伊德和他的夫人贝纳尔斯结婚前，曾分别了4年时间。在分别的日子里，弗洛伊德每一天都给贝纳尔斯写情书。而当两人在1886年结婚时，他们的家里摆着"20年都用不完"的成打的床单、枕套、餐巾和沙发罩，每一件上面都钩着花边或是绣着他俩姓名的缩写字母，寄托着4年中贝纳尔斯每一天对弗洛伊德的想念。弗洛伊德与贝纳尔斯相知甚深，彼此奉献，在53年的夫妻生活中，唯一让他们争执的问题仅是煮洋菇时到底该不该去茎。

·谦虚谨慎、执著坚定的物理学家·

普朗克

1858年，普朗克出生于德国的沿海城市基尔。他从小表现出极高的数学天赋，1867年随家迁往慕尼黑，旋即进入慕尼黑大学预科学校。从此，他把研究物理学作为一生的职业。之后，他先后就读于慕尼黑大学和柏林大学。1877年~1878年间，他深受物理学家H.赫姆霍兹和G.R.基尔霍夫的影响，并于1879年获得了博士学位。

普朗克毕业后在慕尼黑大学任教，1885年被聘为基尔大学的教授。1889年，他转入柏林大学任教，成为基尔霍夫的继任人（先任副教授，1892年后任教授）和理论物理学研究所主任。普朗克对黑体辐射问题有着浓厚的兴趣，他一生的大部分时间致力于此。在普朗克之前，人们用经典物理学解释黑体辐射实验时引发了所谓的"紫外灾难"。而瑞利和维恩等科学家提出的公式和实验事实相比，只能在部分范围与之符合。普朗克从1896年开始对热辐射进行了系统的研究。他经过几年艰苦努力，终于导出一个用来准确描绘黑体辐射的代数公式。这个代数公式为黑体辐射的研究提供了重要工具，至今还被理论物理学家普遍使用。

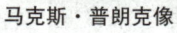
马克斯·普朗克像
普朗克的名声主要在于他是量子论的奠基者。这一理论对理解原子和亚原子过程起了革命性意义。然而，他在获得成功和荣誉的过程中所付出的努力却往往是常人所不能承受的。

1900年12月，普朗克在德国物理学年会上做了题为《正确光谱辐射的分布理论》的报告，提出了关于量子理论的大胆假说。他指出，物质辐射的能量不是连续的，而是由小微粒组成的。他把这种小微粒叫做"量子"或"能量子"。他的假说宣告了量子力学的诞生，突破了牛顿经典力学的范围，开创了20世纪物理学蓬勃发展的新局面。量子力学的提出堪称20世纪最重大的科学成就之一。由于在量子力学方面做出的杰出贡献，普朗克于1918年获得了诺贝尔物理学奖。

1933年，希特勒在德国上台执政，开始迫害犹太人。尽管普朗克对希特勒的法西斯主义非常反感，但在朋友

名人档案
生卒年　1858~1947年
国　籍　德国
出生地　德国的沿海城市基尔
性　格　谦虚谨慎、忠于职守、英勇顽强
家　庭　出身于书香门弟。父亲是法学教授

及同行们的劝说下，普朗克非但没有离开，还担任了威廉皇家学会会长的职务。他竭力做政府的工作，力求使更多优秀的科学家留在德国。他充当了科学与政治之间的斡旋者。一方面，他游说政府（曾面见希特勒）劝其不要强迫犹太人移民，否则会给德国的科学事业造成不可估量的损失。同时，普朗克还向法西斯当局作了最大程度的妥协，如在演说台上吹嘘希特勒。另一方面，他苦口婆心地劝说受到压制的犹

量子力学描述的是已知存在的最小物质单位——即量子，以及诸如电子、质子和夸克之类的亚原子粒子是如何相互作用的。此图显示了一个原子的结构以及构成它的亚原子粒子。

太科学家为了科学多忍耐一些，尽量不与政府正面冲突。他利用自己的威望，为帮助和支持受法西斯迫害的犹太籍科学家而奔走呐喊。在此期间，普朗克领导、参与了当时德国的大部分科学研究工作。在极不愉快的工作环境下，普朗克做了自己力所能及的事情。他以一个科学家对科学、祖国的满腔热情，为捍卫科学的尊严与纳粹分子展开针锋相对的斗争。

1944年，普朗克在一位好友的帮助下移居到比较安全的哥廷根。这使他得以在战争中幸存。1947年10月4日，普朗克在那里逝世，享年89岁。马克斯·普朗克被认为是"量子力学之父"，是近代最伟大的物理学家之一。

· 印度文学巨匠 ·

泰戈尔

泰戈尔的父亲交友广泛，他家是当时加尔各答知识界的一个活动中心，这使泰戈尔从小就受到了良好的文化熏陶。泰戈尔8岁开始写诗，17岁时发表了叙事诗《诗人的故事》。1878年，他进入伦敦大学学习法律，但他把精力几乎都倾注在学习英国文学和西洋音乐上。回国后，他主张把印度的古老文化和欧洲文化融合起来，创造一种更高的新文化。他早期的诗作

名人档案

生卒年	1861~1941年
国　籍	印度
出生地	加尔各答市
性　格	睿智、正直、热情
身　份	文学家、社会活动家
家　庭	父亲是哲学家和宗教改革者

> 泰戈尔是获得诺贝尔文学奖的第一个东方作家,被尊为印度"诗圣"。除了抒情诗和戏剧创作外,泰戈尔还谱写了2000多首歌曲。

纯朴、自然,从内容到形式,都开创了一代新文风。他这一时期的作品,赞美自然,赞美爱,而且有比较浓厚的宗教色彩。《新月集》是他这一时期的代表作品之一。

1890年,泰戈尔接管了父亲的庄园,移居乡村。他开始广泛接触农村社会,亲眼看到了处在英国殖民者和地主统治下的农民的苦难生活。泰戈尔的作品开始从抒发作家的个人情感,转变为倾诉广大下层人民的心声。他在1892年出版了著名的长篇小说《摩诃摩耶》,通过描写一个美丽多情的姑娘摩诃摩耶的悲惨遭遇,强烈抨击了社会的愚昧与落后,并有浓重的反对英国殖民统治的意识。1901年,他离开庄园,到桑地尼克丹创办了一所学校,抱着改造社会的目的,他亲自讲课,希望年轻的一代继承印度的民族文化,献身于农村的改造。

1913年,泰戈尔凭借他的抒情诗集《吉檀迦利》(英文)获得了诺贝尔文学奖。这部诗集,一共有159首诗,对西方文学产生了极大的影响。这部诗集把声音、风景、色彩一一尽露笔端,自始至终充满着宁静、和谐的气氛,处处洋溢着自然美,同时能把人对自然的内心感受刻画得淋漓尽致。

泰戈尔和甘地在一起

泰戈尔深受甘地精神的鼓励,但他并不是全盘接受甘地的观点,他对甘地是否在无意之中助燃了不合作运动的火焰表示质疑。

名人逸事

泰戈尔一直对中国人民和中国文化怀有深厚的感情,支持中国人民的民族解放事业,谴责资本主义国家对中国的侵略。泰戈尔第一次访问中国时,徐志摩给他当翻译,梅兰芳随行。泰戈尔请国学大师梁启超为他起个中国名字,在1924年5月7日泰戈尔64岁寿辰的那一天,梁启超赠给泰戈尔一个新名字"竺震旦"。

1912年,泰戈尔曾经带着他的这部诗集去欧洲旅行,一天晚上,他在众多的欧洲文学巨星面前朗读了自己的作品,大师们默默地听着,感动得说不出话来,然后又默默地走了。后来,泰戈尔先后访问过日本、美国、德国,1924年到中国访问,所到之处无不受到热烈的欢迎。

在文学创作上取得巨大成功的同时,泰戈尔还积极投身于教育事业,同时为印度的民族解放摇旗呐喊。1919年,英国殖民者在印度制造了骇人听闻的阿姆利则惨案,泰戈尔发表了《致印度总督的公开信》,强烈谴责了英国殖民者的暴行,并声明放弃英国政府授予他的爵士封号。1921年,泰戈尔又在加尔各答附近创立了一所国际大学,聘请了许多国际知名的学者到这里讲学,如德国的李维、中国的张大千等,使这所大学成为印度探讨真理的最理想的地方和沟通东西方文化的重要桥梁。1937年,这所大学创办了中国学院。

1941年8月7日,泰戈尔在家乡与世长辞,享年80岁。

· 美国汽车大王 ·

福 特

福特的母亲无论做什么事,都有始有终。她经常说,一旦决定要做的事,千万不可以放弃。这对幼年的福特产生了很大的影响。福特5岁半就开始上学了,他读书并不勤奋,很贪玩,却对钟表修理产生了浓厚兴趣,而且还经常免费为同学们修表。小学毕业后,福特回家帮父亲干农活,但对钟表修理的热情不减,常常是白天干农活,晚上修表。后来,钟表已经不能满足他的好奇心了,他决定到工厂做工,成为一个出色的机械工程师。年轻的福特知道父母是不会同意他的想法的,于是他给父母留下了一份表明自己决心的信后,不辞而别。

名人档案

生卒年	1863~1947年
国 籍	美国
出生地	底特律市近郊
性 格	坚毅、果断、特立独行
身 份	工业家
家 庭	出身于农民家庭。父亲原是爱尔兰人,母亲原是荷兰人

福特在底特律的工厂找到了工作,工作之余,他悉心研究机器,很快就成了娴熟的技术工人。后来,福特在杂志上读到了有关汽车发明的报道,引起了他很大的兴趣。当时的汽车是用气体做燃料的,但福特认为用液体更合适,几番努力后,他果然造出了一部汽

1893年,亨利·福特生产了第一辆汽油驱动的汽车,生产过程相当艰难,银行拒绝为这项疯狂的计划贷款。但他仍然设法筹集了2.8万美元,售出了1700辆双汽缸、八马力、带链条驱动的汽车。1909年,福特碰巧看到了一种进口的钢合金,后来他将这种材料用于第一辆T型汽车的车身,售价850美元。

1914年以后,福特汽车公司的T型汽车已降到350美元,同时福特汽车已产生了100多万辆T型轿车。同年推出的双座敞蓬T型轿车,以其坚韧、美观的车身而赢得了人们的喜爱。

油引擎,只是造得太简陋,一经试用就失败了。他发现失败的主要原因是汽油点火的方法不对,他决定使用电气点火。为了学习电气知识,他进入底特律的爱迪生电气公司。

1893年,福特成功地试制成了第一辆汽车。

1899年,底特律汽车公司成立了,福特任经理兼技师,但没有钱。他以专利权作为资本,吸引了底特律的几个头面人物。后来,由于和股东们的意见不合,福特退出了这个公司。他凭借自己制造的汽车参加赛车比赛并吸引了投资人的注意。1903年,福特汽车公司成立,不久,就造出了一种被命名为A型车的新产品,获得了很好的销路。以后,公司又推出了N型、K型和S型车。1909年,T型福特车问世,引起了世界汽车工业史上的划时代革命。1914年,福特汽车公司建成了世界第一条总装流水线,能在93分钟内组装成一辆汽车。

到1925年10月30日,福特公司一天造出了9109辆T型车,平均每10秒就造出一辆。而这时的福特公司已经发展成包括钢铁工厂、玻璃工厂和轮胎工厂在内的庞大汽车帝国,成为世界上最大的汽车公司,福特也成了名闻世界的汽车大王。

1927年5月26日,工厂车库里排着一批等待装配的汽车部件,旁边的工人正在紧张地忙碌着。自从公司实行了"8小时工作日"之后,汽车的产量和质量得到很大的提高。

福特的成功不仅在于他对汽车制造技术的不断改进上,还在于他独特的企业经营策略,如5美元工作日方案、提高工人福利、大力提拔有贡献的技术工人、给予工人发言权、出奇

名人逸事

T型车在1908年秋天问世，在设计、生产、销售的各个环节都采用了与众不同的方法：各种零件被首次设计成统一规格，采用了流水线装配法，采用低定价的销售策略，提供充足的零部件和及时的售后服务，实行"8小时工作日"。这些措施极大降低了福特公司的生产成本并提高了汽车的产量，不仅使福特获得了巨大的成功，也使汽车真正成为普通民众的交通工具，将人类带入汽车时代。

制胜的营销措施等等。这些措施极大激发了员工的生产积极性，反过来又降低了公司的生产成本。例如，实行5美元工作制后的1914年，福特公司以不足13000人生产了730000辆汽车，获利3000万美元。

福特于1947年4月逝世，享年84岁。

· 飞机的发明者 ·

莱特兄弟

莱特兄弟只读了几年书就中途辍学了，出于对机械制造的兴趣，他们开了一家自行车行，这为他们以后从事飞机的发明工作积累了资金和技术基础。莱特兄弟之所以对飞机产生兴趣，和他们的父亲有很大的关系。有一年的圣诞节，莱特牧师送给了孩子们一个飞螺旋玩具。这个模样古怪的玩具有一个特点，就是上紧了橡皮筋后，可以飞上天空。这引起了莱特兄弟极大的兴趣，在他们以前的知识里，知道只有鸟儿才可以飞上天空的。兄弟俩把这个玩具拆了又装，装了又拆，希望发现其中的奥秘。他们产生一种愿望，想制造出一种能够高高飞上天空的机器，这种愿望影响了他们的一生。

征服蓝天的兄弟：威尔伯（左）和奥维尔（右）。威尔伯沉默寡言而又灵敏机智，是一个自学成才、极有天赋的科学家。奥维尔比较开朗，具有做生意的本事。正是这样一对天才的合作给世界带来了第一架飞机。

莱特兄弟从飞鸟和风筝中找到了灵感。他们发现，海鸥的翅膀稍微有些弯曲，这种身体结构是他们能够翱翔蓝天的关键。1899年8月，这两个年轻人制成了他们的第一架飞机：一架双翼风筝式飞机。这架飞机的一个特点是，利用机翼的扭曲或弯曲，取得横向稳定或侧向平衡。莱特兄弟的第一架滑翔机也运用了机翼扭曲这一特点。这架滑翔机在1900年制成，被运往北卡罗来纳海岸的基蒂霍克进行试验。兄弟俩用了一个星期的时间，把滑翔机装好，先把它系上绳索，像风筝那样放飞，结果成功了。然后由威尔伯坐上去进行试验，虽然飞

名人档案

生卒年	威尔伯·莱特 1867~1912年；奥维尔·莱特 1871~1948年
国　籍	美国
出生地	俄亥俄州的代顿镇
性　格	百折不挠、谦虚随和
身　份	科学家
家　庭	父亲是牧师，母亲是家庭妇女

了起来，但只有1米多高。第二年，兄弟俩在上次制作的基础上，经过多次改进，又制成了一架滑翔机，它飞行的高度达到了180米。莱特兄弟开始考虑飞机的动力问题，他们想到了汽车的发动机。一名制造发动机的工程师专门为莱特兄弟造出一部12马力、重量只有70公斤的汽油发动机。经过无数次的试验，他们终于把发动机安装在滑翔机上，并在滑翔机上安上了螺旋桨。

带有螺旋桨的飞机再次给莱特兄弟带来了麻烦，但成功终究属于这一对不畏困难、坚持不懈的"飞人"兄弟。1903年12月14日，莱特兄弟在基蒂霍克再次试飞改进后的带有螺旋桨和发动机的飞机。在准备工作就绪后，兄弟俩以抛硬币的方法，决定由威尔伯先飞。威尔伯飞了起来，但很快又掉了下去。兄弟俩经过研究，发现是起飞方面的原因。1903年12月17日，莱特兄弟再次试飞，驾驶员换成奥维尔。飞机起飞后，一下子升到3米多高，随即水平地向前飞去。飞机飞行了36.6米，历时12秒，然后稳稳地着陆了。同一天，接着又飞了3次，其中一次飞了260米，持续了59秒。这是人类历史上第一次驾驶飞机飞行成功。莱特兄弟把这个消息告诉报社，可报社不相信有这种事，拒不发布消息。莱特兄弟继续改进他们的飞机，不久，又制造出能乘坐两个人的飞机，并且在空中飞了1个多小时。

威尔伯·莱特驾驶飞机在法国进行表演，这次表演获得了巨大的成功。

1908年9月10日，莱特兄弟终于向世人展示了他们的空中飞行。奥维尔驾驶着他们的飞机，在一片欢呼声中，自由自在地飞向天空。过后不久，莱特兄弟在政府的支持下，创办了一家飞行公司，同时开办了飞行学校，从这以后，飞机成了人们又一项先进的交通工具。

1912年，威尔伯因病逝世，享年45岁。
1948年，奥维尔逝世，享年77岁。

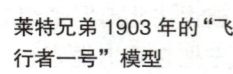

莱特兄弟1903年的"飞行者一号"模型

献身科学的伟大女性

居里夫人

名人档案

生卒年	1867~1934年
国　籍	法国
出生地	波兰首都华沙
性　格	吃苦耐劳、内向
身　份	科学家
家　庭	出身于平民家庭。母亲是钢琴家

玛丽·居里（在和法国科学家比埃尔·居里结婚后，又称玛丽为居里夫人）的父亲是一位中学的数学和物理教师，在父亲的影响下，玛丽从小就对物理现象产生了兴趣。玛丽6岁进入私立小学，14岁进入华沙公理女子中学，16岁时以优异的成绩毕业，并获得学校颁发的金质奖章。当时的波兰大学不收女生，而父亲又没有钱供她到国外读书，所以玛丽当了5年的家庭教师。1891年，玛丽来到巴黎，进入巴黎大学理学院学习，在1893年以优异的成绩获得物理学硕士学位，翌年又取得了数学硕士学位。

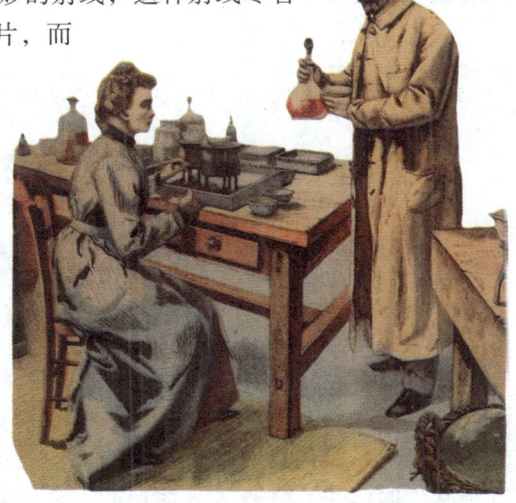

玛丽·居里在她的实验室专心致志地做实验，正是在这里，她和她的丈夫一起发现了放射性元素钋和镭，这些发现将核物理研究大大向前推进了一步。

1894年，玛丽接受了法国国家实业促进委员会的委托，研究各种钢铁的磁性。在此期间，她与法国科学家比埃尔·居里结识，由于彼此志趣相投，他们在1895年结婚。当时，法国物理学家柏克勒尔发现铀盐矿物能放射出一种奇妙的射线，这种射线尽管看不到，却能穿透普通光线所不能穿透的黑纸片，而使照相底片感光。但铀盐为什么会放出这种射线，还是一个未知的迷。这一发现引起了居里夫人很大的兴趣，她决定以此作为自己的研究题目。经过多次的测试和检查，居里夫人敏感地意识到沥青铀矿中可能含有一种新的不为人知的放射性很强的元素。这时，比埃尔也加入了居里夫人的研究，终于在1897年7月，居里夫妇确认了新元素的存在。居里夫人把这种新元素命名为钋（元素符号为Po），以此纪念她的处在沙俄蹂躏之下的祖国波兰（Poland）。同年12月，居里夫妇又从沥青铀矿中发现了一种放射性更强的元素，这种元素能在黑暗处

表现居里夫妇在实验室中聚精会神做实验的图画

361

名人逸事

1921年,居里夫人前往纽约,接受美国妇女协会赠予她的1克镭。在举行仪式的前一天晚上,居里夫人坚决要求修改赠送证书中的言辞,要求使这1克镭永远属于科学,而不是个人。美国政府按照居里夫人的意志进行了修改。爱因斯坦曾说:"在所有的著名人物中,居里夫人是唯一不被荣誉所腐蚀的人。"

作为索邦大学第一位女教授的居里夫人,于1906年11月5日登上讲台。

自动发射出光亮。居里夫人把这种新元素命名为镭,是拉丁文中放射的意思。

钋和镭这两种新元素被发现的消息迅速传遍了世界,居里夫妇决定从沥青铀矿中提取镭,向科学界证实自己的发现。经过45个月的奋战,居里夫妇终于在1902年提取出了1/10克镭,并测定了镭的原子量。1903年,居里夫妇和柏克勒尔一起获得了诺贝尔物理学奖,而居里夫人也成为第一位获此殊荣的女科学家。1909年4月19日,比埃尔在回家途中,不幸遭遇车祸身亡。居里夫人忍住悲痛,独自承担起他们共同的事业,在1910年提炼出了纯镭,并确定了镭的原子量为235。同年,她出版了自己的名著《论放射性》。1911年,居里夫人以在镭研究上的重大突破单独获得了诺贝尔化学奖。

镭的发现和应用,使居里夫人成了闻名世界的大科学家。她成了法国科学院的第一位女院士,巴黎大学的第一位女教授。她一生中有7个国家24次授予她奖金和奖章,担任了25个国家的100多个荣誉职位。但居里夫人始终保持着谦虚、高尚的品质。晚年的居里夫人一直孜孜不倦地进行科学研究,但长期暴露于放射性元素之中也使她患上了恶性白血病,1934年7月4日,她从实验室回到家后的当天晚上,与世长辞,享年67岁。

·苏联无产阶级文学杰出的代表·

高尔基

高尔基原名阿列克塞·马克西莫维奇·彼什科夫,他4岁丧父,被寄养在外祖母家,善良的外祖母是他小时候最亲近的人。高尔基只读过两年小学,10岁时就步入社会,当过跑堂、搬运工、守夜人、面包师,还曾经当过流浪汉,尝尽了人间的辛苦。社会底层的生活和丰富的阅历是他对俄国社会有了深刻的认识,也为他日后的文学创作提供了丰

名人档案

生卒年	1868~1936年
国　籍	苏联
出生地	伏尔加河畔的古城下诺夫哥罗德
性　格	坚强、勤奋、热情
身　份	文学家
家　庭	出身于平民家庭，父亲是木匠

富的素材。

1892年，高尔基用笔名发表了第一篇小说《马卡尔·楚德拉》。1896年，他成为《下诺夫哥罗德报》的编辑。高尔基早期的作品中塑造了很多流浪汉形象，也具有浓厚的浪漫主义色彩。他在1901年发表作品《海燕》，他把海燕比作俄国无产阶级革命者的化身和胜利的预言家，并充满激情地高呼："让暴风雨来得更猛烈些吧！"从1901年起，高尔基投身于革命斗争的洪流中，并为此数度被捕。1902年，他写的抨击沙皇专制制度的话剧《在底层》大获成功，在印成书后一售而空。高尔基在大学、工厂和沙龙很受欢迎，1903年，保皇分子将他刺伤，引起全社会尤其是舆论界的公愤。1905年俄国革命时，高尔基严正地声明："我们不能再容忍这样的制度了。"以此抗议沙皇专制的暴行，并发布告社会书，号召推翻专制体制，结果被捕。后来，沙皇政府在社会和舆论的压力下，被迫将他释放。

这是一本新闻杂志的封面，它描绘了高尔基流亡归来时下决心要用艺术为革命服务的情景。

1906年，高尔基来到美国，在那里写成了他最著名的长篇小说《母亲》。小说通过对工人革命者巴维尔母子的英雄形象的刻画，成功地描绘了俄国工人阶级从接触马克思主义理论到参加实际斗争的逐渐成长过程，以及无产阶级政党领导下的工人运动的发展，揭示了"没有革命的理论，就没有革命的运动"这一真理。《母亲》被认为是第一部社会主义现实主义的作品。以后，高尔基还到过法国、英国、意大利等国。在旅居意大利期间，他曾经受到造神论的影响。他的中篇小说《忏悔》就明显反映出了这种思想。高尔基早在1905年时就和列宁有了第一次会面，这时列宁更加关注他的思想发展，不断给予他热情的帮助。1913年，沙皇政府大赦政治犯，高尔基返回俄国，随后完成了自传三部曲的前两部《童年》和《在人间》。十月革命后，高尔基和布尔什维克发生了分歧，他尊重人的生命和文化，不希望再看到俄罗斯流血。但以列宁为首的布尔什维克党人，却坚持认为必须同一切旧势力做最坚决的斗争。1923年，高尔基完成了自传三部曲

高尔基在贝纳塔朗诵剧本《阳光之子》

　　高尔基一生共写了15部剧本，其剧本全都被视为俄国戏剧的经典之作。《阳光之子》是他在1905年完成的剧本。

名人逸事

高尔基的第一篇小说《马卡尔·楚德拉》是刊登在《高加索日报》上的短篇小说,讲的是吉卜赛人的生活,在情节和人物描写上非常成功。但在当时,高尔基还是个衣着褴褛的流浪汉。当报社编辑请高尔基在稿子上署名时,他就用了马克西姆·高尔基的这个名字。在俄语里,"高尔基"的意思是"痛苦","马克西姆"的意思是"最大的"。从此,高尔基就以"最大的痛苦"作为笔名,开始了自己的创作生涯。

作为苏联无产阶级文学的领旗人物,高尔基为苏联培养了一批杰出的作家,图为高尔基在书房与到访的斯大林等人讨论文学的发展情况。

的最后一部《我的大学》。1925年,又写了长篇小说《阿尔达莫诺夫家的事业》,通过讲述俄国资产阶级三代人的生活,对俄国资产阶级的存在状况作了深刻的揭露。他的最后一部作品是长篇小说《克里姆·萨姆金的一生》。

高尔基在世时就享有很高的声望,他的故乡被改名为高尔基城,莫斯科也出现了高尔基大街。除了文学创作外,高尔基还参加了大量的社会活动,担任过《红色处女地》杂志的编辑工作,组建了世界文学出版社,还积极倡导和组织撰写苏联战争史和工厂史。在他的关怀下,培养出了整整一代的苏联作家。1936年6月18日,高尔基因病逝世,享年68岁。

· 无产阶级革命导师 ·

列 宁

名人档案

生卒年	1870~1924年
国 籍	苏联
出生地	辛比尔斯克
性 格	坚毅、明智、热情
身 份	政治家、思想家
家 庭	父亲是省国民教育视察员

列宁原名弗拉基米尔·伊里奇·乌里扬诺夫,参加革命后化名列宁。5岁时,他在母亲的教育下开始读书,9岁时上了中学。1887年,他随全家迁到喀山,同年进入喀山大学法律系学习。

列宁在喀山大学结识了一批有革命思想的同学。不久,他就因为参加学生运动而被捕、流放。1888年,列宁从流放地回到喀山,但当局不准他再回到大学。他潜心研读马克思主义,并参加了马克思主义小组。1889年,列宁随全家移居到萨马拉,他在那里埋头读了四年半的书,学了几门外语,并组织了当地第一个马克思主义小组。1895年,列宁把彼得堡的20个马克思主义小组联合成工人阶级解放斗争协会,在

外国名人

俄国第一次实现了社会主义运动和工人运动的结合。同年12月，列宁再次被捕，被流放到西伯利亚。他在流放期间写了《俄国资本主义的发展》，阐述了社会主义革命的思想。1903年，列宁出席在伦敦召开的俄国社会民主工党第二次代表大会，以他为首的一派主张无产阶级专政和严格的党组织纪律，并和另一派展开了辩论。列宁领导的一派占多数，称布尔什维克（俄语中多数的意思），另一派称孟什维克（少数的意思）。

这幅绘画描绘了列宁在彼得格勒群众集会上的演说情景。

俄国1905年革命爆发后，列宁领导布尔什维克党制定了马克思主义的路线。他还回到国内，直接领导斗争。革命失败后，列宁在1907年被迫再次出国。1912年，俄国社会民主工党在布拉格召开第六次代表大会。在列宁的领导下，大会把孟什维克派清除出党，使布尔什维克正式成为一个独立的政党。1914年第一次世界大战爆发后，列宁提出了"变帝国主义战争为国内战争的口号"。1917年，俄国爆发二月革命，推翻了沙皇政权。列宁回国后，提出了《四月提纲》，号召把革命从资产阶级民主革命推向社会主义革命阶段。1917年11月7日（俄历10月25日），列宁在彼得格勒领导起义，取得了十月社会主义革命的胜利。次日，列宁宣布由他起草的

列宁在1920年的演讲。虽然俄国的大部分地区都遭受到战争的蹂躏，但布尔什维克领袖的决心和力量极大地促进了革命的发展。

中外名人全知道

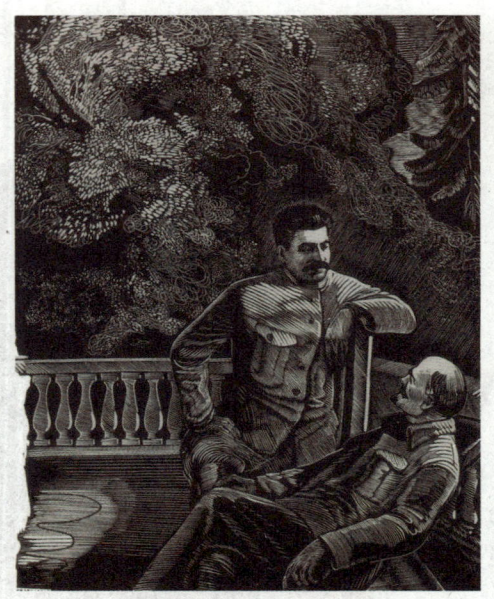

列宁在晚年由于身体原因,有许多事务交由斯大林处理。

> **传世名言**
>
> 判断一个人,不是根据他自己的表白或对自己的看法,而是根据他的行动。
>
> ——列宁

《和平法令》和《土地法令》,并当选为第一届苏维埃俄国人民委员会主席。

十月革命后的俄国面临着非常险恶的国内外环境,列宁以惊人的胆识和勇气,使苏维埃俄国退出了第一次世界大战,并粉碎了1918年至1920年的14个敌对国家对俄国的联合武装侵略和国内的多起大规模叛乱。在国内形势趋于稳定后,1921年初,列宁提出了振兴国民经济的新经济政策,指出要把俄国建设成为社会主义国家。

1924年1月21日,列宁因脑溢血去世,享年54岁。

· 20世纪初伟大的物理学家 ·

卢瑟福

作为20世纪伟大的物理学家,卢瑟福关于原子的想法很大程度上基于盖格尔和马斯登在1909年的α粒子撞击实验。

卢瑟福小时候家境贫寒,他小学时代就对科学实验有浓厚的兴趣。1882年,他取得奖学金,到纳尔逊市中学读书。10年的中学学习,使他认识到数学在科学研究中的重要性。他打好了数学基础,又掌握了很多物理实验的技巧,1892年以优异的成绩考入新西兰的坎特伯雷学院数学系。1894年,他以数学和物理双第一的成绩获得硕士学位。次年,卢瑟福获得奖学金到英国剑桥大学的卡文迪许实验室研究无线电。

1896年,卢瑟福接受汤姆逊的建议,把研究方向转到放射性上。1897年,卢瑟福发现铀射线由两种成分组成,一种是易被吸收的射线,他称之为α射线;另一种是穿透性强的射线,他称之为β射线。他同时根据实验预言,可能存在一种穿透能力更强的射线,这就是后来发现的并由他命名的γ射线。1898年,卢瑟福在卡文迪许实验室结束学业后,被汤姆逊推荐

量子力学描述的是已知存在的最小物质单位——即量子以及诸如电子、质子和夸克之类的亚原子粒子是如何相互作用的。此图显示了一个原子的结构以及构成它的亚原子粒子。

名人档案

生卒年	1871~1937年
国 籍	新西兰
出生地	纳尔逊的泉林村
性 格	谦虚、执着
身 份	科学家
家 庭	父亲是工匠，母亲是乡村教师

到了加拿大的麦吉尔大学任物理学教授。卢瑟福与来自英国的青年化学家索迪合作，在1902年首先发现了放射性元素的半衰期。1903年5月，他和索迪根据 α 射线和 β 射线在电场和磁场中的偏转度，辨别出它们分别由带正、负电的粒子构成，指出放射性元素的原子衰变时释放荷电粒子而变成性质不同的新元素，列出了早期的镭、钍、铀的衰变图谱，确认 α 射线的能量占放射性元素辐射能量的 99% 以上，为他们后来以 α 射线作为研究原子结构的炮弹提供了根据。同年，他当选为英国皇家学会会员。1905年，他应用放射性元素的含量及其半衰期，计算出太阳的寿命约为50亿年，开创了用放射性元素半衰期计算矿石、文物和天体年纪的先河。

1907年，卢瑟福出任英国曼彻斯特大学的物理学教授，在那里继续对对 α、β、γ 射线作了大量的研究。他先后测算出 β 射线的电荷、α 粒子的带电量和原子量，又与人合作，测定出了 γ 射线的性质和波长。1908年，卢瑟福获得诺贝尔化学奖。从1919年起，卢瑟福继 J.J. 汤姆逊之后，担任了卡文迪许实验室主任，并一直在剑桥大学任教。在他的领导下，卡文迪许实验室发展到一个新的高峰，将物质微观结构的研究推向崭新的阶段，培养出许多优秀的青年科学家。1921年，卢瑟福发表了自己对原子模型的分析：原子是由带正电的原子和带负电的电子组成；原子核占了整个原子大部分的质量，电子围绕着原子核运转；原子核的电量等于电子电量的总和。1925年，卢瑟福出任伦敦皇家学会会长。

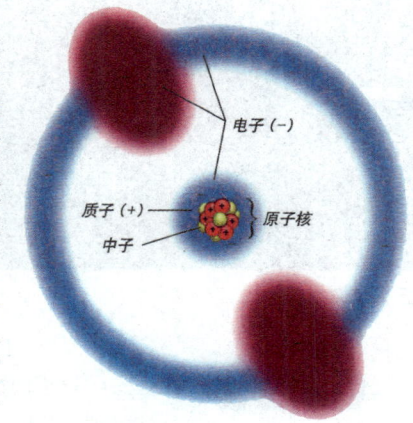

原子结构示意图

名人逸事

1908年，诺贝尔奖评审委员会授予卢瑟福诺贝尔化学奖。这可是有点莫名其妙，因为卢瑟福是个物理学家。后来，卢瑟福这样描述了自己的感受："这真是太妙了！我一生中研究了许多变化，但是最大的变化是这一次，我从一个物理学家变成了一个化学家。"

卢瑟福是20世纪初最伟大的实验物理学家,他一生共发表论文约215篇,著作6种,培养了10位诺贝尔奖获得者。

1937年10月19日,他因患肠阻塞并发症逝世,享年66岁。人们将他葬在伦敦威斯敏斯特大教堂的牛顿墓旁,以示对他的敬意。

·二战时期的英国首相·

丘吉尔

丘吉尔像

名人档案

生卒年　1874~1965年
国　籍　英国
出生地　牛津郡
性　格　坚强、自信、幽默
身　份　政治家、文学家
家　庭　出身于贵族世家

丘吉尔从7岁开始,先后在阿斯科特贵族子弟预备学校、布赖顿预备学校读书。他任性而倔强,从来不肯用功读书,从而失去了上大学的机会。父母只好让他进入军校。1895年军校毕业后,丘吉尔被分配到第四轻骑兵团,任骑兵少尉,开始了戎马生涯。此后到1900年,他先后以军官和随军记者的身份参加过英国在印度和南非等地的殖民战争。

1900年,丘吉尔以保守党候选人的资格竞选成为下议院议员。1904年,他又转而加入自由党,自由党在1906年大选中获胜后,他先后出任了殖民副大臣、商务大臣、内政大臣。1908年,丘吉尔与贵族之后克里曼珍·华芝亚结婚。第一次世界大战前夕,他出任地位显赫的海军大臣。然而,他在第一次世界大战中轻率发起的试图控制黑海海峡的战役却遭到惨败,英军伤亡人数高达20余万,他也因此被免职。

1922年,丘吉尔出任鲍尔温保守党政府的财政大臣,直到1929年。1937年张伯伦上台后,绥靖政策成为英国外交的主导策略。丘吉尔敏锐地意识到法西斯国家对和平的严重威胁,一再要求英国政府和人民提高警惕,但没有得到重视。1939年9月3日,英国和法国向德国宣战,当天晚上,丘吉尔再次出任海军大臣。1940年5月10日,张伯伦下台,英王乔治五世任命丘吉尔为首相。当时的英国处在极端困难之中:西欧诸国全部落入德国人之手,盟国法国投降,纳粹空军又对英国发动了大规模袭击，英国一时处在孤军作战的被动局面。面对逆境，丘吉尔以强硬而豪迈的誓言表示要与纳粹德国战斗到底，极大地坚定了人民的信心，鼓舞了士气。同时，他对外积极联合美国和苏联，对国际反法西斯统一战线的形成发挥了重要作用。

1945年5月7日，德国宣布投降。两个月之后，正当丘吉尔在波茨坦与杜鲁门、斯大林举行高层会议时，他得知自己领导的保守党在新一届议会选举中惨败，而他也不再是英国的首相。就这样，在战争即将结束时，丘吉尔下了台。不过，他并没有退出政治舞台，而是继续积极参加国内外的政治活动，并在1951年以77岁高龄再度拜相。

1965年1月初，丘吉尔因病逝世，享年91岁。

女王伊丽莎白二世探望丘吉尔爵士，丘吉尔高兴之余，不顾自己年迈的身躯，亲自为女王打开车门，并目送女王离去。

敦刻尔克大撤退
战争初期，英法联军在德军强大的攻势下节节败退，40多万人被围困在敦刻尔克一带。查尔斯·坎德尔的油画生动地再现了敦刻尔克大撤退时惊心动魄的一幕。

名人逸事

丘吉尔不仅是一位政治家，还是一位著名的演说家和作家。青年时代，他就著有《河上战争》。后来，他又写了《第二次世界大战回忆录》、《英语民族史》、《世界危机》和《马尔巴罗的生平与时代》等。由于《第二次世界大战回忆录》等历史著作和演说，他在1953年被授予诺贝尔文学奖。

·舞蹈天才的灵感来自童年的放荡不羁·

邓 肯

名人档案
姓　名　伊莎多拉·邓肯
生卒年　1878～1927年
出生地　美国圣佛朗西斯科

1878年5月11日，邓肯出生于美国的圣佛朗西斯科。邓肯的父亲是个诗人，母亲是音乐教师。邓肯是家中最小的孩子，她还有三个姐姐。邓肯很小的时候，父母就离婚了，从此邓肯和三个姐姐就跟着母亲生活。家里的生活非常困难，母亲为了生活整天奔波。不过母亲是一个坚强而乐观的人，她每天晚上回家后，不管多累都要教孩子弹琴、跳舞。在母亲的影响下，邓肯从小就对艺术产生了浓厚的兴趣。

邓肯5岁那一年，母亲找了好几份家庭教师的工作。于是，她不得不将孩子们都送到了学校。就这样，小邓肯也上了学。邓肯不喜欢学校里沉闷的生活，但她非常喜欢读书。离学校很远的地方有一个图书馆，邓肯稍大一点便到那里去借书看。为了能赶着将书看完，邓肯总是到处捡蜡烛头，这样，她便可以晚上看书了。邓肯小学的时候就读了许多书，尤其是文学作品。大量的阅读使小邓肯的眼界很开阔，这为她以后很好地理解艺术打下了扎实的基础。

邓肯像

邓肯很早便表现出极高的舞蹈天分。上小学以后，她总是召集许多同学到家中排练舞蹈。一次，母亲下班回家后，看到邓肯的小伙伴们都围坐在地上，邓肯正在给他们表演。小邓肯步伐灵便、舞姿优美，母亲都看呆了，于是便坐到一边给她伴奏起来。

邓肯喜欢跳舞，周围的很多人都知道。一次，母亲的一位朋友看过邓肯自编的舞蹈后向母亲建议："这个孩子在舞蹈方面很有天赋，应该送她到舞蹈学校学习，将来一定会有出息的。"母亲听了很高兴，在极度贫困的情况下，仍筹集了一笔学费，送13岁的邓肯到旧金山一个著名的舞蹈教师那里去学习。但邓肯只去了三次就告诉母亲自己不愿去学了。母亲很惊讶，同时也有些生气，便问她为什么会有这样的想法。邓肯便告诉母亲，老师教的舞蹈都是用脚尖跳出来的，这样跳舞不仅不美，而且非常丑，和自己理想的舞蹈不一样。听完邓肯的回答，母亲陷入了深深的思考，毕竟这次为送邓肯求学花了一笔不小的钱。然而她却没有责备这个富有个性的女儿，经过再三考虑她同意了邓肯的要求，并对女儿说："如果你认为自己的舞蹈才能真正表现自己，那么就勇敢地跳下去。孩子，自由地表现艺术的真理，也是生活的真理。"

在母亲的支持下，邓肯开始钻研自己的舞蹈方式。她对艺术的热爱到了痴狂的地步，她常常接连几个小时纹丝不动地站着，两手交叉地放在脑门，苦苦思索。在艺术面前，她表现出了比大人还要成熟的心智。一次，母亲看她这么辛苦，怕她"走火入魔"，便带她到郊外去散步。大自然中清新的空气、广阔的天地，让邓肯感到

邓肯和她的学生

邓肯为同时代的一流音乐家、艺术家和作家所推崇，是知识界的一份后迪力量，但她常常是思想较为狭隘者的攻击目标，她的思想超前于时代太远。她太过激烈地蔑视社会习惯，因而被广大人群认为是个鼓吹"自由恋爱"的分子。

无比的舒服，她开始自由自在地跳起舞来。她就像一只翩翩起舞的蝴蝶，舞姿自然而优美。灵感让她的舞步无法停止下来，母亲站在原地静静地看着女儿。好半天，邓肯终于停了下来，呆立了片刻，她对母亲大声地喊道："妈妈，我终于知道该怎么跳了！我终于找到自己理想中的舞蹈！将自己的心情自然地用身体表达出来，就是最成功的舞蹈！"这时的小邓肯对舞蹈艺术已经有了深刻的理解。

16岁那年，邓肯到芝加哥谋求发展。那时，刚好纽约大剧院的经理达利先生带领他的剧团来芝加哥大剧场演出。达利在当时是美国家喻户晓的人物，他被誉为"美国最喜好艺术、最有审美能力"的剧团经理。邓肯决定去见这位大人物。接连好几个下午和傍晚，邓肯站在剧场通往后台的门口，一次又一次将她的姓名通报给达利，求他接见。但是出来的人总是告诉她，达利先生太忙，没有时间。然而邓肯并没有气馁，她告诉自己一定要见到达利，这样才会争取到成功的机会。她一天天坚持着，终于到了第七天，达利被这个小姑娘不言放弃的精神感动了。他接见了邓肯，并看了她的舞蹈。达利非常欣赏邓肯的舞蹈才华，决定带她到纽约发展。

这年秋天，邓肯因为在纽约剧院的出色表演而一举成名，从此，邓肯拉开了现代舞的序幕。

名人逸事

受古希腊瓶绘和雕塑艺术的影响，邓肯创立了与古典芭蕾相对立的现代舞，其特点是动作自然、形式自由。邓肯开辟了抒情舞蹈的新领域，她运用当代或较早期的著名乐曲伴奏，主要作品有舞蹈《马赛曲》、贝多芬的《第七交响乐》、门德尔松的《春》和柴可夫斯基的《斯拉夫进行曲》等。她在舞蹈艺术中表现出的强烈的创新精神，影响了同时代的许多戏剧家、导演、画家、作曲家，因此人们称她为"现代艺术的先驱"。

· 20世纪最伟大的科学家 ·

爱因斯坦

爱因斯坦是一位科学天才,他的理论改变了我们对世界的认识。不仅如此,他还是一位深刻的思想家、一位不同寻常的人,他将一生都奉献给科学、自由、正义和平等。图中爱因斯坦目光炯炯,透射出智者的神情。

名人档案

生卒年　1879~1955年
国　籍　美国
出生地　(德国)乌尔姆城
性　格　正直、谦虚、睿智
身　份　科学家
家　庭　出身于犹太平民家庭。父亲是商人;母亲喜爱文学和音乐

爱因斯坦从小兴趣广泛,有强烈的求知欲和对新鲜事物的好奇心。他10岁时进了慕尼黑的路德波提中学,12岁时自学了欧几里得的几何学,13岁时就阅读了德国哲学家康德的著作。由于不满德国的军国主义教育,爱因斯坦在17岁时离开德国来到瑞士,考入苏黎世工业大学,主修数学和物理,1900年,以优异的成绩通过国家考试毕业。1903年,爱因斯坦同米列娃·马里奇结婚。

1905年,爱因斯坦在《物理学纪事》上连续发表了3篇科学论文,取得了科学研究的重大突破。一篇是讨论布朗运动的,用最有力的证据证明了分子的存在;一篇是发展普朗克的量子论的,提出了光量子的假设,他也因此获得了1921年的诺贝尔物理学奖;第三篇是《论运动物体的电动力学》,是爱因斯坦狭义相对论的第一篇,但在当时,他的相对论思想还没有几个人能够理解。就这样,爱因斯坦在不到一年的时间里在物理学的三个不同领域中取得了重大突破,这在科学发展史上是没有先例的,而他当时年仅26岁。此后,他先后被聘为苏黎世工业大学副教授、布拉格大学和瑞士联邦高等专科学校的教授。1911年,他在布鲁塞尔的一次科学大会上与居里夫人相识,得到了居里夫人的极高评价。1913年,爱因斯坦回到故乡德国,被选为普鲁士科学院院长和柏林大学教授,并担任了恺撒·威廉物理研究所所长。

1915年,在狭义相对论发表十年后,爱因斯坦终于发表了广义相对论。1916年,他完成了总结性的论著《广义相对论原理》,这本著作把哲学的深奥、物理学的直观和数学的技艺令人惊叹地结合在一起,被称为是20世纪理论物理学的巅峰。1916年,爱因斯坦又总结了量子论的发展,奠定了现代激光技术的理论基础。今天,相对论和量子论一起

名人逸事

有一次，一帮青年人问爱因斯坦什么叫相对论，爱因斯坦回答说："当你和一位漂亮的姑娘坐在一起呆上两个小时，你以为只有一分钟，可是当你在一个烧热的火炉上坐上一分钟时，你却以为是两小时。这就是相对论。"

传世名言

一个人的价值，应该看他贡献什么，而不应当看他取得什么。
——爱因斯坦

爱因斯坦于1921年获得诺贝尔奖的证书

成为了现代物理学中最主要的理论基础，是宇宙航行和天文学的主要理论依据。20世纪20年代后，爱因斯坦集中力量探索统一场理论，并在1929年发表了研究论文《统一场论》。希特勒上台后，纳粹政权疯狂迫害犹太人，爱因斯坦宣布放弃德国国籍，于1933年11月移居美国新泽西州的普林斯顿，在那里继续开展科学研究，于1940年加入美国国籍。

爱因斯坦在发表狭义相对论时提出的质能转换公式在1939年时已经不再是一个纯理论问题了，因为科学家们已经进行了从原子核裂变中获得巨大能量的实验，而德国在当时的原子能实验中居于领先地位。爱因斯坦对此深感不安，他在1939年给美国总统罗斯福写信，介绍了原子弹的巨大威力，敦促美国政府加快对原子弹的研究。爱因斯坦本想使原子弹成为一种威慑力量，但是当1945年8月6日第一颗原子弹在日本广岛爆炸时，爱因斯坦感到无限的悲

1933年爱因斯坦提出能量聚集的新理论，并邀请科学界的精英与记者一起参加他的学术论坛。

哀,并尖锐地指出原子弹作为战争武器会使人类灭亡的可怕后果。

1955年4月18日凌晨,爱因斯坦在睡梦中与世长辞,享年76岁。

· 不向命运低头 ·

海伦凯勒

海伦·凯勒像

1880年,海伦·凯勒出生在美国亚拉巴马州的塔斯喀姆比亚。小海伦在19个月大的时候因患猩红热导致双目失明,双耳失聪。从此,小海伦与有声有色的世界隔绝了。她面前只有无边无际的黑暗和死一般的沉寂。

名人档案

姓　名　海伦·凯勒
生卒年　1880~1968年
出生地　美国亚拉巴马州的塔斯喀姆比亚

生理上的缺陷使她不能与正常的孩子玩耍,不能倾诉心中的希望和要求。她的生活没有阳光,她的脾气越来越坏,有的时候异常暴躁。这时,家庭教师安妮·沙利文小姐来到了海伦身边。她开始教小海伦摸读盲文。但是她的印象总是不深刻。一次,她们路过水井房,沙利文老师把海伦的小手放在水管口上,让一股清凉的水在海伦手上流过,然后又在海伦的另一只手上拼写"水"这个单词。海伦露出甜蜜的笑容,原来"水"是这样清凉而奇妙的东西。她心中充满了前所未有的亢奋。

在沙利文老师的悉心教诲下,海伦学会了拼写"泥土"、"种子"等许多单词,还学会拼写自己的名字。一旦发现学习和生活的乐趣,海伦便不分昼夜,拼命摸读盲文,不停地书写单词和句子,像一块干燥的海绵吮吸着知识的甘霖。她是这样的如饥似渴,以至小手指都磨出了血。沙利文老师心疼地用布把她的手指一一包扎起来。就这样,海伦学会了阅读、书写和算术,学会了用手指"说话"。

知识打开了海伦的心扉,增强了她生活的勇气和信心。她有时在林中漫步,有时和朋友们在湖上泛舟。海伦10岁的时候,越来越强烈地想开口说话。父母为她请来了萨勒老师。萨勒让海伦摸清舌头、牙齿、嘴唇和喉咙的位置,以此体会发音的步骤和过程。这种完全靠触觉学说话的方法,其难度可想而知。但她"夜以继日地努力,反复高

名人逸事

　　写自传回忆从出生到现在的生命历程，真令我觉得惶恐不安，一道帷幕笼罩住了我的童年，要把它掀开，的确让我疑虑重重。

　　写自传本身是件难事，更何况童年已久远，至于哪些是事实，哪些只是我的幻觉想象，我自己也分不清楚了。只不过，在残存的记忆中，有些事情的发生，仍然不时鲜明地在我脑中闪现，虽然只是片断的、零碎的，但对于我的人生，却都有或多或少的影响。为避免冗长乏味，我只把最有兴趣和最有价值的一些情节，作一些陈述。

声朗读某些词语或句子，有时甚至要读几个小时，直到自己觉得读对了为止……"

1900年，海伦在沙利文的帮助下就读于马萨诸塞州剑桥女子学校，之后又进入剑桥的拉德克利夫学院。在大学期间她发表了第一本书《我生活的故事》，叙述了自己战胜病残的动人故事，不仅给盲人而且给成千上万的正常人带来了鼓舞。这本书先后被译成50种文字，在世界各国流传。大学毕业后，她决心向沙利文老师学习，为更多和自己一样不幸的人服务。她把自己全部的爱都倾注在残疾人身上。

1904年，海伦·凯勒以优异成绩毕业。此后她为许多杂志撰写文章。作为盲人，凯勒很难迅速整理大堆的材料，因为她无法及时有效地对照、检查这些手稿。有的时候，

海伦（右）与沙利文在一起

　　1887年3月，沙利文走进了海伦的生活，她的出现，成为海伦一生中决定性的转折。沙利文循循善诱，海伦不仅获得了知识、意识，还有对人生的理解，世界对于她不再是无边际的黑暗和恐惧。

写了几个小时之后必须停下来，到布瑞尔克利夫或其他什么地方去讲演。当她重新回到打字机旁时，原来的思路早就忘得一干二净。这个时候，她往往要重新思考写作的思路。先前所写的东西或许在后边能想起来一些，或许就完全忘记了。但凯勒凭借她那超强的毅力克服重重困难，不断著述，给后人留下大量生动感人的文字。比如，自传性小说《我所生活的世界》《从黑暗中出来》《我的信仰》《中流——我以后的生活》和《愿我们充满信心》，以及著名散文《假如给我三天光明》。在这些作品中，作者没有因为黑暗与寂静而表现出丝毫的抑郁，而是异常乐观，充满活力与理智。

1936年，安妮·沙利文逝世，波丽·汤普逊接替了她，很快成为海伦·凯勒的新朋友。凯勒后来成了卓越的社会活动家，她到美国各地，到欧洲、亚洲发表演说，为盲人和聋哑人的教育筹集资金。第二次世界大战期间，她又访问了多所医院，慰问失明的士兵，让他们鼓起生活的勇气。她的精神受到人们广泛的赞誉。

1964年，海伦·凯勒被授予美国公民最高的荣誉——总统自由勋章。次年又被选为世界十大杰出妇女之一。著名的传记作家范怀克·布鲁克斯为她写了传记。

· 用生命谱写"大陆漂移说" ·

魏格纳

魏格纳像

名人档案
姓　名：阿尔弗雷德·魏格纳
生卒年：1880～1930年
出生地：德国柏林

　　1880年11月1日，魏格纳出生于德国柏林。父亲是个探险爱好者，他年轻的时候去过很多地方。小魏格纳从小就喜欢听父亲讲他的探险经历，从父亲的口中，小魏格纳知道了世界上很多奇妙的地方，他梦想着自己有一天也能亲自到这些地方去看一看。父亲的书柜中有许多探险方面的书籍。魏格纳读书识字后，便开始翻阅这些书，在书中他认识了哥伦布、库克、约翰·富兰克林等许多探险家，他们的传奇故事震撼着魏格纳幼小的心灵，他下决心长大后，也要做个探险家。他把这个想法告诉了父亲。父亲拍着儿子的肩膀说："好孩子，有志向，不过要想当探险家必须具备两个条件：第一是丰富的科学文化知识，这样你才能解释你看到的东西；第二，必须有一个好身体，才能支撑你到达要去的地方。"

　　魏格纳暗暗记下来父亲的话。从那以后，他便努力读书、发狠锻炼自己的身体。为了掌握丰富的科学文化知识，魏格纳读了许多课外书。他读书范围很广，包括天文、地理、生物、哲学、历史等各方面的书籍。他读书非常投入，经常到了废寝忘食的程度。为此，同学们都喊他"书痴"。为了使自己有一个强壮的身体，魏格纳每天都花费很多时间来锻炼。天寒地冻的时候，他咬着牙穿着一件单衣在雪地里一跑就是几个小时；酷热的夏天，他背着十几斤重的沙袋步行，一走就是十多公里。

　　1900年，魏格纳以优异的成绩从中学毕业。他当时就想结束学业，参加一个北极探险队。后来，魏格纳到高中地理老师家去做客，把自己的想法告诉了老师。这位年近六旬的老人语重心长地对他说："孩子，人们探险的目的有很多种：有人是为了获得黄金、古董等奇珍异宝；有人是为了寻求刺激；还有人是为了人类的科学研究。前两者都是从个人的得失或喜好出发。只有后者是为了全人类的幸福，为了征服大自然。这三者，你选择哪一个呢？"听了老师的话，魏格纳愣住了，他以前可从没考虑过这样的问题。老师接着说："你的文化基础好，又很聪明，我希望你能继续上大学，以后做一个真正有益于社会的大探险

外国名人

家。"老师的一番话对魏格纳的触动很大,他经过再三考虑,决定选择第三者,继续学业,以后做个对人类科学事业有所贡献的探险家。

这一年,魏格纳进了柏林因斯布鲁克大学,学习天文和气象学。毕业后,他又跟随著名气象学家柯彭教授学习高空气象学,并于1905年获得了气象学博士学位。这时,有许多研究院高薪聘请他,魏格纳都一一回绝了,他要实现自己探险家梦想。1906年,魏格纳以官方气象学家的身份,应邀参加了丹麦一支著名的探险队,去世界第一大岛格陵兰东北部探险。这之后,魏格纳度过了两年异常艰辛的探险生活。探险经历中,他获得了大量珍贵的第一手的气象学、地质学资料,这些对他后来的"大陆漂移"学说的提出,起到了重要作用。

1910年的一天,魏格纳因风寒病躺在床上休息。不过他的大脑却闲不住,他看着对面墙上的世界地图不停的思索着。突然,他惊奇地发现,大西洋两岸,南北美洲的东海岸和欧洲、非洲的西海岸,轮廓非常的吻合,这边大陆突出部分和那边大陆的凹进部分形状几乎完全一样。这是怎么回事呢?这些大陆板块之间有什么渊源吗?难道他们以前是一体的吗?魏格纳的大脑兴奋起来,他再也躺不住了,便起身去查阅地质学、地理学资料。这之后,魏格纳,坚持不懈地研究着这个问题。1915年,他写出《海陆的起源》,系统地提出了"大陆漂移"学说。

"大陆漂移说"一提出,就引起地质学界顽固派的抵制。他们坚持"海陆规定说",认为这个看法证据不足,说它不过是"玩耍儿童七巧板的发明"。他们还组织了许多反对者和魏格纳辩论。面对巨大的压力,魏格纳没有退缩。为了找出坚实的证据,魏格纳组织了自己的探险队,到世界各地考察。为了研究事业,他长年累月在外奔波,健康状况受到了严重的损害。1930年4月,他第四次到格陵兰岛探险,10月份,在返回途中不幸遇到了暴风雪,在与风雪搏斗过程中心脏病发作,不幸殉职。

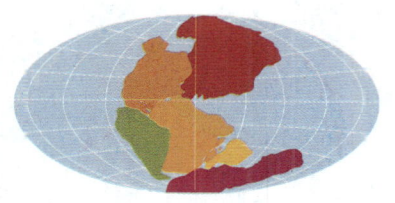

地球在两亿年前大概只有这一块联合大陆。

约在1.35亿年前,联合大陆沿着在赤道稍北的一条东西断层裂开了。

现今的地球有如上图。

这张5000万年后的地图是依循现有趋势绘出来的。

大陆漂移过程图示

魏格纳的"大陆漂移说"比较圆满地解释了大西洋两岸地形、地质构造、生物群落的相似性问题。

名人逸事

魏格纳的"大陆漂移说"认为:在中生代以前,全球只有一块大陆,称为泛大陆,泛大陆周围是广阔的泛大洋。大约在2.3亿年前的中生代开始,泛大陆开始分裂、漂移,"大陆漂移"的结果是,陆块泛大陆被分裂为几块大陆和许多岛屿,把泛大洋分割为四大洋和一些小海,就是今天地球的样子。魏格纳的"大陆漂移说",否定了自古以来人们一直认为大陆不变的观点,第一次成功地解释了地球上陆地和海洋分布现状的成因,为地质学研究开辟了新的道路;同时,它也为找矿、地震预报等提供了科学依据。

· 青霉素的发现者 ·

弗莱明

弗莱明兄弟8人,他是最小的一个。在他7岁时,父亲去世,坚强而乐观的母亲挑起了家庭的全部重担。16岁时,弗莱明因为家道中落而半途辍学,他不得不自谋生计,在一家船运公司做工,一干就是4年。1901年,他的生活有了转机——他获得了姑母的一笔遗产,能够继续完成学业。在哥哥的建议下,弗莱明选择了医学,并考上了帕丁顿的圣玛丽医学院,在1909年获得博士学位。毕业后,弗莱明留在圣玛丽医院,并参加了由免疫学界先驱阿尔姆罗斯·赖特博士直接领导的预防接种科。

第一次世界大战爆发后,弗莱明参加了皇家军医部队,参与研究并协助治疗伤员所患的传染病。在战场上,弗莱明深刻感受到了病菌带给伤员的伤害和痛苦,这促使他努力地研究消灭细菌的方法。1919年退伍后,弗莱明又回到了圣玛丽医院研究抗菌物质。1928年9月的一天早晨,弗莱明来到了实验室,像往常一样,开始逐个检查培养器皿中细菌的变化。一只长了一团团青绿色霉花的培养皿引起了他的注意。他仔细地观察了一会儿,发现了一个惊异的现象:在青色霉菌的周围,有一小圈空白的区域,原来生长的葡萄状球菌消失了。弗莱明马上又在显微镜下进行观察,结果发现,青霉菌附近的葡萄状球菌已经全部死去。他意识到,这种青霉菌具有灭菌能力。后来的进一步研究表明,青霉菌是当时发现的最强有力的一种杀菌物质,而且对动物无害。弗莱明把他发现的青霉菌称为青霉素(英文名Penicillin,直译为盘尼西林),于1929年6月在英国的《实验病理学》杂志上发表论文,公布了他对青霉素的研究成果。

当时青霉素还无法马上用于临床治疗,因为青霉素培养液中所含的青霉素太少了,很难从中提取足够的数量供治疗使用。后来,在牛津大学主

弗莱明在实验中

这位出身于平民家庭的医学家凭借自身的努力发现并提取出了青霉素,拯救了无数人的生命。至今,青霉素仍发挥着重要的作用。

名人档案

生卒年	1881~1955年
国　籍	英国
出生地	苏格兰艾尔郡
性　格	谦虚、细致
身　份	医学家
家　庭	父母都是勤俭而诚实的农民

传世名言

不要等待运气降临,应该努力掌握知识。

——弗莱明

持病理研究工作的澳大利亚病理学家弗洛里对弗莱明有关青霉素的论文产生了浓厚的兴趣,他联合了德国生物化学家钱恩等人,制成了少量的青霉素,并在动物的实验上取得了巨大成功。于是他们开始了批量生产青霉素的研究工作。1941年6月,弗洛里带着青霉素样品来到不受战火影响的美国,经过艰苦的努力,终于制成了以玉米汁为培养基、在24℃的恒温下进行生产的设备,用它提炼出的青霉素纯度高、产量大,很快就开始在临床应用。最先,青霉素只限用于抢救战争中的伤员,l944年,开始在英国和美国推向民用,而到1945年大战结束时,青霉素的使用已经遍及世界各地,拯救了无数人的生命。

青霉素的发现为弗莱明赢得了世人的尊敬和无上的荣誉。

1944年,英国皇室为了表彰弗莱明对人类做出的突出贡献,授予他爵士封号。1945年,弗莱明、弗洛里和钱恩三人,因为在发现和利用青霉素方面做出的杰出贡献,共同获得了诺贝尔生理学或医学奖。1955年,弗莱明与世长辞,享年74岁。

·现代艺术大师·

毕加索

由于受父亲的影响和教育,毕加索从8岁就开始学习绘画,而且还将自己画好的作品,悬在一家雨伞店的门口,供人欣赏。15岁时,毕加索考进了马德里的圣菲迪南多皇家美术学院。1898年,毕加索因为患上猩红热而退学,病愈之后,父亲送他去了巴黎。

1900年,毕加索在巴黎举办了首次画展,引起了法国画界的注意。1904年,毕加索定居巴黎。这一时期毕加索的画以蓝色为主,表达人的痛苦,这可能和他贫困的生活有很大关系。在和女画家奥利维埃生活在一起以

毕加索是20世纪最负盛名的画家,在他的一生中,献身艺术达80年,与整个20世纪现代艺术的发展相伴而行,为之做出了意义非凡的贡献。被人誉为"美术界的爱因斯坦"。此图为毕加索与弗朗索瓦在海滩游玩。

亚威农少女

毕加索通过几何体将人物变形，从而反映其内心情感的艺术手法简直慑人心魄，尽管这幅画的整个构思有其局限性，但仍然对20世纪的绘画史起了决定性的作用。

名人档案

生卒年	1881~1973年
国　籍	西班牙
出生地	马拉加
性　格	叛逆、多情、正直
身　份	艺术家
家　庭	出身于平民家庭，父亲是一位美术老师

后，虽然生活依旧贫困，但毕加索的作品的色调要明快了许多，进入"粉红色时期"——以玫瑰红为主调。代表作有《沙蒂姆邦克一家》《站在球上的少女》《拿扇子的女人》等。1908年以后，毕加索开创了"立体主义"的绘画风格，代表作品有《阿德尼翁姑娘》。他和另外一位法国画家布拉克画了许多风景和静物，追求形式上的奇异效果，努力从自然中抽调体积和空间，用一种小平面来表现物体。在此后很长的一段时间中，毕加索的画风不断发生变化，从立体主义到新古典主义，1925年以后，又变成了超现实主义。

1936年西班牙内战爆发后，毕加索积极参加反法西斯的社会活动，还把以卖画所得的40万法郎全部捐给西班牙共和国政府。1937年，德国法西斯空军对西班牙小镇格尔尼卡进行了长达3个多小时的狂轰滥炸，将小镇夷为平地。毕加索闻讯后非常的气愤，以这一事

毕加索身披画布，一派恺撒大帝的风度，在向观众展示自己的作品。

件为题材创作了他最著名的代表作——油画《格尔尼卡》。这幅画的色调是黑、白、灰三色,结合立体主义、现实主义和超现实主义的风格表现痛苦、不幸和兽性,画中抱着孩子的母亲、哭泣的女人、着火的房屋、死人的尸体、慌乱的牛、被矛刺穿的马等等,以深刻的内涵意义表达了对法西斯暴行的强烈抗议。德军占领巴黎后,毕加索仍旧留在巴黎,闭门谢客,潜心作画。同时,他积极参加反法西斯战争,以自己的画笔控诉法西斯的暴行。1944年巴黎解放后,毕加索举办了战时作品的大型展览,他本人作为象征抵抗精神的艺术家,获得了极高的荣誉。战后,他又特意为世界和平大会画了著名的《和平鸽》。

1973年,毕加索因病逝世,享年92岁。

· 美国历史上任职时间最长的总统 ·

罗斯福

罗斯福小时候经常随父母游历欧洲,从小就积累了不少的生活阅历。他14岁进入马萨诸塞州的格罗顿预备学校,18岁考入哈佛大学攻读政治、历史和新闻,1904年从哈佛大学毕业后,又进入哥伦比亚大学法学院学习法律。1905年,他与埃莉诺·罗斯福结婚,妻子成为他以后从政的得力助手。1907年,罗斯福从哥伦比亚大学法学院毕业,取得了律师资格,被一家律师事务所聘为律师。1910年,他以民主党候选人的身份当选为纽约州参议员,开始涉足政界。

1912年,罗斯福帮助威尔逊赢得了竞选的成功,他本人也因为出色的政治手段和组织才干在民主党中初露头角,并在次年被威尔逊总统任命为海军部助理部长,任职7年。1920年,他被民主党提名为副总统候选人,竞选失败后,他担任了一家保险公司的副经理。1921年夏天,他因为在很凉的水中游泳,染上了当时流行的脊髓灰质炎(小儿麻痹症),但他以坚强的毅力战胜了病魔。1928年,罗斯福成功竞选成为纽约州州长,第二年,美国爆发了严重的经济危机(大萧条)。罗斯福在纽约州采取了多种措

罗斯福是美国历史上一位伟大的总统,也是美国历史上唯一一位坐在轮椅上的、唯一一位连任四届的总统。他推行新政,帮助国家克服了经济大萧条;他领导美国参加反法西斯的战争,并为二战的胜利作出了伟大的贡献。

名人档案

生卒年 1882~1945年
国 籍 美国
出生地 纽约州的海德公园镇
性 格 睿智、坚强、积极
身 份 政治家
家 庭 出身豪门。父亲是美国民主党人士,自由主义者

珍珠港鸟瞰
　　拍摄于 1941 年 10 月 30 日，海军部队的部署可以清楚地看到，当时在右下角的舰队正在出海，而 1941 年 12 月 7 日的景象甚至更加平静，直至日本人开始了毁灭性的袭击。

施来救济失业工人、稳定社会秩序，在民主党人中的威信大增。1933 年 3 月 4 日，罗斯福就任美国第 32 届总统。一进入白宫，他就宣布实施旨在摆脱大萧条的"新政"，在 100 天的时间里，接连颁布了"紧急银行法"、"黄金储备法"、"国家工业复兴法"、"农业调整法"等 15 项重要法案，同时采取了大规模的以工代赈和改善社会福利等措施，终于使美国的社会经济走上正轨。1936 年，他再次当选为美国总统。

中途岛海战

　　1937 年，罗斯福在芝加哥发表了著名的"防疫演说"，指出"战争是会传染的……与战争地点距离遥远的国家或民族，也会被卷入战争的漩涡"。明确表达了他希望参加反法西斯战争的思想。二战爆发初期，虽然美国采取了中立政策，但罗斯福积极备战，并

名人逸事

　　罗斯福第四次连任美国总统后，一位记者问罗斯福有何感想，罗斯福笑而不答，却请记者吃一片三明治。记者很快就吃下去了，罗斯福请他再吃一片，记者觉得很是荣幸，又吃了一片。罗斯福又请他吃第三片，这使记者受宠若惊，他硬着头皮又吃下去了。这时，罗斯福微笑着说："现在已经不用回答您的提问了，因为您已经有了亲身的感受。"

迫使国会通过了一些有利于反法西斯国家的条款。1940年5月，不列颠战役爆发后，罗斯福在5个月的时间内，给英国送去了大量军火，成为英国实际上的盟国。1940年11月，罗斯福第三次当选为美国总统。此后，他发表了一系列重要谈话，最终摆脱了国内孤立主义的羁绊，使美国投身于世界反法西斯战场，成为世界反法西斯战争的中坚力量。1941年苏德战争爆发后，美国同苏联签订了租借议定书，给苏联支援了战争物资。同年，罗斯福与丘吉尔联合发表了《大西洋宪章》，奠定了世界反法西斯联盟的基础。

1944年10月，罗斯福打破了美国建国近二百年来的传统，第四次连任美国总统。但此时，他的健康每况愈下，心脏病、高血压经常发作。1945年4月12日，他在佐治亚温泉的小白宫画像时突发脑溢血与世长辞，享年63岁。

长盛不衰的"时装女皇"

香奈儿

1883年8月19日，香奈儿出生于法国西南部的小镇索缪尔。香奈儿的父亲是小批发商，母亲是个心灵手巧的裁缝。香奈儿4岁的时候，父亲就遗弃了她们母女。从那以后，香奈儿就和母亲相依为命。为了养家糊口，母亲四处找活，给别人做衣服挣钱。香奈儿从小就聪明好学，她喜欢看母亲缝制衣服，总是守在母亲跟前问这问那。稍大一些了，她就自己找来废报纸，学着母亲的样子在报纸上裁制"衣服"。她做的衣服总是像模像样，别人看了之后，总是惊讶地向母亲夸赞说："你家香奈儿真聪明，以后一定会成为一个好裁缝！"每当这时候，小香奈儿都神气地说："我长大后要做全世界最好的裁缝！"

不过，不幸的事又发生了。香奈儿10岁的时候，母亲得重病离开了人世。小香奈儿被送进了当地教会办的孤儿院。孤儿院的生活几乎是与世隔绝的，香奈儿在这里生活得十分压抑。她每天都必须很早就起床干活，一整天的工作都非常繁重，而且干活的时候一旦出现错误，就要受到体罚。不过孤儿院每周有老师定期教孩子们读书写字，小香奈儿非常爱学习，读书成了她生活中唯一的快乐。

12岁那一年，香奈儿进了孤儿院开办的制衣厂干活。小香奈儿很高兴能做缝制衣服的工作，干起活来非常起

香奈儿像

名人档案

姓　名　加布里埃·香奈儿
生卒年　1883～1971年
出生地　法国西南部小镇索缪尔

劲。这段时间她遇到了善良的新格丽老师。新格丽老师是工厂的制衣师傅，她读过一些书，而且富有同情心。她非常喜欢聪明好学的香奈儿，总是格外耐心地将自己的裁缝经验传授给她。小香奈儿学制衣服十分用心，她兜里总是放一个小本子，老师讲的东西她都要记下来，以便以后翻看。她还设法找来许多报纸，自己学着设计服装。每设计一款样式，她都要拿给新格丽老师看，让老师给她指出问题。有了自己的努力，再加上老师的指点，香奈儿的制衣技术有了很大提高。

日益长大的香奈儿想独自去闯荡世界。15岁时，她离开了孤儿院，来到离家乡较远的繁华的穆兰小镇。香奈儿在镇上一家有名的服装店找了一份工作。这家服装店里，有许多经验丰富的裁缝师傅，他们做的衣服样式都很新颖。香奈儿决心要学一流的裁缝技术，她总是虚心向师傅们请教，晚上回家后就自己绘制图样，那段时间她每天都很晚才睡。本来基础就很扎实，再加上勤奋好学，香奈儿的才华很快就表现了出来。半年以后，她就被提拔为服装设计师。

这期间，香奈儿认识了当地的富家子弟艾蒂安·巴尔桑，两人一见钟情，坠入爱河。1903年，香奈儿随艾蒂安·巴尔桑来到巴黎。巴黎是世界知名的大都市，

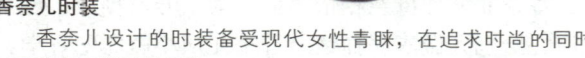
香奈儿时装
香奈儿设计的时装备受现代女性青睐，在追求时尚的同时，又不失自己独特的品位。

香奈儿非常喜欢这里的文化氛围和繁荣景象，她下决心要在这片土地上闯出一片天地。对服装十分敏感的香奈儿，很快找到了自己的努力方向。她经常流连街头，细心观察，研究过往行人的衣着，她发现巴黎妇女们的着装穿戴毫无时代感。她决心要当巴黎时装界的一名勇敢的拓荒者。于是她把这个想法告诉了男友艾蒂安·巴尔桑。当时男友并不理解香奈儿的雄心壮志，他不愿意让香奈儿经常抛头露面。两人总是发生争吵，最后不得不分手。

和男友分手以后，香奈儿的日子过得十分艰难，为了挣钱养活自己，她四处奔波。一次偶然的机会，香奈儿结识了家世良好的军人卡佩儿，卡佩儿十分欣赏香奈儿的独立精神，出资帮助她开了一家帽子店。香奈儿的帽子店在繁华的坎朋街。善于经营的香奈儿以低价购进了一批过时、滞销的女帽。她把帽子上俗气的饰物统统拆掉，改制成时尚大方的新式帽子。

名人逸事

"当你找不到合适的服装时，就穿香奈儿套装。"这句至今仍在欧美女性中流传的经典名言，足以表现出香奈儿服装品牌的实力。突破传统，抛弃束缚，是香奈儿设计服装的一贯原则。然而香奈儿服装在追求时尚的同时，又不会失去其独特的品位。如象征纯洁与光明的山茶花，是香奈儿服装王国中的"国花"，它经常被运用在服装布料图案上；如典雅白色是香奈儿最钟爱的颜色。

新式女帽很受巴黎妇女的欢迎，她们将这种新颖的帽子称为"香奈儿帽"。香奈儿很受鼓舞。后来，她又将帽子店改为服装店，出售自己设计的服装。香奈儿设计的服装简洁、新颖，与巴黎传统的陈旧繁琐的服装样式形成了鲜明的对比。她很快成为巴黎服装界备受关注的人物。她设计的"穷女郎时装"、"香奈儿露膝裙"、"喇叭裤"等时装备受巴黎妇女的青睐。

后来，香奈儿扩大了自己的经营规模，将自己的服装推向了世界各地，从20世纪初到20世纪70年代，香奈儿在世界时装界独占鳌头60年之久，被人们称为"时装女皇"。

· 电影喜剧大师 ·

卓别林

卓别林2岁时，父母离异，他和母亲以及一个同母异父的哥哥相依为命。他小时候当过流浪儿、小听差、学徒，生活得十分艰辛。然而，卓别林很有表演天赋，能歌善舞，不到10岁时就参加了"兰开夏八童伶剧团"，随团在英国多次巡回演出。

1907年，卓别林被卡尔诺剧团录用，他的第一场演出就获得了观众的热烈欢迎。卓别林刻苦训练、精益求精，他的节目始终保持着古典幽默剧优良传统，并逐渐形成了独特的哑剧风格。1910年，卓别林随剧团第一次到美国演出，在《英国杂耍剧场的一个晚上》和《哑鸟》等剧中，卓别林担当戏剧演员的头牌，获得了美国观众的热烈喝彩。1912年，他又在美国作第二次演出，名气也越来越大。1913年，他和美国制片商签订了合同，开始在美国拍摄电影。1914年，他的第一部电影《谋生》问世，这一年，他一共拍了35部短片，并自编、自导了其中的21部。从此，一个头戴小圆礼帽、留着刷子一般的胡子、手拿文明棍、摆着两条肥裤腿、一拐一拐迈着鸭子步的流浪汉夏尔洛进入了观众的视界，并成为世界电影史中最著名的角色之一。夏尔洛善良正直、纯朴憨厚，但在弱肉强食的资本主义社会中却受尽侮辱和打击，他的喜剧性遭遇在带给观众丰富的

名人档案
生卒年　1889~1977年
国　籍　英国
出生地　英国伦敦
性　格　睿智、深刻、正直
身　份　艺术家
家　庭　出身于演员家庭。父母都当过演员

查理·卓别林像

《寻子遇仙记》的宣传海报

感官感受的同时，也不禁引起人们对诸多社会不平等现象的思考。

19世纪20年代，卓别林先后拍摄了许多著名影片，如《寻子遇仙记》、《淘金者》、《城市之光》等，这些影片都深刻地描绘了小人物在大社会中的坎坷生活经历。在《摩登时代》中，夏尔洛成了一个在传送带旁被上足马力工作的"机器"，他为了保住工作，拼命工作，但最后却精神失常，被送进了疯人院。病愈之后，他也失业了。卓别林的这部影片不仅思想深刻，在演技上也达到了炉火纯青的地步。1940年，卓别林在纽约首次公映了讽刺战争狂人希特勒的影片《大独裁者》，以自己的独特方式表达了对纳粹德国的憎恶和反感。

战后，卓别林因为一部谴责战争贩子和军火商的电影《凡尔杜先生》得罪了美国政府，因而受到了迫害，《凡尔杜先生》在很多美国大城市被禁止放映。1952年9月，卓别林带着家眷去欧洲参加《舞台生涯》的首映礼，当轮船横渡大西洋时，收音机广播了美国司法部的声明，拒绝卓别林再次进入美国。卓别林后来移居瑞士。

1954年5月，在柏林召开的世界和平理事会宣布，鉴于卓别林"丰富多彩的活动对和平事业及各国人民之间的友谊做出了特殊贡献"，决定颁发给他

> **传世名言**
>
> 人必须相信自己，这是成功的秘诀。
>
> ——卓别林

卓别林一生风流，且用情不专，直到后来，他才放弃了不羁的生活。此图描绘了卓别林与情人及好友在一起的情形。

国际和平奖金。1966年，卓别林在伦敦拍摄了他的最后一部影片《香港女伯爵》。1977年12月25日，卓别林在瑞士与世长辞，享年88岁。

· 法兰西第五共和国的缔造者 ·

戴高乐

戴高乐的父亲曾经参加过普法战争，具有强烈的民族主义感情，这深深地感染了戴高乐。1909年，戴高乐考入法国著名的圣西尔军事学校，开始了自己的军人生涯。1912年毕业后，戴高乐来到贝当的团里任少尉，并在次年晋升为中尉。1914年8月，第一次世界大战爆发，戴高乐也随团参战。战争期间三次负伤，在1916年被德军俘虏，直到一战结束后才获得自由。

回到法国的日子里，戴高乐曾在圣西尔学校担任过军事史教师，当过贝当元帅的幕僚，还写过《剑刃》、《建立职业军人》等军事理论书籍。1921年，他同旺德鲁结婚。1939年9月第二次世界大战爆发后，戴高乐任法国第五军的装甲司令。德军入侵法国后，他指挥第四装甲师奋力抵抗，但没能挽回败局。1940年6月17日，贝当元帅下令法军停止抵抗，宣布投降。但是在第二天，法国人民从收音机里听到了另外一种声音："我是戴高乐将军，我现在在伦敦……无论发生什么事，法国抵抗的火焰不能熄灭，也绝不会熄灭。"戴高乐迅速成为了处在屈辱、痛苦中的法兰西民族的希望。

戴高乐在伦敦组织"自由法国"运动，并积极筹建武装部队。1943年，在罗斯福与丘吉尔的安排下，戴高乐与另一支抵抗力量的首领吉罗将军共同组成了法兰西民族解放委员会。次年，成立了以戴高乐为首的法兰西共和国临时政府。1944年8月24日，戴高乐随盟军进入巴黎。戴高乐随即改组了临时政府，把军权、政权掌

二战期间，戴高乐成为"自由法国"的领军人物，同英、美、苏等盟国一起，打败了强大的纳粹德国，并于1958年主持成立了法兰西第五共和国。

名人档案

生卒年	1890~1970年
国　籍	法国
出生地	里尔城
性　格	果敢、顽强、固执
身　份	政治家
家　庭	出身于市民家庭。父亲是哲学教师；母亲是天主教徒

1944年6月解放后,戴高乐将军凯旋法国,受到国人的热烈欢迎。

握在自己手中。但是,由于法国各派矛盾的激化导致了政府危机的出现,戴高乐在1946年初宣布辞职。后来,他写了《战争回忆录》一书。1958年,法兰西第四共和国陷入危机,戴高乐重新出山,当选为总统,成立了法兰西第五共和国。戴高乐在法国总统任内,致力于恢复法国的大国地位。他敢于同超级大国美国进行针锋相对的斗争,坚持发展法国的独立核力量,拒绝美国的"多边核力量计划";他主张欧洲的联合,提出"欧洲是欧洲人的欧洲"的口号,而法国也成为第一个退出北大西洋公约组织的欧洲国家;他重视新中国的国际地位,不顾美国的反对,在1964年同中国建立了外交关系。

戴高乐连任两次,当了10年法国总统,在1969年因为国内严重的危机被迫辞职。1970年11月19日,他因为心脏病突发逝世,享年80岁。

名人逸事

1962年8月22日,戴高乐乘坐的雪铁龙车曾遭到法属阿尔及利亚拥护者的袭击。雪铁龙车身受损严重,两个轮胎爆裂,变速箱坏了,玻璃也碎了,留下了14处弹痕。所幸的是,戴高乐本人安然无恙。他幽默地说:"他们真是不会开枪。"

战争后期,德国在欧洲战场上已趋于守势,在盟军的强大攻势下,德军节节败退,图为法国飞机在战场上猛轰德军阵地。

·肯德基的创始人·

哈兰·山德士

哈兰·山德士1890年出生于美国印地安那州亨利维尔的一个农庄,家境很一般。他6岁那年父亲去世,不久母亲改嫁。山德士和继父的关系不好,家里的空气憋闷无比,山德士决定换个环境。他先是来到格林五德的一家农场做工,此后他又做过粉刷工、消防员、保险推销员等工作,但都没有多大起色。

40岁的时候,哈兰·山德士来到肯塔基州,开了一家加油站,兼营炸鸡。这就是闻名于世的肯德基炸鸡的雏形,由于味道鲜美、口味独特,客人们交口称赞。后来炸鸡生意超过了加油站,于是山德士在马路对面开了一家山德士餐厅专营炸鸡。以后的几年,他边经营、边研究炸鸡的特殊配料(含11种药草和香料,使炸成的鸡表皮形成一层薄薄的、似乎未烘透的壳,鸡肉湿润而鲜美)。至今,这种配方还在使用,但调料已增至40种。而这就是肯德基炸鸡最重要的秘密武器。

到1935年,山德士的炸鸡已闻名遐迩。肯塔基州州长鲁比·拉丰为感谢他对该州饮食做的特殊贡献,正式授予他上校的荣誉称号。随着生意蒸蒸日上,他又在饭店旁建了一座汽车旅馆。为很好地解决以后面对的饭店管理问题,他专门到康乃尔大学学习旅店管理课程。随着山德士餐厅的名声越来越大,炸鸡供不应求。1939年,山德士发明了一种独特的炸鸡方法,大大缩短了炸好一只鸡所用的时间。他用压力锅炸出更加美味的炸鸡,至今肯德基炸鸡仍使用这种妙法。时间短、味道好的炸鸡使山德士的生意更加红火。

名人档案
生卒年	1890~1980年
国籍	美国
出生地	美国印地安那州亨利维尔
性格	顽强拼搏、老当益壮
家庭	出身于农民家庭

山德士一身白色西装,满头的白发和山羊胡子的典型形象,早已深入人心,成为肯德基国际品牌的最佳象征。

后来,肯塔基州政府最后确定并向大众公布了新建跨州公路的计划,山德士餐厅所在地被征用。这一下子打乱了山德士所有的计划,他的雄心和热情降到冰点。

1897年年仅7岁的哈兰·山德士已经掌握20种地方菜肴的烹制。

1930年哈兰·山德士研制成了有11种调料的炸鸡配方。

1939年哈兰·山德士的餐厅生意兴隆，他炸出的美味吮指炸鸡吸引了大量的顾客。为表彰他在餐饮业上的突出贡献，肯塔基州州长特别授予他上校的荣誉称号。

他变卖资产以偿还债务，而所得的款项只相当于公路通车前总资产的一半。为了偿清债务，他用光所有积蓄，从人人尊敬的富翁变成了一文不名的穷人。这时的哈兰·山德士已经66岁，所能依靠的只有每月105美元的救济金。

但哈兰·山德士并不想就此了却一生，经过慎重考虑，他决定第二次创业。不久，身穿白色西装，打着黑色蝴蝶结，一身南方绅士打扮的白发山德士上校停在从肯塔基州到俄亥俄州的每一家饭店兜售炸鸡秘方。开始的时候，没有人相信他。山德士的宣传工作做得很艰难，整整两年，他被拒绝了1009次。在1010次走进一家饭店时，他终于得到一句"好吧"的回答。有了一个人，就会有第二个人。在山德士的坚持之下，他的想法终于被越来越多的人接受了。1952年，盐湖城第一家被授权经营的肯德基餐厅建立，这便是世界上餐饮加盟特许经营的开始。哈兰·山德士的业务像滚雪球般越滚越大。

1964年，年轻律师约翰·布朗和60岁的资本家杰克·麦塞等人组成的投资集团被山德士的事业深深打动。他们用200万美元买下此项事业。74岁的哈兰·山德士把接下来的事业交给下一代去做。伴随着富于进取的新经营管理人员的加盟，在美国快餐业迅速发展的大背景下，肯德基炸鸡以惊人的速度发展。山德士的一生是典型的美国传奇，他为肯德基付出了毕生的心血和努力，才造就了今天全球最大的炸鸡连锁集团。

1980年，哈兰·山德士上校因白血病不幸逝世，享年90岁。他的遗体曾一度安放在州议会受人们瞻仰。他虽然离去了，但他创立的炸鸡事业给肯塔基州带来了永恒的魅力。人们可以不知道肯塔基州，但不能不知道肯德基炸鸡。

名人逸事

哈兰·山德士6岁那年，父亲去世，母亲离开他们到外地谋生。小山德士不得不担负起照顾3岁的弟弟和襁褓之中的妹妹的责任。迫于生活的压力，山德士在7岁时就成了会烧20个地方菜的能手。

·永不言败的硬汉作家·
海明威

少年时期的海明威身体强健、精力充沛，在校园生活中非常活跃，既是学校游泳队和足球队的队员，又是校刊的编辑和乐队的大提琴手。

1917年中学毕业后，海明威到堪萨斯市的《星报》做记者。第一次世界大战末期，海明威参加了红十字会救护队，奔赴意大利战场，不仅经历了残酷的战争场面，还身负重伤，从他身上先后取出来的弹片，总计有237片之多。海明威也因为作战勇敢，获得了美国和意大利勋章。1921年，他与哈德莉·理查德结婚。同年12月，他担任加拿大《多伦多明星报》的驻巴黎特派记者。在巴黎期间，他结识了著名作家斯坦因等人，他们鼓励他努力使自己成为一名真正的作家，而他也深深受到了这些"迷惘的一代"作家们的早期思想的影响。在巴黎的这一时期，海明威通过坚持不懈的努力，逐步形成了含蓄和精炼的创作特色。

1922年，海明威返回多伦多。次年，他的第一部著作《三个短篇和十首诗》问世，显示出杰出的创作才能。整个20年代，海明威发表了短篇小说《在我们的时代里》(1924)、《没有女人的男人》(1927)和长篇小说《太阳照样升起》(1926)、《春天的激流》(1926)以及《永别了，武器》(1929)。《太阳照样升起》是海明威的成名之作，描写了一群参加过第一次世界大战的青年人在战后欧洲的生活情景，他们精神苦闷、心灵空虚，以放荡不羁的生活来解脱自己精神上的痛苦。小说一经出版，就成为当时的畅销书，引起了青年人的共鸣，成为"迷惘的一代"

海明威是美国小说、短片故事作家，他一直被认为是20世纪最杰出的作家之一，我们不难发现的是，其现实生活与其虚构作品中同样充满着战争、运动、斗争、饮酒、旅游及爱情，然而这些活动并未掩盖其写作的技巧。

名人档案
生卒年　1899~1961年
国　籍　美国
出生地　芝加哥郊区
性　格　坚强、豪放、爱冒险
身　份　文学家
家　庭　出身于平民家庭。父亲是医生，母亲曾当过教师

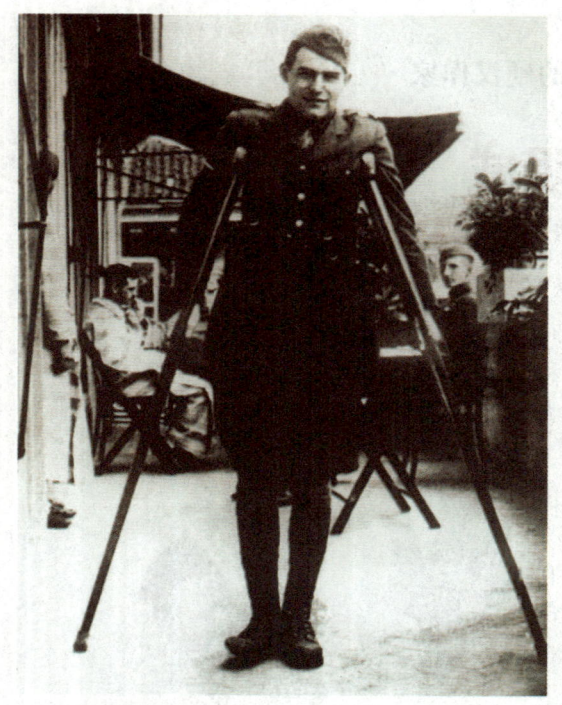

一战时期的海明威

年轻的海明威在米兰美国红十字会医院治疗在战争中留下的创伤,几十年后这位崇尚硬汉精神的美国作家因无法承受肉体和精神的双重折磨,用猎枪结束了自己的生命。

的典范之作,很快被译成多种文字并被拍成了电影。《永别了,武器》是海明威早期的另一部代表作品,该书一出版就销售了10多万册,并被好莱坞以最高价买去了拍片权。西班牙内战爆发后,海明威曾经4次前往西班牙,不仅报道战况,而且与民主两派并肩作战。1940年,他出版了以西班牙内战为背景的《丧钟为谁而鸣》(《战地钟声》),再次给自己带来了巨大的声誉。到1941年,海明威的著作在全世界的销售量已经超过了100万册。

四五十年代的海明威是媒体关注的焦点,他的多部著作被拍成电影,而他本人也被媒体塑造成豪放粗犷的传奇式人物。海明威从他的第一部短篇小说集《在我们的时代里》起,就一直在追求一种永不屈服的硬汉子精神,这在《老人与海》一书中得到了极致的体现。该书出版于1952年,在两年的时间内为海明威赢得了普利策奖、美国学院奖和诺贝尔文学奖。

海明威一生豪放,以"硬汉子"的风格著称于世,但晚年身体状况的不断恶化却使他身心疲惫。1961年7月2日,海明威在家中用猎枪结束了自己的生命,享年62岁。

·东方美的现代探索者·

川端康成

川端康成幼时的命运是孤苦而悲惨的,3岁的时候,父母相继去世,他在祖父家里长大,祖父家没有什么经济来源,生活贫苦。孤独而贫困的生活反而激发了川端康成的潜力,他从小就非常努力地读书,到小学高年级的时候,已经读遍了学校图书馆中的书。1915年,他以优异的成绩考进了大阪府的茨木中学,在学校里阅读了大量的日本古典名著,并开始向一些刊物投稿。1920年,他考入东京帝国大学文学系攻读英语并兼修日本

名人档案

生卒年	1899~1972年
国 籍	日本
出生地	大阪市
性 格	孤僻、任性、忧郁
身 份	文学家
家 庭	出身于平民家庭

文学。1924年大学毕业后，他开始了自己的文学创作生涯。

川端康成与一些作家共同创立了《文艺时代》杂志，掀起了被称为是"新感觉派"的文学创作浪潮，希望用文艺来取代传统宗教在人民心中的地位，创造新的审美境界。1926年，他发表了成名作《伊豆的舞女》。这部小说以明朗、清新的笔调非常细致地刻画出了少男少女之间纯真的情谊，出版后获得了广泛的好评，1965年，在川端康成去过的伊豆半岛还专门建立了一座"伊豆的舞女"纪念碑。

这是日本于2000年发行的带有大江健三郎（左）与川端康成的邮票。

1935年，川端康成开始撰写他最著名的作品《雪国》。这是一幅关于20世纪30年代末日本艺妓的生活画卷，通过描写一个叫岛村的男人和艺妓驹子及叶子之间的感情纠葛，反映出生活在社会底层的妇女的悲惨处境和她们对理想生活的向往与追求。这部20世纪的世界文学名著，虽然只有10万字左右，却花费了12年的创作时间。小说的情节跨越了日本战前和战后的两个时代，具有巨大的艺术感染力，曾先后被译成英、德、法、意大利、瑞典、芬兰等多国文字。1949年，川端康成开始发表小说《千羽鹤》，历时两年，并在1951年获得日本艺术院奖。1957年，他当选为日本艺术院会员，并获得艺术院奖金和日本政府颁发的文化勋章。1962年，川端康成的又一部力作《古都》问世。这部小说以独特的创作风格把日本的传统文化与山川美景融入到主人公的生活之中，显示出作者对美的无限留恋和追求。

1968年10月18日，川端康成凭借在《雪国》、《千羽鹤》和《古都》等著作上取得的突出成就获得了诺贝尔文学奖，成为继印度的泰戈尔之后第二位获得该奖的亚洲作家。在颁奖仪式上，川端康成发表了《美丽的日本和我》的演说，阐述了他认为与西方不同的东方文学艺术的审美体验。

川端康成的创作

1924年，川端康成与横光利一等同窗好友创办了刊物《文艺时代》，他们欲使日本的旧文学走上全新的道路，这标志着日本文学史上著名的"新感觉派"的诞生。下图为1927年杂志社骨干人员在各地召开"文艺春秋"动员演讲会而聚首时的情景。右二为川端康成，中倚坐者为横光利一。

名人逸事

川端康成的一生经历了很多不幸:2岁丧父,3岁失母,7岁时祖母身亡,11岁时仅有的一个姐姐离世,16岁时祖父又逝世。他不仅接二连三地为亲人披孝送葬,即使是辗转寄宿在亲戚家中,也不断地碰上亲戚的丧葬。有一年暑假,川端康成就参加了一次丧礼,又为中学的英文教师和一位好友送殡,所以他的表兄就送他一个"参加葬礼的名人"的绰号。

川端康成,日本小说家,1968年获得诺贝尔文学奖,评语恰如其分:以敏锐的感受,高超的叙事技巧,表现了日本人的精神实质。上图即为他接受诺贝尔文学奖时的情景,前面右一即为川端康成。最上面图为1999年日本发行的带有川端康成头像的邮票。

风格除了受到日本古典文学的影响外,还颇受佛教禅宗的影响。他在《文学的自传》中曾经指出:佛教是世界上最大的文学,但佛教经典在他而言并不是宗教的训条,而是他创作的思想源泉。

诺贝尔奖给川端康成带来了巨大荣誉,也给他造成了无尽的烦恼。对于大批涌来的慕名者,他心里十分厌恶,于是经常对夫人发脾气说:"家里并不是旅馆,我也不是为客人活着的。"

1972年4月16日,川端康成口含煤气管自杀,没有留下只字遗书。但他早在1962年就说过:"自杀而无遗书,是最好不过的了。无言的死,就是无限的活。"

· 从乐观开朗的"报童"开始 ·

迪斯尼

1901年,迪斯尼出生于芝加哥城,他在家排行第四,有三个哥哥、一个妹妹。迪斯尼的父亲是一名木匠,自己经营农场,还建造房屋出售,家里的生活还比较富裕。不过由于家里人多,生活压力比较大,父亲的脾气十分火暴。迪斯尼的母亲是温柔善良、心灵手巧的人,她经常教孩子画画。

在母亲的影响下,迪斯尼从小就对绘画比较感兴趣。小迪斯尼画画非常有创意,经常突发奇想画一些东西,而且画出来的东西总是得到母亲的夸奖。6岁时,有一天,父母和三个哥哥都出门了,家里只剩下他和妹妹两个人。迪斯尼带着妹妹在屋里瞎翻,后来找到了一大桶焦油,他经常听别人说起油画,便产生了用焦油画画的想法。于是他让妹妹给他当助手,在他们家

名人档案

姓　名　奥尔特·迪斯尼
生卒年　1901~1966年
出生地　美国芝加哥

房子的外面墙壁上画满了图案，有小猫、小狗、还有冒着浓烟的房子。迪斯尼画得正起劲的时候，父亲回来了，看到好好的墙上涂满了这么多东西，十分生气，将迪斯尼狠狠地训斥了一顿。迪斯尼从此虽然不敢再往墙上乱画了，但画画的兴趣一点也没减。

7岁的时候，迪斯尼上小学了。他一点也不喜欢老师讲的内容，学习成绩很不好。不过他一直对绘画有浓厚的兴趣，这段时间迪斯尼还喜欢上了音乐和电影。也是在这一年，父亲建造的房子赔了钱，农场又歉收，于是父亲便将农场卖了，带着全家来到堪萨斯市谋生。父亲在城里找了一份卖报纸的工作，为了更快地赚钱改变家里的情况，他一口气承揽了700份的投送差使。父亲让家里的孩子早晨上学之前都帮他送报纸，他这段时间的脾气尤其不好，动不动就训斥孩子们。因为难以忍受父亲的严厉和专制，三个哥哥都离家出走到外地谋生去了。哥哥们走后，送报纸的大部分工作到落在了迪斯尼和妹妹身上。

迪斯尼像

7岁的迪斯尼，每天早上3点半就得起床，他先得走很远的路去领当天的报纸，然后得赶在上学前将报纸全部送出去。他每天都得走上几十里路，而且不管刮风下雨都必须坚持送报，有时候出了差错还要挨父亲的责骂。每天送完报纸还要去上学，小迪斯尼整天累得筋疲力尽，终日哈欠连天。这样的日子过了6年，迪斯尼不但没有被压垮，还在艰苦的生活中养成了坚强乐观的性格。在送报之余，他还保持着自己绘画的爱好。平常只要有一点空闲时间，迪斯尼便找来杂志照着上面的图画画。他尤其喜欢漫画，他愿意将自己生活中的喜乐表现在漫画中。迪斯尼在绘画上很有天赋，再加上他善于观察、勤于动笔，时间长了画技有了很大提高。迪斯尼上中学的时候，因为画画得好，还做了校刊的绘画编辑，并兼搞摄影。他感觉自己越来越离不开绘画了，下决心以后一定要做个画家。

1919年，迪斯尼中学毕业，父亲让迪斯尼去果冻厂工作，迪斯尼不肯去，他想找一份和绘画有关的工作。

迪斯尼公司最著名的动画形象——唐老鸭和米老鼠

这两个动画形象早已深入人心，给无数人的童年带来欢笑。

名人逸事

美国迪斯尼游乐园堪称"现代游乐场所的奇迹"。它建于20世纪50年代,整个游乐园共有30多个参观项目。游乐园里布满各种模型,有美国西部开垦时期的市镇,有中小型的欧洲中古城市,有风格独特的欧美古堡和盛行于18世纪的画舫,有藤萝交织的热带原始丛林和芦苇夹岸的河汊,有亭台、楼阁、溪流、瀑布、雪山等园林山水,有火箭、飞机、双层公共汽车、吊车、火车、马车等游乐交通工具。园中还有模拟中国天坛兴建的中国馆,馆中的祈年殿是个立体电影厅,厅中常年放映中美合拍的电影《中国奇观》。但在众多奇特的设计中,也有单纯寻求刺激的"闹鬼之屋",鬼屋阴气袭人,鬼影憧憧,惨叫百出,令人毛骨悚然。

迪斯尼游乐园以其丰富多彩的内容吸引了世界各地的游客前来参观,每天来此游玩的人达4万之多。

后来经人介绍,他到当地一家广告公司当学徒。由于做事认真而且在工作中有许多创新,迪斯尼得到了老板的赏识。后来老板便让他和一个摄影师学习动画制作。迪尼斯十分珍惜这样的学习机会,他总是虚心向师傅请教,有时为了学会一步程序经常很晚才回家。经过不懈的努力,他很快学会了动画制作的全过程。他还不断的钻研,不断改进制作方法,使得自己的动画作品有了更真实的效果。但不久这家广告公司因经营不善倒闭,迪斯尼也失业了。

此后迪斯尼的日子过得很艰辛,为了生活他四处奔波。但他却从没有放弃自己的绘画创作,1922年,迪斯尼创作了出米老鼠系列卡通故事,后来他将自己的作品寄给了当时纽约动画片发行人温克勒小姐。他出色的作品立刻得到这位热情的女发行人的肯定。后来他又创作出白雪公主、高飞狗等一系列受人欢迎的卡通形象,创办了"迪斯尼兄弟制片厂"和举世闻名的迪斯尼乐园。迪斯尼通过自己不懈的努力,实现了自己的人生价值,也为世界娱乐事业做出了巨大贡献。

·第一座核反应堆的设计者·

费 米

名人档案

生卒年　1901~1954年
国　籍　美国
出生地　(意大利)罗马
性　格　正直、谦虚、勤奋
身　份　科学家
家　庭　父亲是铁路局的局长,母亲是小学教师

费米出生后,由于家庭负担太重,被父母送往乡下抚养。在3岁时回到父母身边后,他和大他一岁的哥哥成了形影不离的玩伴,他们把大部分时间都用在了学习物理知识、制作电力发动机和飞机模型上面。不幸的是,他的哥哥在15岁时去世。1918年,费米考进意大利的最高学府比萨大学,在大学的第一年,就弄懂了爱因斯坦的相对论。1922年,他获得了博士学位。之后,他去了德国的格丁根大学随M·玻恩工作,后来又去了荷兰的莱顿大学随P·厄任费斯托工作。

1924 年，费米返回意大利，先后在罗马大学、佛罗伦萨大学任教。这时，他在量子论上有了新发现，即在同样的量子里并没有两个电子存在。1927 年，他根据费米-狄拉克统计原理建立了一个原子结构的模型理论——托马斯-费米模型。1928 年，费米与卡朋结婚，他的太太是犹太人，当时意大利对犹太人的态度虽不像德国那样，但墨索里尼受到希特勒的影响，也有迫害犹太人的举动。费米决定离开意大利到美国去，但当时他的家已受到了严密的监视，根本没有逃走的孔会。1938 年，费米获得了诺贝尔物理学奖。他利用去瑞典接受诺贝尔奖的机会，携带家眷到了美国，在纽约的哥伦比亚大学讲授理论物理学。

费米关于铀裂变链式反应的发现向发明原子弹迈进了一大步，但是要造出一种适合全世界的不太昂贵的新能源，还有一些路要走。

1939 年，在得知了铀裂变的消息后，费米开始着手探索核裂变链式反应的可能性。在他领导下，他和助手们于 1942 年 12 月 2 日在芝加哥大学建成世界上第一座可控原子核裂变链式反应堆，使它达到临界状态，产生可控的核裂变链式反应。这一成就是原子能时代的一个重要里程碑。随后，费米参加了原子弹的研制工作。当时美国政府为了制

核电站内景（左图），里面布满了反应所需的燃料棒。燃料棒每隔几年都要更换一次，从燃料棒除去可再次利用的铀以前，要把它们放在一个特殊的水池中进行冷却。用过的燃料棒将成为一堆放射性的垃圾（上图）。

名人逸事

1934年,费米曾经在比萨大学演示过核裂变的过程。当试验做到一半时,他突然宣布自己的理论有漏洞,于是中途放弃了演示。据说,费米是突然想到了墨索里尼会将原子弹用于战争用途,因此宣称自己的失败。但这却蒙不了爱因斯坦,爱因斯坦看到过费米公布的一部分理论和方程式,他得出的结论是:费米放弃试验只是政治上的原因。

造原子弹,遴选了100位卓越的科学家,其中有很多人不是美国人。美国政府为此规定,凡是参加原子弹研制计划的科学家必须加入美国国籍,这样,费米在爱因斯坦的劝说下,也加入了美国国籍。1945年7月6日清晨,第一颗原子弹在新墨西哥州的西洛山上爆炸成功,显示了巨大的威力。为了反对把原子能用于战争目的,费米在1946年初回到芝加哥大学任教,转入粒子物理研究的新领域。1951年,费米和他的小组发现了第一个核子共振态。

二战后,美国政府在原子能委员会中设立了一项总值5万美元的奖金,奖励在原子能的和平用途上做出杰出贡献的人,费米成为第一届奖金得主。费米在晚年时还开始对原子弹的医学运用的研究,但不幸的是他因患癌症,于1954年11月29日病逝于芝加哥,时年53岁。费米的逝世是世界物理学界的重大损失,因为20世纪以来,还没有哪一个物理学家能像他一样在理论物理和实验物理两方面取得如此杰出的成就。

· 从小勤奋好学的无产阶级文学家 ·

小林多喜二

名人档案
姓　名　小林多喜二
生卒年　1903～1933年
出生地　日本北秋田郡

小林多喜二是日本杰出的现代作家。他只活了30岁,其短暂的一生给后人留下了许多故事。

1903年,小林多喜二出生于日本北秋田郡秋田县下川沿村一个贫困农民家庭。在小林多喜二4岁的时候,因生活所迫,一家人迁到北海道的港口小樽,投靠开面包作坊的伯父,勉强维持生活。

8岁的时候,小林多喜二上学了。由于家里帮手不够,小林多喜二每天放学回到家都要参加劳动。然而这并没有影响他的学习,他总在兜里放着一本书,干活空暇中便拿出来看。对于小林多喜二来说,每天晚上是最宝贵的时间。他总是胡乱扒几口晚饭,便钻到自己的小房间里去读书。因为善于利用时间,小林多喜二的成绩总是班里最好的。

由于读书太投入,小林多喜二还闹出过不少笑话。一天早晨,小林多喜二起床要去上学,他一边穿衣服一边背诵文章。他脑子里只有学习,根本顾不上别的,结果他穿上了姐姐的一件上衣,而且裤子也穿反了。上学的路上,小林多喜二一边走还不时的拿出书来看,所以自己一点都没有察觉。小林多喜二一进教室，便引起了同学们的哄堂大笑："小林多喜二，你今天怎么穿成这个样子！赶时髦吗？"小林多喜二这才往自己身上看，一看也被自己穿出的"奇装异服"逗乐了。还有一次，妈妈让他去商店买米，结果他在大街上遇见了一个同学，这个同学手里拿着本《巴黎圣母院》，小林多喜二便和这个同学谈起了这本书，结果他们谈得太投入了，忘了时间。后来，弟弟来找他，他才想起母亲交给的"任务"，而这时米店早关门了。

小学毕业后，小林多喜二在伯父的资助下进了商业学校。商业学校的课程相对自由些，学校有一个很大的图书馆向学生们开放。喜欢读书的小林多喜二，每天除了上课便是扎在图书馆里。这段时间他对文学作品产生了浓厚的兴趣，读了高尔基、陀斯妥耶夫斯基、巴尔扎克等人的著作。

小林多喜二像

读的书多了，小林多喜二便开始自己学着写东西。当时教他们国文课的川岛老师是个思想进步的文学爱好者。小林多喜二写完文章后便拿去给他看。川岛老师非常喜欢聪明好学的小林多喜二，便将自己的写作经验毫无保留地传授给他。有了老师的指导，小林多喜二练习写作更加刻苦了。他随身带着笔和本子，一有感想便写下来。经过不懈的努力，小林多喜二的文章有了很大提高。他的诗作和短篇小说经常在校刊上发表，同学们都喊他"作家小林"。

从商业学校毕业后，小林多喜二被分配到北海道开发银行小樽分行工作。银行里的工作虽然繁琐些，但是薪水不低，而且在别人眼里算是比较体面。然而小林多喜二并没有满足于这份安稳的工作，他想成为一名作家。白天上班，他便利用晚上时间进行创作。为了写出好的作品，小林多喜二不断深入到生活中。他到工地、工厂、洗衣房里去，和水泥

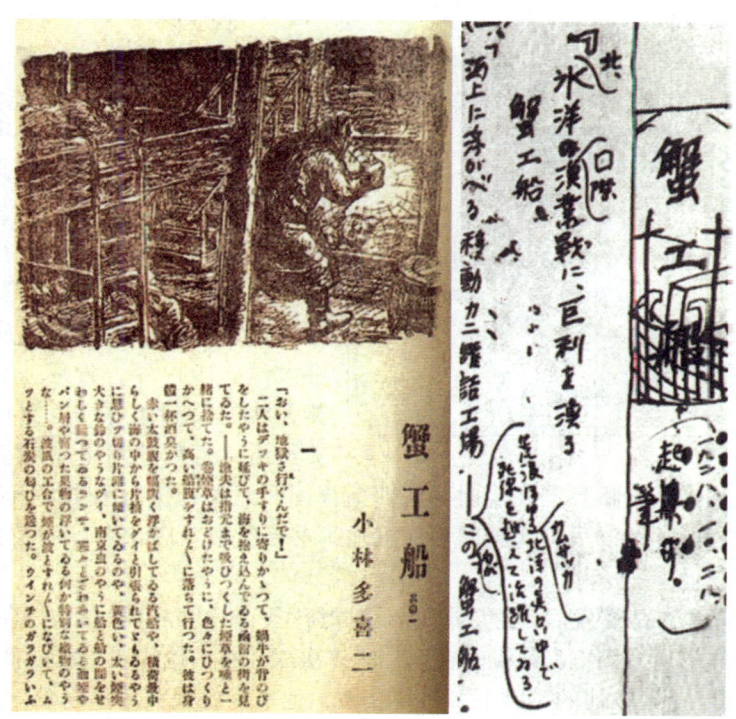

《蟹工船》内页及作者手稿

> **名人逸事**
>
> 《蟹工船》作于1929年。作品真实地描写了日本渔工们由分散到团结、由落后到觉悟、由不满和反抗到进行有组织罢工斗争的过程。通过这一过程的描写,揭露了日本帝国主义统治者对内残酷剥削和压迫、对外野蛮侵略和扩张的反动本性。也歌颂了日本人民在深重的阶级压迫下的勇敢的反抗精神。《蟹工船》后来被译成多国文字,受到世界人民的喜爱。

匠、链条工人、洗衣妇攀谈;到集市上去看商贩们做买卖;到码头上去体验生活。他把现实生活中的所见所感都写入文章中。有一次,为了写一个乞丐,他竟然大冷天跑到火车站连续蹲了几个晚上,结果自己被冻病了。朋友去看望他时,劝他:"以后别这么傻了,你生病了,躺在床上还能写吗?"小林多喜二却高兴地说:"正好,我现在也需要一个病人的材料,这样就体会更深了。"

就这样,小林多喜二写出了《腊月》、《地下党员》等大量优秀的作品。这些作品深刻地揭露了当时社会的阴暗面,具有强烈的反抗意识,是日本无产阶级文学中的典范之作。

·制定阿波罗登月计划的美国总统·

肯尼迪

名人档案

生卒年　1917~1963年
国　籍　美国
出生地　波士顿郊外的布鲁克林
性　格　果断、开朗、顽强
身　份　政治家
家　庭　出身名门。父亲是百万富翁,母亲是波士顿市长的女儿

约瑟夫·肯尼迪夫妇共有九个子女,约翰·菲兹杰拉德·肯尼迪是次子。虽然优裕的家庭经济背景为他提供了良好的学习条件,但肯尼迪的学习成绩一般。1935年,肯尼迪被父亲送往伦敦经济学院学习,但他因患黄疸病回国治疗,康复后,他进了美国的普林斯顿大学,不久又因为黄疸病复发而辍学。后又转入哈佛大学。1939年,肯尼迪赴欧洲旅行,借助父亲任驻英大使的便利条件,广泛接触了欧洲各界人士。回到美国后,肯尼迪写下了题为《慕尼黑的妥协》的毕业论文,分析英国在当时对法西斯德国和意大利执行绥靖政策的原因。这篇论文得到了各方好评,以后以《英国为何沉睡》书名出版。1940年,肯尼迪以优异的成绩从哈佛大学毕业。

二战爆发后,肯尼迪加入美国海军,在1943年3月被任命为鱼雷艇中尉艇长,在太平洋的所罗门群岛执勤。在8月的一次战斗中,他的鱼雷艇被日军的驱逐舰撞沉,幸存下来的11人在他的率领下,最终获救,他也因此荣获紫星勋章。1945年,肯尼迪退役,当了一段时间的新闻记者。1946年,在父亲的支持下,他参加国会众议员的竞选,并一举成功,

恩爱无比的肯尼迪一家无疑是典型的"模范家庭"。此图表现的是肯尼迪夫妇及女儿在海边嬉戏的情景。

肯尼迪是美国历届通过竞选而获胜的最年轻的总统,作为一名"现实的政治家",他向美国人民展示出未来的宏图,并使这一宏图得以逐步实现,由此而赢得了许多美国人的拥戴。

当时他年仅29岁。1952年他又竞选成为参议员,并在1958年连任。

1960年,肯尼迪参加当年的总统竞选,经过激烈的竞争,成了民主党的总统候选人。而他的对手,是共和党人的总统候选人尼克松。通过4次电视辩论,肯尼迪凭借他的幽默、机智和自信赢得了选民的信任,以微弱优势险胜尼克松,成为第一个出生在20世纪的美国总统。

肯尼迪执政后,在内政方面提出了众多的计划,如改善城市住房条件、发展教育、支持农业、反对种族歧视、给黑人以平等权利等。在外交上,肯尼迪强调"以实力求和平"。

苏联部署在古巴的进攻性导弹

在1962年10月份的古巴导弹危机中,肯尼迪充分展现了卓越的领导才能,并出色地平息了危机。

名人逸事

肯尼迪虽然为自己的英雄战绩引以自豪,但从不自我吹嘘。一次,一个高中生问他是怎样成为战争英雄的,他回答说:"这完全是无意的。是他们击沉了我的船。"

还有一次,在肯尼迪乘坐第一航空队的飞机飞行时,一位记者问他,如果飞机坠毁了,会发生什么事。肯尼迪微笑着回答说:"我可以肯定一件事——你的名字会在第二天的报纸上出现,但字体极小。"

传世名言

不要问你的国家能为你做什么,而要问你自己能为国家做些什么。

——肯尼迪

力求使美国在尖端武器、地区控制等方面维持超级大国的优势和地位。在肯尼迪当政时期,主要出现了以下震惊世界的外交和军事事件:1961年4月,一支由美国中央情报局训练和指挥的雇佣军在飞机和军舰的掩护下,入侵古巴,但全军覆没;策划"特种战争",升级在越南的军事行动;1962年,在"古巴导弹事件"中迫使赫鲁晓夫拆除了苏联部署在古巴的导弹基地。

1963年11月22日,肯尼迪偕夫人杰奎琳在得克萨斯州的达拉斯,遭枪手袭击不治身亡,年仅46岁。

·为黑人呼喊的勇士·

曼德拉

名人档案

生卒年	1918~2013年
国　籍	南非
出生地	南非特兰斯凯
性　格	坦诚、谦虚、幽默、坚强
家　庭	出身于大酋长家庭

纳尔逊·曼德拉,1918年出生于南非特兰斯凯一个大酋长家庭。他自幼性格刚强,以民族英雄作为自己的榜样。作为家中的长子,曼德拉被指定为大酋长的继承人,但他却"不愿以酋长身份统治一个受压迫的部族"。

曼德拉学习刻苦,先后获得南非大学的文学学士和威特沃特斯兰德大学的律师资格,一度成为职业律师。之后,他毅然走上了追求民族解放的道路,"以一个战士的名义投身于民族解放事业"。1944年他参加了南非非洲人国民大会(简称非国大),并很快成为这一黑人解放组织的领导人之一。1950年任非国大青年联盟全国主席。两年后任非国大执委、德兰士瓦省主席、全国副主席等职。1952年,他组织并领导了"蔑视不公正法令运动",坚决反抗执政当局的种族隔离政策,于1956年~1961年以叛国罪接受审判(1961年宣告无罪)。南非当局曾两次发出不准他参加公众集会的禁令。在漫长的审判期间,他与第一个妻子离婚,与N·温妮弗雷德结婚。

1960年,南非警察在沙佩维尔屠杀手无寸铁的非洲人和禁止非国大活动。曼德拉放弃非暴力立场,转而主张采取总工行动反对南非政权。翌年6月,曼德拉创建非国大军事组织"民族之矛",自任总司令。1962年8月,曼德拉被捕入狱,当局以政治煽动和非法越境罪判处他5年监禁。1963年,狱中的曼德拉被以怠工、叛国、暴力阴谋等罪名在里沃尼亚审判中受审,第二年又被改判为无期徒刑,从此开始了长达27个春秋的铁窗生涯。他在狱中受尽迫害和折磨,但坚贞不屈。

1990年2月,南非当局迫于内外舆论的压力,宣布无条件释放曼德拉。不久,他被非国大全国执委任命为副主席,又于1991年7月当选为主席。同年,曼德拉被联合国教科文组织授予"乌弗埃—博瓦尼争取和平奖"。1993年10月,诺贝尔和平委员会为表彰他为废除南非种族歧视政策所做出的贡献,授予他诺贝尔和平奖。同年他还与当时的南非总统德克勒克一起被授予美国费城自由勋章。1994年4月,非国大在南非首次不分种族的大选中胜出,曼德拉成为南非有史以来的第一位黑人总统。1997年12月,曼德拉辞去非国大主席的职务,并表示不再参加1999年的总统竞选。1998年9月,曼德拉获美国"国会金奖",成为第一个获得美国这一最高奖项的非洲人。他于1999年6月正式去职。

曼德拉的主要著作有《走向自由之路不会平坦》和自传《自由路漫漫》等。2000年8月,南部非洲发展共同体授予曼德拉"马"勋章,以表彰他在领导南非人民争取自由的长期斗争中,在实现新旧南非的过渡阶段,以及担任南共体主席期间做出的巨大贡献。1992年,曼德拉与N·温妮弗雷德分居。1996年3月,南非法院判定曼德拉与N·温妮弗雷德离婚。1998年7月,曼德拉与现任妻子格拉萨·马谢尔(莫桑比克前总统萨莫拉的遗孀)结婚。

1992年10月,曼德拉首次访华,5日被北京大学授予名誉法学博士学位。1999年5月,曼德拉总统应邀访华,他是首位访

曼德拉像
作为反对种族隔离斗争的代表人物,曼德拉为非洲大陆带来了实现民主的希望。

在南非,非国大党的支持者正为曼德拉举行庆祝活动。

华的南非国家元首。他为中国人民和南非人民以及非洲人民之间的经贸往来和友好交往做出了巨大贡献。北京时间 2013 年 12 月 6 日（南非时间 5 日），曼德拉在约翰内斯堡住所去世，享年 95 岁。

· 英国第一位女首相 ·

撒切尔夫人

玛格丽特·撒切尔原名玛格丽特·罗伯茨，1925 年 10 月 13 日出生在自家杂货店的二楼上，她还有一个比她年长 4 岁的姐姐。在很长的一段时间里，玛格丽特家的经济状况并不是很好，她的家有两层，一层作店铺，二层是全家人的卧室。5 岁时，玛格丽特进入亨廷托尔路小学，11 岁时，进入凯斯蒂文和格兰瑟姆女子文法学校。玛格丽特并不是那种天资过人的学生，但她学习非常努力，因此很快就名列前茅。在大多数同学眼中，玛格丽特成熟、严肃、有主见而且举止得体。除了学习、做家务和参加教堂活动之外，玛格丽特最大的爱好就是弹钢琴和听收音机。

1943 年 9 月，玛格丽特进入牛津大学的索姆维尔学院学习化学。她积极参加学校的各种政治活动，加入牛津大学保守党俱乐部，在三年级时当选为俱乐部的主席，成为该校历史上第一个担任此职务的女生。1947 年毕业后，玛格丽特先后在几家公司从事与自己专业相关的工作。1951 年 12 月 13 日，玛格丽特与丹尼斯·撒切尔结为夫妻。从此，玛格丽特·罗伯茨成了玛格丽特·撒切尔。1953 年 8 月，撒切尔夫人生下一男一女双胞胎。同年 12 月，她顺利通过了律师考试，获得了律师资格。律师见习期满后，撒切尔夫人开始了律师生涯。

1959 年，撒切尔夫人当选为英国议会下议院议员。1961 年，她首次进入政府部门工作，任年金和国民保险部政务副大臣。在此期间，她那气势磅礴、思维缜密的演讲让反对派议员也刮目相看。1970 年，撒切尔夫人任教育大臣，成为保守党历史上的第二位女性大臣。1975 年，撒切尔夫人击败了主要竞争对手希思，成为

撒切尔夫人从 1979~1990 年担任英国首相，她的新自由主义经济政策被普遍认为是对英国发达的福利制度的进攻，但她削弱工会的权力，阻碍变革的步伐，使她既赢得了热情的拥护，又受到了激烈的反对。

名人档案

出生年	1925~2013 年
国　籍	英国
出生地	英格兰肯特郡的格兰瑟姆
性　格	坚定、执著、好斗
身　份	政治家
家　庭	父亲曾为格兰瑟姆市长；母亲是裁缝

名人逸事

撒切尔夫人在1976年的一次演说中严厉谴责了苏联政府，讽刺其扩充军备是为了侵略扩张。这引起了苏联政府的强烈反应，说撒切尔夫人是"铁娘子"。撒切尔夫人听到这个绰号后，不仅没有生气，反而引以为荣。她在以后更直截了当地宣布："俄国人说我是个铁娘子，他们说对了，英国就是需要一个铁娘子。"

了保守党历史上的第一位女党魁。时隔不久，她就有了"铁娘子"的绰号。1979年5月4日，撒切尔夫人入驻唐宁街十号，成为英国历史上的第一位女首相。

执政之初，撒切尔夫人采取了一系列积极的经济措施，逐步扭转了英国严重低迷的经济形势，使英国的工业产值在1981年达到了二战结束以来的最高点，并大幅降低了通货膨胀率。在其他的内政与外交问题上，例如北爱问题、英国在欧共体的会费问题、英苏关系等问题，撒切尔夫人也保持了强硬作风，其中最突出的表现之一就是英阿马岛战争。1984年和1987年，撒切尔夫人两次成功连任。她在任期内推行了继续紧缩政府开支、国有企业私有化等措施，创造了经济稳定增长的"撒切尔夫人奇迹"。

1983年6月9日，撒切尔夫人成功取得了连任。此图反映了她和她的竞选伙伴在庆祝自己的胜利。

尽管撒切尔夫人在任内取得了骄人的成就，但也积累了不少矛盾。1990年11月，撒切尔夫人黯然离开生活了11年之久的首相府，结束了自己的政治生涯。1992年6月，撒切尔夫人被封为终身贵族。

1993年5月，她担任了威廉·玛丽学院第21任名誉院长。2013年4月8日，撒切尔夫人因中风病逝。

· 性感女神 ·

梦 露

玛丽莲·梦露原名诺玛·琼·培克，童年时，父亲的离去、母亲的酗酒和精神障碍，使她不能享受到温暖的父爱和母爱。她从小就寄居在别人家中，还进过孤儿院和收容所。1941年，梦露来到加利福尼亚，一年后，16岁的她与大自己4岁的詹姆斯·多尔蒂结婚。1944年，多尔蒂应征入伍参加二战，不久便以不满梦露的新职业为由提出了离婚。梦露的

伏在草丛中的梦露，浑身散发出不羁的野性魅力，"惺忪"的眼神中透出令人无法阻挡的诱惑。

名人档案

生卒年	1926~1962年
国　籍	美国
出生地	美国的洛杉矶
性　格	多情、善良、神经质
身　份	演员
家　庭	她的母亲有严重的精神问题

这个新职业是在一家时装店作摄影模特。

1946年，梦露被二十世纪福克斯公司大老板看中，开始踏足演艺界，从此就有了艺名玛丽莲·梦露。

1947年，她以《危险的年代》一片首登银幕。后来，她又在影片《彗星美女》（1950年）和《柏油丛林》（1950年）中饰演配角，紧接着又得以与蓓蒂、黛维斯等大明星合拍了《伊芙的底细》，虽然出场时间很短，但她那天真无邪，使人听了浑陶陶的对白给人留下了深刻印象。

1953年是玛丽莲人生的一个转折点，她在电影《尼亚加拉》里第一次担任主角，该片上映以后，她一跃成为第一流的明星。

走红后，玛丽莲主演的大多是喜剧片，扮演的也多为同一类型的人物：富于性感而头脑简单的金发美女，如《绅士们喜欢金发女郎》（1953年）、《怎样嫁个百万富翁》（1954年）、《七年之痒》（1955年）、《有人爱热闹》（1959年）等影片，她成为那个时代最著名的女演员之一。

同时，她也主演过其他类型、题材严肃的影片，如

玛丽莲·梦露是美国著名的女演员，好莱坞性感明星，主演过多部成功的商业片，其成就被载入美国的电影史册。她从一个身世凄苦的私生女，一跃成为身价千万的社会名流，这段经历被人们称为好莱坞制造的一段神话。

传奇片《尼亚加拉》(1953年)，西部片《大河奔流》(1954年)以及《公共汽车站》(1956年)、《王子和舞女》(1957年)、《热情似火》(1959年)等，在这些影片中梦露出色地诠释了许多性格复杂的人物形象，她的最后一部影片是《不合时宜的人们》(1960年)。

梦露是一个渴望爱情的女人，她经历过三次失败的婚姻，嫁过体育明星，嫁过闻名遐迩的剧作家，但据说，直到去世，她还在计划着与体育明星复合破碎的婚姻。

1962年8月5日，梦露在自己寓所自杀，她的死因至今仍是社会舆论的热点话题。

由珍妮·拉瑟尔（左）和梦露联合主演的《金发女郎，君子好逑》获得成功。梦露在此剧中无论是演技还是歌舞都发挥得淋漓尽致。

· 日本商界的经营之王 ·

松下幸之助

松下幸之助1894年出生于日本和歌山县的一个农民家庭，9岁时就到大阪当学徒。由于父亲的早逝，他15岁就担负起全家的重担，先后受雇于两家商店和一家水泥公司。松下17岁时进入一家电器公司，开始对电器发生兴趣。他预感到：这是未来的主要产业之一，这是他将要为之奋斗终生的事业。

1916年，松下幸之助成为公司最年轻的检察员。这时，他发现自己咳的痰中带血，这使他非常害怕。因为在他的家族史上，已经有9位家人因为这种怪病在30岁前离开了人世。而当时的处境使他不可能按照医生的吩咐去休养。他做好了充分的精神准备，边工作边治疗，形成一套与疾病作斗争的办法：不断调整自己的心态，调动肌体自身的免疫力、抵抗力与病魔斗争，使自己保持旺盛的精力。不久，他的身体变得结实起来，内

松下幸之助像

集合众智，无往不利。

——松下幸之助

名人档案

生卒年	1894～1989年
国　籍	日本
出生地	日本和歌山县
性　格	意志坚强、心态年轻、谦虚谨慎
家　庭	出身于农民家庭

心也越来越坚强。而这种心态影响了他的一生。

尽管当时他的工作相当不错，但松下幸之助并不满足于此，他要创办自己的事业。1917年6月，他辞去电器公司的工作，开办了松下电器公司。他用手头仅有的100元资金，购买了简单的机器设备，开始生产经过改进的电灯灯头。然而，当时正逢第一次世界大战，物价飞涨，制造出来的产品严重滞销。工厂几乎难以为继，合作伙伴相继离去，松下幸之助的心情沮丧到了极点。后来一家商店要加工电风扇的底座，他才得以度过了难关。功夫不负有心人，他的公司渐渐有了起色。6年后当该公司制造出第一个像样的产品（即自行车车灯）时，公司的生意逐渐红火起来。

当松下电器公司刚刚有所转机，就又遭遇一系列的惊涛骇浪。1929年经济危机席卷全球，日本也未能幸免。市场严重萎缩，库存激增，裁员之风此起彼伏。松下幸之助却反其道而行之：把产量减半，但没有解雇任何一名员工，而且薪金全发，只是要他们前半天工作，后半天出去推销库存。此项举措极大地激发了员工的热情，不但库存销售一空，还得拼命赶工，不然就供不应求。然而第二次世界大战中的日本经济严重畸形，日本的战败使得松下幸之助几乎一无所有，到1949年时债务已高达10亿日元。

1951年，57岁的松下幸之助开始他首次美国之旅。他怀着儿童般的好奇心，像探险者一样，到处参观、感受、吸收有用的东西。不久，朝鲜战争爆发，松下电器公司借此契机再次蓬勃发展起来。到1960年，公司出口突破130亿日元，业务涉及美国、东南亚、中南美、非洲等地。1961年，正值事业巅峰的松下幸之助宣布退休。1964年，日本经济恶化，经销商获利锐减，大量流失。松下幸之助毅然决定，以董事长的身份代理营业部部长。他以昂扬的斗志，在第一线艰苦打拼，不但使公司走出低谷，而且创造了在经济不景气时期高速增长的奇迹。全国200多个销售公司联合赠送他一尊"天马行空"像，将其作为他们与松下电器公司共存共荣的见证。

名人逸事

一次，松下幸之助与员工们在公司的餐厅一起就餐。吃完后，他让人把做牛排的厨师叫来。厨师注意到松下幸之助面前的牛排几乎没有动，他想松下幸之助肯定是嫌牛排做得不好。当他怀着忐忑不安的心情走到松下跟前时，松下幸之助却如是说："你做的牛排很好吃。因为今天我的胃有点不舒服，所以只吃了一点。我觉得不找你来说清楚，怕你会误以为牛排做得不好。"

晚年的松下幸之助不断反思自己的一生，把自己对经营的理解源源不断地传播给社会。他对教育、社会公共事业，甚至国家政策的关心，表现了一个卓越企业家独特的人生观和使命感。1989年，松下幸之助逝世，享年95岁。

·钢铁是这样炼成的·
奥斯特洛夫斯基

1904年，奥斯特洛夫斯基出生于乌克兰维利亚河畔的一个小村庄。父亲是个酿酒工人，母亲是一个善良而温和的家庭主妇。奥斯特洛夫斯基是家里最小的孩子，他还有三个姐姐。由于父亲的工资微薄，孩子又多，一家人生活得十分艰难。

奥斯特洛夫斯基从小就很爱学习。4岁的时候，他便跟着姐姐们去上学。得到老师允许后，他就坐在姐姐们旁边，十分安静地听老师的讲解。聪明的小奥斯特洛夫斯基很快能认字了。他总是跟在姐姐们的旁边，和她们一起看书、写字。9岁的时候，奥斯特洛夫斯基上了一所教会小学，他学习十分用心，一有时间便捧着书看。可他真正的上学时间只有三年，由于他在课堂上对地球上生命的出现提出问题，反驳了"上帝创造说"，受到神学教师的强烈指责，并被学校开除。此后家里的境况也越来越差，父母再也没有能力供他读书。

为了减轻父母的负担，小奥斯特洛夫斯基只好到处去做工。他先是在火车站的食堂做伙计，在那里他每天要承担10个多小时的繁重劳动，而且动不动就被老板打骂。然而在这样艰难的生活中，奥斯特洛夫斯基并没有放弃学习。为了读书，他经常省下自己的午饭，去和车站的报贩换杂志和报纸看。然而随着年龄和知识的增长，报纸杂志已经远远不能满足奥斯特洛夫斯基强烈的求知欲。怎么才能有书看呢？一次，奥斯特洛夫斯基看到车站停着几辆军车，一些士兵将自己不要的报刊书籍随手丢下了车。奥斯特洛夫斯基高兴极了，他将这些书捡了起来。从那以后，只要有军车停下来，奥斯特洛夫斯基便到车上，穿梭于这些开往前线的士兵之间，收集他们不要的书刊。就这样，奥

奥斯特洛夫斯基像

名人档案
姓　名：尼古拉·奥斯特洛夫斯基
生卒年　1904～1936年
出生地　乌克兰沃伦省

电视剧《钢铁是怎样炼成的》中保尔·柯察金形象。

斯特洛夫斯基收集了大约200本各种各样的书籍和杂志,他视为珍宝,把它们整整齐齐地保存在自己的小屋里。

后来,奥斯特洛夫斯基做过面包房学徒、锅炉工、材料厂工人。艰辛的生活磨炼了奥斯特洛夫斯基的意志,使他逐渐成熟起来。

十月革命胜利后,建立了苏维埃国家。奥斯特洛夫斯基以极大的热情参加了保卫新政权的斗争。由于表现出色,他得到了革命委员会的信任。1918年,14岁的奥斯特洛夫斯基加入了红军,然后随一支由共青团组成的队伍上了前线。

奥斯特洛夫斯基作战十分英勇。1920年,在一次战斗中,奥斯特洛夫斯基被一颗炮弹的碎片击中,头部和脊椎骨受了重伤,被送到医院。当从昏迷中醒来时,奥斯特洛夫斯基发现自己的右眼失明了。上级命令他立即退伍回家养伤,奥斯特洛夫斯基便回到了母亲身边调养身体。在母亲的精心照料下,他的身体一天天好了起来。

1923年冬天,身体有所好转的奥斯特洛夫斯基接到了新的任务,他被任命为军事训练第二营的政委,进行共青团组织工作。奥斯特洛夫斯基立即接受任务,来到了别列兹多夫开展工作。他工作起来从来不知道辛苦,在他的不懈努力下,几个月后,别列兹多夫地区的共青团工作有了很大进展。由于工作成绩显著,1924年8月,经舍佩托夫卡俄共州委员会批准,20岁的奥斯特洛夫斯基成为共产党员。之后,担任了共青团区委书记。

加入共产党后,奥斯特洛夫斯基工作更加努力,他经常一天只休息三四个小时。长期的劳累使他的身体情况再次恶化,他开始头疼,脊椎骨也总是隐隐作痛。在这种情况下,他还是坚持工作。1924年11月,在一次抢救浮运木材中,奥斯特洛夫斯基旧病复发,最后全身瘫痪。

然而,躺在床上的奥斯特洛夫斯基并没有消沉。他让人找来锻炼用的绳子和器材,每天坚持锻炼。他一边锻炼一边看书,不断地从书中汲取生活的力量。时间一长,奥斯特洛夫斯基便萌发了创作的念头。但由于长时间看书,奥斯特洛夫斯基的视力逐渐减弱。他开始《钢铁是怎样炼成的》写作时,双目已经失明。奥斯特洛夫斯基便摸索着在纸上写字。由于他看不见纸,他的字经常叠在一起,妻子每天下班后便将他的文章再重新整理一遍。为了让妻子整理时能看得清楚,他让人给他找来厚纸板,然后在纸板上划一道道的深槽,这样他便可以根据这些深槽来控制行距了。

名人逸事

《钢铁是怎样炼成的》真实而深刻地描绘了十月革命前后乌克兰地区广阔的生活画卷,塑造了保尔·柯察金这一执著于信念,不断与苦难和厄运抗争的青年无产阶级革命者。小说故事情节曲折、人物形象丰满。作品中主人公保尔成了为人们钦佩的英雄人物,激励了许多国家青年人的成长。《钢铁是怎样炼成的》产生了世界性的影响,是20世纪30年代苏联文学中最优秀的作品之一。

这样写一段时间后，奥斯特洛夫斯基双手的关节疼痛难忍，后来连笔也握不住了。他只好每天等妻子下班后，由他口述，妻子笔录。经过奥斯特洛夫斯基几年不懈的努力，《钢铁是怎样炼成的》终于完成了。《钢铁是怎样炼成的》一出版立即在苏联引起了轰动。这本书后来还被译成多国文字，受到世界各国读者的喜爱。

· 勇开载人航天之先 ·

科罗廖夫

1907年1月12日，科罗廖夫出生于乌克兰瑞特米尔的一个教师家庭。他从小就喜欢思考，对什么都充满好奇。

科罗廖夫4岁时的一天，飞行员来家乡进行飞行表演，外祖父带他去观看。看着飞机在人群的头顶上忽而昂首上天，忽而又俯冲而下，小科罗廖夫看得如痴如醉，他骑在外祖父的肩头高兴地大声喊叫"飞起来了！飞起来！"回到家里，小科罗廖夫便对母亲说："妈妈，你能给我两条床单吗？"母亲感到很纳闷，便问他做什么用。他一本正经地向母亲解释道："飞机和鸟儿有了翅膀就可以飞，我也要用床单做成翅膀学飞行！"然后指着窗外的一座房子问："妈妈，我用床单做成翅膀，能像飞机一样从这个屋顶飞到那个屋顶吗？"母亲听了，不禁笑了起来，"孩子，用床单当翅膀可飞不了。""那怎么才能飞起来呢？飞机和鸟儿为什么能飞呢？""鸟儿天生就会飞，飞机能飞起来是因为有懂得科学技术的飞行员来驾驶。""那我也要当飞行员，我也要让飞机飞到天上去！"看着儿子这么认真的样子，妈妈耐心说："好孩子，那你要好好学习，等你掌握了知识和技术，就可以驾着飞机飞起来了。""我一定要好好学习，长大后造出能飞的'翅膀'，让人们都能在天上飞！"小科罗廖夫大声地宣布。

科罗廖夫像

名人档案
姓　名　谢尔盖·科罗廖夫
生卒年　1907～1966年
出生地　乌克兰瑞特米尔

6岁的时候，科罗廖夫上学了，他学习十分用心，成绩也很突出。他一直都没有忘记自

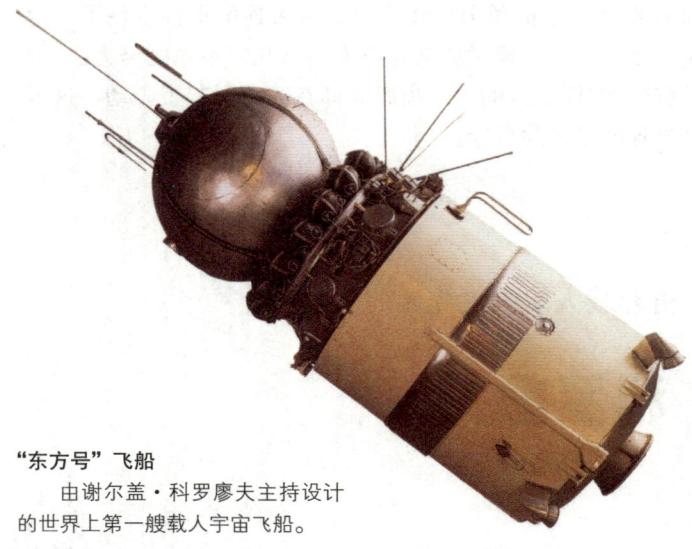

"东方号"飞船

由谢尔盖·科罗廖夫主持设计的世界上第一艘载人宇宙飞船。

己4岁时的"宣言",希望以后能考上大学研究飞机。15岁时,科罗廖夫以优异的成绩初中毕业。由于家里的条件不是很好,他没能按自己的想法去上高中考大学,而是上了一所建筑职业学校。但科罗廖夫并没有放弃自己的想法,他总是想方设法找航空方面的专业书籍来读。他知道要想研究飞行,必须得学好数学和物理,于是他刻苦自学了高等数学。他学习起来十分投入,经常忘记吃饭,只是等到肚子饿得咕咕叫时,才胡乱吃些东西。这样艰苦的学习使他积累了大量的知识。

十月革命胜利以后,苏联十分重视空军建设,各地都成立了"航空之友协会",科罗廖夫所在的城市也出现了这样的组织。他很快加入了协会,并参加了一个滑翔运动小组。由于他懂得比别人多,又聪明好学,很快便成了小组的骨干成员。他参加了协会航空设计处技术组的工作。他设计出的"K"型新式无发动机飞机,受到当时飞行界的认可,还获得了研制证书。

19岁时,科罗廖夫从建筑职业学校毕业。他特别想继续读大学,以后成为一名航空工程师。于是他报考了当时苏联航空的最高学府——莫斯科高等技术学校空气动力系,顺利地被录取了。但家里的经济条件不允许,科罗廖夫只能上夜校班。于是,他开始了艰苦的大学生活。白天,他在工厂工作,晚上,去学校上学。放学回到家后,还要一直学习到深夜。1930年,23岁的科罗廖夫设计出了轻型发动机双座飞机——"CK-4"飞机,这个消息在当时的《莫斯科晚报》上登载,并引起了轰动,科罗廖夫在飞行界崭露头角。这一年,科罗廖夫大学毕业,他进入苏联火箭科学研究所,做了一名年轻的航空工程师,从此将全部的精力都投入到了飞行研究事业中。后来,他和其他3名伙伴组建了喷气推进研究小组,他担任小组负责人。当时的工作条件很差,经费成了很大的问题,为了将研究继续下去,科罗廖夫四处奔波求援,终于得到了当时陆军首脑图哈切夫斯基的支持。1932年,科罗廖夫的研究小组成功发射了苏联第一枚液体火箭。也是在这一年,科罗廖夫担任了苏联火箭科学研究所所长,并组织研制第一代喷气式飞机。

然而,不幸的事很快降临了。1937年,科罗廖夫因受到牵连,他被判处死缓,被押到了

名人逸事

"东方号"飞船是世界上第一艘载人宇宙飞船,由谢尔盖·科罗廖夫主持设计。"东方号"飞船总长4.41米,最大直径为2.43米,重4725公斤。整个飞船包括座舱和服务舱两部分。座舱自由空间1.6立方米,可以搭载一名宇航员,在轨时间最长为5天。为了确保宇航员在飞船中的正常生命活动,座舱内载有生命保障和环境控制系统。服务舱又叫设备舱或仪器舱,由一个短圆柱段和两个锥体组成,它的最大直径为2.43米,重达2265公斤。舱内安装的仪器设备仅在运行中使用,而不再返回地面。

荒凉的西伯利亚挖掘金矿。后来在老师图波列夫的争取下，科罗列夫被转移到莫斯科监狱工厂进行飞机设计。当时德国法西斯正在进攻苏联，为了加强空中力量，新型歼击机和轰炸机进入紧张的研制中，后来科罗廖夫被任命为临时飞行试验副总设计师。在毫无人身自由的情况下，科罗廖夫从没有计较过个人的处境，他知道国家正处于危难之中，将全部心血都献给了研究事业。后来他研制出"喀秋莎"火箭炮、火箭截击机，为祖国的军队提供了强大支持。

二战结束后，科罗廖夫的冤案得到了平反。后来他又主持发射了第一颗人造地球卫星；主持设计了世界上第一颗载人飞船"东方号"；主持发射了"上升号"航天飞船，被誉为"苏联航天之父"，为世界航空科学做出了巨大的贡献。

·从小痴迷于火箭的登月工程总设计师·

布劳恩

1912年3月23日，布劳恩出生于德国的维尔锡茨市。父亲做过魏玛共和国教育部和农业部部长，母亲是一位天文学爱好者。布劳恩从小喜欢思考，他总爱自己搞一些小制作，家里的东西总是被他拆了装，装了拆。

6岁的时候，布劳恩上小学了，他不喜欢听老师课堂上讲得枯燥的内容，常常是眼睛盯着黑板，手上摆弄着自己从家带来的钟表、玩具等东西。他把心思都花在进行小发明、小制作上，因此成绩一塌糊涂。

当时的孩子们喜欢赛车。小布劳恩已经有一辆很快的滑坡车。但他想让自己的车子更快。后来，他听说柏林的发明家法利尔，在竞赛用的汽车上绑上了特大号的焰火，使得赛车创造了惊人的纪录。于是，他便决定在自己的车上也试验一下。他从商店买了几个特大号的焰火，装在自己的滑坡车上。他坐上车子，然后用火柴点燃了烽火。这些特大号的焰火给了滑坡车动力，车子一下子冲了出去，并失去了控制，大街上的人们吓得四处躲闪，后来火焰熄灭了，车子才停了下

名人档案
姓　名　冯·布劳恩
出生年　1912～1977年
出生地　德国维尔锡茨市

布劳恩像

1969年7月20日，阿姆斯特朗踏上月球，首次实现了人类登月的梦想。

来。父亲知道这件事后狠狠地训斥了布劳恩一顿。不过这次冒险"事件"非但没有吓倒布劳恩，却使他从此迷上了火箭。上初中后，布劳恩胆子更大了。他从杂志上看到有关火箭的知识，便自己用焰火学着制造"火箭"。结果他的"火箭"总是惹祸，不是落在别人的蔬菜摊上，就是落在面包铺里。布劳恩的学习成绩一天不如一天，父母特别着急，想了很多办法也无济于事。不过后来发生了一件事，改变了布劳恩的学习态度。

一天，布劳恩在一份天文学杂志上看到了一则图书广告。广告上介绍了一本有关火箭的书，书名为《通向星际空间之路》，是德国著名火箭专家赫尔曼·奥伯特写的。对火箭一直着迷的布劳恩立刻向出版商定购了一本。书很快邮到了他的手里，但当布劳恩带着激动的心情打开这本书时，却发现自己什么也看不懂。书上都是一些数学、物理公式。布劳恩便拿着书去向老师请教，面对这个头脑聪明却不爱学习的孩子，老师语重心长地说："走上太空是人类的梦想，这条路很不好走。要想研究航天，数学和物理是基础。你很聪明，但要想以后研究这些，不学好科学文化知识，只能算是空想。"

老师的话对布劳恩触动很大，他下决心要把学习赶上去。从那以后，他上课开始认真了，课下也不四处疯跑，总是一个人趴在课桌上默默地学习。一个学期下来，布劳恩的成绩有了很大提高，数学和物理还考了全校的第一名。老师们都为他的成绩高兴，还奖励了他一套专门介绍航空知识的书籍。布劳恩很受鼓舞，从此，学习更加用心。

1930年，布劳恩以优异的成绩考上了夏洛腾堡工学院航空工程系。他学习起自己的专业知识十分刻苦。后来他又加入了由德国宇航专家奥伯特组织的宇航协会，在火箭研究上得到奥伯特的亲自指导。1932年，20岁布劳恩拿下了航空工程学士学位。之后，他又到柏林大学深造，他在自己学习的领域刻苦钻研，两年以后获得了博士学位。他在博士论文中，分析和解决了液体火箭发动机的喷射、雾化、燃烧、气态平衡和反冲作用等问题，曾引起德国航空界的轰动。到1934年毕业的时候，布劳恩已经是一名小有名气的宇航专家了。

毕业后，布劳恩将全部心思用在了火箭研究上。他领导的试验小组在"柏林火箭飞行场"的实验中有了很大的进展。但这时德国法西斯部队却派人介入了他们的研究，逼迫他们为法西斯部队服务。为了继续进行科学研究，布劳恩他们只好答应。1942年，他的试验小组成功地研制出了"A系列"火箭，后几经改进，成为世界上第一枚弹道式导弹——

名人逸事

阿波罗计划采用月球轨道交会法，土星五号运载火箭把50吨重的航天器送入月球轨道。航天器本身装有较小的火箭发动机，当它接近月球时，发动机自动减速，航天器进入绕月轨道。而且，航天器的一部分——装有火箭发动机的登月舱能脱离航天器，载着宇航员登上月球，后返回绕月轨道与阿波罗航天器结合。航天器是登月设备中的关键，由布劳恩领导研制。

"V-2"导弹。但布劳恩十分清楚,如果"V-2"导弹被法西斯势力控制,会给世界带来不可想象的后果。为了将人类这份宝贵的知识财富保存下来,1945年布劳恩带着他的试验小组和"V-2"导弹来到了美国,从此在美国开始了他新的科学研究。

1961年,布劳恩被任命为"阿波罗登月计划"的总设计师。"阿波罗计划"中共集中了15万科学家,有8000多家工厂为这个伟大的工程服务。为了早日实现人类登上太空的梦想,布劳恩夜以继日地工作。科学探索的道路太艰辛了,布劳恩为了工作费尽了心血,几年下来,他的头发全白了。不过他的不懈努力,也赢来了巨大的成功。1969年7月20日,"土星5号"运载火箭,成功地将第一艘载人飞船"阿波罗11号"送上月球,人类终于实现了登月的愿望。"阿波罗"计划的总设计师布劳恩也被人们誉为"现代航天之父"。

· 少年立志终有成 ·

费雯·丽

1913年1月8日,费雯·丽出生于印度大吉岭一个英国股票经纪人家中。费雯·丽的父母是出了名的戏剧迷,父亲还是一位业余的戏剧演员。费雯·丽很小的时候,父母就带她到当地各个大小剧院看戏。在父母的影响下,小费雯·丽也喜欢上了看戏。戏剧里有趣的节目常常逗得她合不拢嘴,每次看戏的时候,她总是在父母的怀里手舞足蹈。

费雯·丽4岁的时候,当地的英军太太们组织了一个业余剧团。她们经常需要一些小演员来配合表演。于是有人就将聪明伶俐的小费雯·丽推荐给了他们。当小费雯·丽打扮成牧羊女的模样,落落大方地出现在舞台上的时候,台下响起了一片热烈的掌声。她生动的表演更是引起观众们连连叫好。从此,小费雯·丽便成了这个业余剧团的"主力演员"。虽然不久后因为第一次世界大战的爆发,这个业余剧团很快解散,但小费雯·丽却从此喜欢上了表演。

小费雯·丽喜欢召集邻居小朋友们一起排演小故事。有一次,保姆给她讲了《狼和小羊的故事》。于是,她就找来邻

费雯·丽像

名人档案

姓　名　费雯·丽
生卒年　1913~1967年
出生地　印度大吉岭

名人逸事

1939年,电影《乱世佳人》获得了奥斯卡最佳影片奖,费雯·丽也因在该片中的出色表演而获得了最佳女演员奖。当时《纽约时报》评论说:"费雯·丽所扮演的郝思嘉如此美艳动人,使人不再要求演员有什么天才;可她又演得如此才华横溢,使人不再要求演员必须具备这样的美貌。"《乱世佳人》成就了费雯·丽,费雯·丽也使《乱世佳人》成为世界影片中的经典。

居的小孩儿一起表演。扮演狼的小费雯·丽,将凶恶的大灰狼演得惟妙惟肖。她真的像狼一样,扑向"小羊",狠狠地咬了一口,疼得扮演"小羊"的孩子大叫不已。

7岁时,小费雯·丽开始上学。费雯·丽非常聪明,老师留下的作业她总是能完成得又快又好。每天放学做完作业后,小费雯·丽便找书来看。她喜欢读文学著作,文学作品中的故事情节总是能将她深深地吸引住。有一次吃晚饭时,父母看不见费雯·丽出来。母亲便到她的小房间里去找她,发现她正趴在床上哭,母亲吓坏了,忙问:"你怎么了?是不是哪里不舒服?"她却一边哭,一边抬起头说:"妈妈,哈姆雷特王子死了,再也活不过来了。"母亲这才发现在费雯·丽的床头上放着一本《莎士比亚全集》,原来小费雯·丽是读书太投入了。费雯·丽读完书后,还喜欢将书中的故事讲给别人听。她讲得那么形象生动,讲到精彩处还不由自主地加上动作,每次大家都被她讲的故事所感染。同学们见她这么爱看书、脑子里又有这么多故事,便问她:"费雯·丽,你以后是不是想当作家,也自己写故事啊?"费雯·丽想了一下,认真地说道:"不,我想当演员,当一个伟大的演员,将书中的精彩故事都表演出来给人们看!"

费雯·丽的中学是在伦敦的圣心女修道院寄宿学校读的。这所学校以教授音乐和舞蹈为主。费雯·丽选学了钢琴、小提琴等课程,还参加了学校组织的小剧团。费雯·丽是学校剧团中的骨干"演员",每当学校有庆典活动的时候,她都是最积极的一个。

《乱世佳人》的宣传海报
　　一举奠定费雯·丽影坛巨星地位的著名影片。

外国名人

费雯·丽从没有停止过对戏剧的热爱,她一心要当演员。每当周末的时候,费雯·丽都要约上几个同学到伦敦的各个剧院去看戏。别人看戏只是看个热闹,她却总是认真研究演员们的表演技巧。每次看完戏回到家里,费雯·丽都要将自己看戏的感受写下来,哪个演员给她留下的印象最深刻,哪个演员的表演她不太满意,她都有详细地记录。父亲有许多做演员的朋友,费雯·丽经常去拜访他们。叔叔阿姨们很喜欢聪明好学的费雯·丽,都愿意将自己的表演知只和经验传授给她,她每次都听得特别认真。渐渐地,费雯·丽积累了许多表演经验。

中学毕业后,费雯·丽以优异的成绩考上了伦敦皇家戏剧学院,学习表演。大学期间,费雯·丽认真地学习专业课,虚心向老师们请教表演知识。后来,她又陆陆续续演了一些电影。在不断地学习和实践中,费雯·丽的演技逐渐成熟起来。1939年,她饰演了《乱世佳人》中美丽而倔强的郝思嘉,并一举成名。费雯·丽凭着自己的不懈的努力终于实现了自己的梦想。

· 掀起"绿色革命"的勇士 ·

布洛格

布洛格像

1914年3月25日,布洛格出生于美国艾奥瓦州一个农民家中。布洛格小时候家里有一个大的农场。小布洛格总愿意跟着爷爷到农场里去干活。他喜欢看广阔田野里的大片羊群;喜欢听鸟儿捕食虫子时叽叽喳喳的叫声;喜欢闻清新的空气中弥漫着的泥土的芬芳。因为长期与大自然的接触,布洛格从小就与广袤的大地结下了深厚的感情。

5岁的时候,小布洛格开始上学。他学习用心,又很聪明,学习成绩在班里总是名列前茅。7岁的时候,小布洛格就开始帮爷爷记账,他总是算得又准又快,邻居们都说他长大后一定会有出息,父母也想好好培养他。

但家中农场的收成一年不如一年,布洛格常常看到爷爷对着土地叹息:"小麦产量一年比一年差了,要是能培育出一种新的品种就好了!"每到这时候,布洛格就希望自己能有一种超凡的能力,变出一种优良麦种。

家里的经济条件越来越差,父母的农场里也非常需要一个帮手。布洛格想退学帮家里干活,于是他把这个想法告诉

名人档案

姓　名　诺尔曼·布洛格
出生年　1914年
出生地　美国艾奥瓦州

417

布洛格在做小麦试验
在墨西哥城郊区的"查苹果实验田",布洛格负责研究小麦育种课题。

了爷爷。爷爷虽然没读过书,却很明白事理,他语重心长地对布洛格说:"孩子,你如果现在不上学,那是会帮家里一些忙,但你如果想将来有出息,脑子里没有知识是不行的。你要真想改变咱们世世代代的这种生活,就更应该好好学习。"听了爷爷的话,布洛格打消了退学的念头,从此学习更加刻苦。

1934年,布洛格以优异的成绩考上了明尼苏达大学。他最初学的是林业,后来布洛格亲眼目睹了一些事,使他开始重新考虑自己的专业方向。布洛格上大学的时候,正是美国二三十年代经济大萧条时期。他每次放假回到农村,都会听到某某农场破产的消息。农民们收成不好,为了生计只好到工厂里去打工。但经济大萧条时代,工厂的效益也大都不好。一些工厂主为了减少开支甚至不给工人发工资。布洛格每次回家的途中,都会看到许多衣衫褴褛、面黄肌瘦的人在大街上流浪,饥饿威胁着人们的生命。见到这样的情况越多,布洛格就越能深切地体会到填饱肚子对于人们来说的重要意义,他开始关注农学知识。他认为要想解决人们的温饱,首要的就是提高农业生产水平。后来,一次偶然的机会,布洛格认识了当时美国著名的植物病理学专家斯塔门教授。与斯塔门教授关于农学的几次谈话,使他决心改学农学。1938年,布洛格开始跟随斯塔门教授攻读硕士学位。由于布洛格大学学的是林业,农学专业知识有很大欠缺,一开始他学习起来很吃力。为了及时赶上来,他拼命学习。为了争取时间他经常熬夜,周末别的同学都出去玩,他总是一个人刻苦研读。很快,他的学习赶了上来,并以优异的成绩先后获得了硕士、博士学位。

1944年,布洛格毕业后谢绝了许多高薪、舒适的工作,毅然选择到墨西哥从事农业援助的工作。布洛格知道只有将自己的知识,投入到实实在在的土地上才能结出丰硕的果实。他离开了家人,来到墨西哥。在墨西哥城郊区的"查苹果实验田",和其他几位专家一起开始了艰苦的工作。

布洛格负责研究的是小麦育种课题。当时墨西哥粮食生产严重受到了小麦锈病的影响。布洛格下决心一定要培育出既能高产,又能抵抗锈病的小麦新品种。这对于布洛格来说,

---

名人逸事

因为在世界范围内推广小麦新品种,掀起"绿色革命",布洛格获得了诺贝尔和平奖。自诺贝尔奖设立以来,在500多名获奖者中,布洛格是唯一的农业学家,也是唯一一位因科学成果而获得"和平奖"的人。对此,我们可以用布洛格曾说过的一句话来解释:"一旦同饥饿的斗争取得胜利,就意味着为人类带来了和平。"

是个很大的挑战，他在实验田中进行了艰苦的实验。仅第一年时间内，他就进行了6000次小麦杂交实验。为了尽早培育出新品种，他又在索诺拉州的亚基河谷开辟了一块新实验田。这个实验田刚开始时，只有他一个人。很多时候，都是他一个人顶着烈日，在新的实验田拉犁开荒，播种施肥。

经过布洛格不懈的努力，1949年，第一批抗锈害的小麦品种终于研制出来了，并很快在墨西哥得到推广。1954年，布洛格又培育出高产、抗锈疫、抗倒伏的小麦品种。1956年，墨西哥第一次实现了粮食的自给自足。布洛格成了墨西哥家喻户晓的名字。后来他又将这些小麦新品种推广到第三世界许多国家，在世界范围内掀起了一场伟大的农业革命——"绿色革命"。布洛格为世界农业发展做出了重大贡献，也因此获得1970年的诺贝尔和平奖。

· 敢于和命运抗争 ·

雅各布

1920年6月17日，雅各布出生于法国默尔特－摩泽尔省南锡市一个富裕的房地产商的家里。父母都受过良好的教育，雅各布是家中的独子。雅各布的外祖父是个医术高明的外科医生。他性格开朗，喜欢小孩子，走到哪儿都愿意带上聪明活泼的小雅各布。外祖父总爱给小雅各布讲行医的事情。在他的影响下，雅各布从小就对医学产生了浓厚的兴趣。

10岁的时候，有一次，在外祖父的争取下，外祖父所在的医院允许雅各布观看一场外科手术。雅各布高兴极了，他穿上白大褂跟随医生进入了手术室。医生操刀娴熟，细致地切割着病灶。看着医生们紧张而有序地进行着手术，他真希望自己也能亲自上阵。那次手术做得非常成功，看到病房外满脸欣喜的病人家属，雅各布真正感受到医生的伟大。他暗暗下决心，长大后也要做个外科医生，拯救千万个受疾病折磨的人。

有了奋斗目标，雅各布学习起来更加认真。18岁那年，雅各布以优异的成绩从中学毕业，填报志愿的时候，他毫不犹豫地选择了巴黎大学医学院。就这样，雅各布顺利进入了自己一心向往的医学院。大学期间，他学习特别刻苦，每天都除了上课、到

雅各布像

名人档案

姓　名　弗朗索瓦·雅各布
出生年　1920~2013年
出生地　法国默尔特－摩泽尔省南锡市

雅各布及其签名

图书馆看书，就是扎在实验室里。面对实验室里那些令人害怕的尸体，许多同学都会躲得远远的。雅各布却从没退缩过，他知道要想做个出色的外科医生，解剖只是第一步。大学期间，雅各布每个学期的成绩都是全班最好的，老师们都十分看好这个聪明而勤奋的学生。

但雅各布的大学生活却没能正常地进行下去。1939 年，第二次世界大战爆发了。第二年，德国法西斯占领了法国。雅各布一家因为是犹太人，受到了法西斯的迫害，这一年他们逃亡到了英国。在流亡过程中，他加入了戴高乐将军领导的"自由法兰西"组织，成为法军第二装甲师中的一名军医，跟随部队南征北战。1944 年，雅各布随部队回到祖国，进行反法西斯战争。

雅各布作战十分英勇。在一次战争中，雅各布冒着硝烟去抢救一名战友，不幸身负重伤。他被送进了医院，当他从昏迷中醒来的时候，他发现自己的右臂失去了知觉。凭着自己的行医经验，雅各布推断可能是右臂神经受到了损伤。他在医院里治疗了 7 个月，右臂依然没有恢复原有的灵活。雅各布十分痛苦，他清楚地知道这样的伤病对于一个外科医生意味着什么。

不久，法国的反法西斯战争彻底胜利了，雅各布佩戴着十字勋章，挂着受伤的右臂离开了部队。他重新回到巴黎大学医学院继续学业。上学期间，他一面刻苦学习，一面治疗受伤的右臂，他盼望着有一天这只胳膊能完全恢复自如。时间一天天过去了，病情的治疗却没有一点进展。终于有一天，雅各布的主治医生告诉他，他的右臂神经因受到了严重损伤，这只胳膊将不会再恢复原来的状态。一时间，雅各布几乎绝望了。做外科医生的理想，彻底破灭了。

以后的人生之路该怎么走？雅各布知道自己必须要坚强地面对这个残酷的现实。经过一段时间的冷静思考，雅各布决定调整自己的学习方向，他选择了当时非常有发展前景的微生物学。1945 年雅各布通过考试获得了奖学金，他来到法国著名的巴斯德研究院，跟随大名鼎鼎的微生物学家利沃夫进行学习。为了弥补这个领域知识的欠缺，雅各布拼命地学习。为了争取时间，他经常很晚才睡。他走到哪手里都拿着本书，为此同学们都

名人逸事

"信使核糖核酸"学说的提出,是雅各布在生物学研究上的一个重要贡献。该学说的主要内容是:生物在遗传过程中,脱氧核糖核酸(DNA)指导核糖核酸(RNA)的合成,RNA作为模板指导蛋白质的合成。RNA好像信使一样是DNA遗传信息的副本。该学说为近代遗传学的研究奠定了重要基础。

喊他"书痴"。

在雅各布的努力下,他的学业有了很大进展。1947年,雅各布获得了理学硕士学位和医学博士两个学位。之后,他在利沃夫教授的指导下,进行溶源性细菌的遗传基础、细菌遗传物质与噬菌体之间的关系等方面的研究,并取得了很大成就。1950年,雅各布担任了巴斯德研究院的细胞遗传学部主任。后来,他与导师利沃夫、生物学家莫诺合作,研究"酶在生物遗传中的作用",提出了"信使核糖核酸"学说,揭示了生物遗传的奥秘,为人类破解遗传密码做出重要贡献。雅各布以其顽强的毅力和不畏困难的精神,赢得了世人的尊重。2013年,雅各布在巴黎病逝。

· 白手起家的传奇时装家 ·

皮尔·卡丹

1922年7月2日,皮尔·卡丹出生于意大利的威尼斯近郊。他的父母都是意大利人,以种植葡萄为生。他出生后不久,受战争影响,父母带着两岁的皮尔·卡丹迁到了法国。皮尔·卡丹的童年是在法国的工业城市圣艾蒂安度过的。由于家里穷,皮尔·卡丹只读过几年书就不得不辍学了。不过皮尔·卡丹并没有放弃学习,他总是自己找书读,他平常节省下来的一点点钱都买了书。他在书中接触了广阔的世界,认识了历史上许多有成就的人,这些都鼓舞着皮尔·卡丹,他暗暗下决心一定要做一个有所作为的人。

12岁时,皮尔·卡丹便开始四处找工作,他到鞋店做过学徒,在杂货铺当过伙计,还贩卖过水果、玩具等。生活的艰辛使得皮尔·卡丹拥有了他那个年龄少有的成熟。17岁时,皮尔·卡丹到一家制衣厂当了一名小会计。当会计的这段经历使他积累了一些经济方面的知识,比如成本的核算、经济管理等,为他以后的创业积累了初

皮尔·卡丹像

名人档案

姓　名　皮尔·卡丹
出生年　1922年
出生地　意大利威尼斯

步的经验。在做会计的同时，勤奋好学的皮尔·卡丹还向工厂师傅学习剖衣技术。这段时间他对裁制衣服产生了浓厚兴趣，一有时间便跑到做衣间看老师傅缝制衣服。一开始他是静静地看，将裁缝师傅的做法都默默地记在脑子里，回到家里他便找来废报纸自己"缝制衣服"。"衣服"缝制好了他便拿给工厂里的师傅看。他用报纸缝制的"衣服"，常常令老裁缝师傅惊叹。他们想不到这个沉默寡言的"小会计"做出的"衣服"，比整天泡在制衣间的裁缝的还要地道得多。看到他这么聪明好学，师傅们都愿意将自己的经验传授给他，许多人还说他以后一定是个出色的裁缝。皮尔·卡丹很受鼓舞，他虚心向师傅们学习，并下决心要当个一流的裁缝。

皮尔·卡丹从小就很向往巴黎，不满20岁的皮尔·卡丹想去巴黎闯荡一番。一天，他把这个想法告诉了父母。当时第二次世界大战已经爆发，巴黎也被德国法西斯占领。父母觉得皮尔·卡丹一个人去巴黎很危险，但他们也十分了解这个孩子倔强的脾气，只好答应。第二天早晨，皮尔·卡丹便带着一只破箱子，骑着一辆破旧的自行车上路了。在前往巴黎的途中，由于皮尔·卡丹违反了德国法西斯的宵禁令，被德军关进了监狱。幸亏他不是犹太人，但也过了几天才被释放。皮尔·卡丹从监狱里出来后，许多好心人都劝他不要去巴黎了。皮尔·卡丹知道前面的道路会更加艰难，但他没有被困难吓倒，继续向巴黎前进。在路上，皮尔·卡丹不小心又弄丢了自己身上仅有的一点钱。这样到了巴黎后，皮尔·卡丹已经身无分文了。他找不到住的地方，也没钱吃饭，只好在大街上流浪。

一天，皮尔·卡丹看到一家男服装店门口贴着招募学徒的广告，便走进去面试。由于他学过裁缝，便很顺利地被录用了。这家服装店专门缝制和出售男性时装。男式服装与女式的相比花样要少些，但制衣要求却相对要高一些。这又给了皮尔·卡丹很大的学习机会。他总是虚心地向师傅们学习制衣技术，在这里他打下了扎实的技术基础。

1945年，23岁的皮尔·卡丹经过自己的努力，已成为一个出色的服装设计师。这一年，他到了巴黎著名的"帕坎"时装公司做设计。老板帕坎十分欣赏皮尔·卡丹的才华和勤奋好学的精神，便有意培养他。在帕坎时装公司工作时，皮尔·卡丹为当时巴黎许多著名演员做过服装，他做的衣服款式新颖、做工精细，很受人们的喜爱。就是从这段时间起，皮尔·卡丹在时装界开始崭露头角。也是在这个时候，皮尔·卡丹结识了当时法国著名现代派作家让·郭都和画家克里斯蒂昂·贝腊。他们的美学思想给了皮尔·卡丹很大的启发，皮尔·卡丹一有时间便去拜访他们。他抓住一切机会进行学习，皮尔·卡丹知道要想成为一个世界一流的服装设计师，必须得有开阔的眼界和很高的文化修养。他利用晚上时间看了许多书，文学的、艺术的，这些书使皮尔·卡丹在整体上有了很大提高。

1950年，皮尔·卡丹在巴黎的什庞斯街租了一个店面，开始展出自己设计的服装。他设计的服装时尚、大方、典雅，皮尔·卡丹的服装和他本人在巴黎也越来越有名气。1953年，皮尔·卡丹开始改变自己的时装经营方式，将个人定制改为批量生产，他的服装事业

名人逸事

"服装是心灵的外在体现，是一种和人联系的礼貌标志。"
"时装要面向大众，所有的商品只有开辟大众市场，才能找到真正的出路。"
"创新！先有设想，而后付诸实践，又不断进行自我怀疑。这是我对时装的看法，也是我成功的秘诀。"

有了很大的发展。后来他又逐步扩大自己的事业，涉足了许多领域。他不仅在服装界成了传奇式的人物，还经营化妆品、手表、家具等产业。今天，皮尔·卡丹的商业帝国在全世界拥有 400 多个商标代理合同，在 130 多个国家生产和销售，直接从业人员达到 20 万人。皮尔·卡丹用智慧和信心为自己赢得一片天地。

·微软公司的创始人·

比尔·盖茨

盖茨从小精力旺盛，喜欢思考，酷爱读书。他喜欢读《世界图书百科全书》，后来又喜欢名人传记和文学作品。广泛的阅读为他积累了丰富的知识营养，再加上良好的家庭教育，他从小就表现出了超越同龄人的非凡智慧。他幼时的同学曾经回忆说，盖茨绝不是那种在同学中无足轻重的角色，而他的超常聪明也是大家公认的。11 岁时，盖茨的父母送他上西雅图的湖滨中学，这是一所以严格的课程要求而著称的学校，专门招收超常男生。在那里，盖茨进入了计算机软件世界。

盖茨和他的一个好朋友保罗·艾伦疯狂地迷上了计算机，他们热衷于解决难题，获得了越来越多的计算机知识。13 岁时，盖茨就会自编软件程序，只不过当时是为了游戏。1972 年，盖茨和保罗搞到了英特尔的 8008 微处理器芯片，摆弄出了一台机器，成立了交通数据公司。1973 年，盖茨中学毕业

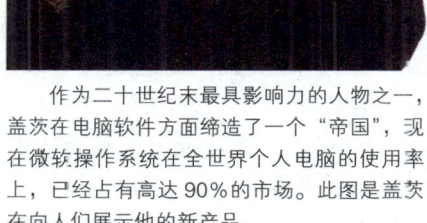

作为二十世纪末最具影响力的人物之一，盖茨在电脑软件方面缔造了一个"帝国"，现在微软操作系统在全世界个人电脑的使用率上，已经占有高达 90％的市场。此图是盖茨在向人们展示他的新产品。

电脑控制室

名人档案

出生年	1955 年
国　籍	美国
出生地	西雅图
性　格	内向、反叛
身　份	软件之神、世界首富
家　庭	父亲是律师，母亲是华盛顿大学的董事

名人逸事

盖茨虽然对慈善事业不遗余力,但自己并不追求奢侈的生活,有时还显得非常保守。有一次,他和朋友一起去饭店开会,因为去晚了,找不到车位停车。朋友建议把车停到贵宾停车场去。可盖茨一本正经地回答说:那要花12美元,可不便宜!

比尔·盖茨和他的操作系统 Windows 95

后,进入哈佛大学。在哈佛上学的两年时间里,盖茨的大部分时间都用在编程序和打扑克上面,他还在那里结识了同样爱好计算机的史蒂夫·鲍尔默,后者以后成为微软公司的总裁。1974年,世界上第一台微型计算机阿尔塔诞生,这给盖茨和艾伦的交通数据公司提供了编写BASIC的机会,经过两个多月的艰苦奋战,他们编写的BASIC语言在阿尔塔计算机上运行成功。1975年,盖茨最终说服了父母,从哈佛大学退学,和艾伦在新墨西哥州的阿尔伯克基建立了微软(Microsoft)公司。这时,盖茨刚刚20岁,爱伦22岁。微软是微型计算机(Microcomputer)和软件(Soft)的缩写,它明确地指明了公司的发展方向就是专门为微型计算机编写软件。如今,微软是世界软件业的霸主。微软公司的第一次重大发展机遇出现在1980年,当时盖茨与IBM公司签订协议,为IBM公司新生产的个人电脑编写操作系统软件,即后来举世闻名的MS—DOS。1982年,盖茨27岁,他在软件开发方面取得的成就已经为世人所瞩目,这一年,美国著名的《金钱》杂志用他的照片作了封面。1986年3月,微软公司的股票上市发行,一年后,微软股价急剧飙升至每股90.75美元,而且还有继续向上攀升的趋势。当年,美国《福布斯》杂志将盖茨列入美国400名富翁中的第29位,当时,年仅31岁的盖茨拥有的股票价值超过10亿美元。1990年,微软推出了视窗3.0。1992年,盖茨成为美国最富有的人,拥有60亿美元的股票价值。

2000年,盖茨任命鲍尔默为微软首席执行官,而自己则为"首席软件设计师"。他在1994年1月1日与琳达·法兰奇结婚,生育了3个孩子。盖茨与夫人一起创办了慈善组织比尔与琳达·盖茨基金会,在为贫穷学生提供奖学金和艾滋病防治方面做出了很大贡献。2004年,盖茨被英国女王授予英帝国爵级司令勋章(KBE),这是女皇可以授予外国公民的最高荣誉。